普通高等教育“十三五”规划教材

# 大学生心理健康与调适

胡　岳　主编

科学出版社
北　京

## 内 容 简 介

本书根据教育部下发的《普通高等学校学生心理健康教育课程教学基本要求》，针对本科院校学生的身心特点和思想实际编写。本书以心理健康知识的基本理论为基础，紧紧围绕影响大学生人格成长和完善过程中经常遇到的心理问题，如自我意识、人格完善、情绪调节、人际交往、恋爱心理、生涯发展、生命教育等方面的困扰。通过对心理理论、心理调适方法的传授、思考与练习等环节，帮助大学生更好地认识自我，能够及时对可能发生的心理问题进行必要的预防，增强心理健康自我教育的自觉性、主动性和积极性，提升心理自我教育的能力。本书编写的目的在于对大学生宣传、普及心理健康知识，提高其心理健康水平。本书分为四篇共十七章，对从最基本的心理健康知识，到熟悉了解自己，再到自身各方面能力的提升，最后到大学生生命教育等方面进行了一一阐述。

本书可作为高等院校心理健康类专业的教材，也可供教师与学生家长参考，使他们能够在了解大学生身心发展规律的基础上，与大学生进行良好的互动，对大学生进行正确的教育与引导。

**图书在版编目（CIP）数据**

大学生心理健康与调适 /胡岳主编. —北京：科学出版社，2018.9

普通高等教育“十三五”规划教材

ISBN 978-7-03-058407-6

Ⅰ. ①大…　Ⅱ. ①胡…　Ⅲ. ①大学生-心理健康-健康教育-高等学校-教材　Ⅳ. ①G444

中国版本图书馆 CIP 数据核字（2018）第 171152 号

责任编辑：王京苏 / 责任校对：李　影
责任印制：霍　兵 / 封面设计：蓝正设计

科学出版社出版
北京东黄城根北街 16 号
邮政编码：100717
http：//www.sciencep.com

北京画中画印刷有限公司 印刷

科学出版社发行　各地新华书店经销

*

2018 年 9 月第　一　版　　开本：787×1092　1/16
2019 年 9 月第二次印刷　　印张：22 1/2
字数：534 000

**定价：52.00 元**

（如有印装质量问题，我社负责调换）

# 本书编写委员会


**主　编**　胡　岳

**参　编**　史梦璐　王　婉　朱诗婕
徐　程　董艳菊　李兰芳
刘泽政

# 前　言

大学生是国家的栋梁，是社会未来的期望。大学阶段，也是大学生人生成长的重要阶段。

当今社会正处于飞速发展时期，科学技术创新层出不穷，国家间的竞争日趋激烈，而国家间的竞争说到底就是人才的竞争，而人才的竞争中很重要的就是人的心理素质的竞争。关心大学生的心理健康，维护大学生的心理平衡，加强大学生心理健康教育工作，一直以来都受到党和政府的高度重视。《中共中央国务院关于深化教育改革，全面推进素质教育的决定》中明确提出“加强学生的心理健康教育”。2004 年《中共中央国务院关于进一步加强和改进大学生思想政治教育的意见》指出，要开展深入细致的思想政治工作和心理健康教育；要针对大学生实际，制订大学生心理健康教育计划，确定相应的教育内容、教育方法；积极开展大学生心理健康教育和心理咨询辅导，引导大学生健康成长。

2011 年 2 月，教育部发布了《普通高等学校学生心理健康教育工作基本建设标准（试行）》，该标准指出“高校应充分发挥课堂教学在大学生心理健康教育工作中的主渠道作用，根据心理健康教育的需要建立或完善相应的课程体系。学校应开设必修课或必选课，给予相应学分，保证学生在校期间普遍接受心理健康课程教育”。在同年 5 月，教育部下发了《普通高等学校学生心理健康教育课程教学基本要求》，强调各高校要根据学生心理健康教育的需要，结合本校实际，制定科学、系统的教学大纲，组织实施相应的教育教学活动，保证学生在校期间普遍接受心理健康课程教育。开设一门“大学生心理健康教育”公共必修课程，覆盖全体学生。必修课必须设置 2 个学分，32～36 个学时。同时，该基本要求还对大学生心理健康的教学内容的课程性质与教学目标、教学内容、课程设置与教材、教学模式与教学方法、教学管理与条件支持、组织实施与教学评估等一系列内容做出了明确的要求。

湖北省教育厅高度重视大学生心理健康教育工作。2017 年 9 月，继 2016 年国家卫生和计划生育委员会等 22 部委《关于加强心理健康服务的指导意见》（国卫疾控发〔2016〕77 号）之后，湖北省教育厅下发了《关于进一步加强高校心理健康教育服务工作的通知》，在通知中着重强调了“重点抓好大学生心理健康课堂教学”，指出各高校要坚持以学生为中心，以教育部《普通高等学校学生心理健康教育课程教学基本要求》为标准，把大学生心理健康教育课程纳入教学计划和培养方案，并实行学分制管理，切实发挥心理健康教育课程教学主渠道作用。心理健康主干教育课程作为公共必修课设置 2 个学分，32～36 个学时。专科、本科学段学生在毕业前须获得 2 个心理健康教育课学分，研究生学段学生在毕业前须获得 1 个心理健康教育课学分。要全面科学合理设计课程，既要包括生命教育、恋爱观教育、性健康教育、抗挫折教育等基本内容，也要包括心理问题识别、心理危机处置等基本知识，更要培养大学生心理自助和求助的意识与能力。要注重教学方法改革创新，倡导采用互动式、体验式、分享式教学模式，充分调动学生的积极性和参与度，不断提升课堂教学效果。

本书的教学内容和大纲来源于教育部文件要求，同时根据最近几年编者在教学工作、临床与咨询工作经验中发现和总结的问题做了相关调整。本书包含心理健康基础知识篇、大学生心理健康自我了解篇、大学生心理健康自我提升篇和大学生生命教育篇四个部分。本书虽然作为教材使用，但更多是以心理知识的科普为主。

本书是集体教学团队智慧的果实，教学团队成员均是在高校从事多年心理健康教育教学的教师，具有丰富的心理健康教育实践经验。全书由武汉晴川学院大学生心理健康教育中心胡岳制定全书大纲、设计编写体例及修改定稿，由武汉晴川学院大学生心理健康课程研究小组成员参与编写，具体分工如下：胡岳负责第一章、第二章、第三章、第四章、第五章、第六章和第十六章的编写，史梦璐和董艳菊负责第七章和第十三章的编写，刘泽政负责第八章的编写，朱诗婕和徐程负责第九章和第十章的编写，朱诗婕负责第十一章的编写，史梦璐负责第十二章的编写，王婉和李兰芳负责第十四章的编写，王婉负责第十五章和第十七章的编写。虽然教学团队的其他成员没有参与编写，但也非常感谢他们对本书编写的精神支持。同时，武汉晴川学院副校长张克华、学工处副处长刘泽政负责在党的思想下对全书内容进行把关和审校。

本书在编写过程中，得到了许多专家和同行的关心与支持，也借鉴和参考了有关资料和最新研究成果，在此，我要特别感谢正在美国马里兰大学访学的临床与咨询心理学博士朱旭对本书的指导和对书稿的审阅；非常感谢武汉晴川学院校长胡西伟博士、教务处处长刘园园对本书编写的大力支持。

虽然很早就在筹划此书编写，但因编者均为高校教师，平时的工作都很繁重，在编写本书时仍然感觉到了时间的紧促性、任务的繁重性、水平的有限性，因此疏漏在所难免。广大教师和学生在使用本书的过程中如发现问题，敬请批评指正，以便我们及时修订，同时请对本书存在的不足予以谅解。

编　者

2018年6月30日

# 目　　录

## 第三篇　大学生心理健康自我提升篇

## 第四篇 大学生生命教育篇

# 第一篇
# 大学生心理健康基础知识篇

尊重生命、尊重他人，也尊重自己，是生命进程中的伴随物，也是心理健康的一个条件。

——弗洛姆

# 第一章　大学生心理健康导论

## 你的学习目标

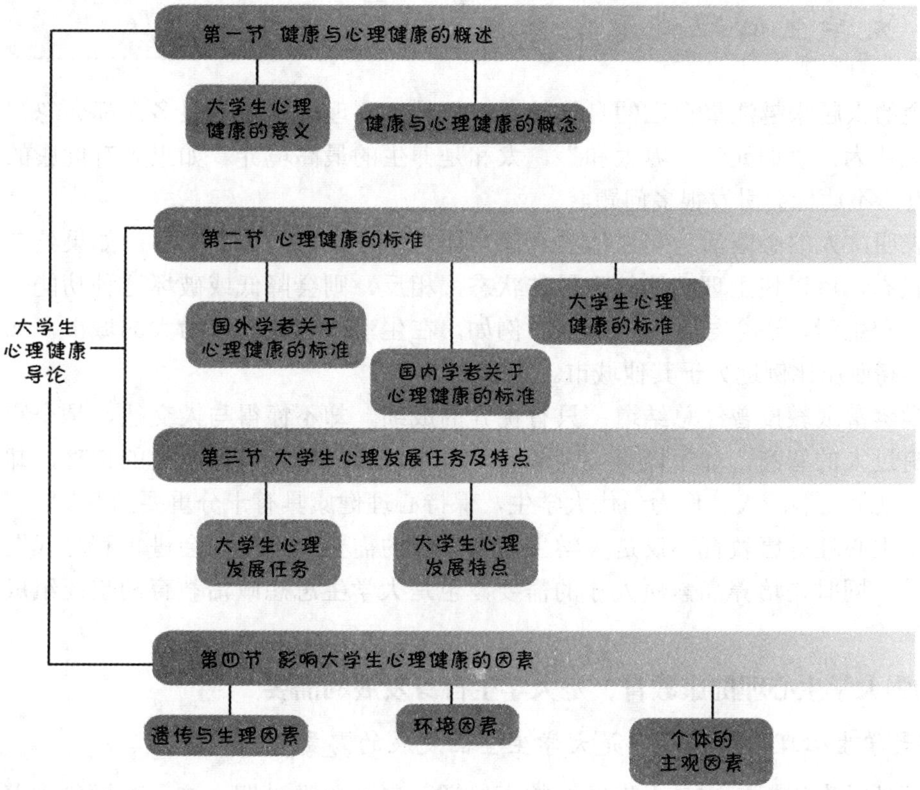


## 本章导航

我国台湾心理学家杨国枢指出："对于贫穷落后国家而言，心理学是没有必要的'奢侈品'，而在富裕文明社会中，心理学是'必需品'。"在当今社会中，随着生活节奏的加快、社会竞争的加剧及多元文化和价值理念冲突的加深，"心理健康"已成为人们生活中的一个主题。在我国人民的生活中，心理学正从可有可无的"调味品"转变成不可缺少的"必需品"。

目前，大学生的心理健康及其教育问题也越来越受到学校、家庭和社会等方面的重视。大学生作为一个正在接受高等教育的青年群体，代表着先进青年的精神风貌，更预示着国家和民族的未来，他们的心理健康状况如何对国家和社会有着特别的意义。大学生也普遍意识到，现代社会的竞争已不单纯是智力和体力的竞争，更重要的是心理素质及健全人格的较量。但对究竟如何衡量心理健康，如何看待心理问题，如何提高心理素质，又如何增强应对心理困扰的能力，等等，大学生还存在不少疑虑和困惑。大学生需要系统学习心理学的基础知识，掌握科学的心理调适方法，才能有效维护心理健康，促使心理健康的发展。

# 第一节 健康与心理健康的概述

## 一、大学生心理健康的意义

当今社会的人越来越注重自己的身体健康，但是，心理健康却是很多人都会忽视的问题。中医认为，“调元气，养太和”，太和是养生的最高境界。如果光有健康的身体而心理健康不达标会引发很多问题。

有研究表明，人的心理活动和人体的生理功能之间存在着内在的联系。如果处在良好的情绪状态，可以使生理功能处于最佳状态，相反，则会降低或破坏这种功能，不仅影响工作和生活，还会导致各种疾病。例如，在生活节奏快、压力大的城市，如北京、上海，高血压比例远大于其他城市。

清华大学樊富珉教授曾经总结道：只有优异的成绩，却不懂得与人交往，是个寂寞的人；只有过人的智商，却不懂得控制情绪，是个危险的人；只有超人的推理，却不了解自己，是个迷惘的人。作为当代大学生，保持心理健康具有十分重要的意义。

加强大学生心理健康教育不仅是大学生自身发展的需要，也是社会进步和时代发展的迫切要求，同时是培养高素质人才的需要，也是大学生思想政治教育的重要组成部分。

### （一）加强大学生心理健康教育，是大学生自身发展的需要

1. 加强大学生心理健康教育，是大学生全面发展的需要

大学生正处于青年期，这是人生发展的高峰期，也是关键时期，这一时期包含着诸如学习、交往、爱情、求职等许多重要的人生发展课题，这些课题完成得好与不好对今后的人生历程具有决定性的意义，而心理健康是完成这些课题的前提和基础。

2. 心理健康是大学生事业成功的基础

20 世纪初，美国著名心理学家特尔曼和他的助手们曾用智力测验的方法选拔了1528名智力超常儿童，经过30年的追踪研究之后，发现这1528名智力超常儿童中有的成为社会名流、专家学者，有的却穷困潦倒、流落街头。特尔曼的研究揭示，产生这一差别的主要原因不在于智力水平的高低，而在于是否具有良好的心理素质。因此，

对于初出茅庐的大学生来说，要想尽快在工作岗位站稳脚跟，要想为自己的事业打下坚实的基础，除了具备知识技能外，更需要拥有健康的心理。

3. 心理健康是大学生适应环境的前提

大学生面临着多种多样的适应问题：在校期间，要适应大学的学习方法，适应大学的生活环境，适应大学的人际关系；毕业以后，要适应工作要求，适应婚姻生活，适应社会竞争等。适应能力的强与弱在很大程度上取决于心理素质。心理健康的大学生，能够根据外界环境的变化，相应地调节自己的心理状态和行为方式，取得与外界环境的平衡和协调。心理不健康的大学生，心理功能紊乱，调节能力低下，难以与外界环境保持平衡和协调。

4. 心理健康是大学生快乐生活的源泉

一个人能否快乐地生活，取决于很多因素，而事实证明心理健康是快乐生活的必备条件。有了健康的心理，即便是生活中遇到困难和挫折，也能积极面对，走出困境，在经历困苦的过程中感受快乐。例如，有的大学生虽然家庭贫困，但他们自强自立，将贫困变成自己奋斗的动力，生活充实而快乐，并能最终取得成功。如果一个人心理不健康，那么即便他拥有优越的条件，也仍然感受不到快乐和幸福。所以，保持健康的心理是大学生获得快乐的条件和源泉。

### （二）加强大学生心理健康教育，是社会进步和时代发展的迫切要求

随着社会的不断进步和科学技术的飞速发展，人们的生活节奏逐步加快，社会竞争日益激烈，学习、工作、生活等各方面压力侵袭着人们的身心。人们由此产生了抑郁、焦虑、孤独和苦闷等各种心理问题，甚至出现了暴力、虐待和自杀等极端行为，严重影响了社会的正常秩序。

大学生面对纷繁复杂的社会状况，变得矛盾、困惑、不安和迷茫，这就需要对他们进行心理健康教育，及时帮助他们摆正方向、认清道路、调整心态和优化人格，使他们能够从容地面对挑战，适应时代发展的要求。

良好的心理素质是时代发展的要求。1996 年，国际 21 世纪教育委员会提出了 21 世纪创新型人才的七条标准：①有积极进取的开拓精神；②有崇高的道德品质和对人类的责任感；③在急剧变化的竞争中，有较强的适应能力和创造能力；④有扎实的基础知识和广泛联系实际并能解决实际问题的能力；⑤有终身学习的本领，能适应科学技术综合化的发展趋势；⑥有丰富多彩的健康个性；⑦有和他人协调以及进行国际交流的能力。

### （三）加强大学生心理健康教育，是培养高素质人才的需要

心理素质对智商、情商、思想、品德等方面具有很大的影响，良好的心理素质可以促进其他各方面素质的健康发展。大学生正处于掌握知识技能和自我发展完善的重要时期，他们的心理发展尚未完全成熟，在面临专业知识储备、智力潜能开发、人格品质优化、思想道德修养、求职就业准备及交友恋爱等人生课题时，往往会产生诸多

矛盾和困惑。只有通过正确的引导和教育，才能使他们成为有知识、有才干、有事业心、有责任感的高素质人才。

### （四）加强大学生心理健康教育，是大学生思想政治教育的重要组成部分

思想政治教育包括思想教育、政治教育、道德教育和心理教育，其中，心理教育是思想教育和政治教育的前提。大学生在这一年龄阶段表现出来的成人意识比较强烈，其独立性明显，但心理发展尚未完全成熟，充满了独立与依赖、交往与封闭、自尊与自卑、理想与现实的矛盾困扰，容易产生各种心理问题。这就需要加强心理健康的教育，以帮助他们树立正确的人生观、世界观和价值观。

## 二、健康与心理健康的概念

长期以来，人们单纯从生物医学模式出发，一般只从身体健康的角度去理解健康，认为健康就是指身体没有病。《辞海》对健康的描述是："人体各器官系统发育良好，功能正常，体质健壮，精力充沛并具有良好活动效能状态。通常用人体测量、体格检查和各种生理指标来衡量。"这只是把个体看作生物学意义上的人来界定健康的含义。随着时代的发展，人们对自身的认识越来越广泛，越来越深入，对健康的理解也越来越深入。

人是一个完整的有机体，身体和心理实际上是一个整体不可分割的两个方面，所以健康也是一个整体。身体疾病会引起心理问题，同样心理问题也能影响身体状况。因此，健康不仅指生理意义上的健康，也包含心理意义上的健康。健康是生理健康与心理健康的统一，二者是相互联系、密不可分的。当人的生理产生疾病时，其心理也易受到影响，会情绪低落、烦躁不安、容易发怒，从而导致心理不适；同样，长期心情抑郁、精神负担重、焦虑的人也易产生身体不适。因此，健全的心理与健康的身体是相互依赖、相互促进的。

### （一）健康的定义

1946年，世界卫生组织（World Health Organization，WHO）把健康定义为："健康不但是身体没有残疾，还有完整的生理、心理状态和社会适应力，具体地说，健康包括躯体、器官等生理方面的正常发育，也包括认识、情感、意志与人格特征以及社会适应等心理方面的正常发展。躯体健康和心理健康统一起来，才是完整的健康。"1970年，世界卫生组织为顺应时代的进步，给健康下了一个新定义："健康不仅指没有疾病或躯体正常，还要有生理、心理和社会适应方面的完满状态。"1981年，世界卫生组织在对健康人群进行大量调查后，对健康的概念又做了如下描述：健康就是能精力旺盛地、敏捷地、不感觉过分疲劳地从事日常活动，保持乐观、蓬勃向上及有应激能力。1989年，世界卫生组织再次将健康定义为："健康包括躯体健康、心理健康、社会适应良好和道德健康。"由此可见，身心平衡、情感理智和谐是一个健康的人的必备条件。衡量一个人健康与否应当从身体、心理、社会适应和道德品质四

个方面来判断。

### （二）心理健康

什么是心理？心理是人脑的机能，是人们在社会实践和日常生活中对客观事物的能动反映。它通常表现为人们对客观事物的体验、看法、态度、倾向和相关的行为。这种反映有的我们能意识到（在意识层面），有的我们不能意识到（在潜意识层面）。

所谓心理健康，是指不仅没有心理疾病，而且个体在身体上、心理上以及社会行为上都能保持良好的状态。具体而言，心理健康包括两个方面的含义：①处于心理健康状态，个体处于这种状态时，不仅自我心理感觉良好，而且能与社会和谐相处；②掌握维持心理健康、减少行为问题和心理疾病的原则与措施。

心理健康有狭义和广义之分：从广义上讲，心理健康是一种持续高效而满意的心理状态，主要目的在于预防和调适心理障碍或行为问题；从狭义上讲，心理健康是知、情、意、行的统一，使人格完善协调、社会适应良好，以促进人们心理调节能力、发展更大的心理效能（开发更大的心理潜能）为目标。心理健康有生理、心理和社会行为三方面的意义。

从生理上看，一个心理健康的人，其身体状况特别是中枢神经系统应当是没有疾病的，其功能应在正常范围之内。脑是心理的器官，心理是脑的机能，健康的身体特别是健全的大脑乃是健康心理的基础。只有具备健康的身体，个人的情感、意识、认知和行为才能正常运作。

从心理上看，心理健康的人不仅各种心理功能系统正常，而且通常对自我持肯定的态度，有自知之明，清楚自己的潜能、长处和缺点，并发展自我。现实中的自我既能顾及生理需求又能顾及社会道德的要求，能面对现实问题，积极调适，有良好的情绪感受和心理适应能力。

从社会行为上看，心理健康的人能有效地适应社会环境，妥善地处理人际关系，其行为符合生活环境中文化的常规模式，角色扮演符合社会要求，与社会保持良好的接触，且能对社会负责和有所贡献。

### （三）心理健康的状态

心理健康按其健康程度可分为三种状态。

一是正常状态，简称常态，个体在没有较大困扰的情况下，心理处在正常状态之中。个体的常态行为基本与其价值观、道德水平和人格特征相一致。这种状态一般称为心理健康。

二是不平衡状态，简称偏态，是指个体心理处于焦虑、恐惧、压抑、担忧、痛苦、矛盾、应激等状态。一旦个体处于不平衡状态，就要通过“心理防御机制”来进行自我调节。如果调节无效，就得借助亲朋好友的倾听、劝说来消除不平衡，恢复正常状态。这种状态一般称为心理问题。

三是异常状态，简称变态。它包括神经症、人格障碍、精神分裂症等。这时必须到精神科专科医院进行心理治疗和药物治疗。这种状态一般称为心理疾病或精神疾病。

## 第二节 心理健康的标准

由于心理健康问题的复杂性，心理健康标准既有文化差异，又有个体差异。迄今为止，关于心理健康的标准国内外还没有一个统一的概念。一般而言，判断个体心理健康与否，主要依据以下四个方面。

（1）经验标准。经验标准即当事人按照自己的主观感受来判断自己健康与否，研究者凭借自己的经验对当事人的心理健康进行判定，重在关注当事人的主观心理感受。由于个体先天的遗传及后天的环境不同，经验标准更强调其个体差异。同样的生活事件，当事人由于自我认知不同、自我体验不同，其自我评价也不尽相同。

（2）社会适应标准。社会适应标准以社会中大多数人的常态为参照标准，观察当事人是否适应常态而进行其心理是否健康的判断。例如，大学生根据其生理、心理与社会发展状况而定，具体来说，应当具有独立生活与处理生活中事务的能力，而如果有的大学生生活能力低下，不能打理自己的日常生活，则需要引起重视。

（3）统计学标准。统计学标准依据对大量正常心理特征的测量取得一个常模，把当事人的心理与常模进行比较。这个标准更多地应用于心理学研究之中，一般而言，我们都要将个体的心理测验结果与常模对照，来判断其心理健康状况。

（4）自身行为标准。自身行为标准是每个人在以往生活中形成的稳定的行为模式，即正常标准。事实上，心理健康与否，其界限是相对的，企图找到绝对标准是不现实的，大学生心理健康标准的掌握也同样存在这样的问题。如何把握标准？我们认为应掌握三个原则，即相对性、整体协调性和发展性。我们在研究大学生整体心理健康时，应将目光投向发展的健康观，即更多的大学生在发展中面临的许多人生课题、心理危机与心理困难也都是在发展的大背景下产生的。有的心理困惑是某一群体所特有的，如多重压力之下的大学生，他们的人生期望、职业抱负、学业期待引发了学业压力、就业压力、情感压力等。有些心理问题具有阶段性，当个体心理成熟后会自愈。

### 一、国外学者关于心理健康的标准

美国学者坎布斯认为一个心理健康、人格健全的人应有四种特质：①积极的自我观；②恰当地认同他人；③面对和接受现实；④主观经验丰富，可供取用。

美国人格心理学家奥尔波特认为心理健康包括七个方面：①自我意识广延；②良好的人际关系；③情绪上的安全性；④知觉客观；⑤具有各种技能，并专注于工作；⑥现实的自我形象；⑦内在统一的人生观。

美国心理学家马斯洛和密特尔曼提出心理健康的十条标准：①是否有充分的安全感；②是否对自己有较充分的了解，并能恰当地评价自己的能力；③自己的生活目标和理想是否切合实际；④能否与周围环境保持良好的接触；⑤能否保持自身人格的完整与和谐；⑥是否具备从经验中学习的能力；⑦能否保持适当和良好的人际关系；⑧能否适度地表达与控制自己的情绪；⑨能否在集体允许的前提下，有限度地发挥自己的个性；⑩能否在社会规范的范围内，适度地满足个人的基本需求。

罗伯特·哈维格斯特（R. J. Havighurst）综合许多心理学家的意见，认为个体具有以下九个有价值的心理特质即为心理健康：①幸福感，这是最有价值的特质；②和谐，包括内在和谐及与环境的和谐；③自尊感；④个人的成长，即潜能的发挥；⑤个人的成熟；⑥人格的统整；⑦与环境保持良好接触；⑧在环境中保持有效的适应；⑨在环境中保持相对独立。

斯科特（Scott）提出健康心理应具有十种能力：①一般的适应能力；②自我满足的能力；③人际间各种角色扮演的能力；④智慧能力；⑤对他人的积极态度；⑥创造性；⑦自主性；⑧完全成熟；⑨对自己有利的态度；⑩情绪与动机的控制。

## 二、国内学者关于心理健康的标准

严和锓提出六条心理健康的标准：①有积极向上、面对现实和环境的能力；②能避免由于过度紧张或焦虑而产生病态症状；③与人相处时，能保持发展融洽互助的能力；④能将其精力转化为创造性和建设性活动的能力；⑤有能力进行工作；⑥能正常进行恋爱。

王效道提出，正常心理应具备下列八项标准：①智力水平在正常范围以内，并能正确反映事物；②心理行为特点与生理年龄基本相符；③情绪稳定，积极与情境适应；④心理与行为协调一致；⑤社会适应，主要是人际关系的心理适应协调；⑥行为反应适度，不过敏，不迟钝，与刺激情境相适应；⑦不背离社会规范，在一定程度上能实现个人动机，并结合生理要求得到满足；⑧自我要求与自我实际基本相符。他还认为心理水平可从适应能力、耐受力、控制力、意识水平、社会交往能力、康复力、道德愉快或道德痛苦七个方面加以评量。

王极盛等认为，人的心理健康标准应包括五个方面：①智力正常；②情绪健康：情绪稳定与心情愉快是情绪健康的重要标志；③意志健康：行动的自觉性和果断性是意志健康的重要标志；④统一协调的行为：一个心理健康的人，他的思想与行动是统一的、协调的，他的行为有条不紊，做起事来按部就班；⑤人际关系的适应。

樊富珉提出大学生心理健康的七个标准：①能保持对学习较浓厚的兴趣和求知欲望；②能保持正确的自我意识，接纳自我；③能协调与控制情绪，保持良好的心境；④能保持和谐的人际关系，乐于交往；⑤能保持完整统一的人格品质；⑥能保持良好的环境适应能力；⑦心理行为符合年龄特征。

王希永等认为，心理健康的标准可以概括为：①智力正常，思维方式正确，能唯物辩证地看待社会、看待自己、看待一切事物；②具有高尚的情感体验，能控制自己的情绪；③正确对待困难和挫折，不苛求环境，不推卸责任，有战胜困难的信心、勇气、毅力，有创新意识和开拓精神，顺利时不骄傲自满；④需要是合理的，动机是可行的，有理想、有追求、有社会责任感，精神生活充实；⑤具有自觉的社会公德，具有社会所赞许的道德品质，能恰当地处理好人际关系；⑥经常处于内心平衡的满足状态，出现心理不平衡时，自己可以及时地、成功地进行调整。

李百珍提出七条标准：①心理健康者了解自我、接纳自我，能体验自我存在的价值；②心理健康者能正视现实、接纳他人；③心理健康者能协调、控制情绪，心境良好；④心理健康者有积极向上的、现实的人生目标；⑤心理健康者对社会有责任心；⑥心理健康者心地善良，对他人有爱心；⑦心理健康者有独立、自主的意识。

黄珉珉认为，心理健康的标准有：①能进行正常的学习、生活和工作；②能与他人和睦相处，保持良好的人际关系；③具有健全的人格；④具有良好的情绪体验；⑤具有正常的行为；⑥有正常的心理意向；⑦有良好的适应能力及对紧急事件的适应能力；⑧有一定的安全感，有信心和自立性。

郑日昌认为，心理健康的标准包括：①正视现实；②了解自己；③善与人处；④情绪乐观；⑤自尊自制；⑥乐于工作。

段昌明（美国籍华人）教授等在 2017 年一次网络公开研讨会上，确定心理健康的标准时，她认为心理健康的标准包括四个方面：①个体有清晰的自我期待；②个体能够合理地处理自己与他人的关系；③个体拥有健康的家庭（原生家庭和核心家庭）关系氛围；④个体有自己的信仰。

人的心理健康是指一种持续的、积极的心理状态。个体在这种状态下，能够对环境有良好的适应，其生命具有活力，如果能充分发挥其身心潜能，就可被视为心理健康。据此，人的心理健康水平大体可分为三个等级：一是一般常态心理，表现为心情愉快，适应能力强，善于与别人相处，能较好地完成与同龄人发展水平相适应的活动，具有调节情绪的能力；二是轻度失调心理，表现出不具有同龄人所应有的愉快，与他人相处略感困难，生活自理能力较差，经主动调节或通过专业人员帮助后可恢复常态；三是严重病态心理，表现为严重的适应失调，不能维持正常的生活和工作，如不及时治疗可能恶化为精神病患者。

## 三、大学生心理健康的标准

大学生的年龄一般在 18～25 岁，从心理学的观点来看，正处于成人前期。大学生的心理具有成人前期的许多特点，但作为一个特殊群体，大学生又不能完全等同于社会上的青年。心理是否健康一般采用量表测量，其标准不是固定不变的。心理健康标准随着时代变迁、文化背景变化而变化。根据我国大学生的实际情况，评判大学生的心理健康水平应从以下几个标准着重考虑。

（1）智力正常。智力，是人的观察力、注意力、记忆力、想象力、思维力、创造力及实践活动能力等的综合，包括在经验中学习或理解的能力、获得和保持知识的能力、迅速而成功地对新情境做出反应的能力、运用推理有效地解决问题的能力等。这是大学生学习、生活与工作的基本心理条件，也是适应周围环境变化所必需的心理保证。因此，衡量大学生的智力是否正常，关键在于其是否正常地、充分地发挥了自我效能，即有强烈的求知欲，乐于学习，能够积极参与学习活动。

（2）情绪健康。其标志是情绪稳定和心情愉快，包括的内容有：愉快情绪多于负面情绪、乐观开朗、富有朝气，对生活充满希望；情绪较稳定，善于控制与调节自己的情绪，既能克制又能合理宣泄自己的情绪，情绪的表达既符合社会的要求又符合自身的需要，在不同的时间和场合有恰如其分的情绪表达；情绪反应与环境相适应，反应的强度与引起这种情境的原因相符合。

（3）意志健全。意志是人在完成一种有目的的活动时进行的选择、决定与执行的心理过程。意志健全者在行动的自觉性、果断性、顽强性和自制力等方面都表现出较高的水平。意志健全的大学生在各种活动中都有自觉的目的性，能适时地做出决定并运用切实有准备的方式解决所遇到的问题。在困难和挫折面前，能采取合理的反应方式，能在行动中控制情绪和言而有信，而不是行动盲目、畏惧困难、顽固执拗。

（4）人格完善。人格是个体比较稳定的心理特征的总和。人格完善就是指有健全统一的人格，个人的所想、所说、所做都是协调一致的。人格完善包括人格结构的各要素完整统一；具有正确的自我意识，不产生自我同一性混乱；以积极进取的人生观作为人格的核心，并以此为中心把自己的需要、目标和行动统一起来。

（5）自我评价正确。正确的自我评价是大学生心理健康的重要条件，大学生在进行自我观察、自我认定、自我判断和自我评价时，能做到自知，恰如其分地认识自己，摆正自己的位置，既不以自己在某些方面高于别人而自傲，也不以在某些方面低于别人而自卑，面对挫折与困境，能够自我悦纳，自尊、自强、自制、自爱，正视现实，积极进取。

（6）人际关系和谐。良好而深厚的人际关系，是事业成功与生活幸福的前提。其表现为：乐于与人交往，既有广泛而深厚的人际关系，又有知心朋友；在交往中保持独立而完整的人格，有自知之明，不卑不亢；能客观评价别人和自己，善取人之长补己之短，宽以待人，乐于助人，积极的交往态度多于消极的交往态度，交往动机端正。

（7）社会适应正常。个体应与客观现实环境保持良好秩序，既要进行客观观察以取得正确认识，以有效的办法应付环境中的各种困难，不退缩；又要根据环境的特点和自我意识的情况努力进行协调，或改变环境适应个体需要，或改造自我适应环境。

（8）心理行为符合大学生的年龄特征。大学生是处于特定年龄阶段的特殊群体，大学生应具有与年龄和角色相适应的心理行为特征。

正确理解大学生心理健康的标准应重视以下几个方面：一是标准的相对性。事实上，大学生心理健康与不健康也并无明显界限，而是一个连续化的过程，如将正常比作白色，将不正常比作黑色，那么在白色与黑色之间存在着一个巨大的缓冲区域——灰色区，大多数人都散落在这一区域。这说明，对多数大学生而言，在人生的发展过程中面临心理问题是正常的，不必大惊小怪，应积极加以矫正。与此同时，个体灰色区域也是存在的，大学生应提高自我保健意识，及时进行自我调整。二是整体协调性。把握心理健康的标准，应以心理活动为本考察其内外关系的整体协调性。从心理过程看，健康的人的心理活动是一个完整统一的协调体，这种整体协调保证了个体在反映客观世界的过程中的高度准确性和有效性。事实表明，认识是健康心理结构的起点，意志行为是人格面貌的归宿，情感是认识与意志之间的中介因素。从心理结构的几个方面看，一旦它们不能符合规律地进行协调运作，就可能产生一系列的心理困扰或问题。从个性角度看，每个人都有自己长期形成的稳定的个性心理，一个人的个性在没有明显的、剧烈的外部因素影响下是不会轻易发生变化的。从个体与群体的关系看，每个人在其现实性上可划分成不同的群体，不同群体间的心理健康标准是有差异的。三是发展性。人的健康状态的活动是一个发展的问题，当一个人产生了某种心理障碍并不意味着永远保持或行将加重。一个人形成心理冲突是非常正常的，而且是可以自行解决的。事实上，不健康的心理可能是人的发展中不可避免的发展性问题，它随着个体的心理成长而逐渐调整并趋于健康。

心理健康的标准是一种理想尺度，它一方面为人们提供了衡量心理是否健康的标准，另一方面也为人们指出了提高心理健康水平的努力方向。如果每个人在自己现有基础上能够做不同程度的努力，就可追求自身心理发展的更高层次，从而不断发挥自身的潜能。大学生心理健康的基本标准是他们能够进行有效的学习和生活。如果正常的学习和生活都难以维持，就应该及时予以调整。

## 心理测试

同学们，你觉得自己的心理够健康吗？让我们来做个测试吧！

以下 40 道题，如果感到“常常是”，画“√”；“偶尔是”，画“△”；“完全没有”，画“×”。

**测试题：**

1. 平时不知为什么总觉得心慌意乱，坐立不安。
2. 躺在床上怎么也睡不着，即使睡着也容易惊醒。
3. 经常做噩梦，惊恐不安，早晨醒来感到倦怠无力、焦虑烦躁。
4. 经常早醒 1～2 小时，醒后很难再入睡。
5. 学习的压力常使自己感到非常烦躁，讨厌学习。
6. 课堂上不能专心一致，往往自己也搞不清在想什么。
7. 遇到不称心的事情便较长时间地沉默寡言。
8. 感到很多事情不称心，无端发火。
9. 哪怕是一件小事情，也总是很放不开，整日思索。
10. 现实生活中没有什么事情能引起自己的兴趣，郁郁寡欢。
11. 老师讲概念，常常听不懂，有时懂得快忘得也快。
12. 遇到问题常常举棋不定，迟疑再三。
13. 经常与人争吵发火，过后又后悔不已。
14. 经常追悔自己做过的事，有负疚感。
15. 一遇到考试，即使有准备也紧张焦虑。

16. 一遇到挫折便心灰意冷，丧失信心。

17. 非常害怕失败，行动前总是提心吊胆、畏首畏尾。

18. 感情脆弱，稍不顺心就暗自流泪。

19. 自己瞧不起自己，总觉得别人在嘲笑自己。

20. 喜欢跟比自己年幼或能力不如自己的人一起玩或比赛。

21. 感到没有人理解自己，烦闷时别人很难使自己高兴。

22. 发现别人在窃窃私语，便怀疑是在背后议论自己。

23. 对别人取得的成绩和荣誉常常表示怀疑，甚至嫉妒。

24. 缺乏安全感，总觉得别人要加害自己。

25. 参加春游等集体活动时，总有孤独感。

26. 害怕见陌生人，人多时说话就脸红。

27. 在黑夜行走或独自在家时有恐惧感。

28. 一旦离开父母，心里就不踏实。

29. 经常怀疑自己接触的东西不干净，反复洗手或换衣服。

30. 担心是否锁门和可能着火，反复检查，经常躺在床上又起来确认，或刚一出门又返回检查。

31. 站在经常有人自杀的悬崖边、大厦顶、阳台上时，有摇摇晃晃要掉下去的感觉。

32. 对他人的疾病非常敏感，经常打听，害怕自己也身患同病。

33. 对特定的事物、交通工具（电车、公共汽车等）、尖状物及白色墙壁等有恐惧倾向。

34. 经常怀疑自己发育不良。

35. 一旦与异性交往就脸红心慌或想入非非。

36. 对某个异性伙伴的每一个细微行为都很注意。

37. 怀疑自己患了不治之症，反复看医书或去医院检查。

38. 经常无端头痛，并依赖止痛药或镇静药。

39. 经常有离家出走或脱离集体的想法。

40. 感到内心痛苦无法解脱，只能自伤或自杀。

**测评方法：**“✓”得2分，“△”得1分，“×”得0分。

测评分析：

1. 0～8分：心理非常健康，请放心。

2. 9～16分：属于心理健康的范围，但应引起注意，也可以找老师或同学聊聊。

3. 17～30分：在心理方面有了一些障碍，应采取适当的方法进行调适，或找心理辅导老师咨询。

4. 31～40分：黄牌警告，有可能患了某些心理疾病，应找专门的心理医生进行检查治疗。

5. 41分以上：有较严重的心理障碍，应及时找专门的心理医生治疗。

# 第三节 大学生心理发展任务及特点

## 一、大学生心理发展任务

### （一）心理发展的概念

人的心理是处于不断发展的过程中的，所谓心理发展，通常是指个体在胚胎发育、出生、成熟、衰老直至死亡的整个生命进程中所发生的一系列生理和心理的变化。

个体的发展包括生理发展、人格发展、个体与他人的关系的社会性发展及认识的发展四个方面。这些发展的内容实际上包含两个不同的方面：一是指个体的生长和成熟，受生理规律支配，是遗传带来的变化，随时间的进展自然发生。只有在营养不良或严重疾病条件下，才会打乱这种变化。二是个体与环境相互作用而产生的变化。对于人的心理发展来说，这两个方面都是很重要的。

### （二）心理发展的任务

心理发展的重要任务是亲密与孤独。

1. 亲密

(1)12～16 岁是人友情发展阶段，人的知心朋友大多是这个阶段获得的，这些友谊会维持终生。这段时期的友情主要是自我认同的产物，往往与自己个性相似，彼此从对方那里看到自己的好，好玩、有意思、忠诚、互助是其特征。

(2)16～23 岁发展的友情是志同道合，跟个性无关，跟精神、道德、品行、宗教信仰、哲学态度、社会价值观、兴趣爱好有关。相处的特征是互相欣赏，能力互补，价值观与生活方式相同。

但大学结交朋友不是心理需求的重点，重点在于亲密。亲密关系的获得与维持才是大学阶段必须完成的心理发展任务。

①异性间的亲密：交男朋友或者女朋友，体验在亲密关系中的自己。人会选择一种自我“面具”，或称外显人格。在亲密关系中很多没有处理好的、不成熟的自我会暴露出来。不少的人喜欢自己，却不喜欢恋爱中的自己，人的自我会在亲密关系中快速成长。

②重建与父母的亲密：每个人都会在青春期后期，在情感与亲密上远离父母，甚至带有对父母的否定情绪，这是人格发展的必由之路，无可厚非。精神动力学的学者认为人只有通过对父母权威角色的否定来获得自我的独立与自由，从与父母的关系中体验依恋—依从—对抗—独立这个心路历程。当我们真正成熟、独立以后，内心需要一个回归，重归父母的怀抱。重建与父母的亲密有两个界别：第一，从父母的言语行为中感觉浓浓的爱；第二，学会关爱体贴父母，报喜不报忧，与父母分享好的情绪，不让父母为自己操心。

③发展社会亲密感与信任：爱自己的国家、人民，遵守法纪。认同自己民族的文

化与信仰。爱自己的学校与同学，愿意与他们共荣辱，共命运。具体到实际是，首先是你给予社会、他人的贡献与你从社会、他人中获取的利益平衡。

其次是乐观主义与现实主义的平衡。乐观主义：快乐是自己的事，并不需要别人认可，没有统一的标准。主动快乐的人不会因为买不起鞋、不得不赤脚行走而痛苦，因为他们庆幸自己还有一双健康的脚。现实主义：快乐存在通约标准，需要社会认同。如果我学习顺利，受到同学老师的喜爱，家庭经济富足，人长得英俊漂亮，我是快乐的。

最后是能理解社会伦理的悖论情景。任何社会规定对一部分人好，就意味着对另一部分人不那么好。看规定是让多数人获益还是让少数人获益，但弱势人群总是少数人。列举一个悖论情景：一个火车司机发现制动刹车失灵，火车无法停靠站台，继续驶向前方。前方铁轨上有五个工人在劳动，意味着这一事故会导致五人伤亡。但到达五人的前面有一个岔道，那条铁路上只有一个工人在劳动，你可以做一个选择，是任随火车轧死五人，还是改变行进方向，轧死一个人。悖论情景：如果轧死五个人，是不可控的自然事故，与你关系不大。如果轧死一个局外人，是你的决定所致，可能会终生内疚。如果你是那位司机，你的选择是什么？

2. 孤独

孤独是生命中重要的体验，乐于享受孤独是说起来容易，做起来难的事情。但是，如果你害怕孤独，你可能难以坚持自己，也可能会在与人的关系中剥削别人，或者在人际中对他人存在过大的期待。你选择自由，代价是必须承受得起孤独。亲密关系让你回避孤独感，但需要失去相对的自由。

## 二、大学生心理发展特点

### （一）个体心理发展的一般特点

1. 心理发展的阶段性

个体的心理发展存在着阶段性，不同年龄阶段有着不同的心理特点。以思维发展为例，童年期以具体形象为主要形式，逐渐过渡到以抽象逻辑思维为主要形式；少年期抽象逻辑思维逐渐占主导地位，但在很大程度上还属于“经验型”；青年初期不仅抽象逻辑思维具有更高的理论性和概括性，而且开始形成辩证逻辑思维；大学阶段理论逻辑思维和辩证逻辑思维逐渐占主导地位。

2. 心理发展的连续性

个体的心理发展是连续不断的由低水平到高水平向前发展的过程。各个相邻阶段的发展是相互联系、逐渐过渡的，前一阶段为后一阶段准备了条件，后一阶段是前一阶段的继续和发展。因而前一阶段往往包含了后一阶段的某些特征，而后一阶段又往往遗留着前一阶段的特征，表现出明显的连续性。

3. 心理发展的顺序性

个体的心理发展具有一定的顺序性，不论是总的心理发展，还是各种心理过程和个性心理的发展，都遵循着一定的顺序，即由低级向高级发展，这是一个不可逆的发展过程。例如，记忆总是从无意记忆、机械记忆向有意记忆、意义记忆发展；情感总是由喜、怒、哀、乐等一般情绪发展到道德感、理智感、美感。掌握心理发展的顺序性可以使我们预见人们的心理和行为的变化，从而能促进和指导其发展。

4. 心理发展的联系性

在个体心理发展过程中，心理的各方面，即各种心理过程之间、个性心理特征之间、心理过程和个性心理特征之间是相互联系、相互制约的。例如，感知的发展是记忆发展的前提，而记忆的发展又影响着感知的发展。思维的发展建立在感知为它提供的感性基础上，而思维的发展又使感知得到改造、完善，并获得概括的性质。

5. 心理发展的差异性

在个体心理发展过程中，心理的各个成分的发展速度和达到成熟水平的时期存在着差异。有的发展较快，在较早的年龄阶段即已达到较高的发展水平；有的发展较慢，到较晚的年龄阶段才达到成熟水平。例如，感知在童年期、少年期就能得到充分的发展，而思维却要到青年期才能得到充分的发展。另外，同一年龄阶段的人的同一心理过程与个性心理特征的发展速度、发展水平和达到成熟水平的时期也是各不相同的。

### （二）大学生心理发展的一般特点

1. 大学生心理发展的基本水平

国内学者张增认为，大学生主要处于成人前期，从心理发展水平来说，正在走向成熟而又未真正成熟。从平均年龄来看，目前在校生平均年龄为 19～22 岁，他们的生理在某些方面虽然还继续有所发展，但基本上已经成熟。但从心理发展来看，尚未达到完全成熟的水平，特别是在对社会问题的认识方面，他们只能算是“准成人”。尤其应该提出的是，大学生主要的活动是学习，而且在生活的各个方面都不像中学生那样经常直接处于家长和教师的约束之下，而是比较“自由”和“开放”的。在处于走向社会的过渡期中，他们往往不易深刻体会社会的准则以及他人的思想感情，总以为别人对一切都应该和自己设想的一样，因而在思想情感上容易与学校及社会的要求不一致。如果我们以人生观的形成作为心理发展成熟的主要标志，青年大学生也正处于形成人生观的关键时期，只有到了青年中后期，其人生观才较为稳定。

2. 大学生心理发展的特点

大学生正处于成人前期，研究表明，在生理发展方面，大学生身体各器官系统的解剖生理（包括大脑皮层的结构和机能）已经接近成熟或达到成熟，这为他们的独立生活和学习提供了必要的生物前提。而其生理发展接近或达到成熟必然进一步促进其心理的变化。

（1）成人感和独立性明显增强。随着生理特性的成熟，大学生不仅从体态上感到自己已像个成人了，而且从内心体验上加强了这种成熟感，因而他们强烈要求成人和社会把他们当作成人看待，极力摆脱成人对他们的约束和干涉，强烈要求独立自主。

（2）智能发育到高峰期，精力旺盛。大学生正处于人生充满活力的青春期，精力充沛、血气方刚、思维敏捷、充满热情、富有创新精神，对未来充满憧憬，易接受新生事物，需求多元化，尤其是精神方面的需要（要求丰富多彩的文化生活、希望自己取得成就、关心社会和个体未来的发展等），强烈渴望参加各种社团组织以锻炼和展示自己的能力，获取更多的人生经验。

（3）自我意识增强。自我认识和自我评价能力明显提高，自主性和自尊心增强，自我需要增加。但有些急功近利，在某些需要不能满足时，又怀疑自己的能力并走向自卑。

（4）情感丰富但情绪不稳定。由于各种需求的增加，情绪体验丰富多彩，但由于心理不够成熟，自我控制能力较弱，情绪的波动性较大。

（5）注重友谊，交往需求迫切。大学生渴望友谊和被理解接纳，人际交往范围扩大，交往能力提高。但由于交往心理不够成熟，对人际关系期望过高，有时可能因陷于交往误区而烦恼。

（6）性意识发展迅速，异性交往愿望强烈。大学生虽然在生理上性发育已成熟，但在性心理发展、性角色观念和性角色行为等方面亟待完善。大学校园是青春洋溢的世界，每一个大学生都有充分的机会与同龄异性接触，因此性意识的迅速发展以及与之相伴随的恋爱问题便成为大学生心理发展过程中的一个重要的内容。但正确的性角色观念和性角色行为尚未完全建立，他们往往不善于处理与异性交往及恋爱中的一些问题，导致心理冲突，影响其身心健康。

## 第四节 影响大学生心理健康的因素

人的心理健康是一个极为复杂的动态过程。影响大学生心理健康的因素很多，概括起来主要包括遗传与生理因素、环境因素和个体的主观因素。

### 一、遗传与生理因素

遗传是指机体的生理解剖结构和技能特性由上一代传给下一代。一般来说，人的心理活动是不可以遗传的，但是作为一个身心兼备的整体，与遗传因素的关系又是十分密切的，一个人的躯体、气质、智力、神经等的活动特征都是受遗传因素的制约的。遗传因素也是产生精神疾病的重要原因。

生理因素主要是指人的身体和神经系统等方面的特点。研究发现，生理方面的问题也是引发心理问题的重要因素。首先，母亲孕期身体有病、营养不良、情绪不好，可能影响到孩子的健康和生理发育，进而影响到其心理功能的正常发展。其次，脑神经递质的变化也会对人的心理状态和精神产生重要的影响。最后，维持人的心理健康，有赖于脑和整个神经系统保持正常的生理机能。有少数大学生因为遗传等因素的影响，在长相、身材等方面存在一些先天的生理缺陷；或是身体素质不好，患有疾病，在学习和训练的过程中往往感到力不从心；或是存在个性缺陷，如性格内向、心胸狭窄、孤僻封闭、急躁冲动、固执多疑等。这些因素很容易使大学生产生“我不如人”的心理，久而久之，造成严重心理负荷，这样的恶性循环将使其心理承受力越来越差。

## 二、环境因素

环境因素包括自然环境和社会环境等诸多因素，它们都会影响到人的心理健康，尤其是社会环境中的各种因素，如社会制度、劳动条件、社会关系、人际交往等。生活环境的变化是促使整个人心理发生变化的基础。从中学到大学，令人感触最深的莫过于换了一个环境，开始过独立的但又是集体式的生活。它要求大学生们既做到生活自理，又有奉献精神。但由于当代大学生绝大多数都是独生子女，不少人往往会因第一次离开父母、家庭而缺乏生活自理能力和不适应集体生活、孤独寂寞而感到压抑与焦虑。

家庭环境是社会环境的重要模块。家庭环境对一个人的心理起着至关重要的作用。家庭是人生的奠基石，父母是孩子的第一任老师，对学生成长与成才的影响是长久而深远的。家庭环境对个人心理的影响主要包括家庭的情绪氛围、父母的教养态度和教育方法、家庭结构的变化、家庭经济状况四个方面。家庭的情绪氛围是良好心理素质形成的前提，家庭成员间的语言及人际氛围，直接影响着家庭中每个成员的心理，对个性逐渐成熟的大学生的影响具有特别的意义。父母的教养态度和教育方法直接影响孩子的行为和心理，民主、平等而非命令、居高临下，开明而非专制。潜移默化而非一味娇宠的教养态度和教育方法有利于学生心理的健康发展。家庭结构的变化如单亲家庭、重新组合家庭等因素必然会对正在读书的大学生心理产生一定影响。家庭经济状况特别是困难甚至贫困家庭的大学生易产生心理不适感。由于家庭环境带来的心理问题，其影响是深远而长久的。

## 三、个体的主观因素

个体心理是否健康，除了同客观环境的各种因素有关外，更同个体的主观因素有关。个体的应对方式、自我概念、自我评价、归因方式和人际关系的处理，都会对自身的心理健康产生影响。其中，个体处理生活中应激事件的能力也是影响心理健康的一个重要因素。

应激事件是指人们在日常生活中遇到的各种各样超出平常处理能力的事件。应激事件的出现不仅是测量应激能力的一种方法，也是预测身体和心理健康的一项重要指标。大量的研究表明：即使是中等水平的应激事件，如果它们连续发生，对个体抵抗力的影响也会累加，因而同样非常严重。如大学生经历人际关系的疏离、评优失败及失恋后，会出现明显的心理不适。

在应激事件中，重要丧失对大学生心理健康起着消极作用。如重要人际关系的丧失、荣誉的丧失等。重要人际关系主要是指与家人、朋友，特别是异性（恋人）的关系。这种关系一旦丧失或出现问题，不仅会影响到大学生的情绪以及学习和生活，更重要的是，可能会极大地影响到大学生对自身及今后人生的看法。

## 思考与练习

1. 大学生心理健康的标准是什么?

2. 大学生常见的心理问题有哪些?

3. 大学生心理健康教育有什么意义?

4. 结合自身生活经历，描述生命中对你来说曾经比较重大的一次（或多次）应激事件、心理事件甚至心理危机，以及它们对你造成的影响。当时你是如何处理的，它给你带来的人生启示是什么?

5. 简述个体心理发展的一般特点。

6. 简述影响大学生心理健康的因素。

# 第二章　心理咨询与辅导

## 你的学习目标

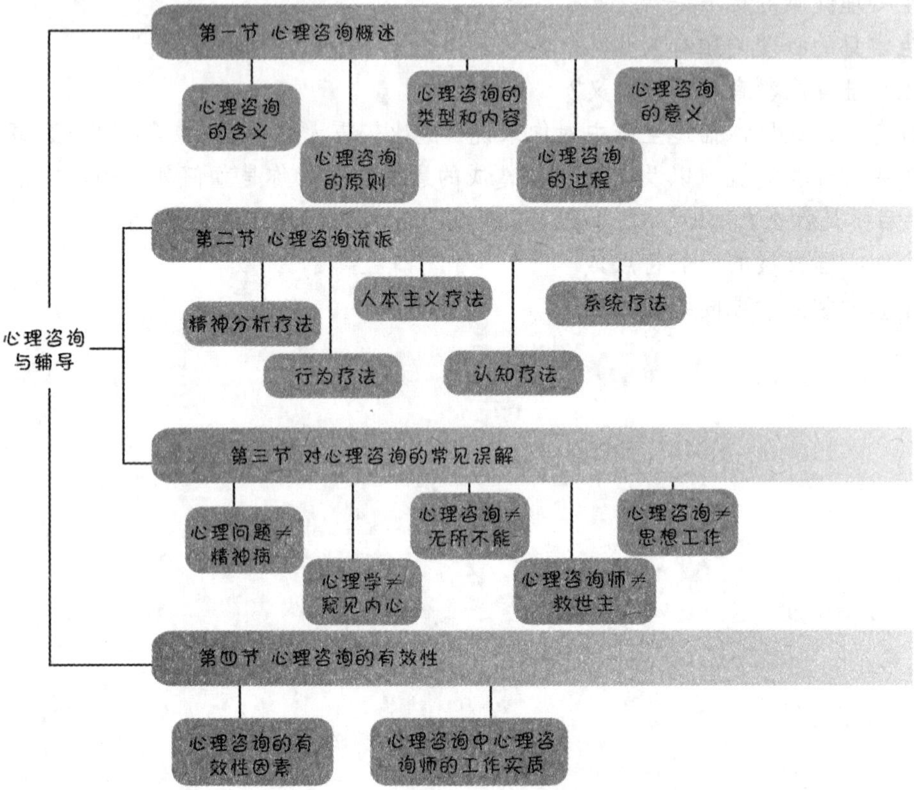


## 本章导航

近年来，随着人们对大学生心理健康与人格发展的重视，心理咨询在我国高校得到迅速发展。心理咨询是了解大学生思想动态和心理变化的窗口，对矫正大学生的不良心理行为、调节情绪、发展和完善人格、促进身心健康和谐发展会起到任何教育形式都无法替代的作用。在大学阶段，每个学生都有可能遇到各种各样自己排遣不开的烦恼，面临心理的冲突或困惑，不得不求助他人，希望在别人的帮助下，摆脱心理不良因素的干扰，走出心灵的阴影。因此，心理咨询工作在大学成为必不可少的内容。

大学生心理咨询活动的开展，有利于大学生开发心理潜能，优化心理素质，防止心理疾病，提高心理健康水平，促进其德、智、体全面发展。目前，心理咨询已成为学校德育教育的有机组成部分，成为学校管理的重要内容。本章将介绍有关心理咨询的一般学说、原则及心理咨询中的基本常识问题、心理咨询的方法等。

【心理咨询案例】

某男，18 岁，大一下学期新生，计算机专业。此次节选了第一次会谈中第 40 个谈话轮至第 56 个谈话轮。D：代表来访者；Z：代表心理咨询师（本案例是真实的咨询个案录音转逐字稿，×代表省略其个体真实信息）。

**40**

D：就是学习上的那种，你上课也会认真听讲，即使听不懂你还是会听，作业也会做。然后到了这学期就是，就是完全听也不想听的那种，做不想做的那种。

Z：这学期，你对上课、作业完全不感兴趣了。

**41**

D：对。

Z：感觉自暴自弃了，不知道下一步该怎么办？

**42**

D：对。

Z：我期待，我们俩的努力会给你带来一个解决办法。这或许可以定为我们的目标。

**43**

D：其实我现在非常想回去复读。

Z：你知道自己要走的路，很想回去复读。

**44**

D：嗯！

Z：你好像有些犹豫和害怕。

**45**

D：嗯，父母应该不会愿意。然后我还记得印象最深刻的一件事情，之前，也就是一年前填志愿的时候，因为我考的那个分数也是刚过××的线，但是也比较高了。然后，刚好就是分数出来了之后，到填志愿中间有一段过程，他们也没帮到我什么。也是因为第一次经历这种事情，我也不知道该怎么做，我以为就是到学校去，然后老师会告诉你怎么做，结果就是那天填志愿的时候就是去学校之后，是之前自己看好了要选什么学校，就直接填了，然后老师也不会管你，因为这是对人生很重要的一件事情，老师也不会给你什么建议之类的，我当时就慌了。我从小，嗯，算是从初中开始，我一直想当一名老师，我的父母问我想填什么，我当时就想填师范专业，我当时就很天真地认为，就不想跟他们说，如果说了他们肯定会干涉我很多东西，然后，后来，填的时候，我跟他们说，他们就非常不同意，然后找各种亲戚来说服我。

Z：你很想填报师范专业，但是父母想把他们填报志愿的想法强加给你。

**46**

D: 对。他们各种不同意，于是就找各种人来说我，说这不好。然后我们的班主任也是不同意的，说我考这么高的分数读师范可惜了。再说这个时候，我也不知道自己是可以教什么，其实我那时高中的成绩是英语成绩最好。如果想当老师的话，我应该是当一名英语老师。现在我觉得，英语也不是特别好找工作之类的。当时有一个××的学长去招生去说，你来××读其他专业，其实考了教师资格证也是可以当老师的。所以我当时就放弃了这种想法，没有去填师范类的专业。填现在这个专业我自己也不懂，别人也不知道！我完全不知道自己去查一下。其实我对那种科技技术方面的专业完全不感兴趣。

Z: 嗯，你对现在这个专业完全不感兴趣。

**47**

D: 对，我现在看着我们学校教学楼有什么科技讲座什么什么的，我一点儿兴趣都没有。然后那天晚上，我填志愿，我妈妈(眼眶含着泪水，好像要哭了，口唇干渴，头上冒汗)看着那个填志愿的表，她就直接告诉我说这个好就直接填这个吧，其实她自己什么都不知道，我觉得那是我人生当中最最最悲哀的一件事情，填专业，这个在我人生当中这么一件重大的事情。当时我妈妈说哪个名字看得顺眼就填哪个，我当时看得特别特别的悲哀。然后我就没什么感觉就直接填到××的这个专业。

Z: 你觉得妈妈很简单地决定了你人生中的重大事件，你对这件事情很愤怒，同时也很无奈。

**48**

D: 是的，很无奈，很愤怒。不过，她也是听别人说的那个专业好，其实她自己完全不知道，当时我就觉得，那随便吧，我觉得无所谓了。那个就感觉挺绝望的，就是这件事情让我印象特别的深刻。

Z: 妈妈对填志愿干涉，这件事情让你觉得很绝望。

**49**

D: （叹了口气）其实我觉得，嗯，到了哪一步，都是自己的选择，如果我当时坚持不报这个专业，坚持去读师范专业，他们也拿我没有办法。但是因为那个时候自己什么都不懂，然后意志也不坚定所以就成这样了。

Z: 感觉你是在怪自己，是因为你自己的意志不坚定导致了你现在的后果，所以不能怪别人，只能怪自己。

**50**

D: 是的，然后，我现在学的这些课程我也学不好，也不擅长，自己也不想去努力，自己就自暴自弃，然后到了大学也没人管，然后自己就处于一种比较轻松的状态，就感觉自己越来越颓废，也没办法克制住。就比如说你玩手机，其实玩手机，玩的过程当中是非常的累，但就是不想做作业，就这样一个颓废的状态。玩了之后呢，看了自己的那些课程，更有一种很烦的那种感觉。然后现在学的那些课程，我觉得老师讲得也非常快。我的大学老师和高中老师的区别在于，第一，他不按课本来讲，然后他讲得是非常快的，他讲，反正他讲完了，你自己觉得怎么样是你自己的事。然后我就跟不上，渐渐地我就不想学习了。即使跟得上，我自己也不感兴趣。我现在有一个很大的问题，我想说，即使我回去复读，读了我自己喜欢的专业，还会不会碰到这样的老师呢？会不会自己还是这样一个很颓废的状态呢？自己还是不想努力，还是很懒的这种状态，那读不读也没有什么影响。

Z: 所以你现在对自己、对复读也是持一种怀疑的态度。

**51**

D: 对，我也不确定，即使是自己读了一个自己喜欢的专业，会不会改变现在这种状态呢？但是现在这个专业确实一点都不感兴趣，然后，自己觉得很难，就是这样的。

Z: 我感觉你现在手一直在不停地动，让我感觉到，你现在特别焦虑，而且不知道该怎么样去做。

**52**

D: 对。

Z: 你好像特别期待我能在这时给你建议。

**53**

D: 是的。

Z: 如果说单纯的就是解决这样一件事情呢，我倒是有建议可以提供给你，供你参考。你刚刚说考虑到复读，其实你自己也在怀疑，即使复读了，也不一定会比现在要好。

**54**

D:对。

Z: 嗯，那，你现在才大一，可不可以先让自己的担心、焦虑都放在一边，平静下来，做好你手头的事情，即使不喜欢，也可以先尽自己最大的努力去做，不管是否做得好。

**55**

D: 我做不到平静。我现在就是才大一，所以有那么多感觉不想学。到了大二大三，可能课程更多，我真的是觉得自己不会。可能会比现在有更糟糕的一种情况存在。

Z: 好像我的建议对你来说没用。你对现在很烦躁，对未来也特别焦虑。

**56**

D: 不是没用，是我做不到。我是不是很没用。

Z: 啊，你觉得你自己没用，你把建议对你没有用，好像等同你自己这个人没用。

D: 嗯，就是我自己没用，就是……

**案例分析：**

该案例是一个真实案例，节选录入教材已得到来访者同意，省略可以识别的具体信息。首次心理咨询主要进行心理主题的确认。在节选材料中，可以发现来访者是有很多主题需要进行探讨的，如情绪处理问题、自我探索问题、自信心建立、家庭关系问题、职业生涯规划问题等，至于咨询怎么进行下去，就看来访者做出改变的意愿程度。

在节选的咨询中，心理咨询师（笔者）用了同感、具体化等咨询技术进行第一次会谈，并在第一次会谈中建立咨询关系，确定需要在后期要谈论的咨询主题与目标。

## 第一节　心理咨询概述

### 一、心理咨询的含义

从以上案例可以看出，心理咨询是运用心理学的专业知识和相应技巧，针对来访者的心理问题给予具体反馈，帮助来访者意识到自己目前的状态，期待达到未来的目标状态，以及维护和增进心理健康状态，不断开发潜能并达到自我实现的过程。

从以上定义可以看出：首先，心理咨询是一种人际帮助活动。咨询必须有双方才能进行，一方寻求帮助，一方提供这种帮助。前者是一名或数名需要帮助解决问题或者困难的来访者（也称当事人或求助者），后者则是受过心理学的专业训练、能够提供这种帮助的心理咨询师。所谓帮助，是指心理咨询师依据一定的心理咨询理论，针对来访者的特殊问题，运用一定的方法、技术或创设一定的条件来影响来访者并使其问题或困难得到解决，或者达到某一特定的咨询目标。这里的帮助并不是心理咨询师要代替他人做出明智的决定，而是帮助他们让自己做出明智的决定。用一句话来概括就是助人自助。

其次，心理咨询是一个人际互动过程。互动又称相互作用，指两个人（主体）相互发生影响。咨询是一种互动，是双向而非单向的信息交流。这就意味着不仅心理咨询师在影响、改变来访者，来访者也在影响、改变心理咨询师。心理咨询师对来访者的影响和改变自不待言，也很好理解，而来访者对心理咨询师的影响又是怎么回事呢？例如，心理咨询师要全面了解来访者的真实情况，这表面上看来是来访者在说、咨询员在听的简单的事情，其实不然。假如来访者在说的过程中发现心理咨询师的神情不专注，或者面有疑色，他就会对此做出反应，决定是否说下去或说什么。而他的反应又决定心理咨询师能否继续收集或改变策略收集来访者全面客观的真实情况。咨询中发生的行为改变，主要是透过这种互动实现的。

心理咨询作为一个过程，不仅指咨询的功能在整体上是有机联系的，也指在事件上，咨询不是一次谈话，或打一个电话就能奏效的。尽管一次谈话或打一个电话也能收到效果，但大部分问题的解决需要一个过程，通常三到五次或七到八次不等，常规的咨询应是每周一次，每次 50 分钟左右，周期长的咨询可能要持续数年（精神动力学派的咨询次数通常较多）。

最后，心理咨询是针对来访者的心理问题。来访者的困惑或问题应该是心理、态度或行为上的，如人际交往障碍、心理冲突、消极情绪的困扰或不良行为习惯等。虽然许多心理困惑与人的日常生活事件有直接关系，但心理咨询关注的是人在面临这些生活事件时心理适应调整问题，而不是生活事件本身。例如，有人找心理咨询师询问如何消除自己讨厌的狐臭，还有人找心理咨询师咨询少年白头问题。这些问题本身并不是心理问题，但是它们作为诱因，会引发一些心理困扰。如何摆脱这些困扰，如怎样在身上有狐臭、头顶上有白发的情况下，更加振作精神，积极健康的生活，才是心理咨询应该解决的问题。

总之，心理咨询是针对来访者的心理困惑而言的，既不是简单的同情和安慰，也不是东奔西跑地代替来访者去取得成功，而是帮助来访者正视自己的感觉和面临的问题，提供解决问题的思路和参考建议，协助来访者看到问题及解决问题的各种可能性，从而使来访者能更加主动积极地做出选择。

## 二、心理咨询的原则

心理咨询的原则即心理咨询师在工作中必须遵守的基本要求，它是心理咨询师在长期的咨询实践中不断认识并逐步积累的经验。例如，美国心理学会在接纳会员时，必须遵循的原则是：①职责；②能力；③道德和法律的准则；④公开声明；⑤缄守秘密；⑥消费者的利益；⑦职业联系；⑧技术评价；⑨对人的研究；⑩关心与使用动物。

中国心理学会临床与咨询心理学专业机构与专业人员伦理守则制定工作组于 2007 年 1 月发布了第一版《中国心理学会临床与咨询心理学工作伦理守则》。该守则是临床与咨询心理学注册心理师的专业伦理规范以及处理相关临床与咨询心理学专业伦理申诉的主要依据和工作基础。该守则分为总则和具体分则。该守则总则包括善行、责任、诚信、公正和尊重。

该守则具体包含：①专业关系；②隐私权与保密性；③职业责任；④心理测量与评估；⑤教学、培训和督导；⑥研究和发表；⑦伦理问题处理。

## 三、心理咨询的类型和内容

### （一）心理咨询的类型

（1）门诊咨询。它是高校最基本的咨询形式。通过咨询预约，根据预约时间在大学生心理健康教育中心进行定期门诊心理咨询。在一些较大的精神专科医院、精神病防治院、精神卫生中心和综合性医院大多也设有心理咨询门诊，并安排经验丰富的医生、心理专家定期出诊，来访者可按一般门诊手续就诊，咨询医生同样要建立病历，详细记录，咨询次数可根据实际情况而定。

（2）通信咨询。它是以书信方式为主的咨询。通信咨询存在很多缺点，如咨询者表达不清、文字有误，心理咨询师又不能当面聆听咨询者的诉说和进行非言语的观察，因此常常解决问题不深刻、不透彻，有时还可能产生误解。

（3）电话咨询。它是一种简便易行的咨询。现代社会的快节奏与激烈的竞争使人与人之间缺乏应有的接触和帮助，因而易产生情感性障碍。为了防止心理危机的蔓延，可利用电话进行咨询。心理咨询师会对电话求助者给予倾听、同感、反馈，或约定时间进行门诊心理咨询，以协助求助者度过心理危机期。

（4）现场咨询与专题咨询。现场咨询是心理咨询师深入到班级、宿舍或其他活动现场，对求助者提出的心理问题给予帮助的一种形式。专题咨询就是针对某一共同心理问题进行讨论和分析，以寻求解决方法。

（5）网络咨询。网络咨询是心理咨询师利用现代媒体（电子邮件、QQ、微信等形式）与求助者进行交流并给予帮助的一种形式，因其匿名性，可以很好地保护个人隐私，深受广大学生的喜爱。

**（二）心理咨询的内容**

心理咨询的内容十分广泛，自我探索与成长、学习问题、转专业辅导、学校生活问题、家庭问题、情感问题、人际关系问题、情绪困扰、生理健康状况、职业生涯规划、性别认同与同性恋、心理测验实施和解释、精神问题评估等各个方面的问题都可以寻求心理咨询师的帮助，而且可以是个别心理咨询，也可以是团体心理咨询。

## 四、心理咨询的过程

心理咨询是一种探索过程、教育过程和成长过程，这个过程是由若干阶段构成的。

1. 建立咨询关系阶段

在这一阶段里，心理咨询师要与来访者建立起一种有效的咨询关系。其方法主要来自罗杰斯（Rogers）的来访者中心或以人为中心的治疗方法。建立良好咨询关系的潜在价值是不可忽视的，因为它是咨询过程中的特殊组成部分，表明心理咨询师关心来访者，并将其视为独特而值得关注的人。对于来访者来说，良好的咨询关系能帮助他们对心理咨询师建立起足够的信任，以便能够更真诚地探索自己的内心世界。对来访者来说，关系的建立只是他们在咨询中寻求各种选择和变化的必要条件，而不是充分条件。

2. 评估及确立目标阶段

该阶段常常与第一阶段同时或稍后进行。心理咨询师在这个阶段中，要帮助来访者探索和了解自己和自己的问题。评估问题能使心理咨询师和来访者更全面、深入地了解究竟发生了什么事情，究竟是什么促使来访者来进行咨询。评估中所获得的信息对于规划咨询策略是极具价值意义的。找出问题和困难后，心理咨询师与来访者还要一起制定预期目标，即来访者希望通过咨询而得到的结果。预期目标同样可为规划咨询策略提供有用的信息。

3. 干预策略的选择与补充阶段

心理咨询师的任务是促进来访者顿悟并做出相应的行为。顿悟是有用的，但仅靠顿悟的作用是不够的，其作用远不如在顿悟基础上将顿悟转化为特定行为的联合作用。为了达到这一结果，心理咨询师与来访者要在评估资料的基础上，选择并安排好行动计划或干预步骤，以使来访者取得预期目标。制定干预步骤时，重要的是选择那些与问题及目标相关联的策略方法，而且不要让所选择的策略与来访者的基本信念和价值观相冲突。

4. 评估及终止咨询阶段

评估及终止咨询阶段要做的是评估心理咨询师干预措施的有效性，以及来访者取得目标的进展情况。这种评估会使心理咨询师知道何时可以结束咨询，何时需要修补干预行动计划。而且，评估结果中具体可见的进步也常常会鼓励、强化来访者。

## 五、心理咨询的意义

目前，心理咨询已成为学校德育教育的有机组成部分，成为学校管理的重要内容。

（1）心理咨询有助于提高大学生对自身心理健康素质的培养，预防重大心理障碍和恶性事件的发生。

由于社会生活的纷繁复杂及各种压力，大学生们随时都面临来自各方面的心理应激。及时地进行心理咨询，可以使学生们很好地处理各种矛盾。合理咨询能有效预防重大心理障碍的产生，杜绝恶性事件的发生。

（2）心理咨询对于大学生的成才有着重要意义。

健康的心理是大学生接受各种教育、学习科学文化知识的前提，是在校期间正常学习、交往、生活、发展的基本保证。心理咨询就是针对大学生在校期间遇到的发展问题进行辅导。例如，一个大学生如果经常处于焦虑、抑郁、自卑、猜忌等心理状态中，就无法与周围的同学形成良好的关系，就无法在学习、生活各方面发挥自己的潜能。心理咨询在大学生心理健康上多一份帮助，就等于在他们的成长和发展上多增加一份筹码。现代社会的竞争，实际上就是人才的竞争，而心理素质是人才的主要特质。重视心理咨询，就是重视人才的培养。其实，大学生心理咨询活动的开展，有利于大学生开发心理潜能、优化心理素质、提高心理健康水平及促进德、智、体全面发展。

# 第二节 心理咨询流派

心理咨询的理论流派和模式众多，从 20 世纪 20 年代初至今，各种理论此起彼伏，发展迅速。其中，对心理咨询过程的性质、目标、方法等方面影响最大的有四个流派的理论，即精神分析理论、行为主义理论、人本主义理论和认知理论。精神分析理论的创始人为弗洛伊德，该理论强调无意识的冲突对行为的主导作用和重要影响，认为非理性的意欲与外界现实在内心引起的冲突是精神异常的原因。行为主义理论的主要代表人物是斯金纳等，该理论强调环境决定人的行为，行为的产生受当时行为条件的制约，即行为会因情境而改变。人本主义理论的主要代表人物有马斯洛、罗杰斯等，该理论强调以人为中心，关心的是个人的创造性和自我实现。认知理论强调认知的决定性作用，认为心理障碍源于不正确的认知，主张改变认知以纠正心理障碍。

## 一、精神分析疗法

精神分析疗法的理论依据是精神分析理论。该学派是奥地利心理学家弗洛伊德于19世纪创立的，是咨询史上影响最深远的一种理论。

### （一）理论要点以及咨询技术特征

（1）精神分析学派认为人的心理现象包括前意识、意识、潜意识三部分。该学派将个体的人格分为本我、自我和超我三部分。人的大部分心理活动是在潜意识当中进行的，所以许多行为都是受潜意识支配的。本我处于潜意识中，受本能支配，依照快乐原则行事；超我代表社会规范的要求，按照至善原则行事；而自我处于二者之间，按照现实原则行事。人格的发展就是在三者之间不断发生冲突并不断得到协调的过程中实现的。如果三者关系失调，就会导致各种神经症。

（2）个人消除焦虑、维护心理健康时，常常采用“自我防御机制”，如否认、补偿、合理化、转移、替代与升华等。这些心理防卫都是人们无意识采用的，但若过分使用则可能造成心理疾病和人格的扭曲。

（3）在咨询实践中，精神分析十分重视对来访者童年时期心理创伤的追寻，认为这种被压抑到无意识中的心理冲突和创伤是导致神经症的内在原因。所以精神分析理论常用自由联想、释梦、疏导、领悟、暗示等疗法。其实质是力图破除来访者的心理阻抗，把压抑在潜意识中的冲突诱发出来，使来访者明了症状的实质，从而使症状失去存在的意义而消失。

### （二）精神分析常用疗法

1. 个体心理疗法

个体心理学（individual psychology）的人格理论和治疗系统是由阿德勒（Alfred Adler）创建的。这一理论把人看作具有创造力、责任感、朝向个人目标进取的完整的个体。在阿德勒眼中，人们所经历的各种挫折常常源于个体的自卑感，各种精神疾患都是丧失生活勇气的表现。因此，心理治疗的目的就在于鼓励来访者，培育来访者的社会兴趣，发展新的生活方式。阿德勒认为所谓的“精神疾病”只不过是“丧失勇气”的表现，人们陷入困境而不能自拔，实际上是“不愿自拔”。生活是严酷的，常常与我们的意愿相违背，因此一定程度上我们都生活在自卑之中。生活方式的四个方面之间的任何不协调都可能导致个体产生自卑，这种自卑并不一定是病态，只是当个体的行为表现出明显的自卑，并形成症状时，才被看作不正常（自卑情结，inferiority complex）。

个体心理学注重理解来访者，把心理治疗看作一个再教育过程，其治疗目标为：①培植社会兴趣，帮助个体成为对社会有用的人；②减少自卑感，认识和利用自己的优势；③改变生活方式，即改变对生活的认识和生活目标；④改变那些使不良行为“合法”存在的错误的观念和价值观点。

阿德勒的心理治疗具体可分为以下四步。

（1）建立良好的关系。建立良好的关系即建立一个平等、友好的关系，此种关系中心理咨询师引导来访者意识到：自己导致了自己的问题，对此自己负有责任。人们的问题起源于自己对环境错误的知觉，对自己的行为不恰当或错误的认识，或根据自己的价值观错误地评判。如果在咨询中出现咨询关系的阻抗或移情，阿德勒则把这种情况看作“目标不一致”。因此，阿德勒十分强调治疗初期即确立一致的治疗目标。

（2）揭示来访者的动力内容，如生活方式、生活目标等，指出其对生活的影响，并贯穿整个治疗过程。心理咨询师不断收集资料，整理分析，得出假设，并在治疗过程中加以验证、修改。对来访者的生活方式的调查可从两个方面着手：一是早期生活环境即儿童在家庭、同伴、学校中的地位，儿童在此环境中如何表现自己，儿童希望自己达到什么样的地位；二是早期重要经历，这种经历常指儿童在记事前的某些重要事件，当然这些事件也许并不确定甚至子虚乌有，但阿德勒认为这正像一种投射试验，这些选择性的回忆可反映来访者生活方式的形成。了解了来访者早期生活环境和重要经历，有利于理解来访者之后形成的错误观点。

（3）解释内省力。心理咨询师的解释就像一面镜子，使来访者能看清自己的生活方式。个体心理学的内省力是指来访者对自己不良行为理解后所产生的改变，反映了来访者对错误知觉的理解。阿德勒反对精神分析学派提出的理性内省力和情绪内省力，他认为像精神分析者那样片面认为追求获得内省力才能使行为真正产生改变的观点，只会贻误时机，或使来访者沉溺于病人角色，逃避责任。

（4）再定位。通过上述三个步骤，来访者放弃“安全”的处境，去追求更完善的生活。但同时必须告诫来访者：理想的实现必定含有一定风险，来访者应能做出选择，即究竟是承受目前的境况得过且过呢，还是朝向没有十分把握的理想彼岸。

阿德勒个体心理学作为一种应用心理学，更作为一种教育理论和社会理论已广为流传。至今，他的思想已融入许多心理治疗学派的理论中，如来访者中心疗法、合理情绪疗法、儿童指导、集体和家庭治疗等。

### 2. 分析性心理疗法

分析性心理疗法是指心理咨询师通过帮助来访者了解、分析和认识其病态或不健康行为的根源及性质，从而达到领悟并改善症状的一种较为短程的心理治疗方法。它与早期弗洛伊德的精神分析疗法有所区别，尽管其也应用精神分析疗法的某些机理及原则。它所采用的普通面谈的方式可以是个别治疗，也可以为集体治疗所采用。因此，它是较为普遍且实用的治疗方式。其一般采取下列步骤。

（1）心理活动的探讨。详细询问来访者的个人史，广泛了解其家庭背景、亲子关系、幼时心理发展历程及此后的生活遭遇和经验，包括心理挫折及情绪性应激，以及对这些挫折、应激常常采用的某种防御机制及行为反应模式。

（2）综合了解来访者心理及病状。对来访者的透彻了解有四个层次：要从过去来了解现在，沟通有意识与无意识，发掘理性与情绪化的因果关系，对此时此地与彼时彼地的外在行为加以比较。简而言之，即前后、内外、表里、纵横全方位地了解来访者。

（3）转移关系的分析。转移关系的分析即分析治疗过程中来访者把幼时亲子关系中对父母的情感不知不觉地转移到对心理咨询师的关系上。精神动力学派认为，对此要善加利用及分析，以促进治疗效果。

（4）阻抗现象的处理。挖掘内心隐藏的动机时，常会遇到心理上不自觉的阻抗，这是面对潜意识境界的一类情结反应。此时要妥善处理，可事先解释或启发来访者说出内心感受，或改变指导策略。

（5）指导解释。指导解释指心理咨询师对来访者心理动态的来龙去脉逐渐了解后，适时并适当地给予指导说明。心理咨询师要注意表述的动机及方式，多采取迂回、间接或暗示的方式，让其自行顿悟，即“响鼓不用重锤”。

## 二、行为疗法

行为疗法来源于行为主义理论，其代表人物有华生、桑代克等心理学家，强调通过对环境的控制来改变人的行为表现。其理论基础是条件作用学习理论。

### （一）理论要点和技术

（1）行为主义理论认为所有的行为（包括正常、健康的行为与异常、变态的行为）都是学习获得的，并由于强化而得到巩固。异常行为与正常行为的区别之一就是当它们失去社会适应性后仍然不能消退，异常行为由错误强化导致。

（2）心理咨询与治疗的目的在于，通过对个体再训练的方法（再教育和重建条件反射，即个体对周围环境中的刺激做新的适应反应），利用强化来访者模仿或消除某一特定的行为习惯，建立新的行为方式，在某些方面改变个体环境，把不正常的行为变为正常的行为。因此，行为主义疗法的目标要明确和具体，主张对来访者的问题采取就事论事的处理方法。

该理论常用的心理治疗方法有系统脱敏疗法、满灌疗法、厌恶治疗法、自信训练法、放松法、生物反馈法、行为塑造法。其核心是控制环境和实施强化，以使来访者习得良好的行为、矫正不良行为。

## （二）行为主义常用的咨询与治疗方法

### 1. 系统脱敏疗法

这是沃尔普在20世纪50年代末期发展起来的一种行为疗法。他认为神经症的起因是在焦虑情境中，原来不引起焦虑的中性刺激与焦虑反应多次结合，而成为较为牢固的焦虑刺激，产生异常的焦虑情绪或紧张行为。现在将焦虑刺激与焦虑反应不相容的另一种反应如松弛反应多次结合，这两种反应是相互抑制的，于是就逐渐削弱了原来的焦虑刺激与焦虑反应之间的联系，逐步减轻来访者对焦虑刺激的敏感性，因而这一疗法被称为系统脱敏疗法。

有些来访者虽然认识到了自己的病因，也有改变自己病态行为的决心，但是做起来却很困难，不知怎样做才能真正摆脱这些症状，为此还需要学会采取一些行动来制服它们。而系统脱敏疗法对由明显环境因素引起的某些恐惧症、强迫症特别有效，具体做法如下。

（1）要来访者学会放松。根据病种的不同采用不同的放松训练。一般应运用肌肉放松训练的方法来对抗恐惧症中的焦虑情绪。训练时要求来访者首先学会体验肌肉紧张与肌肉松弛之间感觉上的差别，以便能主动掌握松弛过程，然后根据指导语进行全身各部分肌肉先紧张后松弛的训练，直至能主动自如地放松全身的肌肉。

（2）将引起来访者焦虑反应的具体情境按焦虑层次顺序排列。例如，某大学生对英语考试焦虑，每逢英语考试就会手心出汗、心跳过速、脸色苍白，甚至眩晕，表现出严重的焦虑。现将来访者的焦虑从可以引起最轻的焦虑到引起最强烈的恐惧的情境按层次顺序排列如下：①从宿舍去考场，看到考场所在教学楼；②来到教学楼楼口；③进入教学楼大厅；④保安检查相关证件；⑤进入考场，看到监考老师；⑥监考老师检查相关证件；⑦坐在自己的座位上，考生陆续进入考场；⑧监考老师宣读考场纪律；⑨考试铃声响了；⑩监考老师开始发试卷；⑪自己拿到试卷开始做题。

（3）来访者坐在舒适的靠背椅子上，并使自己全身肌肉放松。对面墙上挂一个银幕，来访者手握幻灯机开关，先放映第一张幻灯片，令来访者注视并进行放松训练。如果这一情境不再引起焦虑，也就是肌肉处于松弛状态，即转入注视第二张幻灯片，依次训练，循序渐进。反复训练，直至看到发下试卷时不再焦虑，肌肉放松，再注视下一层次的幻灯片。如来访者通过了全部情境，不再出现焦虑，肌肉处于松弛状态，就可以从模拟情境向现实情境中转移，即在现场中重复上述情境。一般说来在模拟情境中能够做到全身处于松弛状态，不再出现焦虑情绪，则绝大多数来访者也能成功地在现实情境中做到，这时治疗即告完成。如果未将焦虑层次制成幻灯片，也可要求来访者记住焦虑层次，或由心理咨询师按顺序下指令，要求来访者按指令想象这一焦虑情境，如果在想象时肌肉保持松弛，未曾引起焦虑，则要来访者进行高一层次的焦虑情境的想象。运用想象法进行系统脱敏可同样奏效。

### 2. 满灌疗法

满灌疗法，又称“暴露疗法”“冲击疗法”“快速脱敏疗法”。它是鼓励来访者直接接触引致恐惧、焦虑的情境，坚持到紧张感觉消失的一种快速行为治疗法。著名行为治疗专家马克斯（Marks）在谈到满灌疗法的基本原理时指出，对来访者冲击越突然，时间持续得越长，来访者的情绪反应越强烈，这样才能称之为满灌。迅速向来访者呈现让他害怕的刺激，并坚持到他对此刺激习以为常为止，是不同形式的满灌技术的共同特征。运用满灌疗法，治疗一开始时就应让来访者进入最使他恐惧的情境中，一般采用想象的方式，鼓励来访者想象最使他恐惧的场面，或者心理咨询师在旁边反复地，甚至不厌其烦地讲述他最感到恐惧情境中的细节，或者使用录像、幻灯片放映最使来访者恐惧的情境，以加深来访者的焦虑程度，同时不允许来访者采取闭眼睛、哭喊、堵耳朵等逃避行为。在反复的恐惧刺激下，即使来访者因焦虑紧张而出现心跳加快、呼吸困难、面色发白、四肢发冷等植物性神经系统反应，但来访者最担心的可怕灾难却并没有发生，这样焦虑反应也就相应地消退了。或者把来访者直接带入他最害怕的情境中，经过实际体验，使其觉得也没有导致什么了不起的后果，恐惧症状自然也就慢慢消除了。“习能镇惊”是满灌疗法治疗的要诀。国外报道，即使病程超过20年的恐惧症，经过3～15次满灌治疗，也有希望治愈。学会系统肌肉放松法等训练方法，在做好充分思想准备的情况下进行满灌治疗。

满灌疗法的治疗步骤如下。

（1）确立主要治疗目标。要认真找出引起来访者恐惧焦虑的事物、人物或场景，以便安排系统的主攻方向。

（2）向来访者讲明治疗的意义、目的、方法和注意事项，要求高度配合，树立坚强的信心和决心。尤其要求来访者暴露在恐惧情境中不能有丝毫回避意向和行为，且最好取得家属配合。

（3）治疗期间应布置“家庭作业”，不断训练，巩固治疗效果。

（4）施治者可采用示范法，必要时随来访者共同进行治疗训练，鼓励来访者建立自信，大胆治疗，促进暴露。

## 三、人本主义疗法

人本主义疗法基于人本主义理论而创立，以罗杰斯、马斯洛等为代表人物。该理论强调人都是有理性的，都能够自立、对自己负责、追求自我实现，具有巨大的潜能。

### （一）理论要点和技术

（1）强调人的主观体验，认为人有一种不可缺少的自由和自主倾向，人能够努力克服自身条件的限制，有实现自己潜能、不断超越自己的能力。

（2）人的心理健康取决于理想自我和现实自我的重合状况，过于激烈的冲突和扭曲的自我概念是妨碍人格健全发展、导致适应不良的主要原因。

（3）该理论常用的方法有交友小组、来访者中心疗法等。人本主义疗法强调创造一种良好的环境，形成真诚相待、互相理解、彼此尊重的气氛，帮助来访者进行自我探索，认识自身的价值和潜能，发现真正的自我，对自己的成长负责，并朝着自我实现的目标前进。来访者中心疗法是人本主义疗法中的主要代表。这个疗法是由一些具有相同观点的人实践得来的，其中，以罗杰斯开创的来访者中心疗法影响最大，是来访者中心疗法中的一个主要代表。

### （二）人本主义常用的咨询方法

1. 来访者中心疗法

来访者中心疗法认为，任何人在正常情况下都有着积极的、奋发向上的、自我肯定的、无限的成长潜力。如果人的自身经验受到闭塞，或者自身经验的一致性丧失、被压抑、发生冲突，使人的成长潜力受到削弱或阻碍，就会表现为心理病态和适应困难。如果创造一个良好的环境，使其能够和他人正常交往、沟通，便可以发挥他的潜力，改变其适应不良行为。

来访者中心疗法的中心思想是信任，心理咨询师是否可以信赖和善解人意是治疗的关键。基于信任，来访者可以相信：人能自己确立目标，并规范自己的行为朝向目标。这一理念可以改变人们以往对待儿童、学生和下属的态度，不再一味地、不厌其烦地给予他们以训诫和督导。

来访者中心疗法不太注重治疗技巧，只注重治疗关系。罗杰斯说："当一个为许多苦难而苦恼着的人来找我时，最有价值的办法是，建立一个使他感到安全、自由的关系，目的在于理解他内在的感情，接受他本来的面目，制造一个自由的气氛，使他的思想、感情和存在沿着他要去的方向发展。"在这样的关系中，心理咨询师不是以专家、医生或科学家的身份去理解来访者的情感，促进他的成长，也不是以心理咨询师自己的理论去影响来访者甚至强加给他们，而是要在良好的环境里，让来访者的内心世界发生变化。所以称之为"来访者中心"疗法。

来访者中心疗法倡导非指导性治疗，不讲究技巧，但也并非完全没有技巧。除了让来访者畅所欲言外，关键还在于帮助来访者宣泄情感。为了达到这一目的，心理咨询师在会谈中，要不断地使用会谈技巧来激发来访者的情绪。

非指导性治疗的会谈技巧包括以下方面。

（1）以某种方式确定来访者在表达自身时所反映出的情感和态度。

（2）确认或说明来访者的行为举止所反映的情感与态度。

（3）指出对话的主题，但让来访者自行发挥。

（4）确认来访者谈话的主题。

（5）提出非常特定的问题。

（6）讨论、说明或提供与问题或治疗相关的信息。

（7）根据来访者的情况，确定会谈情境。

2. 森田疗法

森田疗法由日本学者森田正马创立。其主张"顺应自然"，即指导来访者接受自己的症状而不企图排斥它，带着症状生活，像正常人一样，这样症状就会慢慢淡化以至消失。其还主张"为所当为"，即控制那些可以控制之事，如人的行为。顺应自然相当于禅宗的"顿悟"状态，使人体验到在自然中的位置，体验到对超越人的控制能力的自然现实进行抵抗是无用的甚至是有害的，只能顺应才能得到一个与自然事物协调的生活态度。释迦牟尼教导人们要顺应自然地生活，庄子也主张“任自然”。日本心理学家高良武久指出“顺应自然”的完整概念如下。

（1）来访者要接受症状的存在及与之相伴随的苦恼焦虑，认识到对它抵制、反抗或用任何手段回避、压制都是徒劳的。

（2）来访者要靠原来就存在的求生欲望进行建设性活动，即一面接受症状的现状不予抵抗，一面进行正常的工作和学习活动。总的来说，来访者不要把症状当作自己身上的异物，如果对它不加排斥和压抑，就解除了精神交互作用和精神抗拒作用，症状也因而减轻以至消失。例如，失眠是神经症中最常见的症状之一，也是神经症状恶化的原因之一。失眠的原因是多方面的，但神经症状失眠的原因是精神交互作用，偶尔失眠是正常人也不能避免的，但神经质的人在第一次体验失眠的痛苦后，就会患上失眠恐惧症。其焦虑与失眠的恶性循环，影响正常的睡眠进程。晚间上床后，担心再失眠，人为地追求睡眠，过分地注意自己的精神活动，这样一来，精神就更加紧张，使睡眠的进程受到人为的干扰，结果是越怕越睡不着，开灯一看已是深夜，再担心明天的工作和学习就更加焦虑起来，于是闭上眼睛强迫自己赶快入睡。有些来访者在上床后有强烈性思维的毛病，一念未息，一念又起，杂念丛生，欲罢不能，为之苦恼。清除这些杂念的唯一方法是“听其自然”，不要怕失眠，也不去人为地追求睡眠，这样精神自然会放松，放松有助于睡眠，所以不怕失眠的人，不会长期失眠。出现强烈性思维时，不要加以抵制，任其“自然流动”“无所居心”。安然地躺着，强烈性思维就会自生自灭，人会不知不觉地进入梦乡。

心理咨询与治疗的基本任务不仅是消除来访者的苦恼，而且要帮助来访者成长，成为一个真正的人，因此我们应该更多地去了解人性，还要帮助来访者去了解他们自身的人性，并使他们接受现实，这样来访者才能对生活感到满足，这对去除他们的精神痛苦是很有用的。

## 四、认知疗法

认知疗法强调，常见的心理障碍的中心问题是某些歪曲的思维。认知疗法在于向来访者提供有效的方法以克服盲目、错误的认知。从广义的角度看，认知疗法包括所有能改变错误认知的方法，如说明、教育、批评等。但作为一种特殊的治疗手段，相应的有其特殊的方法、技术和程序。首先，心理咨询师要向来访者说明一个人的看法与态度是如何影响其心情及行为的；其次，帮助来访者检讨他所持有的对己、对人及对四周环境的看法，从中发觉与来访者主诉的问题有密切关系的一些“看法”或“态度”，并协助他检讨这些看法或态度与一般现实的差距，指出其错误认知的非功能性与病态性；最后，督促他练习改变这些看法或态度，重建功能性的、健康的看法或态度，以便借此新的看法或态度产生健康的心理与适应性的行为。

### （一）改变来访者的现实评价

众所周知，人在药物作用、疲劳、意识清晰度下降或过分警觉的状态下会出现感知歪曲，从而影响现实评价，如“草木皆兵”。在异常认知方式的影响下，同样会出现现实检验的错误。例如，有偏执型人格障碍的人，会认为别人的一言一行、一笑一颦都与自己有关；抑郁病人总觉得事事不如人，犹如行尸走肉；有疑病症的人把躯体的任何不适都认为是严重疾病的象征；等等。正常人能够区分主观与客观、假设与现实，在接受假设以前，知道先对假设进行检验。但有心理障碍的人常把二者混为一谈，如有焦虑症的人把任何风吹草动都视为危险信号。还有的虽然进行了检验，但只接受与自己观点一致的证据，拒绝与之相反的证据，以致他们的认知评价不能正确反映现实。要帮助来访者解决这一问题，关键要让他们充分认识到自己认知的局限性，心理咨询师可直接或间接地运用认识论的原理向来访者他们解释以下问题：①对现实的感知，不同于现实本身，最多也只能接近现实，因为感觉器官的功能有限，不可能完全反映现实，在病态的情况下尤其如此；②对感知的解释依赖于认知过程，如分析、综合、比较、抽象、概括以及概念、判断、推理等。此过程容易出错，任何生理、心理问题都可影响认知过程。

### （二）改变信条的技术

人们主要根据自己的价值观念来调节自己的生活方式、人际关系，解释、评论外界事物，解释、评价自我与他人。贝克（Beck）的价值观念为信条（rule），他认为，如果信条定得太绝对，或使用不当，就会产生适应不良，导致焦虑、抑郁、恐惧、强迫等现象。常见的信条有下列几种。

（1）危险—安全信条。人们常常用自己的信条来设计环境的危险性和应付危险度，如果过高估计危险度，会产生不必要的焦虑，使生活受限（如恐惧症、强迫症）；如果过低估计危险度，则易发生意外。在临床治疗中，所见到的问题主要是过高估计危险度，主要表现为害怕某种环境、人际敏感等。

（2）快乐—痛苦信条。它所引起的适应不良的主要问题，在于病人把快乐与痛苦绝对化，非此即彼，达到目标则快乐，达不到则痛苦。对于学生来说，“我不名列前茅就没有快乐”；对于运动员来说，“只有金牌才是快乐的唯一源泉”；对于政治家来说，“没有名望，就不会幸福”……下面是这些人典型的信条：①要幸福，必须每件事都成功；②要幸福，人们都应该知道我的价值；③不在最前面，就是失败；④如果我有错误，就意味着我不行；⑤一个人的价值取决于别人如何看待自己；⑥如果不同意我的看法，就是不喜欢我；⑦如果现在把握不住机会，以后会后悔的。

持有这些态度的人，多被别人或自己认为是很有才干的人，自尊心强、害怕失败、不满足自己，无休止地驱使自己去“奋斗”，所以神经一直处于紧张状态，当然不会有“幸福”可言。如果因某一事件的影响，或某次失败，来访者就把此当作灾难，“我没有达到目标……我是失败者”。来访者的自尊便会顷刻瓦解，而自卑、沮丧、焦虑、抑郁等情绪则越来越强烈。认知疗法包括使来访者明确自己的认知，帮助他们判断是否是这些认知使自己痛苦。要来访者充分认识到人的能力的局限性；要正确认识失败，失败并不意味着以后永远不会成功；要为自己留下“后路”，不能事事都“背水一战”；同时，要降低自己的目标，降低自己的期望，增加对失败的耐受性。

（3）该—不该信条。来访者在自己内心中，有一套固定的信条，自己应该怎么样，不应该怎么样。例如，我应该最宽宏大量，体谅别人；我应该永远快乐，不伤害别人的感情；我应该知晓、理解和预示未来；我应该知难而进，永远能控制自己的感情；我应该自信，能解决每一个问题；我应该把每一件事都做好；我应该永不疲倦，保持旺盛的精力。

“应该”像无形的鞭子，使“应该者”努力加码，给自己造成精神压力，给生活增添无数困难，整日为“应该”奔波，当然毫无乐趣可言。信奉这些信条的人对自己有很多“不应该”和“应该”，他们同样以这些信条要求他人。别人当然不会根据来访者的信条行事，因而造成了人际关系紧张，同时加重了来访者的负担。

心理咨询师要在以下几个方面做工作：①分析“应该”信条的非现实性，且给自己所造成的压力，它会妨碍重大目标的实现；②了解人的局限性，明了不可能所做的一切都成功；③各人有各自不同的价值系统，没有统一的“应该”模式，你认为应该的，别人不一定认为应该，不能把自我同他人的看法等同起来；④改变“应该”信条，使之更现实、更富有弹性。

一般说来，来访者的主要问题若跟非功能性的认知有关，则是根据异常的认知而形成的，如对人的偏见、对自己的自卑、对事情抱有错误或消极的态度等，均适合运用认知疗法来进行治疗。在临床上，认知疗法适合于各种神经症，但主要是用来治疗抑郁症，尤其是内因性抑郁症。

## 五、系统疗法

系统疗法（systemic therapy）是近年来，伴随着系统论、控制论的诞生而发展起来的一类强调个体与人际系统间的心理动力学关系的治疗方法。特点是其对系统整体、对人际系统中各种互动性联系的关注；与其他疗法关系密切，有很好的兼容性，但又有自己独特的理论观点和技术。起初，系统疗法是作为家庭治疗的一个分支发展起来的，后来，系统疗法不但逐渐影响了大多数家庭心理咨询师，而且还作为一种基本思想，被接纳进入个别咨询、集体咨询和大型组织机构咨询之中，成为日益重要的一类咨询体系。

家庭系统疗法的一般做法是：心理咨询师在专用治疗室与来访者及其家庭成员进行 1～1.5 小时的会谈。咨询室布置优雅、安静，备有玩具，座椅舒适且位置无主次之分；心理咨询师不穿白工作服。他一开始要向来访者解释清楚：咨询室里没有病人，大家均是“来访者”。这样安排旨在营造一种平等、和谐的工作气氛，用情境来定义工作关系。会谈主要是以“循环”方式提问，请各个家庭成员轮流回答。例如，问 A、B 的行为会引起C的何种反应；或问D，如果A和B做出某种行为，C的反应如何；等等。

几轮这样的提问便可勾勒出一个家庭内的关系格局及其对症状性行为的影响。一般这种讨论所涉及的问题多集中于积极的方面，甚至来访者的症状也会被赋予积极的意义。每次会谈结尾时，心理咨询师都布置好精心策划、意味深长的游戏式作业，让家庭成员共同完成。例如，允许一位爱唠叨的母亲继续每天对孩子唠叨 50 次，不用立刻克服这种行为。但如果超过这个次数，便应让一贯处于被动地位、性格懦弱的父亲用水枪瞄准其眉心射击。这叫“悖论处方”。这些作业其实是“醉翁之意不在酒”，多数家庭根本不会认真做，但心理咨询师干预后的信息已间接地深入其心，使家庭成员能利用自身的资源和动能来实现其家庭关系的良性发展。为达到此目的，两次会谈的间隔为 4～6 周。所以，这是很经济的“长间隔的短程治疗”，许多家庭仅进行 1～3 次会谈便可结束疗程。

## 第三节 对心理咨询的常见误解

近年来，越来越多的人开始重视心理问题，人们已意识到自身可能存在心理疾患，并产生了主动求助于心理医生的行动。但不少人对心理咨询的认识仍有一定的局限性，甚至产生了一些曲解，使心理问题不能较好地得到解决。

### 一、心理问题≠精神病

心理咨询在我国是一门起步较晚的新兴学科，对人们来说有一种神秘感。来访者通常都是左顾右盼、鼓足了勇气才走进咨询室，在心理咨询师的反复保证下，才肯倾吐愁苦；或是绕了很大圈子，才把真实的情况透露出来。因为在许多人眼里，来咨询的人很可能有什么不正常或有精神病，要不就是有见不得人的隐私或道德品质方面的问题。此外，在中国人的传统观念中，表露出情感上的痛苦是软弱无能的表现，对男性来说尤其如此。以上种种原因，使很多人宁愿饱受精神上的痛苦折磨，也不愿或不敢前来就诊。其实，心理问题与精神病是两个不同的概念。每个人在成长的不同阶段及生活工作的不同方面，都有可能会遇到这样那样的问题，导致消极情绪的产生。对这些问题如能采取适当的方法予以解决，个体就能顺利健康地发展；若不能及时加以正确处理，则会产生持续的不良影响，甚至导致心理障碍。这样看来，心理问题是日常生活中经常会遇到的，就这些问题求助于心理咨询并不意味着有什么不正常或有见不得人的隐私，相反，这表明了个体具有较高的生活目标，希望通过心理咨询更好地完善自我，而不是回避和否认问题。有相当一部分人认为精神病就是疯子，其实他们所说的精神病严格来讲是重度精神病，如精神分裂症、躁郁症等，绝大部分精神病人对自己的疾病没有自知力，更不会主动求医，与一般的心理问题和轻度心理障碍有很大区别。

## 二、心理学≠窥见内心

两个久未谋面的老同学在路上不期而遇，其中一个知道对方是心理咨询师，就让他猜一猜自己现在心中想些什么。许多来访者也有类似的心态，他们不愿或羞于吐露自己的心理活动，认为只要简单说几句，心理咨询师就能猜出他心中的想法，否则就表明其水平不高。其实心理咨询师也是人，他们没有什么特异功能、不能窥见他人的内心世界，他们只是应用心理学的理论和方法，对来访者提供的一定信息进行讨论和分析，并进行咨询与治疗。因此，来访者只有详尽地提供有关情况，才能帮助咨访双方找到问题的症结，以利于咨询师做出正确的诊断并进行恰当的治疗。

## 三、心理咨询≠无所不能

许多来访者将心理咨询神化，似乎认为心理咨询师无所不会、无所不能，就像一个“开锁匠”，什么样的心结都能一下打开，所以常常来咨询一两次，并没有达到所希望的“豁然开朗”的心境，就大失所望，再也不来了。实际上，心理咨询是一个连续的、艰难的改变过程。心理问题常与来访者的个性及生活经历有关，就像一座冰山，积封已久，没有强烈的求助、改变的动机，没有恒久的决心与之抗衡，是难以冰消雪融的，所以来访者需要有打“持久战”的心理准备。

## 四、心理咨询师≠救世主

一些来访者把心理咨询师当作“救世主”，将自己的所有心理包袱都丢给心理咨询师，以为心理咨询师应该有能力把它们一一解开，而自己无须思考、无须努力、无须承担责任。多年来传统的生物医学模式就是，病人看病，诊断、开药、治疗一切由医生说了算，要求病人绝对服从、配合，因此，来访者自然而然地把这种旧的医学模式带进心理咨询。然而，心理咨询与心理治疗是新的生物—心理—社会医学模式的产物，心理咨询师只能起到分析、引导、启发、支持、促进来访者改变和人格成长的作用，他无权把自己的价值观和愿望强加给来访者，更不能替来访者去改变或做决定。来访者需要认识到“救世主”只有一个，那就是自己。只有改变自己、战胜自己，最终才能超越自我，达到理想目标。倘若把自己完全交给心理咨询师，消极被动，推卸责任，只会一事无成。

## 五、心理咨询≠思想工作

来访者中还有另一种极端的认识，就是认为心理咨询没有多大用处，无非是讲些道理，因而忽视或未意识到心理问题是需要治疗的。例如，一个来访者因强迫观念痛苦异常，前来就诊，家人反对并干涉："你就是死钻牛角尖，想开点就会好的。"也不让来访者服药。来访者得不到家人的理解支持，内心很绝望，从而影响到治疗的连续性和效果。心理咨询作为医学中的一门学科，有着严谨的理论基础和诊疗程序，它与思想工作是有本质区别的。思想工作的目的是说服对方服从、遵循社会规范、道德标准及集体意志，而心理咨询则是运用专门的理论和技巧以寻找心理障碍的症结，并予以诊断治疗，心理咨询师持客观、中立的态度，而不是对来访者进行批评教育。另外，某些心理障碍同时具有神经生化改变的基础，需要结合药物治疗，这更是思想工作所不能取代的。

事实上，心理咨询不同于一般的安慰，不是苦口婆心的劝说，不是教条主义的空洞说教，也不是思想政治工作，它是一门使人愉快和成长的科学。这里的成长是心理学意义上的人格成长，含有心理成熟、增强自主性和自我完善的意思。

心理咨询试图使个人将不愉快的经历当作自我成长的良机。它竭力使人们积极地看待个人所经受的挫折与磨难，从危机中看到生机，从困难中看到希望。它使人们从挫折中认真反省，总结经验教训，增加生活智慧，以更好地应付日后生活中可能出现的各种不愉快经历。重要的是要使来访者避免依赖他人，增强个人的独立性、自主性。

# 第四节 心理咨询的有效性

## 一、心理咨询的有效性因素

心理咨询是怎样有效地解决心理困惑？这是心理咨询中来访者期望了解的问题。目前为止，还没有一个可以完全衡量咨询效果的量表，但是有很多研究表明，咨访双方如何进行咨询可以使咨询更有效。1980年，美国的心理学者Goldfried在*Cognitive Therapy and Research*（《认知治疗与研究》）期刊上发表了一篇调查文章《关于有效的心理咨询之要素的某些看法》，在本文中，他访谈了当时杰出的心理咨询师，询问他们在实际咨询中起作用的治疗原理和策略是什么，最后从访谈结果中提炼出了五个共同因素，这五个共同因素，是各个心理咨询流派（包括精神分析、认知行为疗法、人本主义等）共同具有的特点。

1. 来访者对咨询会得到帮助的期望

来访者如果相信咨询能够对他的问题有帮助，相信心理咨询能够解决或者缓解他的问题，则心理咨询更容易有效果。如果来访者不相信心理咨询能够帮得到他，则心理咨询不会有多大效果。

2. 良好的咨访关系

来访者如果能够和心理咨询师互相配合，形成信赖和合作的咨询同盟关系，咨询进展往往比较快，咨询效果更佳。如果来访者不信任心理咨询师，不配合心理咨询或治疗，心理咨询则难以有收益。毕竟“没有来访者的配合，心理问题是不会自己走掉的”。

3. 以外来视角来厘清自己

有句话说“当局者迷，旁观者清”，来访者的问题，自己往往无法觉察其中缘由，因而没有办法去解决。心理咨询疗法给予了来访者一个理解自己的问题的外来视角，通过这个视角，来访者能更好地认识自己的问题，这也为解决这些问题提供了新的思路和前景。

4. 矫正性的体验

矫正性的体验是来访者对同一件事情，在咨询室中重新获取的认知和体验。咨询后，在自己的学习和生活中再次体验曾经的事情而感受的变化。

5. 不断地进行现实检验

如果通过咨询，来访者没有一个获得改变的感受，心理咨询的效果就无从谈起，心理咨询的有效性也就值得怀疑。所有的心理咨询流派和方法都是在心理咨询实验中得到检验和验证、给来访者带来新的改变的，这种改变促进来访者问题的解决。

## 二、心理咨询中心理咨询师的工作实质

来访者理解咨询中心理咨询师的工作实质有利于咨询的顺利进行，促进咨询有效性的发挥。

### （一）共情

1. 共情及其含义

“共情”（empathy）一词，中文有许多种译法，如同情、同感、共感、投情、拟情、同理心等。简而言之，即指设身处地的意思。用别人的眼睛看世界，就是共情的形象说法。按罗杰斯的观点，共情是体验别人内心世界的能力。在各种特质中，共情被认为是最关键的。积极关注、尊重、温暖、真诚等既是一种独立的特质，有时又被认为是共情的一部分。共情起着统率诸特质的作用，是建立诸特质的基础，同时诸特质的正确使用亦将促进共情的发展。共情包括三方面的含义：一是心理咨询师借助于来访者的言谈举止，深入对方内心以体验他的情感、思维；二是心理咨询师借助于知识和经验，把握来访者的体验与他的经历和人格间的联系，以更好理解问题的实质；三是心理咨询师运用咨询技巧，把自己的共情传达给对方，以影响对方并取得反馈。

2. 影响共情的因素

心理咨询师缺乏共情或表达欠妥，一方面与经验、技术有关，另一方面也与他本身的人格特点有关。在咨询中，心理咨询师参与咨询，是整个人的参与，心理咨询师

的人格力量有时比他的技术水平更有影响力；而且心理咨询师的人生经验、社会阅历对于他达到共情会有帮助；心理咨询师的丰富知识有助于共情的达到，知识能弥补阅历的不足；心理咨询师本身的生活态度、个性品质等都与共情层次有关。共情水平的提高、共情特质的获得是一种学习、实践的过程，是用心修养的过程。

### （二）积极关注

积极关注是对来访者的言语和行为的积极面、光明面或长处予以有选择性的关注，从而使来访者拥有正向价值观。积极关注的观点涉及对人的一种基本认识、基本情感和信念，即人是可以改变的。此外，每个人总会有这样那样的长处、优点，每个人的身上都有潜力存在，只要通过自身的努力、外界的帮助，每个人都可以比现在更好。心理咨询师应善于发现、发掘来访者身上的闪光点，这一观点对于一个心理咨询师来说是非常重要的。心理咨询师不仅要让来访者多关注自己的光明面，心理咨询师也要多立足于来访者的潜力和价值，这正是建立来访者乐观的基础。

促进来访者的自我发现、潜能开发，从而促使自我成长，是咨询的最高目标。积极关注既是一种观念，亦是一种方法。积极关注要注意：首先，应实事求是；其次，应避免盲目乐观；最后，应反对过分消极。

### （三）尊重

尊重来访者的价值观、人格和权益，并予以接纳、关注、爱护，是建立良好咨访关系的重要条件，是有效的助人的基础。罗杰斯非常强调尊重对咨询的意义，为此提出了著名的“无条件的尊重”观点，并把它列为使来访者人格产生建设性改变的关键条件之一。尊重可以给来访者创造一个安全、温暖的氛围，使其最大限度地表达自己，并感到自己受尊重、被接纳，获得一种自我价值感。

正确使用尊重，有必要重视以下几点：①尊重意味着完整地接纳一个人，接纳一个有优点有缺点的人，接纳一个价值观和自己不同甚至差距很大的人；②尊重意味着一视同仁；③尊重意味着以礼待人；④尊重意味着信任对方；⑤尊重意味着保护隐私；⑥尊重意味着以真诚为基础。

### （四）真诚

真诚是心理咨询师的一种素质，这种素质是潜心修养、不断实践的结果。真诚一方面可以为来访者提供一个安全自由的氛围；另一方面，心理咨询师本身的真诚也为来访者提供了一个良好的榜样。然而，真诚的表露并不一定完全是顺其自然的事情，同样存在着恰如其分的问题。如果运用不当，会起反作用，因此要注意以下问题：第一，真诚不等于实话实说；第二，真诚不是自我宣泄；第三，真诚应实事求是；第四，真诚应适度。

真诚是内心的自然流露，不是靠技巧所能获得的。真诚建立在对人的乐观看法、对人有基本信任、对来访者充满关切和爱护的基础上，同时也建立在接纳自己、自信谦和的基础上。

### （五）具体化

心理咨询师借助于具体化这一咨询特质，澄清来访者所表达的那些模糊不清的观念及问题，把握真实情况；同时，亦使来访者弄清自己的所思所感。来访者在陈述中常可能出现对自己寻求帮助的问题模糊、过分概括化、概念不清等问题，心理咨询师发现来访者的言语比较杂乱和空泛时，应用具体化予以澄清，采用剥笋方法，层层解析，由表及里，这也是咨询的一种基本方法。

### （六）面质

面质又称对立（性）、对质、对峙、对抗、正视现实等，是指心理咨询师指出来访者身上存在的矛盾。面质是为了协助来访者促进对自己的感受、信念、行为及所处境况的深入了解；激励来访者放下自己有意无意的防卫心理来面对自己和现实，并产生建设性的活动；使来访者明了自己所具有而又被自己掩盖的能力、优势，并善加利用；通过心理咨询师的面质给来访者树立学习、模仿的榜样。

## 思考与练习

1. 简述心理咨询的定义。
2. 简述心理咨询的原则。
3. 简述进行心理咨询的内容。
4. 试着描述心理咨询的过程。
5. 简述心理咨询的意义。
6. 就你最熟悉的一种心理咨询流派，谈谈你的理解。
7. 你对心理咨询有误解吗？试着描述周围人对心理咨询常见的误解有哪些？
8. 你亲身体验过个体心理咨询吗？试着描述心理咨询的有效性。

# 第三章　大学生常见的心理困惑

## 你的学习目标

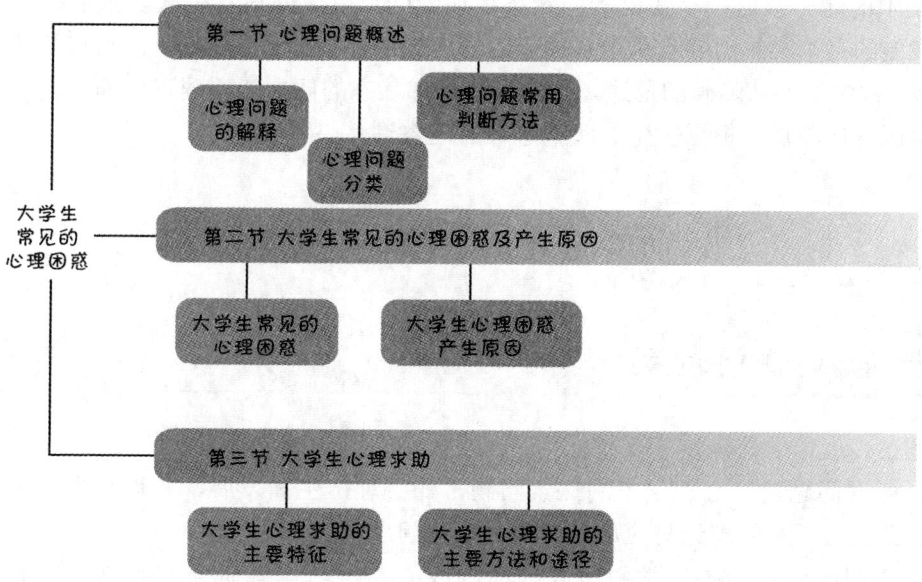


## 本章导航

随着经济的发展，社会竞争日益激烈，人们的生活节奏越来越快，这迫使大学生不断学习，以防止被飞速发展的社会所淘汰。然而，面对这样的社会现实，人们的观念意识、情感态度也变得更加错综复杂，人类进入了情绪负重年代。大学生作为社会的一个特殊群体，承受着学业、恋爱、人际、择业、就业等多方面的压力，相当一部分大学生的心理失调已成为不争的事实。从在校大学生的学习、生活状况来看，我们身上存在着不同程度的心理问题。如何加强大学生的心理健康教育，确保大学生以良好的心态适应学校和社会生活，成为现在社会的热点问题。

**【案例】**

李某，男，20 岁，大学二年级学生，到学校心理咨询室求助。自诉：“最近一段时间，不知什么原因，我情绪一直处于低落和波动状态，而且我也无法很好地控制自己的情绪。原来情绪不好的时候，一两天就过去了，可这次已经持续两周多了。我心里觉得特别难受，也很郁闷、心慌、忧郁，做什么事都提不起劲、没兴趣，并觉得生活挺没意思的。我几乎每天早上从宿舍出来，到晚上熄灯的时候才回去，我不愿意见到宿舍的同学。我们宿舍的同学经常在宿舍里聊天、上网，还招来很多其他宿舍的同学，我太厌烦了。虽然我每天都在学习，可学习效率很低，总是走神，胡思乱想。我想每天快乐地生活，高效率地投入学习，可是做不到。我真不知道自己该怎么办。”

**案例分析：**

案例中描述的李某，具有以下特征：情绪低落；情绪无法自控；时间持续两周以上；对任何事情都提不起兴趣；觉得生活没有意义；不愿意与人交流；学习效率低下；注意力集中的能力减退；存在自责的状态；很无助。以上的症状引起李某的痛苦感受，值得肯定的是李某知道并且勇于求助于心理咨询师。根据《精神障碍诊断与统计手册（第五版）》中对抑郁障碍的描述，李某存在抑郁状态的倾向，心理咨询师会建议李某先去专科医院诊断后，根据医生的医嘱进行心理咨询。

# 第一节 心理问题概述

## 一、心理问题的解释

心理问题在心理学中具有如下解释。

第一种：心理问题是指心理学中的探索问题，如心理产生和发展、心理与生理关系、心理与实践、心理学的理论与应用等，均为心理问题。

第二种：心理问题是指心理学中研究的问题或心理学工作者研究的问题，如心理学研究什么问题、心理学研究的课题、某心理学工作者正在研究什么问题，均属心理问题。

第三种：心理问题是指人们心理上产生的心理困惑问题，如情绪消沉、心情不好、焦虑、恐惧、人格障碍、变态心理等消极的与不良的心理，都是心理问题。严格来说，心理问题无褒贬之意，既包括积极的，也包括消极的。

心理问题不同于生理疾病，它是指人内在的精神因素，准确地说是大脑中枢神经控制系统所引发的一系列反应问题，它会间接地改变人的认知、性格、世界观及情绪、行为等。

## 二、心理问题分类

心理问题有等级划分，根据健康状态到心理疾病程度一般可分为四个等级：健康状态、不良状态、心理障碍、心理疾病。还可以分为一般心理问题、轻度心理问题、中度心理问题、严重心理问题（重度心理问题）。

在临床医学上，心理状态可以分为心理正常和心理不正常。

心理正常表示没有病，包含心理健康、不健康、亚健康状态。心理不正常表示有病，符合心理疾病诊断，包含变态人格、神经症、其他精神疾病等问题。它们是标明和讨论“有精神障碍”和“没有精神障碍”等问题的一对范畴。在临床上，鉴别心理正常和心理不正常的标准，与区分心理健康水平高低的标准截然不同。

亚健康是介于健康与不健康之间，如长期处于心理郁闷、压抑、内心冲突、烦恼、孤独、焦虑、担惊受怕、自卑自责、内疚悔恨、心理失衡、人生不如意、失落感强、精神空虚、酗酒、滥用镇静药、睡眠不足、缺乏各种爱、缺乏关心和理解。

### （一）健康状态

健康状态与非健康状态的区分标准，可以从三方面进行判断：第一，本人评价；第二，他人评价；第三，社会功能状况。

（1）本人不觉得痛苦。本人不觉得痛苦即在一个时间段中（如一周、一月、一季或一年），快乐的感觉多于痛苦的感觉。

（2）他人不感觉到异常。他人不感觉到异常即心理活动与周围环境相协调，不出现与周围环境格格不入的现象或不适反应。

（3）社会功能良好。社会功能良好即能胜任家庭和社会角色，能在一般社会环境下充分发挥自身能力，利用现有条件（或创造条件）实现自我价值。并且能进行正常人际交往，尤其能够正常地与家庭成员相处和社会交往。

### （二）不良状态

不良状态又称第三状态，是介于健康状态与疾病状态之间的状态。它是正常人群中常见的一种亚健康状态，是由个人心理素质（如过于好胜、孤僻、敏感等）、生活事件（如工作压力大、晋升失败、被上司批评、婚恋挫折等）、身体不良状况（如长时间加班劳累、身体疾病）等因素所引起的。它有如下特点。

（1）时间短暂。持续时间较短，一般在一周以内能得到缓解。

（2）社会损害轻微。对其社会功能影响比较小。处于此类状态的人一般都能完成日常的工作学习和生活，只是感觉到的愉快感小于痛苦感，感觉“很累”“没劲”“不高兴”“焦虑”。

（3）能自己调整。此状态者大部分能够通过自我调整，如休息、聊天、运动、钓鱼、旅游、娱乐等放松方式，使自己的心理状态得到改善。小部分人若长时间得不到缓解可能形成一种相对固定的状态。这小部分人应该去寻求心理医生的帮助，以尽快得到调整。

### （三）心理障碍

心理障碍是因为个人及外界因素造成某一方面（或几方面）发展的超前、停滞、延迟、退缩或偏离的心理状态。它具有以下特征。

（1）不协调性。个体心理活动的外在表现与其生理年龄不相称或反应方式与常人不同。如成人表现出幼稚、停滞、延迟、退缩状态；儿童出现成人行为或不均衡的超前发展，对外界刺激的反应方式异常或偏离等问题。

（2）针对性。个体对某种事件或事物为障碍对象，具有强烈的心理反应。例如，对敏感的事物及环境等有强烈的心理反应，尤其是反应在包括思维和动作行为上，而对非障碍对象可能表现很正常。

（3）社会损害较大。它对社会功能影响较大，可能使当事人不能按常人的标准完成其某项或某几项社会功能。例如，社交焦虑者（又称社交恐惧）不能完成社交活动，恐惧者不敢使用刀、剪，性心理障碍者难以与异性正常交往。

（4）需求助于心理医生。此状态者大部分不能通过自我调整和非专业人员的帮助解决根本问题，必须在心理医生的指导下才能修正。

### （四）心理疾病

心理疾病是由于个人及外界因素引起个体强烈的心理反应，并伴有明显的躯体不适感。例如，思维、情感、动作行为、意志等方面的障碍，是大脑功能失调的外在表现。其特点如下。

（1）强烈的心理反应。可出现思维判断上的失误，思维敏捷性的下降，记忆力下降，头脑黏滞感、空白感，强烈自卑感及痛苦感，缺乏精力、情绪低落或忧郁，紧张焦虑，行为失常，如重复动作、动作减少、退缩行为、意志减退等。个体不能或勉强完成其社会功能，缺乏轻松、愉快的体验，痛苦感极为强烈，常常具有“哪里都不舒服、活着没意义、活着不如死了好”的内心体验。

（2）明显的躯体不适感。中枢控制系统功能失调，可引起其所控制的人体其他系统也功能失调。例如，影响消化系统可出现食欲不振，腹部胀满，便秘、腹泻交替出现等症状；影响心血管系统可出现心慌、胸闷、头晕等症状；影响到内分泌系统可出现女性月经周期改变、男性性功能障碍等。

（3）需心理医生的治疗。个体一般不能通过自身调整，并且需要心理科专业医生的治疗。心理医生对此类患者的治疗一般采用心理治疗和药物治疗相结合的综合治疗手段。

在治疗早期，通过药物快速调整情绪，中后期结合心理治疗解除心理障碍，通过心理训练达到社会功能的恢复，提高心理健康水平。

世界卫生组织估计，全球每年自杀未遂的达 1000 万人以上，造成功能残缺最大的前 10 位患者中有 5 个属于精神障碍，推算中国神经精神疾病负担到 2020 年将上升至疾病总负担的 1/4。在中国，2015 年 6 月保守估计，大概有 1.9 亿人在一生中需要接受专业的心理咨询或心理治疗。据调查，13 亿多人口中有各种精神障碍和心理障碍的患者达 1600 多万；1.5 亿青少年人群中受情绪和压力困扰的就有 3000 万。中国比较缺乏从事心理咨询的专业人才，心理咨询与压力管理专家建议，当遇到生活中的困扰，准备走入咨询室选择一位心理咨询师时，应选择具有心理学、医学或教育学等相关教育背景，接受过专业训练，有长期丰富的心理咨询与治疗经验，得到专业心理治疗协会或社会认可的心理咨询师。

## 三、心理问题常用判断方法

**（一）日常比较**

以日常经验作为标准来比较，有两个方面的经验性体验：一是个体自己的主观经验；二是家人、同学、朋友等观察者的经验。

个体自己可以觉察到不同于以往之处，如自我体验到情绪低落、痛苦、不高兴或压抑，而且感到焦虑，因而需要寻求医生的帮助。

**（二）心理活动性质的改变**

如果观察到个体的心理活动有明显的质的改变，如出现幻觉、妄想、明显的语言紊乱或行为异常，则提示是心理问题。

**（三）社会适应标准**

心理在正常情况下，个体的行为能适应环境，并参与改造环境，个体的行为应符合社会准则，根据社会要求和道德规范行事，因此，人的行为与环境要协调一致。如果个体经常出现社会适应不良，则反映个体的心理活动可能异常。

**（四）统计学标准**

人们已经设计出不同的心理测量技术测定不同的心理特征。根据某个体的测量结果与正常人群测量结果的比对可以区分出正常、异常与临界状态，如在个体智商方面：低于 70 定为异常，70～89 定为临界状态，90～110 为正常。另外，临床时用的一些量表也是利用类似的原理设计的，其结果可以供临床参考。

# 第二节　大学生常见的心理困惑及产生原因

## 一、大学生常见的心理困惑

据调查，大学生在学习和生活中较为普遍的心理困惑主要集中在以下六个方面。

**（一）人际交往的困惑**

大学生对人际关系的关注程度超过了学习，人际交往成了大学生活中最棘手的问题。一方面，不少在校大学生渴望友情，渴望理解，希望能建立起良好的人际关系；另一方面，他们在交往中又往往以自我为中心，遇事常从自己的角度考虑，总是希望他人和周围环境来顺应自己，不懂得如何与人沟通，这样便产生了人际交往的困惑。

有的大学生以自我为中心或过于自负，而不注意与他人交往；有的大学生因自卑、恐惧而不敢与人交往，从而陷入寂寞封闭的境地；有的大学生虽能主动交往，但因对他人认识的偏差，或过于苛求，或经验不足而不被接受或不受欢迎；有的大学生因自私、嫉妒心强或性格孤僻而影响了自己与他人的正常交往；还有的大学生情绪不稳定，对人对事过于敏感，喜怒无常，常因一时的好恶改变对一个人的看法，从而使交往缺乏稳定性。

**【案例】**

**都是嫉妒惹的祸**

江某与吴某是某艺术院校大三的学生。江某活泼开朗，吴某性格内向，二人同在一个宿舍生活。入学不久，两个人便成了形影不离的好朋友。但吴某逐渐觉得自己像一只丑小鸭，江某却像一位美丽的公主，心里很不是滋味。她认为江某处处都比自己强，把风头占尽，因而时常以冷眼对江某。一次，江某参加了学院组织的服装设计大赛，并获得一等奖。吴某得知这一消息后先是痛不欲生，而后妒火中烧，趁江某不在宿舍将其参赛作品撕成碎片，扔在床上。江某发现后，不知道该怎样对待吴某，更想不通吴某为什么要这样对待自己。

**案例分析：**

江某与吴某从形影不离到由妒生恨的变化令人十分惋惜。引起这场悲剧的根源是嫉妒和过度自卑。如果吴某能够克服过度比较、将心比心，在现实中找到自己恰当的位置，就可以避免这种结果。

### （二）社会适应和压力管理的困惑

大学是步入社会前的小窗口，大学生们应意识到这一点，从而不断改变自己，努力适应大学生活带来的一切。但一些大学生对集体生活不适应，甚至适应不良的现象持续发展到高年级，演变成更加顽固的心理疾病，严重影响了大学生的生活与学习。自理、自立、自我调节能力的欠缺，使很多大学生面对学习、生活问题时手足无措。同时，进入大学后，由于来自自我发展、学业、情感、人际交往、经济、职业规划等各方面的压力大大增加，让大学生觉得自己陡然增加了很多心理负担，而如果在这些方面总是遭遇各种挫折和打击，就会变得非常沮丧和消沉。如何去更好地适应大学生活，科学地对自己所面临的压力进行管理，理性地应对挫折，是大学生们在这个阶段极为重要的人生课题。

**【案例】**

**适应良好是关键**

李某是家中的独生子，家庭生活条件优越，上大学之前未曾离开过父母。进入大学后，李某的生活发生了很大的变化：没有了自己的卧室和独处的空间；很多父母代劳的日常生活事务都要自己解决；开始了集体生活，不知怎样与别人进行正常的沟通……这些改变让他食欲下降，睡眠质量下滑，学习兴趣也下降了。

案例分析：

生活、学习环境发生重大改变后的适应不良是造成该问题的主要原因。面对新的环境，李某应主动适应社会环境与学校生活，重新确定自己在大学的角色与位置。如果遇到一时难以解决的问题，应积极寻求外在的支持和帮助。

### （三）恋爱和性心理的困惑

恋爱是当代大学校园里的亮丽风景线，菁菁校园随处可见成双成对的情侣。在大学校园这样一个特殊的社会环境中，集体的生活和学习使得大学生们相互接近，再加上正值情感的萌芽期，大学生恋情的稚嫩及其特有的激情给恋爱蒙上了一层神秘的色彩，但同时也可能酿成爱的苦酒。如何面对失恋，如何正确处理恋爱与学业的关系等问题都让大学生们苦恼万分。在性面前，许多大学生陷入了矛盾的旋涡，或肆意宣泄，或压抑异变。异性癖、恋物癖、婚前性行为与校园同居等带来的问题，引起了大学生们的恐惧、焦虑和担忧，种种苦涩郁结在心，难以释怀。

【案例】

大学里的“风花雪月”

吴某（男）和李某（女）是大学同班同学。刚开始，在班上寥寥无几的女生中，吴某也就是看李某比较顺眼，因此关注她也就相对多一点。后来知道李某喜欢班上另一个男生，吴某便打消了这个念头。

结果，李某和那个男生并没有成为男女朋友，吴某和李某的接触却渐渐多了，又加上两边朋友的说和，两人便被拉到了一起，谈起了恋爱。他们每天一起吃饭，一起散步，一起看书，怀揣着共同的梦想……

可是恋爱才一个月，另一个女生的出现打破了吴某和李某间的平静。她，是吴某的高中同学高某。面对高某的频频示爱，吴某很纠结，他不知道自己到底喜欢谁，最后他选择了高某。这样的打击使李某无法忍受，她一直苦苦哀求吴某回到自己身边。结果，两人都没心思学习，浪费了很多时间。

案例分析：

吴某与李某的恋爱是仓促、盲目的。两人并未真正理解什么是爱情就开始恋爱，结果又因他人插足而导致关系摇摆不定。这些问题的出现主要归结于他们的心理不成熟，没有真正地理解爱情。吴某与李某应该认识到，爱情是给予不是得到，真正爱一个人是希望对方幸福而不是一定要拥有对方。如果一份爱对对方而言是一种负担、一种痛苦的话，放手是对彼此最好的尊重。

### （四）学习与生活的困惑

学习是大学生的首要任务，多数大学生都很重视。然而在看到大学生进取心的同时，也应看到学习给大学生带来的巨大心理压力，部分大学生甚至因学习压力无法调适而选择轻生。

生活压力主要源于贫困带来的心理压力。我国高校在校生中约有 20%是贫困生，其中5%～7%是特困生。经济压力会给他们带来不良的心理反应，如自卑、自我封闭、孤僻等，有的同学甚至发展成自闭症、抑郁症而不得不退学。

【案例】

贫困生小依的故事

小依是从山区考进某重点高校的学生。高中毕业后，全班只有她一人考上了大学，大家都为她感到自豪。但进入大学后，小依无论在学习上如何努力，都无法赶上其他同学。第一学期结束后，同寝室的其他5个人都获得了奖学金，唯独小依没有，这让家庭经济条件较差的小依感到灰心。大二刚开始，小依便全身心投入了复习，准备英语四级和计算机二级考试。但这期间，她的神经性偏头痛犯了，因而两门考试都没通过。

更让她感到尴尬的是，女同学们都互相攀比，穿名牌服装，只有她还穿着高中时的旧衣服，打扮得土里土气，显得格格不入。因此，小依到哪儿都是一个人，倍感伤心，甚至后悔来上大学……

案例分析：

小依的困惑主要来自两方面的落差：一是在山村中学学习成绩出众与现在学习成绩相对较差之间的落差；二是山村与城市的经济水平之间的落差。对此，小依应树立起自信心，看到希望，肯定自己。

**（五）就业和职业规划的困惑**

就业是人生的重要转折点，也是大学生们最为关心的问题。大学生对人生的期望值比较高，他们大多认为自己寒窗苦读十余年，且付出了那么多的时间、精力和金钱，社会理所当然应给予自己满意的回报。一方面，他们渴望毕业就找到一份好工作，希望早日走上社会，施展自己的抱负；另一方面，由于就业越来越困难，部分毕业生在求职过程中产生种种矛盾心理，迷茫和困惑严重干扰了他们的就业心态。什么单位才是自己应该去的工作单位？什么工作最有前途？如何从茫然中找到方向、找到自己的出路？这些问题给众多高年级大学生造成了很大的精神压力，使他们因焦虑、自卑而失去安全感，许多心理问题也随之产生。

【案例】

面试时的“那些事”

**情境一**：用人单位到学校来招聘时，小李去面试了，可是才几分钟就被淘汰下来。原因是小李在面试过程中过于紧张，回答问题时面红耳赤、语无伦次，面试前辛辛苦苦准备的“台词”、腹稿也忘得一干二净……

**情境二**：小王非常优秀，有十分远大的抱负。因此，一般单位给予的面试机会他根本不重视，马虎应付了事。他希望等待一个最适合他的机会，但是这个机会迟迟不来，他陷入了迷茫之中……

**情境三**：招聘单位与求职者小张见面的时候，一位领导递给小张一支香烟，可小张却说“不抽！不抽！我没有这种坏习惯！”一句话把这位领导搞得十分尴尬，在座的人对小张的回答也是啼笑皆非。

**案例分析：**

上述这些都是大学生在应聘中会遇到的问题，这些问题会成为成功就业的绊脚石。

### （六）网络依赖的困惑

相对宽松的学习与生活环境使部分大学生丧失了方向和目标，同时，网络上信息内容的多样性及沟通便捷性为不少在现实生活中交际困难的大学生提供了方便，他们在网络的虚拟世界里寻找心理满足。久而久之，有的大学生甚至产生了网瘾，每天花大量时间上网，沉溺虚拟世界，不愿与人面对面交往，成为“手机党”，上课时也偷偷玩手机，甚至在路上走路也随时不忘与手机为伴，患上手机网络依赖症。迷恋网络严重影响了大学生正常的认知、情感和心理定位，不利于其人生观的塑造，严重的还可能导致大学生人格分裂。迷恋网络还会使人产生心理疾病，在日常生活和学习中举止失常、神情恍惚、胡言乱语、行为怪异，这些对大学生正常的学习、生活、人际交往等都会产生不良的影响。

**【案例】**

**落入网络陷阱**

姜某以优异成绩考入某大学，在学习上未能达到自我期望，但在网络游戏技术上进步很快。一段时间之后，姜某对网络游戏产生了强烈的渴求与冲动，与同学的交流开始减少，性格变得内向，时有自卑感，情绪低落，对数学知识、体育运动和其他事物的兴趣下降，并经常逃课，彻夜不归。

经同学和班主任劝告，姜某一段时间内停止了玩网络游戏，但却出现周身不适、心烦意乱、易被激怒、上课注意力不集中等反应，后又再次沉迷于网络游戏。网络已经成为其逃避问题或缓解不良情绪的途径。

**案例分析：**

姜某沉迷于网络，耽误了大量的学习时间，应尽快采取措施，使其回到正常的轨道上来。姜某应该明白，面对学习和生活压力时，要去面对，着手解决，而不是一味逃避。

### （七）情绪情感上的困惑

1. 自卑

**【案例】**

**自卑成为沟通障碍**

孙某，男，某大学一年级学生，有较强烈的孤独感和自卑心理，不能与同学正常交往，交谈时胆怯，说话哆嗦；看到别人侃侃而谈，自己却不知所云，便陷入沉默，唯恐自己说错话被人耻笑。

**案例分析：**

孙某正处于青少年时期，是自我意识开始觉醒并逐渐建立的时候。这一时期的青少年很注重自己在别人心目中的地位和形象，对别人的评价过分关注，多疑，担心形象受损。在别人面前表现出胆怯、害羞，压抑言行，害怕暴露自己的弱点。老师和家长应该帮助孙某分析原因，使其树立自信，认识到自己的能力，从而克服自卑心理。

自卑是一种因过多地自我否定而产生的自惭形秽的情绪体验。每个人或多或少都有自卑感，但如果人的自卑程度较深，影响了自己的正常工作和学习，就需寻求心理咨询师的帮助了。大学生的自卑感主要表现为如下几个方面。

（1）自我认识不足，过低估计自己。每个人总是以他人为镜来认识自己，也就是说人们总是根据他人对自己的评价和自己与他人比较来认识自己的优劣。如果他人对自己做了较低的评价，特别是较有权威的人的评价，就会影响自我认识，自己也会低估自己。在与他人比较的过程中，有的人喜欢拿自己的短处与他人的长处比，当然越比越觉得自己不如人，越比越泄气，就会产生自卑感。还有一些人，他们对自己的不足有较多的了解，为求自我完善，他们对自己要求较严，加之“晕轮效应”的影响，只看到自己的不足而忽略了自己的优点，结果使自己越来越自卑。

（2）消极的自我暗示抑制了自信心。每个人面临一种新局面时，首先都会权衡是否有能力应付。有的人因为自我认识不足，常觉得“我不行”。由于事先有这样一种消极的自我暗示，就会抑制自信心，增加紧张，产生心理负担，在学习和交往中放不开手脚，限制了能力的发挥，工作效果必然不佳，这种结果又会形成一种消极的反馈作用，影响到以后的行为。这也无形地印证了自卑者消极的自我认识，使自卑感成为一种固定的消极自我暗示，从而会造成一种恶性循环，使自卑感进一步加重。

（3）不能承受挫折。人们在遭受挫折后，可能会产生各种反应，或反抗，或妥协，或固执。有的人在遭受某种挫折后，就会变得消极悲观，变得自卑。

2. 焦虑

焦虑属于消极的情绪，它是一种能减弱人的体力、精力，干扰人的正常活动的情绪体验，也属于不愉快的情绪。它使人烦躁不安，类似恐惧，但程度不太强烈。心理学研究表明：焦虑程度与学习效率之间可以用一条抛物线的形式来表示，即焦虑程度增加，学习效率也随之加快，超过一定的焦虑程度时，学习效率就会随着焦虑程度的增加而降低。大学生产生的焦虑主要表现为如下几个方面。

（1）考试焦虑。他们不能正确对待考试，担心考试不及格。这类学生主要是基础比较差，学习比较吃力，对大学的学习方法不适应，把考试看得过于严重，他们经常担心考不好会降级和影响毕业分配，导致压力超过心理负荷而造成过度焦虑。

（2）困难焦虑。有的大学生不能正视大学所遇到的学习和生活方面的困难而产生焦虑，如有的学生为了保持自己原有的优势，千方百计和来自各方的众多“尖子生”进行竞争与比赛，结果负于强手，在心理上出现了自责、自卑和不服气的精神压力，背着沉重而又紧张的思想包袱，也自然会产生害怕失败的焦虑情绪。

（3）毕业焦虑。市场经济条件下，人才竞争十分激烈。老师、父母或朋友对学生的期待过高，这是造成其心理压力的主要原因。有的学生怕市场竞争，把就业也视为一种精神上的“压力”，以致造成心理障碍。

（4）健康焦虑。有些学生，因为长期有疾病而产生焦虑。也有的学生，因为沉迷于网络世界和电脑游戏之中，以致睡眠不足，营养不良，身体需要的能量得不到及时补充和缓冲，也同样会陷入焦虑之中。

3. 抑郁

抑郁是大学生中较常见的一种心理失调症，是大学生感到无力应付外界压力而产生的一种消极情绪。它是一种低沉、灰暗的情感基调，可从轻度心情烦闷、消沉、郁郁寡欢、状态不佳、心烦意乱、苦恼、忧伤到悲观、绝望。抑郁者常觉得生活没有意思，高兴不起来，心情沉重，提不起精神，做事缺乏动力，对外界的兴趣减退或消失，自信心下降。严重的则整日忧心忡忡、胡思乱想、郁郁寡欢、度日如年、痛苦难熬、不能自拔，思维变迟钝甚至动作变迟缓，有时会有自杀的念头或行动。有这些症状的同学，要引起重视。

大学生的抑郁主要表现为如下几个方面。

（1）坦途无悦。面对达到的目标、实现的理想、一帆风顺的坦途，他们并无喜悦之情，反而感到忧伤和痛苦，如考上名牌大学却愁眉苦脸、心事重重，想打退堂鼓。有的在大学学习期间，经常无故往家跑，想休学退学。

（2）不良暗示。不良暗示主要表现在两个方面：一是潜意识层的，会导致生理障碍，如大学生一到学校门口、教室里，就感觉头晕、恶心、腹痛、肢体无力等，当离开这个特定环境，回到家中，一切又都正常。二是意识层的，专往负面去猜测，如大学生自认为考试成绩不理想；自己不会与人交往；自认为某些做法是一种错误，甚至是罪过，给别人造成了麻烦；担心自己的病可能是不治之症等。

（3）调换环境。有些大学生可能与人在学校发生过一些矛盾，或者根本就没什么原因，但他们深感所处环境的重重压力，经常心烦意乱，郁郁寡欢，不能安心学习、工作，迫切要求老师为其想办法，调换班级。但当真的到了一个新的地方，其状态并没有随之好转，反而会另有理由和借口，还是认为环境不尽如人意，反复要求改变。

（4）自杀行为。严重抑郁者可能会利用各种方式自杀。对自杀未果者，如果只抢救了生命，未对其进行抗抑郁治疗（包括心理治疗），患者会重复自杀。因为这类自杀是有心理病理因素和生物化学因素的，患者并非心甘情愿地想死，而是被疾病因素左右，身不由己。

4. 冷漠

冷漠，是指大学生在学习与生活过程中，对引起挫折的对象无法攻击，又无适当的替代对象可借攻击时，强压愤怒情绪，表现了一种表面的冷淡和失去喜怒哀乐的表情，同时表现出一种对事物无动于衷的态度。冷漠是一种复杂的行为表现方式，与大学生个体的经验有密切的联系，它是青少年学生受挫折直接反映的一种情境，如有些大学生由于学习或生活受挫而积极性丧失，表现出对一切事物漠不关心、无动于衷。

大学生的冷漠一般表现为以下几个方面。

（1）角色性冷漠。大学生（尤其是差生）在学校或班级各项活动中不能进入预定的角色情绪，出现角色失落和角色冷漠。

（2）倦怠性冷漠。由于长期受片面追求升学率的影响，广大青少年学生在枯燥乏味的学生生活中，容易滋生疲劳、厌烦、倦怠情绪，到大学时，也不会好转。值得注意的是，这种倦怠性冷漠情绪甚至会出现在优秀的学生身上，并像病菌一样传染蔓延。

（3）忧郁性冷漠。大学生对所处现实和自身的境遇不满，产生严重的心理失落感，在大学生群体中，表现为精神萎靡、郁郁寡欢、缺乏自信。

## 二、大学生心理困惑产生原因

中学教育片面强调知识传授和思想政治教育，“填鸭式”的教育忽视了对学生良好性格、情绪、意志等个性心理的培养，而大学则侧重培养学生健全的人格、良好的心理素质，培育科学的精神和进行创造力的开发，推动学生全面发展。由于这种培养要求的差异，大学与中学存在十分明显的差异。

### （一）管理环境与管理方式的差异

大学管理的环境气氛是外松内紧，即就其形式来说似乎轻松，有一定的自由度，但实质上更严格。这种严格不仅来自外部压力，来自他律，更重要的是来自自律，来自新的教育目标和竞争环境所引起的新的自我发展需求的压力。

同时，大学的教学管理和生活管理也与中学阶段有差异。大学教师不像中学教师那样管得具体、细致，大学辅导员、班主任虽然关心同学们的日常生活、起居事宜，但他们更多的是通过组织学生开展多种活动，培养与发展学生自主、自立、自理的精神。

### （二）学习方式的差异

中学时，老师可能会用一节课或两节课的时间来讲解某一个定理或公理，但大学老师一节课可能讲一章或几章的知识，知识量加大了，课时却减少了。所以，很多大学生表现出对大学教学方式的不适应，面对如此快的授课方式和如此大的信息量，他们感到不知所措。

同时，大学的学习方式也发生了变化。中学时，基本上是老师引导学生去学习，但是大学里的学习方式在很大程度上是学生自主学习。大学里，有很多时间留给学生自己去支配，学校有教室、自习室和图书馆，假如学生不把这些资源充分利用起来进行学习，完全靠上课时的一点时间，就不可能取得很好的成绩。

### （三）生活方式的差异

很显然，面对崭新的环境，大学新生感触更多的是生活方式的变化。中学生大多住在家里，拥有自己的生活空间，起居由父母安排；大学生活则是集体生活，住宿舍吃食堂，凡事要靠自己处理。从生活范围上看，中学生活领域较窄，基本上是从家门到校门；而进入大学校园犹如来到“大世界”，丰富多彩的校园文化活动使新生目不暇接，生活领域大大拓宽。从生活习惯上看，饮食方面的差异、气候与语言环境的变化、作息制度与卫生习惯的不同、经济上安排不当等，都可能造成适应不良。

### （四）人际交往的差异

大学新生来自四面八方，彼此性格不同，生活习惯不同，要他们马上融合在一起是很难做到的。加上大学中师生之间除了教学上的接触以外，其他方面交流较少，这种人际关系的变化和新生渴望如同高中阶段那样与人交往、获得友谊的心理要求是不相适应的。

另外，大学生往往认为自己已经是个独立的“大人”了，凡事无须别人指手画脚，但却又无法独立解决在大学这个“小社会”中所面临的许多过去从未面临的复杂问题，因而会产生希望独立却又无法独立的矛盾。于是在新的环境中，他们就有了无法倾诉的苦衷，常常表现为沉闷、孤独，产生“知音难觅”的心理困惑。

## 第三节 大学生心理求助

新生步入大学，突然面对周围陌生的一切，出现不适应心理也是在所难免的，但是只要他们对大学生活有一个清醒的认识，积极进行各方面的调适，保持一个良好的心态，就一定会顺利地度过适应期。这不仅需要教师的指导和引导，更主要的是大学新生要根据大学生活的客观现实和未来发展的要求，积极主动地进行自我调适。

### 一、大学生心理求助的主要特征

心理求助行为，也称寻求他人帮助，它是指人们为了缓解心理压力、消除心理困扰或不适而采取寻求外界帮助的行为。当代大学生面对心理困惑，常常束手无策，或积郁于心，自我折磨；或不以为然，听之任之；或大惊小怪，四处投医。当前大学生的心理求助主要表现出以下特征。

（1）先自我调节，后寻求他人帮助。随着大学生独立意识的增强、独立解决问题能力的提高，大多数大学生在遇到心理困惑时，一般都选择采用自我调节的方式来解决自己面临的心理困惑。我们以参加“大学生心理健康教育”课程的大学生为调查对象，在问到“当你遇到心理问题时，你会向谁寻求帮助”，84.25%的学生首先选择自我调节方式。大学生自我调节主要包括修身养性、培养意志力、提高应对技能、自我劝慰、自我暗示等，大学生自我调节的心理问题主要包括环境适应、记忆力、注意力、学业、就业、异性交往、焦虑、抑郁、失眠等。大学生这种自我调节的倾向也包括大学生在遇到比较严重的心理困扰问题时，仍然希望靠自己解决，只不过这种倾向相对较弱，自我调节的效果不是很理想。当然，大学生在试图解决自己的心理问题时，并不排斥寻求他人帮助。当大学生不能解决自身的心理困惑时，他们常向家人、同学、朋友、恋人等非专业人员求助，但是当心理问题较为严重时，也会向专业咨询人员求助。

（2）面临普通心理困扰时，大学生倾向于向同辈人求助，面临严重的心理困扰时，大学生倾向于向专业咨询人员求助。在求助倾向方面，大多数大学生在遇到诸如记忆力与注意力、异性交往、学习问题、失眠等的心理问题时，偏好向恋人、朋友、同学等同辈人求助。许多大学生谈到，他们之所以选择同辈人作为求助的对象，是因为他们有共同的成长经历、共同的爱好与兴趣，容易沟通，能够取得同辈人的理解、同情与支持。大学生只有遇到比较严重的心理问题时才向专业心理咨询人员求助，但比率偏低，这种现象应该引起高校心理健康教育工作者的注意。

（3）大学生的心理自助意识普遍较弱，自我放纵成为许多大学生心理自助的主要方式。随着大学校园生活的丰富、大学生活动范围的扩大，大学生心理自助的方式日益多样化。其中，自我放纵成为许多大学生心理自助的主要方式。心理咨询实践过程中，我们发现，当遇到心理问题时，部分大学生（18%）会选择独处、沉思、写日记倾诉等方式来排解心理问题，只有极少数的大学生会求助于心理咨询专业人员，而大多数的大学生（56%）则通过运动、看电影、听音乐或唱歌等方式来宣泄心理困惑。这种方式往往一时见效，但心理郁结没有真正解开。高校应该加强心理健康教育知识的普及和心理健康保健意识的宣传与教育。

（4）网络求助成为大学生心理求助的一种重要途径。虽然我国高校的心理咨询发展很快，大多数高校都建立了一支专、兼职心理健康教育教师队伍，并设立了心理咨询机构，为大学生的心理求助提供了比较科学的教育服务。但由于各种原因，我国大学生并未对学校的心理咨询加以充分利用。相反，网络心理求助成为大多数学生遇到心理困惑时求助的一种重要渠道。我们在调查中发现，90%以上的大学生都上过网，其中，有43%的学生在遇到心理困惑时，会通过网络聊天、网络心理测试、在线网络心理咨询等方式寻求心理帮助。网络具有快捷、方便、匿名、安全等优势，使得网络心理求助成为高校大学生解决心理困惑的重要方式。高校应注重发挥网络心理咨询在高校心理健康教育中的重要作用。

（5）来自农村的学生较来自城市的学生更倾向于自己解决问题。大学生心理求助除表现出一些共同特征，还表现出差异特征。我们在调查中发现，来自城市、中小城镇和农村的大学生，在学业问题、就业问题、失眠问题，以及心理障碍的求助方式上存在差异。具体表现为：在学业和就业问题上，来自农村的大学生更倾向于自己解决；在失眠问题上，所有大学生都倾向于自己解决；在心理障碍上，来自农村的大学生更倾向选择自己解决的途径，而来自城市的大学生选择求助于人的可能性远大于其他二者。来自农村的大学生由于在经济、城市文化适应等方面经受较多的压力，他们比来自城市的学生更易产生心理困扰，更需要专业的咨询帮助，但我们在调查中却发现，来自农村的学生倾向于自己解决问题，其实是害怕、不愿求助于人的一种托词，而不一定是这些学生有更多的经验和能力可以自己应付问题。如果真是这样，就意味着在大学生中，那些更需要咨询服务的大学生反而更少利用心理咨询机构的服务。这提示高校的心理咨询服务要特别注重来自农村学生的心理咨询工作。

（6）男女大学生在遇到心理困惑求助心理咨询时表现出较大的差异。一般情况下，大学生在处理未来的就业问题和严重的心理困扰问题时都倾向于求助他人。但男女大学生表现出较大的差异：女大学生在遇到这类问题时，更有可能求助于他人；男大学生虽然也表现出类似的求助倾向，但男大学生求助率比女大学生低。女大学生向人求助的倾向较强，但也主要是求助于父母和亲戚，对于学业问题和未来的就业问题，如果自己不能解决的话，女大学生求助于父母的倾向表现得较为明显，并且在失眠问题中表现得最为显著；而男大学生则偏好求助于朋友和专业人员。对于失眠问题和严重的心理困扰问题，男大学生比女大学生更可能向心理咨询机构专业人员求助。

## 二、大学生心理求助的主要方法和途径

大学生正处在人生发展的重要阶段，社会、学校和家庭为他们的成长提供了极为优越的条件。但是，现代生活节奏的加快、各种选择机会的增多、社会对人才素质要求的提高、生存竞争的加剧等会使大学生产生各种心理困扰和心理冲突，如果不及时对大学生进行科学的心理健康教育，就会影响其心理的正常发展，甚至导致心理疾病。因此，大学生的心理健康教育是高等教育中不可缺少的重要内容。

### （一）开展大学生心理健康教育活动

大学生心理健康教育已经越来越受到社会、学校、家庭等各方面的重视。大学生心理健康教育的途径主要有以下几个方面。

#### 1. 普及心理学知识

要提高大学生的心理健康水平，就必须引导大学生学习心理学知识，使其了解自身心理发展变化的规律与特点，学会心理保健的方法，自觉调节控制情绪。目前大部分高校都开设了心理健康教育课程，对大学生进行较为系统的心理健康教育。除此之外，还可利用广播、电视、网络、校刊、校报、橱窗板报等多种方式对大学生普及心理健康知识。

#### 2. 开展大学生心理咨询工作

心理咨询工作是帮助大学生防治心理疾病、优化心理素质、保持心理健康的重要途径。其主要任务是针对大学生的心理特点，对他们的学习、生活、情感、就业等方面进行心理辅导，以帮助他们客观地认识自己的心理健康状况，增强心理调节能力，

预防和缓解心理问题。

3. 在教学活动中渗透心理健康教育内容

在高校教育中，除安排心理健康教育课程外，还应将心理健康教育渗透到各门学科的教学活动中去，在注重德、智、体、美等教育的同时，加大心理健康教育的比重，将心理健康教育与其他学科的教学内容有机地结合起来，发挥各门学科对心理健康教育的促进作用，使学生在整个学习过程中潜移默化地接受心理健康教育，保持良好的状态和健康的心理。

4. 开展心理状况测评工作

心理健康教育应做到有的放矢，这就需要在心理健康的教育过程中进行广泛的调查研究，掌握大学生普遍的心理状况，进而有针对性地对其进行心理健康教育，解决其心理问题。学校可以通过各类心理健康评定表对学生进行测评，建立心理问题筛选、干预、跟踪、控制一体化的程序，对存在的问题做到尽早发现、及时干预和有效控制，提高心理健康教育工作的科学性和持久性。

### （二）端正心理健康教育观念，营造良好求助氛围

1. 加强校园文化建设，营造良好的氛围

大学生心理健康教育除了以课堂教育为主的渠道外，还可以通过校园文化建设，为心理健康教育营造一个良好的氛围。所谓校园文化，是以学生为主体、以课外文化活动为主要内容、以校园为主要空间，围绕学校办学精神和办学目标而开展的一种群体文化。校园文化在当今高等教育中发挥着重要的作用，能够唤起青年一代独立的人格追求和高尚的道德追求。在校园文化建设中，可以开展丰富多彩、积极向上的文化活动，如举办学术讲座、文化艺术节及社团活动等。大学生可以通过活动增长知识、陶冶情操、启迪心智、缓解心理压力、培养积极乐观的生活态度，以促进自己身心的健康发展。

2. 增强心理健康教育意识，实现全方位育人

心理健康教育是一项专业性极强的工作，增强心理健康教育工作者的专业技能是加强大学生心理健康教育的关键。

目前，一些高校的心理健康教育工作者多为非专业人员，其教育方式缺乏专业性和科学性，从而使得心理健康教育的质量无法保证，复杂问题难以解决。因此，加强心理健康教育的师资建设，增强全体教师的心理健康教育意识是极为必要的。学校可以通过讲座、讨论、培训等方式，对领导、教师及辅导员等教育工作者进行专业心理学知识和心理咨询技能的培养，提高他们的思想素质和业务素质，进而更好地开展心理健康教育工作。

3. 更新观念，正视心理求助

生活中，很多大学生对于心理疾病、心理咨询存在误解。很多人害怕谈及自己

的心理问题，害怕进行心理咨询，从而导致心理问题长期得不到解决，演变为心理疾病。

西方许多发达国家人们看心理医生是一件很平常的事情，甚至遇到心急上火之事都要找心理咨询师进行咨询。同时，从事心理咨询工作的人也会严格遵守自己的职业操守，遵循保密原则。所以，大家大可不必担心自己的“糗事”会被别人知道，完全可以打消“别人知道了一定会笑话我”之类的顾虑。遇到自己解决不了的心理问题，可以及时到学校的心理咨询室或学校以外从事心理咨询的专业机构寻求帮助。

### （三）大学生进行自我调适

大学生应积极进行自我调适，走出心理困惑，具体可从以下几方面进行。

（1）创造和谐的学习生活环境。同学之间要互相关心，彼此敞开心扉，倾吐心声，消除陌生感、隔阂。

（2）树立远大理想，确立正确的人生观、价值观、世界观。大学生可通过社会实践活动、先进人物报告会、党课等多种途径陶冶自己的情操。

（3）正确对待学习、生活与就业所带来的压力。对于因学习紧张、生活贫困、就业困难所带来的心理压力，大学生应勇敢面对，泰然处之，同时要保持心态平衡，始终以乐观、坚强、自信的态度对待生活。

（4）如果一时无法排解心中忧难，大学生可通过多种渠道进行心理咨询，如通过热线电话、电子邮件、网络平台、书信等方式向学校的心理咨询室或专业心理咨询机构求助，以便合理宣泄情绪，及时解决问题。

## 思考与练习

1. 请你描述入学以来的心理困惑。你是如何应对该困惑的，有效吗？
2. 请你描述大学生产生心理困惑的原因。
3. 请你描述大学生心理求助的途径与方式。

# 第四章　心理障碍与精神疾病

## 你的学习目标

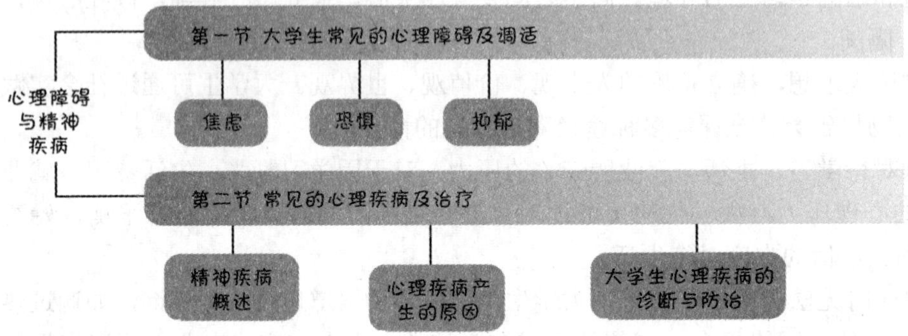


## 本章导航

近年来，随着社会的大变革，新时期出现的各种问题和矛盾，对大学生的心理状态产生了巨大的冲击，加上大学生正处在生理、心理和思想的发展变化时期，各种不同程度的心理问题在大学生中逐渐增多，因此，心理问题和心理疾病的防治已成为大学生关注的问题。1989 年，国家教育委员会以全国 12.6 万大学生为对象的抽样调查显示，约 20.23%的人有不同程度的心理问题，心理疾病的发病率在逐年增高，而且发病的种类也在逐年增多，主要表现在抑郁、焦虑、偏执、强迫等方面。2002 年，卫生部召开的青少年心理健康问题座谈会显示：因心理问题不能正常学习和生活而休学或退学的学生人数逐年上升，其中因为精神问题而休学或退学的人数占休学、退学总人数的 30%左右。

本章从大学生的实际出发，有选择地介绍一些有关心理疾病、心理障碍以及大学生常见心理问题的基本知识，着重从心理疾病的诊断、分类、症状表现等方面进行探索，对大学生产生心理问题的原因进行分析，从而帮助大学生正确了解、判别各种心理问题、心理障碍和心理疾病，学习进行适当的调适，进而提高大学生的心理健康水平。

# 第一节 大学生常见的心理障碍及调适

## 一、焦虑

### （一）什么是焦虑

在生活中常常面对许多有压力的事情，如竞选干部失败、参加社团受挫、考试不佳等。有些学生面对压力的烦恼反应是合理的，他们虽然烦恼，却能维持生活步调，有效率地面对事情，而不至于像只无头苍蝇，让时间浸在转移不开的紧张焦虑中。相反，有些学生比一般人难以镇定，稍微想到一点烦恼，就整日害怕不安，通常以一种持续、漂浮不定的害怕感为主，容易慌乱紧张，很难被其他事情所转移，同时伴随肌肉发紧、胸闷、流汗、心跳加快、颤抖、头晕、胃肠不适、烦躁、失眠等身体反应。

### （二）焦虑的主要特征

焦虑在心理上多表现为忧虑、紧张、恐惧，不能集中注意力，记忆力减退，思维迟钝，学习效率下降，情绪抑郁、易怒、烦躁，缺乏自信心，夸大失败；在生理上则表现为肌肉紧张、呼吸急促、心跳加快、头晕、大小便频率增加、多汗、恶心、睡眠不良、食欲不振、胃肠不适等。在学校里，常常会见到另一种特殊形式的焦虑——考试焦虑。考试焦虑为焦虑中的一种特殊表现形式，也称考试怯场，是面对考试的学生因情绪紧张而不能发挥实际水平的心理失常现象。它以担忧为基本特征，以防御或逃避为主要的行为方式，并伴有不同程度的情绪反应。通常，适度的焦虑可以增加学习与工作的动力，提高各项活动的效率。但持续的严重焦虑如得不到及时的调解，不仅会影响到日常的学习生活，还会直接影响到身心健康。

### （三）焦虑的调适

对于有严重焦虑情绪的人可适当采用药物治疗，治疗焦虑症的药物安全且有效，多数当事人均可在短期内得到症状缓解。还可运用认知行为治疗，透过对疾病及可能病因认知上的重建，让当事人认识心理焦虑状态与身体症状的相关，并利用肌肉放松训练或生物反馈等辅助治疗，让当事人学习如何利用自我暗示，或借机器的协助，降低肌肉紧张度等，达到减轻症状的效果。焦虑症治疗效果良好与否与个人性格、患病时间长短、人际关系稳定度及环境压力程度等有关，家人在面对焦虑症当事人时，应尽量体谅当事人症状的不舒服，并予以适当的支持，且尽快协助当事人就医。除了以上治疗方法之外，大学生在日常学习和生活中还可从以下几方面预防焦虑症的发生。

1. 少拖延早办事

焦虑的出现，很多时候是因为需要在很短的时间内去完成很多或者很复杂的事情，这种“时间不足”的情况却往往是由故意拖延所致。有些学生惯性地将事情拖到最后一刻才处理，有些学生则因为害怕问题的影响性而把问题拖到最后一刻才肯面对。可是，越是拖延，压迫感便越大，焦虑也越强。若能痛下决心，正面地面对问题，及早着手处理事情，便会有充裕的时间、空间、资源，甚至精神和体力去将事情办好。事情若能准时完成，焦虑出现的机会相信会减少。说易行难，这需要很大的决心及恒心才能办好。

2．不过分追求完美

人生在世，我们难免有所要求，因此我们会盼望、会着急，但不适当的要求会变成苛求，于是盼望变成失望，着急变成忧虑。例如，若你的能力只可做到 80 分，但却要求自己做到 100 分。结果如何，不难想象。怎样的要求才算恰当呢?答案是因人而异的。你需要以坦诚的态度，透过不断反省和与人沟通了解自己的强处、弱点及性格特质，从而制定要求和期望。若能量力而为的话，挫折和焦虑出现的机会自然大减。

3. 及时消除烦恼

不管如何能干，我们总有一些难以解决的问题和烦恼，若我们不能适当地处理这些问题和烦恼，焦虑就会出现及累积。基于自尊，很多人会羞于向别人提及自己的问题和烦恼。其实找人倾谈，好处甚多。由于每个人各有专长，你认为难以处理的事，在其他人眼中可能十分容易。而且，你将事情重组及向别人倾谈后，不愉快的情绪亦会随之宣泄，压力和焦虑会因此而得到舒缓。感情的负担得到释放，人会变得较为冷静和清醒，解决问题的能力亦会提升。

4. 保持均衡的生活方式

总体来说，克服焦虑的最佳办法是及早预防，透过均衡的生活方式，使身心健康，压力和焦虑自然无隙可入。对大学生来说，学习无疑是非常重要的一环，但切不可忽略了身体健康和感情生活的均衡发展。在身体健康方面应有充足的休息和运动，饮食有节制。运动有强身健体、保持体态及舒缓紧张的功效，是预防或消除焦虑的有效方式。在感情生活方面，应与家人或朋友经常接触，保持和谐的关系，在有需要的时候，他们可能提供重要的精神和物质支持，帮助我们去消除与面对生活上的种种障碍与挑战。

## 二、恐惧

恐惧心理，人皆有之。在原始、动物的层级，感觉危险就会有恐惧，这常是一种反射。例如，你知道蛇的危险，即使看见玩具蛇，也会吓得跳开，或看到任何形状像蛇的东西都会感到危险，危险唤起身体的化学作用而采取适当的反应，这就是恐惧，因此，恐惧在一定程度上是有意义的。恐惧可以用来自我保护和增加存活的机会，恐惧和疼痛一样是一种必需的痛苦。

恐惧可以区分为短暂性及长期性的反应。短暂性的恐惧，产生于不自觉的刺激，引发内心不安的情绪。长期性的恐惧并不是单独存在的一种情绪，会由其他情绪累积后，转化为一种反射动作，以避开伤害和保持生存。如环境的适应不良、缺乏自信、缺乏安全感。

### （一）恐惧的心理特征

恐惧的特征有轻、有重，也有形式不一样的表现。其主要特征有脸色的急速转变、不明原因身体不适、焦虑、不自觉的肢体抖动、对特定事物易怒或退缩、自我封闭、不信任周围的人。当恐惧已影响当事人的思考时，会使其注意力集中在可能的危险上，并把这种危险放大，还可能会对周围的人不信任，需要小心对待，避免产生其他后遗症。

### （二）恐惧的调适

对于恐惧的调适，最主要的是接纳自己的情绪，在学习肌肉放松及呼吸训练中，接纳内心的不安。针对引发情绪不安的原因，需要适度地抒发内心情绪，并以渐进式的方式承认、克服自身的恐惧。当恐惧已产生思考和行为混乱情况时，最好是寻求心理治疗，已不易靠一般辅导行为来改善，严重的还需通过药物协助调适。具体来说，克服恐惧有下列步骤。

（1）接受并且让别人接受你的恐惧，而不要去否认它、排斥它或掩饰它。有了恐惧感觉，引起对它的注意力集中和指向，那么，这种感觉就会变得敏锐起来，而这一敏锐的感觉又会越来越吸引注意力进一步固定于它。这样一来，感觉与注意力彼此促进，交互作用，致使该感觉越发强大起来。采取接受的态度，一方面不会强化恐惧的主观感觉，另一方面因为不再排斥这种感觉而逐渐使自己的注意力不再固定在恐惧上。

（2）静下心来慢慢思考你的恐惧。你所害怕的这些情况有现实依据吗？你是不是以主观想象代替了客观现实？如果你面对它，可能会出现的最坏结果是什么？如果出现了，你能接受吗？

（3）花时间去面对和感受恐惧，至少持续15～20分钟，从而使恐惧减少50%。

（4）一开始时不要去迎战那些最恐惧的情况，而是从一些比较容易克服的情况开始。

（5）为了使恐惧持续减少，可以多做练习克服恐惧，每个练习都要重复好几次直至它不再使自己害怕。

## 三、抑郁

抑郁是每个人一生中或多或少都会遇到的负面情绪之一。抑郁来自人们面对困难或挫折后，产生悲哀、孤独、虚无、消沉等情绪，却难以借助行动或思考获得排解与自然复原。

抑郁一词其实有许多不同的意义，可以指的是一种情绪状态，也可以代表症状、症候群，或是一种临床疾病。有许多研究指出，抑郁情绪和抑郁症似乎是指在一个连续向量上的不同位置，两者仅有程度上的差异，在本质上并无不同。

### （一）抑郁产生的原因

有哪些因素会影响一个人的抑郁程度呢?概括地来说，心理因素、社会因素和其他因素，都和抑郁情绪有关。

1. 心理因素

就心理层面而言，个人过去的成长经验、早期与重要的人的分离经验，都可能让个体在体质上特别脆弱，面对生活变动，容易心情低落，感觉郁闷。除此之外，个人的性格特质、思考模式等，也都和抑郁程度有关。例如，完美主义、过高的自我要求和道德标准、强烈的成就需求或人际需求、内向或神经质的性格倾向，都和抑郁程度呈高度相关。而许多研究也指出，抑郁者对自我、环境和未来，皆抱持着负面看法。他们认为自己是没有价值、没有能力的，习惯于自贬、自责，同时，倾向于以消极、负向的方式解释外在环境和经验，对事情的后果和未来，亦抱持着无望、悲观的想法。此外，研究也指出，抑郁者常有一些不合逻辑的思考方式。例如，只根据一小部分的资料，就下全盘结论，或把某件事得到的结论，推论至所有事情上（如微积分期末考试考砸了，就觉得其他科也一定考不好）。抑郁者很容易过度强调自己和身边事件的关联性，认为自己应为所有事负责（如考坏了都是因为自己不够努力，或与他人的冲突都是因为自己）。在想法上，常会有过于极端的二分主义，非黑即白，缺乏弹性。

2．社会因素

在社会因素方面，生活压力和社会支持，也和抑郁程度有所关联。生活上的变动，如离家、与同学或室友的冲突、追求异性被拒绝、分手经历、考试成绩不佳……种种亲密关系、成就表现方面的挫折，都会让个体感受到压力。有时不一定是重大生活事件，一些生活琐事（如不确定要选什么课、在社交场合感到局促不安等）都可能是压力的来源。个体感受到的压力越大，越容易有情绪困扰产生。而社会支持，则在生活压力和个人的身心健康间，扮演了缓冲的角色，它能保护个人，使其免于生活压力的负面影响。当面临生活中的种种变动与挫折时，若有人能给我们一些安慰、关心，听我们描述事情的经过和感受，似乎事情不再那么严重，心情也不那么郁闷。有时候，甚至只是陪伴，或是默默地支持、尊重我们的决定，也能给予我们莫大的勇气。这些支持可能来自家人、朋友，或是师长、辅导人员，除了情绪上的支持之外，有时也可能是一些信息、建议，或是一起讨论、分享经验。当个人拥有的社会支持越多时，抑郁程度往往也会随之下降。

3. 其他因素

除了心理、社会层面的相关因素外，生物学方面的因素，诸如基因影响、神经化学传导物质的不平衡（如肾上腺素、血清胺过低），也都和抑郁情绪有关。有些抑郁情绪则在一生中的某个时刻，或一年内的某个季节会特别明显。例如，女性在月经来临前和服避孕药后，感到抑郁的情绪略有增加，而产后则容易并发抑郁症。研究也发现，某些人在冬季特别容易感到抑郁，这极可能和接受日照时间长短有关。这些例子都说明了神经内分泌系统也和抑郁情绪呈高度相关。整体而言，个体所体验的抑郁情绪，往往不是由单一因素所引发，而是许多因素互动之后的结果。

### （二）抑郁的主要特征

抑郁的特征主要包括以下四个方面。

（1）情绪方面：悲伤、沮丧、低落的感受。

（2）认知方面：认为自己没有价值、不如他人、做得不对、缺乏能力、得不到帮助；对事情持悲观看法，对未来觉得失望、绝望，对环境则有不满、厌恶的想法。

（3）生理方面：胃口改变、睡眠困扰、疲倦、体重骤增或骤减、性兴趣降低等。

（4）行为方面：哭泣、动作缓慢、社交退缩、对日常活动失去兴趣，甚至有自我伤害、自杀的行为出现。

### （三）抑郁的调适

1. 药物与心理辅导双管齐下

抑郁症并不能单靠药物或心理辅导来解决，它必须经过双管齐下的方法来治疗，所以在定期吃药的同时，当事人需要接受心理辅导，更重要的是必须彻底解决引起烦恼的原因，这样才能够确保抑郁症获得根治。在治疗当事人的生理问题时，医生会提供一种补充血清素的药物，让当事人脑部有足够的血清素，协助他控制自己的情绪。通常当事人在吃药的 3～6 周后，其情况会好很多。但根据研究，如果当事人此刻就停止吃药，其病情复发的概率会高达 80%～90%。因此，服药必须维持 9 个月或 1 年，以让抑郁的症状慢慢减少直至消失为止，如果当事人以这样的方式吃药，其复发的概率只有 10%～20%。除了药物，心理辅导也在治疗方面扮演重要一环，当事人所承受的压力，必须经过专人的分析，才能够使当事人了解自己的问题所在以及导致问题产生的根本原因。一些人因为性格问题，在很多方面都会斤斤计较，如有洁癖的人会因为家里有一些凌乱而非常懊恼，完全不能接受。要解决抑郁，当事人就必须先了解自己的性格，然后要改变观念，调整认知。在了解自己的个性后，当事人就比较有能力去控制自己的情绪，慢慢改善它。而家人的支持也是协助当事人走出阴霾的“药方”。如果发现有家庭成员说要自杀，家人不可视之为开玩笑，必须认真对待他的想法，尽量与他沟通，让他知道家人是绝对理解他的。

2. 扩大自己的生活圈子

抑郁症是可以预防的，只要当事人愿意和旁人分享心里的想法，在面对问题时就会有一定的帮助作用。而且在扩大生活圈子的方式下，当事人就可以避免过于依靠某一方面，才不会感到孤单寂寞。

3.与家人朋友保持良好关系

与家人保持良好关系是非常重要的，其好处是，在遇到不开心的事情时，还有一个温暖的家可以让自己感觉到支持力量，协助自己更勇敢地面对问题。与此同时，朋友也很重要，他们是抑郁者倾诉的最佳渠道，如果有一群感情要好的朋友，在面对问题时也不会感到孤单。尽管他们未必可以帮忙解决问题，但至少他们会了解自己的处境，给予适当的鼓励和支持。除此之外，抑郁者也应该有自己的兴趣，如运动、阅读、户外活动等，最好能够参加社区活动，因为群体也可以发挥守望相助的作用。

## 第二节 常见的心理疾病及治疗

长期以来，心理问题、心理障碍、精神疾病一直被人们联系在一起，甚至画上等号，许多人谈“心理问题”色变，甚至于对“心理”一词也讳莫如深。一方面，很多有心理问题的学生不敢求助，影响了其正常的学习和生活，甚至出现退学、休学或者轻生的念头；而另一方面，高校的“心理咨询中心”却出现门前冷落的奇怪现象。事实上，随着社会的发展和人们生活、文化水平的提高，心理问题也开始越来越多地涉及我们的生活、工作和学习，每个正常的人都有可能出现心理问题，如学习困难、考试焦虑、社交障碍、情感烦恼等。

### 一、精神疾病概述

精神疾病是一个非常广泛的概念。对精神疾病的理解有很多，有学者把精神疾病看作心理问题、心理障碍和心理疾病的统称。众所周知，疾病是一个医学的概念。躯体疾病很好理解，感冒、肺炎、阑尾炎、心脏病等都属于躯体疾病。而心理疾病，从医学的角度来理解，是大脑结构或机能的失调，使人对客观现实的反映出现紊乱和歪曲，以及对自我概念、人际交往、个人生活等出现适应障碍和某些社会功能的丧失。换言之，所谓心理疾病，是指一个人由于精神上的紧张和受到干扰，而使自己思想上、情感上和行为上发生了偏离社会生活规范的轨道的现象。心理和行为偏离社会生活规范程度越大，精神疾病也就越严重。

在现实生活中，人们经常把精神疾病和“神经病”或“神经症”混为一谈，这是不正确的，它们之间有着本质的区别。

精神疾病是指一个人的大脑功能出现异常，导致认知、情感、意志和行为等精神活动出现不同程度的障碍，表现出离奇古怪的言谈、举止和思想，常伴有妄想和幻觉，在患病期间完全丧失自我辨认能力，不承认自己有病，拒绝就医。

神经病指神经中枢与周围神经或者说内脏神经与躯体神经表现出解剖学上的病理特征，其主要特征是神经有器质性的病变。而神经症则是指一组以焦虑、抑郁、强迫症状、疑病症状或神经衰弱症状为主要表现的精神障碍的总称，患病前有一定的素质和人格基础，发病常受心理和社会因素的影响，并与患者的处境不相符，通常患者对自己的症状感到痛苦和无能为力，有迫切的求治欲望。简单地说，精神疾病是精神活动的异常，而神经症则是神经系统的功能损害。即使在医院，精神科和神经科也是有区别的。因此把有精神疾病的人说成是“神经病”或“神经症”是不科学的。

判断一个人的心理是否正常，或者其心理活动偏离正常程度的大小，是一件不容易的事情，因为正常心理活动和异常心理活动之间的差别是相对的，两者之间并没有明显的分界线。而且，异常心理活动的表现受到多种因素的影响，也是复杂多变的。加上在临床实践中，按照经验的不同，或者在实际生活中，人们从不同的角度、不同的领域，按照不同的标准去看待心理的正常和异常，因而至今没有公认的统一标准。

李心天教授根据人们看问题角度的不同，对区分正常与异常心理提出了以下四类判别标准。

第一，医学标准。将心理障碍看作一种躯体疾病，即如果一个人心理或行为被怀疑有病，就必须找到它的病理解剖或生理病变的依据，在此基础上认定此人有精神疾病或心理疾病。这一标准被临床医师们广泛应用。

第二，统计学标准。在普通人群中，人们的心理特征，在统计学上显示常态分布。在常态曲线中，居中的大多数人属于正常范围，而远离中间的两端则被视为“异常”。因此，一个人的心理正常与异常的界限，就以其偏离平均值的程度来决定。也就是说，正常与异常是相对的，它是一个连续的变量。偏离平均值越大，则越不正常。

第三，内省经验标准。这里的内省经验涵盖两个方面：一是患者的内省经验，如自己感觉有焦虑、抑郁或说不出的不舒适感，自己不能控制自己的行为等；二是观察者的内省经验，如观察者把被观察者的行为与自己以往的经验相比较，从而对被观察者做出心理正常还是异常的判断。

第四，社会适应标准。在正常情况下，人能够维持生理活动和心理活动的稳定状态，能依照社会生活的需要，适应环境和改造环境。因而，正常人的行为符合社会准则，能根据社会要求和道德规范行事，这时，我们说他的行为是一种社会适应行为。如果由于器质或功能的缺陷，某个人的社会行为能力受损，不能按照社会认可的方式行事，那么，我们就认为此人有心理障碍。

## 二、心理疾病产生的原因

造成心理疾病的原因是形形色色的，主要分为社会原因、认知原因和生物学原因三大类。但很多心理疾病的发病几乎都不是由一种因素造成的。

### （一）社会原因

（1）现代社会物质生活日益丰富和改善，科技发展迅速，信息、观念的快速更新和环境变化的加快，使人们在精神上的紧张和空虚也日益加重。有的人为了满足自己的物质追求而拼命赚钱，或者为了谋生而四处奔波，精神压力越来越大；有的人虽然物质得到了满足却感到情感的失落，或者因为生活无目标而感到精神空虚甚至绝望。在大学生这个群体中，就业的竞争、能力的竞争和感情的波折让许多人的心理压力超出了自己的承受能力，转化为心理疾病；也有学生因为缺乏远大的理想和信念而觉得生活没有意义，从而产生忧虑、悲观、痛苦、抱怨、委屈等负性情绪。

（2）人际关系不良。对于大多数独生子女来说，在家娇生惯养，个性都比较强，在人际关系中，他们总是期望人人都对自己热情、满意，个个皆关照自己。自我意识不完善，以自我为中心的倾向是影响他们人际关系的重要原因。此外，有的人由于过去的交友失败，从此就把自己封闭起来，拒绝与他人交往。无端的猜疑和妒忌心理也是心理疾病产生的重要原因。

（3）社会适应不良。由于受自身性格特点、家庭教养方式、社会等多重因素的影响，有些人自身存在怯懦的个性和很强的自卑感，在与人交往时极易导致紧张不安、烦躁、焦虑或抑郁。为达到心理平衡，他们往往采用了过度的自我防御，将对自身的不满投射到别人身上，把“我讨厌自己”变成“别人讨厌我”，从而形成工作、生活中的“心理过度防卫”。过度防卫使他们认为是别人看不起自己，为了减轻自己的痛苦而一次次伤害他人，形成“恶性循环”。这不仅损害了自身的心理健康，也使人际关系陷入僵化，导致自己的社会适应不良，从而出现一蹶不振、情绪低落、心情抑郁、精神反常等心理问题。如果长期处于沮丧、懊悔、消沉、苦闷、忧伤的状态，不但影响工作情绪和生活质量，而且有害于身心健康。

（4）精神创伤。精神创伤是指那些由于生活中较为严重的伤害事件所引起的心理、情绪甚至生理的不正常状态。现实生活中可能引起精神创伤的事件有很多：严重的灾难性创伤事件，如美国“9·11”事件、东南亚海啸事件、大地震、战争、严重交通事故、被歹徒绑架、被抢劫或强奸、目睹亲人或他人死亡等；由于严重疾病所引起的死亡威胁或身体的严重残缺，以及暴力或其他犯罪行为的受害事件等；相对比较轻微的创伤事件，如失恋、婚姻破裂、事业或学业的失败、人际矛盾冲突、职场上的挫折、遭受亲人的遗弃或背叛等。对一个内心坚强的人来说，非常严重的创伤事件也可能并不会引起严重的精神创伤；相反，对一个心理比较脆弱的人来说，一般人认为并不是很严重的事件也足以引发其严重的精神创伤。所以我们判断一个人的精神创伤的严重程度并不是根据创伤事件的严重程度，而是根据当事人的心理、情绪和生理的反应程度。如果一个人受到精神创伤后出现情绪低落、郁郁寡欢、伤心落泪、生活动力下降、不愿和人交往、对生活缺乏兴趣等现象并持续3个月以上，应该考虑寻求心理咨询及专业人士的帮助。

### （二）认知原因

认知是指一个人对周围世界的看法。不健全的人格会导致认知的偏差，认知的偏差又会导致行为的异常。认知的偏差有以下两种表现。

#### 1. 自我评价过低或过高

自我评价过低者只会看到自己的不足而忽略了自己的优点和长处，在与别人相比较时，总觉得处处不如人，从而产生自卑心理，并导致对自己各种能力的怀疑，限制了自己对未来事业及美好生活的憧憬，引起严重的情感挫伤和内心冲突。过低的自我评价不仅对自己的发展和完善不利，对社会也无益。因为过低的自我评价不能最大限度地发挥自己的潜力和才能，在学习与工作上也就不能取得更大、更好的成绩。

自我评价过高者则无根据地高估自己的能力而自命不凡，在人际交往中产生骄傲情绪，对问题的认识带有一定的偏执，评价他人往往求全责备，观察社会易于简单化，行动目标往往力所不能及。因此不可避免地在实际行动中遭遇失败和冲突而沮丧，产生失落感或抑郁情绪，严重者还可能因丧失自知之明而导致自我扩张的变态心理。

2. 不合理的信念

心理学家艾利斯（Ellis）在 1962 年提出，不合逻辑的、不合理的信念是一个人产生情绪困扰的主要原因，也是导致人们产生心理障碍及神经症状的原因。不合理信念通常具有三个特点：绝对化要求、过分概括化、糟糕至极。

艾利斯根据自己的临床观察提出了 11 种不合理信念。

（1）不管做什么事情，我必须得到每一个人的喜爱和赞许。

（2）一个人必须在各个方面都很有才能、很有成就，完美无缺。

（3）有些人是很坏的、卑劣的、邪恶的，他们应该受到严厉的谴责与惩罚。

（4）当事情不如自己所愿时，一定是可怕和糟糕的灾难。

（5）一个人不快乐是因为外界环境所造成的，个人不能控制自己的痛苦与困惑。

（6）对有可能（或不一定）发生的危险和可怕的事情，必须常常记在心里，以防止它随时发生。

（7）逃避困难和责任要比面对容易得多。

（8）一个人必须依赖他人，而且应该找到一个比自己更强的人去依靠。

（9）过去经历过的事情和经验，对目前经历的事情有着决定性的影响，而且这种影响永远不可能改变。

（10）一个人应该对别人的困难和情绪困惑感到不安与难过。

（11）每一个问题都必须找到一个正确完美的解决办法，否则就是不幸的和糟糕至极的。

**（三）生物学原因**

（1）先天脑组织及机能存在缺陷。例如，脑部炎症、寄生虫、梅毒、脑外伤等。这类人是心理疾病的易感人群。

（2）先天生理因素不佳。有些人因为生理缺陷或者身材矮小、长相不佳，甚至是父母残疾等，从小就产生自卑感，敏感多疑，总担心别人看不起自己。心理问题的产生与自卑心理有直接的联系。

（3）遗传因素的影响。如果家族中有人曾经患过精神方面的疾病，那么该家族中的人在精神方面的患病率要比没有家族遗传的人高得多，这类人也是心理疾病的易感人群。

（4）人格特质。人格发育的不完善或缺陷，是产生心理疾病的基础和内因。

## 三、大学生心理疾病的诊断与防治

当代的大学生作为具有较高智力和文化的群体，与一般青年人相比，他们面临着更多的机遇和挑战，因而要承受更大的心理压力与冲突。调查显示，女生的心理健康水平低于男生，低年级学生的心理健康水平低于高年级的学生。其中，大学生的心理问题分阶段各不相同，一年级集中表现为新生适应问题，兼有学习、专业、人际交往问题；二年级出现的问题依次为人际交往、学习与前途、情感与恋爱问题；三年级集中在自我表现、个人发展与能力培养、人际交往、恋爱与情感问题；四年级则以择业问题为多数，兼有恋爱问题、未来发展和能力培养问题等。

通过对大学新生进行心理健康测验后发现，不少学生存在不同程度的强迫、抑郁和焦虑情绪，约有 5%的学生存在重度的心理问题，甚至出现自杀倾向，心理疾病已经悄悄入侵大学校园这片净土。

### （一）神经症

神经症又称神经官能症，是一组病因、病理和临床表现不一致的精神障碍的总称。其没有精神病性障碍，也没有器质性病变，主要表现为持久的心理冲突，患者能觉察到、可体验到这种冲突，内心感到痛苦，正常的生活和社会交往情况严重受损，内心迫切要求治疗。

神经症的划分标准有比较严格的要求。许又新教授 1993 年在《神经症》一书中给出了神经症的临床评定方法：症状至少持续3个月以上，患者自己摆脱不了，需要借助别人的帮助或变换处境才能摆脱，且患者的社会功能受损严重，工作、学习和人际交往效率明显下降，甚至不能工作，并回避某种社交场合。如果只是短期内的心理失调则不能评定为神经症。神经症是大学生最常见的一类心理疾病。

神经症的特点有以下几方面。

（1）症状多样，患者意识清楚，对自身的心理异常有自知力，想摆脱却无力自拔，经常向人诉说自己的烦恼，迫切要求治疗。

（2）神经症患者心理冲突的两个对立面互相强化，形成恶性循环而日益加重，使患者的社会功能和心理功能严重受损。

（3）神经症患者无器质性病变，部分患者有一定的性格缺陷，起病常与精神因素有关。

#### 1. 恐惧性神经症

恐惧性神经症简称恐惧症，是以恐惧症状为主要表现的一类神经症，患者对某个特定的环境有强烈的恐惧，其恐惧程度与实际危险不相符，发作时伴有显著的自主神经功能障碍，无法自控，并产生回避行为，同时患者对自身症状有完整的自知力，迫切要求治疗。

恐惧性神经症的主要表现有以下几方面。

（1）场所恐惧症。场所恐惧症指患者遇到特定的场所会出现病理性恐惧反应，一旦离开使其产生恐惧的特定场所，病情便随之消失。恐惧场景包括拥挤的人群、乘坐电梯、乘坐飞机、空旷的广场、密闭的空间、登高等。当患者进入其产生恐惧的场所时，就有可能出现胸闷、出汗、发抖，甚至失控、晕厥。随着时间的推移和病情的加重，症状会泛化，出现严重的回避行为，最重时独自在家闭门不出。

（2）社交恐惧症。社交恐惧症指对特定的人群产生恐惧和回避行为的恐惧反应。患者在遇到自己熟悉的家人时不会出现恐惧反应，当遇到陌生人或者陌生场合时就会出现拘谨不安、焦虑、心悸、出汗、四肢发抖、呕吐等异常反应。为减轻这种不安，患者会回避使自己恐惧和害怕的场所，最后发展到拒绝出席所有群体社交活动。

（3）特定恐惧。特定恐惧指由特殊的物体或情境引起的强烈恐惧。常见的有动物恐惧、疾病恐惧、鲜血恐惧、黑暗恐惧等。患者遇见所恐惧的物体不敢触碰，甚至不敢看，对该物体的玩具、图片和影片的形象也会感到紧张恐惧，并极力回避。

恐惧性神经症的防治有以下几方面。

（1）恐惧症患者病前大多有人格的缺陷。患者病前的性格特点大多是胆小、怕羞、内向、不合群、不主动与人交往、生活圈子狭窄等，因此，培养积极乐观的心态，完善性格对预防恐惧症尤为重要。

（2）药物治疗与心理治疗相结合。由于恐惧症多与人格缺陷密切相关，单纯药物治疗有时无法根治，可结合行为治疗予以纠正，如系统脱敏疗法、暴露疗法、森田疗法等。一般经过严格认真的训练，通过一段时间的系统治疗，症状会逐渐消失。

（3）应注重加强患者性格、意志和情感的自我锻炼，提高对恐惧事物的心理承受力。

2. 焦虑性神经症

焦虑性神经症简称焦虑症，是一种具有持久性焦虑、恐惧、紧张情绪和自主神经活动障碍的脑机能失调，常伴有运动性不安和躯体不适感。患者过度的、长久的不安和担心没有一个明确的原因，其紧张与惊恐程度与实际危险不相符。其可以分为惊恐障碍和广泛性焦虑两种类型。

焦虑性神经症的特点有以下几方面。

（1）焦虑情绪的产生没有明确的对象和内容，无缘无故地感到焦急、紧张和恐惧。

（2）惊恐发作患者感到威胁即将来临，但却说不出威胁和危险来自何处，也不知道是何种威胁和危险。

（3）持续时间较长，严重时出现惊恐发作和濒死感，并伴有多种躯体症状。

焦虑性神经症的主要表现有以下几方面。

（1）早期焦虑症状。患者通常表现为胸闷、气短、心跳加速、全身乏力，生活、工作能力下降，就连做简单的家务都变得困难不堪、无法胜任，还伴有失眠和消化功能紊乱等。

（2）病理性焦虑。患者表现出持续性恐惧、害怕和紧张不安，甚至出现灾难感和濒死感。患者担心自己会失控、发疯、内心激动和失去平衡，思维变得简单和模糊，担心自己病情发作而失去控制。

(3) 运动性不安。患者表现为坐卧不安、缺乏安全感，整天提心吊胆、心烦意乱、注意力无法集中，容易疲劳、对外界事物失去兴趣等。

焦虑性神经症的防治有以下几方面。

(1) 增强自信。自信是消除焦虑的前提，遇到事情要相信自己，从紧张的情绪中解脱出来，当出现焦虑情绪而不知道其原因时，要进行自我反省，把潜意识的情绪通过合理的方式宣泄出来。

(2) 自我放松。当感到焦虑不安时，运用深呼吸等方法进行放松调节，转移注意力，用新的心理体验取代焦虑的情绪。

(3) 药物治疗与心理治疗相结合。焦虑症是一种神经症，明确诊断后要到正规的医院进行药物治疗，服用抗焦虑药物，并结合行为治疗，让患者充分了解焦虑症的性质，消除病因和恐惧心理。

3. 强迫性神经症

强迫性神经症简称强迫症，是一种病因比较复杂的、以强迫症状为主要表现的神经症。患者在主观上感到有某种不可抗拒或者不能自我克制的观念、意向和行为存在。患者虽然认识到这些观念、意向或行为是不恰当的、毫无意义的，但又无法摆脱。强迫症患者病前往往具有强迫型人格缺陷，做事追求完美，办事认真，一丝不苟，胆小怕事和缺乏创新精神。强迫症大体上可分为强迫思想和强迫行为两大类。

(1) 强迫思想表现为反复出现各种毫无意义的观念、思想和冲动，包括强迫观念、强迫回忆、强迫怀疑、强迫性对立思维、强迫意向和强迫性穷思竭虑等。强迫观念指患者头脑中不断反复出现并非自己意愿的思想观念，并且都以强迫性词句的形式出现。强迫回忆指整天陷入一些不必要的回忆，明知毫无意义，并极力去排除也无法成功，强迫性联想也是一种常见形式。强迫怀疑指患者对自己做的事情怀疑有差错或疏漏而去反复核对检查，是强迫性动作的重要原因。强迫性对立思维指患者出现一种与正常人相反的思维与意向，明知不对也无法摆脱，如站在高处，就出现担心自己会失去控制跳下去的思想。强迫意向又称强迫性冲动，患者自我感到内在有一种力量驱使他去做一些没有理由或毫无根据的行为，又无法克制，如患者会出现当众脱裤子的意向，虽然从不真正实施，但有这种冲动意向。强迫性穷思竭虑是强迫观念最严重的表现形式，患者会经常不断地想一些毫无意义的问题，如一个人为什么要吃饭，桌子为什么有 4 只脚等。

(2) 强迫行为表现为重复出现的仪式动作，自知不必要但又无法摆脱，包括强迫洗涤、强迫检查、强迫性仪式动作、强迫询问和强迫计数等。强迫洗涤俗称“洁癖”，患者出现强迫性反复洗手、清洗衣物、被褥和日用品等，反复清洗次数可达到一天 20 次以上，是最常见、最典型、症状最鲜明的强迫症类型。强迫检查指患者不断反复检查门窗、电灯、煤气、空调、电视机等是否关好。不安全感和强迫怀疑是重要的发病原因。强迫性仪式动作患者经常刻板重复自行规定的行为程式和模式化动作，以致成为一种有顺序性的特殊仪式，常见于病程较长的患者。例如，穿衣一定要左袖伸3次，右袖伸 3 次；跨过门槛一定要跨 3 退 2，避开他人，侧身而进；等等。只要其中一个程序出错，患者就会重新开始直至仪式动作毫无差错才肯罢休。强迫询问的患者往往不相信自己，为了消除疑虑或穷思竭虑所带来的焦虑，往往对他人进行询问或要求他人反复地不厌其烦地予以解释或保证。强迫计数的患者经常无原因地计数。例如，每次大便一定要用 30 张小的手纸；走路时计算走的步数，或天天数外出时看到的车辆、高楼的窗户，一旦出错，就会从头来过。

强迫性神经症的防治有以下几方面。

（1）顺其自然。强迫症患者均有不同程度的强迫型人格障碍，在学习、工作乃至人际关系方面要求特别苛刻、追求完善，不允许自己出差错，一旦出现就不断自责。因此，充实业余生活、合理安排学习节奏、对事情不要过多关注和克制、顺其自然是预防强迫症的重要途径。

（2）药物治疗。强迫症患者应该到正规的心理门诊接受药物治疗，在精神科医生的指导下，服用一种较为有效的抗强迫症药物——氯丙咪嗪。

（3）心理治疗。其主要采用解释性心理治疗，使患者意识到强迫症是一种功能性疾病，即使经过治疗在短期内也不会好转，但也不会恶化，更不会变为其他严重疾病，从而树立战胜疾病的信心。

（4）行为治疗。对有强迫行为的患者，可采用系统脱敏疗法、厌恶疗法、暴露疗法等比较有效的行为治疗方法。在治疗中使患者的症状逐步地暴露在引起他强迫行为的环境中，使患者认识到引起他恐慌的意识和行为并不会出现，从而达到治疗的目的。

#### 4. 躯体形式障碍

躯体形式障碍指心理问题或被压抑的心理冲突以躯体症状或躯体反应的形式表现出来。患者反复陈述躯体症状不适，躯体检查无任何器质性病变，但患者坚持自己的疾病是躯体的，拒绝探讨心理病因。其主要包括躯体化障碍、疑病症、躯体形式的自主神经功能失调和持续的躯体形式的疼痛障碍等。

躯体形式障碍的主要表现有以下几方面。

（1）患者有转换性症状或假性神经系统症状、胃肠道症状、疼痛、虚弱衰竭及过虑等。患者出现吞咽困难、失音、失明或意识丧失、记忆缺失、癫痫样发作或抽搐、行走困难、肌肉乏力、尿潴留或排尿困难、异常皮肤感觉等。

（2）患者症状繁多，但含糊不清，涉及多系统，病程至少两年，患者为此而不安，到处求医或服药。

（3）患者不断拒绝多位医生关于其症状没有躯体病变解释的忠告和保证。

（4）患者常借这些症状来应付精神压力、表达困扰，而家长、学校常间接地、不自觉地扮演支持角色。

躯体形式障碍的防治有以下几方面。

(1) 提高内省力。帮助患者探究并领悟症状背后的内在心理冲突，并给予解释、指导、疏通，令其了解与症状有关的知识，一旦内心冲突解决，症状常常自动消失。

(2) 药物治疗。患者对健康要求高，对躯体反应敏感。针对躯体症状表现可对症处理，如焦虑、抑郁症状明显者可服用适量抗焦虑或抗抑郁药物，但药物治疗必须在医生的指导下进行。

(3) 心理治疗。患者往往拒绝接受症状是由心理冲突引起的，可以采用认知疗法纠正患者的疑病观念；可以采用支持性心理治疗、森田疗法以及生物反馈等行为治疗；还可以采用频谱治疗、按摩治疗等，这些对患者有一定辅助治疗效果。

5. 神经衰弱

神经衰弱是一种精神易兴奋而大脑又容易疲劳的神经症性障碍。患者常因工作负担过重、情绪紧张、睡眠不足和长期心理矛盾、冲突和情绪压抑产生神经衰弱。患者病前多偏向于胆怯、自卑、敏感多疑和缺乏自信心等。

神经衰弱的主要表现有以下几方面。

(1) 患者常感脑力不足，容易疲劳，工作效率低。

(2) 患者回忆和联想增多且无法控制，对声音和光特别敏感。

(3) 患者情绪易激惹、易烦恼，并伴随紧张性头痛。

(4) 患者失眠、多梦，但无器质性病变。

神经衰弱的防治有以下几方面。

(1) 以防为主。正确处理心理矛盾和精神压力，劳逸结合、科学用脑，积极参加有针对性的体育锻炼，培养良好的情绪和改变不良的生活方式，正确处理好人际关系。

(2) 心理治疗。大多数神经衰弱是由心理因素引起的，在进行心理治疗时要把握患者的性格特点，进行必要的心理评定，找出病因，消除患者的紧张、烦恼情绪和思想顾虑，调动患者的主观能动性。

(3) 药物治疗。大多数神经衰弱患者都必须采用药物治疗，可以在医生的指导下服用抗焦虑剂、抗抑郁剂和增强睡眠的新安定等药物，还可以使用中药进行治疗。

### （二）反应性精神障碍

反应性精神障碍又称应激相关障碍，是一组主要由心理社会因素引起的心理疾病。人们常常误以为所有精神疾病都是由精神创伤引起的，其实大多数精神疾病都不是由精神刺激引起的，真正由精神刺激引起的精神疾病只有反应性精神障碍，“范进中举”就是一个典型的例子。

轻度的精神创伤可表现为情绪低落、郁郁寡欢、伤心落泪、生活动力下降、不愿和人交往、对生活缺乏兴趣等；中度的精神创伤表现为长时间的情绪低落、悲观厌世、社会性孤独、自闭或严重的睡眠障碍，甚至出现自杀倾向；严重的精神创伤除了上述症状之外，还具有典型的症状，如伤害事件的记忆或画面不断地出现在梦境中，或即使在清醒状态中也不断地在脑海中重现，因而使受害者经常处于惊恐和痛苦之中不可自拔。

大学生常见的反应性精神障碍包括急性应激障碍、创伤后应激障碍和适应障碍。

(1) 急性应激障碍是以急剧、严重的精神打击为直接原因。患者在受刺激后 1 小时内发病。表现有强烈恐惧体验的精神运动性兴奋，行为有一定的盲目性；或者为精神运动性抑制，甚至木僵。如果应激源被消除，症状自动缓解，预后良好，缓解完全。

(2) 创伤后应激障碍是由异乎寻常的威胁性或灾难性心理创伤，导致延迟出现和长期持续的精神障碍。患者反复出现闯入性的创伤性体验重现、梦境，或因面临与刺激相似或有关的境遇，而感到痛苦和不由自主地反复回想，病症在遭受创伤后数日甚至数月后才出现，病程可长达数年。

(3) 适应障碍是因长期存在应激源或处于困难处境，加上患者有一定的人格缺陷，产生的以烦恼、抑郁等情感障碍为主的障碍，同时有适应不良的行为障碍或生理功能障碍。通常在应激事件或生活改变发生后 1 个月内起病，病程一般不超过 6 个月。刺激消除或者经过调整后精神障碍随之缓解。

反应性精神障碍的防治有以下几方面。

(1) 精神治疗。反应性精神障碍是由应激事件引起的，向患者分析并指出本病的性质以及如何正确对待精神刺激，解除患者的顾虑，使其树立战胜疾病的信心。

(2) 环境治疗。尽可能地去除精神因素，脱离由精神因素所引起的创伤环境，给予患者心理上的支持、鼓励和安慰，使症状逐渐消失。

(3) 药物治疗。对于反应性精神障碍患者，药物治疗是不可缺少的。在医生的指导下，对具有焦虑不安、心烦失眠的患者选用弱安定剂来调整大脑的机能状态；对急性起病，表现兴奋、偏执或抑郁状态的患者，可选用抗精神病类药物和抗抑郁剂；对不能主动进食、木僵或抑郁状态的患者，要及时送往医院接受治疗。

### （三）心理生理障碍

心理生理障碍是一组与心理生理相关，发病以心理因素为主，且表现以进食、睡眠及性行为异常为主的心理疾病。大学生常见的心理生理障碍有神经性厌食症、神经性贪食症、神经性呕吐等。

#### 1. 神经性厌食症

神经性厌食症是以有意节食造成的食欲减退、体重减轻，甚至厌食为特征的进食障碍，常引起营养不良、代谢和内分泌障碍及躯体功能紊乱。神经性厌食症最基本的症状是厌食，食欲极度缺乏，身体消瘦。这种症状的产生主要与心理因素有关，并不是消化系统器质性疾病引起的，可伴有间歇性多食症，多见于女性。

神经性厌食症的主要表现有以下几方面。

(1)患者比同年龄、同身高的标准体重轻15%以上，比自己原来体重减轻25%以上。

(2) 患者刻意追求苗条，有意控制饮食，情愿挨饿，无其他躯体疾病或精神分裂症等疾病。

(3) 症状严重患者出现停经达 3 个月以上，并有心跳缓慢和呕吐等躯体症状。

神经性厌食症的防治有以下几方面。

（1）心理治疗。可以对患者进行认知疗法、行为治疗和家庭治疗，调整患者所处的环境，把疾病发生的规律告诉患者，消除患者的消极情绪，使其配合治疗。

（2）躯体支持治疗。供给患者高热量的食物，对伴有呕吐和拒食者给予静脉输液以补充身体所需营养。

（3）药物治疗。对症状严重的患者，要送往医院进行系统的治疗。

2. 神经性贪食症

神经性贪食症是一种以反复发作和不可抗拒的进食欲望、暴食行为为特征的进食障碍。患者出现周期性不可控制的多食，为防止多食对体重的影响而采用各种措施，如呕吐、导泻和增大活动量等，反而导致体重低于正常范围，多见于青春期的女性。

神经性贪食症患者的进食量远远超出正常，每次都吃到难受为止，暴食后采用导泻、呕吐等方式防止体重的增加，平均一周至少两次，持续3个月以上。暴食行为可引发情绪暴躁、人际关系不良，患者对自己的体重、体型常感到不满，最后发展到因呕吐导致胃酸减少而出现代谢性碱中毒，或者因导泻而出现代谢性酸中毒。如不及时治疗，患者会因食道、胃肠道、心脏等并发症而有生命危险。

神经性贪食症的主要表现有以下几方面。

（1）患者有反复发作和不可抗拒的摄食欲望及暴食行为，有担心发胖的恐惧心理，常采取引吐、导泻、禁食等方法以消除暴食引起的发胖。病症与神经性厌食症交替出现，发病大多比神经性厌食症要晚。

（2）患者发病时大多选择高热量且易于消化的食物，比较常见用手指刺激咽喉造成呕吐，发作后容易产生抑郁情绪。

（3）贪食患者的体重大多处于正常范围，但也有些患者的体重略高于或略低于正常体重标准。患者比较注重体型、外表及他人对自己的印象。

神经性贪食症的防治有以下几方面。

（1）药物治疗。大多数患者需入院治疗，在医生的指导下服用适量的抗精神病剂和抗抑郁剂，病情严重的患者需用胰岛素进行治疗。

（2）心理治疗。第一步是对患者进行认知行为治疗，增强患者对自身进食行为的控制力；第二步是矫正其极度怕胖的心理。还可以采用厌恶疗法和阳性强化法。一般心理治疗需要4～6个月、20次左右的个人会谈，这样才有比较好的效果。

（3）支持治疗。对患者进行躯体性支持，规定其进食量，尽量减少和制止其呕吐行为，禁用导泻药物，对营养较差者采用营养治疗。

3. 神经性呕吐

神经性呕吐又称心因性呕吐，是由不愉快的环境或心理紧张引起的胃肠功能障碍。患者无器质性病变，也无精神病特征，表现出一种反复的呕吐发作，女性比较多见。

发病与心理社会因素、个性和情绪因素有关。患者一般具有癔症夸张、做作、受暗示性强、胆怯、怕羞等个性特征，各种精神创伤、长期在不愉快的环境中学习和生活、学习遇到各种压力导致精神紧张等社会因素也是诱发神经性呕吐的重要因素。

神经性呕吐的主要表现有以下几方面。

（1）患者进食后出现呕吐，呕吐物为刚进食的食物。

（2）患者体重无明显减轻，患者也无害怕发胖和减轻体重的想法。

（3）患者没有导致呕吐的神经和躯体疾病，也无其他可解释导致本疾病的躯体症状。

神经性呕吐的防治有以下两方面。

（1）心理治疗。首先，与患者交谈，纠正不良的饮食习惯，建立和营造良好的生活秩序和生活环境，减少刺激因素；其次，澄清与本病有关的心理社会因素，进行针对性的解释和支持；最后，采用行为治疗削弱呕吐的敏感性，直至呕吐清除。

（2）药物治疗。可以对患者采用一定的药物治疗，在医生的指导下服用少剂量的舒必利，也可针对呕吐造成的影响给予营养支持治疗，或选用中药和针灸、理疗等方法配合治疗。

### （四）睡眠障碍

睡眠障碍是指各种心理社会因素引起的，没有器质性病变的睡眠与觉醒障碍，包括失眠、嗜睡和发作性睡眠异常等。患者以入睡困难最常见，其次是睡眠浅和早醒，有时也会几种情况并存。患者出现对失眠恐惧和失眠后担心的情况，形成恶性循环，并试图以服药来减轻自己的紧张情绪，因长期服用安眠药造成药物依赖和情绪不稳。

睡眠障碍的主要表现有以下两方面。

（1）失眠症患者入睡困难、睡眠质量差，日夜专注于失眠和担心失眠的后果，每周至少发生3次，并持续1个月以上。患者因为睡眠质量差而有明显的苦恼，或者影响工作、社会交往等。

（2）嗜睡症患者超过 1 个月出现睡眠紊乱，白天睡眠过多，但其不是由睡眠不足、躯体疾病所致，醒来达到完全觉醒状态的过渡时间比较长，患者感觉苦恼并影响其社会和职业功能。

睡眠障碍的防治有以下几方面。

（1）出现失眠不必过分担心，要积极寻找并消除导致失眠的原因，对因为疾病引起的失眠症状，要及时求医，不要私自滥用药物。

（2）正确认识和对待失眠对自己的危害，解除对失眠的恐惧和焦虑情绪。培养良好的睡眠习惯、注意睡眠卫生、创造良好的睡眠环境以达到预防的目的。

（3）认知行为治疗。一方面，对患者进行刺激限制治疗和睡眠限制治疗，要求患者只有困倦时才能上床，如果不能较快入睡即离开床，限制其白天睡眠的时间。另一方面，可以对患者进行认知疗法、放松治疗以减轻患者的心身紊乱，使焦虑得以缓解。

（4）睡前适当到户外散步，放松精神，上床前用热水泡脚或洗热水澡，或睡前喝杯热牛奶，排除杂念，这对提高睡眠质量、预防和消除睡眠障碍有利。

### （五）人格障碍

人格障碍也称“病态人格”，是指不伴有精神症状的人格特征显著偏离正常，患者以固定的、特有的行为模式对环境刺激做出反应，在知觉与思维方面产生适应功能的缺陷，对环境适应不良，甚至与社会发生冲突，是不被社会公允的行为模式。人格障碍常始于幼年，青年期定型，持续至成年甚至终生，幼年期人格具有很大的可塑性，故诊断为人格障碍必须在 18 岁以上。人格障碍患者都有难与人相处的人际关系特点，遇到困难归咎于别人的过错或社会的不公平，不接受别人的意见和对自己的错误行为不负责任，故人格障碍的治疗效果一般不太理想。有的人格障碍类型与精神病有相似之处或易于发生精神病。

大学生常见的人格障碍类型包括偏执型、分裂型、冲动型、强迫型、反社会型、表演型和回避型等。这里只对这几种人格的主要表现和防治方法做简单的介绍。

1. 偏执型人格

偏执型人格又称妄想型人格。其行为特点常常表现为敏感、多疑、心胸狭隘，对别人的伤害耿耿于怀，对别人的荣誉妒忌，对自己估计过高，同时又很自卑。这类人在工作和学习上往往言过其实，对别人要求过高，把失败和责任归咎于他人；不信任别人，认为别人心存不良，考虑问题喜欢从个人感情出发，喜欢在别人背后说风凉话，公开抱怨和指责别人。拥有偏执型人格的男性多于女性。

偏执型人格的主要表现有以下几方面。

（1）以偏执和猜疑为特点，对挫折和遭遇过度敏感，对侮辱和伤害不能宽容、耿耿于怀。对周围事物解释为不符合实际的“阴谋”，形成超价观念。

（2）容易将别人中性或友好的行为误解为敌意或轻视，有超越常人的好斗和对个人权利的执意追求。

（3）有病理性妒忌，过分自负和以自我为中心，总感觉受压制或被迫害，甚至上告或上访，不达目的不罢休。

偏执型人格的防治有以下几方面。

（1）自我疗法。罗列自己固有的不合理信念，对其中极度偏激的成分加以改造，使自身的信念合理化。通过默念的方式逐渐把合理化的信念内化。

（2）交友训练。积极主动地进行交友活动，在交友中学会真诚相待、信任别人，以取得朋友的信赖并增进友谊。

（3）敌意纠正训练。经常提醒自己不要陷于“敌对心理”的旋涡中，减轻敌意心理和强烈的情绪反应。要懂得只有尊重别人，才能得到别人尊重的基本道理，要学会对那些帮助过自己的人说感谢的话。在生活中学会忍让和耐心，学会在冲突发生时克制自己。

2. 分裂型人格

分裂型人格又称关闭型人格。这种人表现为退缩、孤独、沉默、不爱交往和冷漠，不仅自己不能体验到欢乐，对人亦缺乏温暖，爱好不多，过分敏感、有怪癖，活动能力差，缺乏进取心，对人际关系采取不介入态度，多见于男性。

分裂型人格的主要表现有以下几方面。

(1) 有怪异的信念和与社会文化背景不相称的行为，身着奇装异服，如相信自己有透视力、心灵感应、特异功能等。

(2) 声称自己有不寻常的知觉体验，言语怪异、离题、繁简失当或言语表达不清等，与其智力和文化程度不相称，如表述自己超脱凡尘，能看见不存在的人，能与不存在的物体进行交流、沟通，等等。

(3) 表情淡漠，对人冷淡，对家人缺乏情感和体贴，常单独活动，与人交往仅限于生活和工作必需，除家人外无亲密朋友，对别人的意见漠不关心，无论是批评还是赞扬均无动于衷。

分裂型人格的防治有以下两方面。

(1) 行为治疗。分裂型人格患者对自己的行为缺乏自知力，治疗的目标是纠正其孤独离群、情感淡漠和与周围环境分离的行为。进行社交训练旨在让他们懂得孤独不合群、严重内向的危害，自觉投入心理训练。

(2) 培养兴趣。要有意识地分析自己，确定积极的人生理想和追求目标，克服兴趣索然、情感淡漠的人格。培养自己艺术、体育、科技等活动兴趣，创造条件有意识地接触社会和实际生活，扩大社会信息量，使自己的生活充满乐趣和前进的动力。

### 3. 冲动型人格

冲动型人格又称暴发型和攻击型人格障碍。其发作有突发性，类似于癫痫。这类人格始于童年时期，往往因为极小的事情和精神刺激暴发暴力行为，自己控制不住自己，从而造成破坏或伤害他人。其主要特征是以被动的方式表现其强烈的攻击性倾向，外表表现被动、服从和百依百顺，内心却充满敌意和攻击，他们仇视情感但不敢直接表露在外，满腹牢骚却又依赖权威，一般男性多于女性。

冲动型人格与反社会人格类似，但冲动型人格是对自己的冲动行为缺乏自控力，而反社会人格则是明知故犯、屡教不改。冲动型人格的形成与生理因素、家庭教养和心理因素有关，被父母溺爱、专制型家庭与自尊心受挫、自卑与补偿心理都会形成冲动型人格。

冲动型人格的主要表现有以下几方面。

(1) 有不可预测和不考虑后果的行为倾向，行为暴发不受控制。不良行为或犯罪行为反复无常，可以是有计划的，也可以是无计划的，行动之前有强烈的紧张感，行动之后体验到愉快、满足和放松，无真正的悔恨和罪恶感。

(2) 情绪反复无常，容易与他人争吵或发生冲突，特别是当受到批评或行动受阻时，容易暴怒和出现无法自控的暴力行为。冲动可以是有意识的，也可以是无意识的。

(3) 做事没有计划性和缺乏坚持性。人际关系具有强烈性、不稳定性，要么与人关系极好，要么没有持久的朋友。

冲动型人格的防治有以下几方面。

（1）加强青春期知识的学习，正确认识自己内部变化和心理变化，不要把对自己的认识仅仅停留在自己身体的外部特征和外部行为表现上，经常自我反省，完善自我。多参加体育锻炼和文艺活动，使自己的内在能量得到合理的释放，陶冶性情，健康成长。

（2）正确对待挫折，积极分析受挫的原因，总结经验。受挫后用另一种可能成功的目标来获得他人和自己的认同，或者把受挫时冲动的能量转移到学习上，以获取成功。

（3）接受行为治疗，可采用系统脱敏疗法或厌恶疗法来克服行为的冲动性。

4. 强迫型人格

强迫型人格是常见的一种人格异常。其特点是过分追求完美，过分自我关注和自我克制，常有不完善感和不安全感，害怕批评和出差错，做事按部就班、过分循规蹈矩等。具有强迫型人格的人办事效率较低，往往抓不住机会，事后经常后悔和自责，表面上可能不露声色，内心却往往紧张、焦虑。

强迫型人格的主要表现有以下几方面。

（1）做事按部就班、犹豫不决，要求十全十美，事后反复检查、穷思细节，以致忽视全局，为此表现焦虑、紧张和苦恼。

（2）过于自我克制，过分自我关注和责任感过强，平时拘谨、小心翼翼，对自身安全过分谨慎，思想得不到松弛。

（3）每一件事都事先计划好所有动作，而且过多考虑到细节，刻板和固执，不顾及人际关系，要求别人也按其规则办事。

强迫型人格的防治有以下几方面。

（1）顺其自然。减轻和放松自己的精神压力，做任何事情都不要太强求，顺其自然，对做过的事情不要评价，也不要想它。刚开始时可能会有较强烈的焦虑情绪，但只要坚持一段时间，症状就会慢慢消失。

（2）对症状较轻的患者，给予理解、关心和肯定，让他们从事有规律、需要耐心细致的工作，同时也要指出他们的缺点，给他们提供更多的成功机会，以增强他们的自信心。

（3）对较严重者可采用厌恶疗法、系统脱敏疗法或催眠治疗来加以矫治。

5. 反社会型人格

反社会型人格也称精神病态人格。其形成的主要原因有：早年丧父（母）或父母离异，养子，先天体质异常，家庭环境、社会环境等不合理。家庭破裂、被父母抛弃和被人忽视、从小缺乏爱是反社会型人格形成和发展的主要原因。

反社会型人格障碍者对坏人和同伙的诱惑缺乏抵抗力，对过错缺乏内疚心，他们的冲动性和无法自制的欲望来自家庭成员对自己行为的无原则、不道德和缺乏抑制等，男性多于女性。

反社会型人格的主要表现有以下几方面。

（1）智力正常，没有精神病症状和非理性行为，也没有幻觉、妄想或思维障碍，初次给人很好的印象，能帮助别人排忧解难。

（2）没有神经性焦虑，不敏感。但对家人、朋友不忠实，对事情没有责任心，判断能力差，做错事情不后悔，也不能吸取教训。

（3）从童年开始出现偷窃、任性、离家出走、逃学等反抗行为；少年期过早出现性行为或性犯罪，经常酗酒、破坏公物和不遵守规章制度；成年后表现差，常旷工，对家庭不负责，欠款不还，犯规违法，叙述自己的行为时态度随便，即使撒谎被识破也泰然自若。

反社会型人格的防治有以下两方面。

（1）心理治疗对反社会型人格患者毫无作用。但对那些因环境影响形成的、能充分意识到自己的问题并愿意改变者，认知领悟疗法可能对帮助他们提高认识和了解自己的行为对社会的危害，培养对家庭、社会的责任感，减少其反社会行为有一定的效果。

（2）精神病态人格一旦形成，极难矫治。因而加强青少年期的心理健康教育，对预防人格畸形发展十分重要，一旦危害社会治安，必须长期收容。

### 6. 表演型人格

表演型人格又称癔症人格。其典型的特征是心理和情感发育不成熟，具有这种人格的人最大的特点是做作、情感表露过分，总希望引起他人的注意。表演型人格的特点是：引人注意，情绪带有戏剧化色彩和具有高度的暗示性和幻想性；以自我为中心，情绪易变化，视玩弄别人为达到自我目的的手段，女性多于男性。

表演型人格的主要表现有以下几方面。

（1）常以自我表演、做作、夸张的行为引人注意。暗示性和依赖性特别强，高度以自我为中心，不为他人考虑，情绪变化多端，易激动。

（2）对人感情肤浅，难以与他人保持长久关系，长久渴望得到他人的理解和评价。爱幻想，常把想象当成现实，耐不住寂寞，希望生活像演戏一样热闹和不平静。

（3）言行举止类似于儿童，常过度打扮，甚至调情或诱惑人。

表演型人格的防治有以下两方面。

（1）自我调节。了解自己人格中的缺陷及其危害，正确认识自己，自我调整过分的情绪，扬长避短。

（2）升华。表演型人格的人都有一定的表演才能，可以利用自己的特长，把兴趣转移到表演艺术中去，使自己原有的能量得到升华。

### 7. 回避型人格

回避型人格又称逃避型人格。其最大的特点是行为畏缩、心理自卑，面对挑战多采取回避态度或无力应付，回避带有强迫性、盲目性和非理智性等特点。回避型人格的形成原因主要是自卑心理、自我认识不足和过低估计自己，当面临新局面时出现消极的自我暗示，抑制了自信心，或者因为受到挫折而变得消极悲观，形成恶性循环而进一步加重了自卑。

回避型人格的主要表现有以下几方面。

（1）被他人批评和指责后，常常感到自尊心受到伤害而陷于痛苦，并很难从中解脱出来。因而除了至亲外，极少有知心朋友。

（2）行为退缩，对需要与人交往的活动和工作尽量逃避，担心自己言行不当而被人讥笑讽刺，除非确信受到欢迎，否则不愿参与他人事务。

（3）自卑、敏感，在与人交往中缄默，怕惹人笑话和回答不出问题，害怕在别人面前露出窘态。在处理普通的但不在自己常规中的事情时，表现出瞻前顾后、左思右想，夸大潜在的困难和危险，常常等到下定决心后，却错过了解决问题的时机。

回避型人格的防治有以下两方面。

（1）消除自卑感。正确认识自己，提高自我评价，善于发现自己的长处，肯定自己的成绩，不要把别人想得太完美，而把自己想得一无是处。进行积极的自我暗示和自我鼓励，遇到问题时要相信事在人为，以增强信心。

（2）克服人际交往障碍。主动给自己制定一些人际交往任务，主动与人交往，给自己制定与人交往的梯级表，按梯级表的要求完成自己的交友计划，如此能取得较好的治疗效果。

### （六）性心理障碍

性心理障碍是指以异常的性行为方式部分或全部取代正常性生活获得性满足的一组心理障碍的总称。这类人除了性心理异常外，常伴有身份识别障碍等其他的方面心理障碍。

性心理障碍的产生与一定的人格缺陷有关，如露阴癖最多见于具有抑郁特征的内向型人格的人。性心理障碍一般在青春期开始明显，随年龄增长至更年期，性心理障碍的行为趋向缓和。因此，若成人表现出强烈的幼年儿童式性活动就是性心理障碍的病理心理。怕羞、胆怯、拘谨及缺少排解心理困境和应变能力的个性、创伤性心理等都是发病的条件。常见的性心理障碍包括露阴癖、窥阴癖、恋物癖和异装癖等。

#### 1. 露阴癖

露阴癖是指有在陌生异性面前露出生殖器的强烈欲望，反复伺机做出这种行为以取得性的满足，伴有或不伴有手淫。暴露的目的不在于诱惑对方，而在于展示自己，因而不会有进一步的骚扰行为，患者能从对方惊恐困窘的反应中获得反常的满足，均为男性。

#### 2. 窥阴癖

窥阴癖是指在暗中窥视异性裸体或性活动，以取得性的满足，伴有当场手淫或事后回忆窥视景象时手淫，常于15岁前开始，成年后确诊，均为男性。

#### 3. 恋物癖

恋物癖指以获取异性贴身衣物，而非异性本身而获得性的满足，几乎仅见于男性。所迷恋物品均为直接与异性身体接触的东西，如乳罩、内裤等。患者千方百计窃取或收集这些物品，在触摸这些物品时产生性快感，或在手淫或性交时经常同时使用这些物品，以增强性兴奋。

4. 异装癖

异装癖是恋物癖的一种特殊形式，患者表现对异性衣着特别喜爱，反复出现穿戴异性服饰的强烈欲望并付诸行动，由此可引起性兴奋，当这种行为受抑制时可引起明显的不安情绪，多见于男性，患者并不要求改变自身性别特征。

性心理障碍的治疗有以下几方面。

（1）到目前为止，性心理障碍仍缺乏根本性的治疗措施。因而，要加强青春期性知识普及教育，树立正确的人生观，引导青少年向正常的性行为方向发展。一旦出现不正常性心理障碍，及早诊治，防止其发展。

（2）精神分析疗法。对患者进行心理疏导，正面阐述正常性心理状况及性心理障碍的发生情况。通过认识疗法，让患者对治疗的目的、意义、方法、效果等全面了解。

（3）行为疗法。生物反馈法是目前治疗性心理障碍最有效的方法，它以性兴奋或性高潮能力为轴心，变换刺激方式和强化训练方法以实行性行为重建，消除异常冲动的发生。

（4）药物疗法。在医生的指导下使用性激素、抗抑郁剂、抗焦虑剂等，其目的是帮助消除某些抑郁、焦虑等不适症状和减少异常性冲动机会，防止产生不良后果。

**（七）精神分裂症**

精神分裂症是一组常见的精神疾病，约占因精神疾病住院者的 60%。患者的表现以性格改变、思维怪异、行为奇特，思维、情感和行为不协调，与现实环境完全脱离为主要特征。此病多在青壮年时期发病，进展缓慢，预后差，常导致精神衰退，如能早期发现、早期治疗，多数预后良好。

精神分裂症患者常有思维联想障碍、情感障碍和意志行为障碍，并伴有幻想、幻听和妄想，甚至出现紧张综合征。患者的自知力丧失，不认为自己有病，不愿接受治疗。

精神分裂症常见的类型和主要表现有以下几种。

（1）单纯型。单纯型一般青少年期发病，病情进展缓慢，患者表现出日益加重的孤僻、活动减少、生活懒散、情感逐渐淡漠，对学习兴趣减少、对亲人冷淡，逐渐发展为人格衰退。早期不易发现，治疗效果极差。

（2）青春型。青春型多在青春期发病，起病较急。其主要症状为言语增多，内容荒谬离奇，想入非非，言语杂乱，动作及行为幼稚、愚蠢，情感变化莫测，喜怒无常，常有冲动、毁物及性欲亢进等现象。此类型病程发展较快，如不及时治疗，一般数年后即可出现精神衰退。但如能及时治疗，效果较好。

（3）紧张型。此类型较少见，大多数起病于青壮年，急性发病，以动作、行为障碍为主要表现，常不言不语、不饮不食、少动或不动。肌肉紧张、表情呆板、情感淡漠、对外界毫无反应，即使与其谈及忧伤悲痛的事情也呆若木鸡。有冲动行为时患者突然起身，狂奔乱跳，打人毁物，随后又转入木僵状态。此型病程长短不一，可自动缓解，治疗效果较其他各型好。

（4）偏执型。偏执型又称妄想型，为最常见的类型，多在中年后发病，起病缓慢，开始表现出敏感多疑，逐步发展至妄想，其情感行为常受妄想支配，多数伴有幻觉。最常见的妄想有：关系妄想，认为周围人都在议论他；被害妄想，认为有人在采取某种手段陷害他，因此病人常揭发、上告，显得很气愤；自罪妄想，认为自己犯下不可饶恕的罪行，因而常下跪或拒食；嫉妒妄想，认为配偶对己不忠，并千方百计寻找证据，对配偶进行监视、追踪；等等。偏执型发展较缓慢，部分患者在发病数年后的相当长的一段时间内尚保存部分工作能力，人格变化较轻微，如治疗及时，可获得较满意的效果。

精神分裂症的治疗有以下两方面。

（1）抗精神病药物治疗。精神分裂症患者都必须住院进行药物治疗。

（2）心理治疗。对症状缓解进入恢复期的患者和病情好转的患者，要帮助他们提高对疾病的认识，消除顾虑，增强战胜疾病的信心，并协助他们消除家庭和工作环境中的不良心理应激，促进其自知力的恢复，巩固疗效，防止复发。

## 思考与练习

1. 简述大学生常见的心理障碍及如何调适。

2. 试着描述心理疾病产生的原因。

3. 如何进行心理疾病的早期预防？

4. 分别简述偏执型人格障碍、分裂型人格障碍、冲动型人格障碍、强迫型人格障碍、反社会型人格障碍、表演型人格障碍和回避型人格障碍的主要表现。

# 第二篇
# 大学生心理健康自我了解篇

我祈祷一颗勇敢的心，去改变可以改变的。我祈祷一颗平静的心，去接受不可以改变的。我祈祷一颗智慧的心，去分辨什么是可以改变的，什么是不可以改变的。

——圣·弗朗西斯

# 第五章　大学生自我意识及塑造

## 你的学习目标

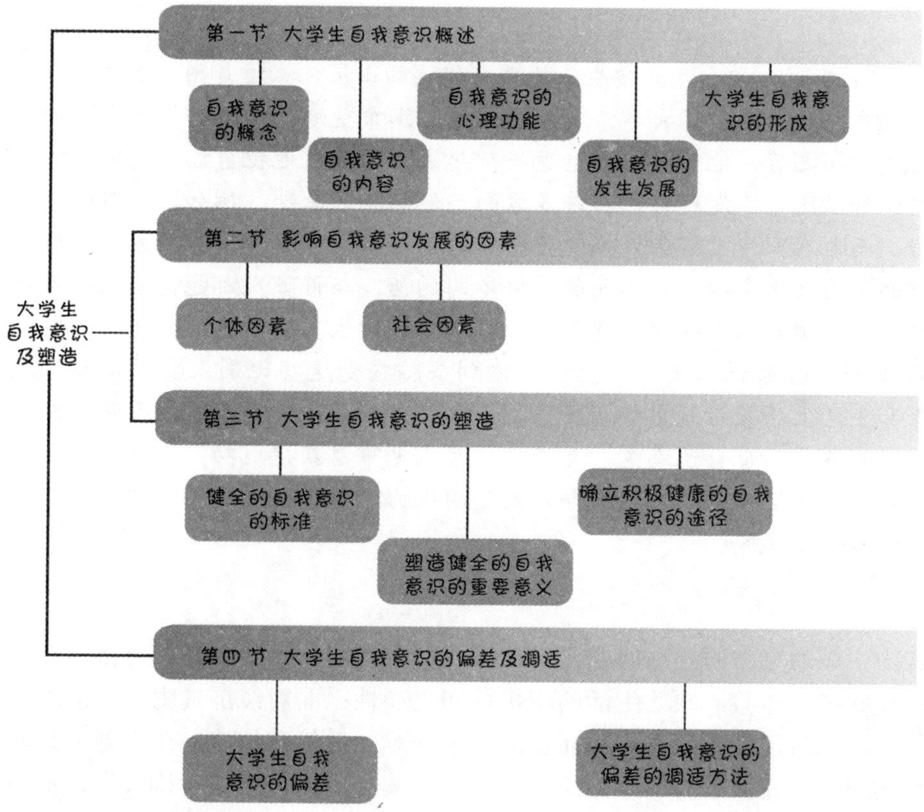


## 本章导航

古希腊一座神庙上刻着“认识你自己”的经典名言，它被很多人所熟知，又被很多人所忽略。

大学阶段是一个人从青春期向成年期转变的重要时期，也是人的自我意识发展并走向完善的重要时期。自我意识是一个多维度、多层次的心理活动系统。进入大学的学生，都会遇到关于学业、情感、人际关系、个人前途方面的各种问题，虽然每个人的情况差别会很大，但所思考的问题核心归结起来，主要有这些方面：“我是怎样的一个人”“我适合做什么”“我应该做些什么”“我今后的目标是什么”等。这些在心理学中都属于自我意识的范畴。对处于青年时期的大学生来说，自我意识是他们人生的重要课题之一。正确自我意识的确立是大学生心理发展成熟的重要标志之一，对于大学生人格的形成、心理的健康发展起着重要作用。通过本章的学习，大学生可以清楚地了解自我意识的含义和在个体生活学习中的意义、发展特点与矛盾，从而更全面地认识自我、发展自我和完善自我。

# 第一节　大学生自我意识概述

**【案例】**

王某，男，19 岁，大学一年级学生。他来自偏远的山区，家境贫困，但凭着自己的刻苦努力和天资聪颖，考上了大学。本来他应该充满希望地开始新的学习和生活，可是，入校一段时间之后，他开始逐渐悲观失望起来。原来，他把自己与周围众多的来自城市的同学加以比较，发现自己在许多方面与他们相距悬殊。例如，城市的学生英语基础较好，而他在家乡没有条件接受英语的听说训练，口语和听力很差，学得十分吃力；城市的学生善于交际，对不同的人讲不同的话，与许多人都能交朋友，而他的交际方式单一，与别人很少交往，感到孤独；城市的学生多才多艺，打球、唱歌、跳舞、使用电脑等学起来都很快，而他从身体到头脑接受这些比别人要慢得多；此外，在经济上和生活上的差距就更加明显了。于是，王某就认为自己永远无法与别人相比，没有能力在各方面令自己满意，无论怎样努力也难以获得成功。从此，大学的学习和生活对他来说成了沉重的负担和令人窒息的压力，他逐渐失去了以往的自信与自尊，内心自卑感越来越强烈。

**案例分析：**

自卑是贫困生最为突出的心理问题，自卑导致自我封闭、自我鄙视，对自己持有完全否定的态度和情感体验，缺乏生活的积极性和主动性；面对经济贫困、生活困难的现实，常常会感到自己无能为力，从而丧失挑战困难的勇气和信心，在心理上采取了逃避、退缩的应对方式，不与同学交流，不参加集体活动，消极地对待人生，消极地看待生活中的一切，使整个人生带有浓重的灰色调，常常自惭形秽、郁郁寡欢。大学生应该有这样的认识，贫困并不是我的错，关键是我的心理不能贫困。我们应该将贫困视为一种锻炼机会，一种前进的动力。

## 一、自我意识的概念

自我意识（self-consciousness）是意识的核心部分，就是“对自我的认知”，或者说自己对自己的认知。它包含自我认知、自我评价和自我控制三部分。自我意识是对自己及自己与周围环境关系的认识，包括对自己存在的认识，以及对个体身体、心理、社会特征等方面的认识。这种认识是个体通过观察、分析外部活动及情境、社会比较等途径获得的，是一个多维度、多层次的心理系统。

在西方心理学中，自我概念（self-concept）是一个非常笼统的术语，又称自我意识、自我观念（self-image）、自我知觉（self-perception）、自我认同（self-identity）等，一般是指个体在社会化过程中逐步形成和发展起来的，关于自我及其与周围环境关系的多方面、多层次的认知与评价，是个体对自己多方面知觉的总和。自我概念是由一系列态度和信念及价值标准所组成的有组织的认知结构，这个认知结构把个人的各种特殊习惯、能力、观念、情感、思想组织起来，贯穿于其经验与行为的各个方面。

自我是心理学的重要内容。美国心理学家詹姆斯（W. James）提出凡属于我或与我有关的事物都是自我的内容，如身体、品质、能力、愿望、家庭等，自我在物质自我、精神自我和社会自我三个层次起作用。

精神分析学派创始人弗洛伊德提出了“自我的三结构说”，即本我、自我和超我，从人格的三个维度上研究自我的发展。本我是指原始的、与生俱来的潜意识结构部分，其中蕴含着人性中最接近兽性的一些本能性冲动，它按照快乐原则行事。自我是指意识的结构部分，处于本我和自我之间，监督自我，它按照现实原则。超我是人格中的道德部分，代表着良心、自我理想，处于人格最高层，它按照至善原则行事。

社会心理学家库利（C. H. Cooley）指出：自我是一面镜子，它从别人那里反映自己的行为，自我是经历无数次他人评价而形成的社会产物。而米德（G. H. Mead）则认为：自我分为主体我（I）和客体我（me），主体我代表每个人的自然特性，而客体我代表自我社会的一面；主体我先于客体我形成，客体我形成需要很长时间，自我意识的发展包含主体我与客体我的不断对话。

## 二、自我意识的内容

你喜欢自己的外表吗？你满意自己所取得的成绩吗？你满足自己现在所拥有的一切吗？你知道自己是个什么样的人吗？周围的同学是喜欢你还是讨厌你呢？你对自己的评价是什么样的？这些问题都是自我意识涉及的范畴。

### （一）知、情、意的自我意识

按自我意识的结构要素，可从知、情、意的角度把自我意识分为自我认知、自我体验、自我控制三部分。

#### 1. 自我认知

自我认知是主观自我对客观自我的评价，包括自我感觉、自我观察、自我观念、自我分析、自我评价等。自我认知解决“我是一个什么样的人”的问题，对此问题进行客观、正确的自我评价是一个复杂、毕生的过程，人的自我发展也是一个连续的、终生的过程，对自我的认识将是人类永恒的话题。“认识你自己”也将是一个终生课题。

2. 自我体验

自我体验是主观自我对客观自我产生的情绪体验，是在自我认知基础之上产生的。自我认知决定自我体验，而自我体验又强化着自我认知，主要集中在“能否悦纳自己”“对自我是否满意”等方面。自我体验的内容十分丰富，可以包括自尊、自爱、自信、义务感、责任感、优越感、荣誉感、羞耻感等。

在传统的教育中，我们对自我体验的重视与强化不够。事实上，自我体验对成长着的个体而言，具有不可替代的重要作用。有时，同样的事件，他人的体验与自身的体验截然不同。大多数从事实中获得的自我体验远高于从理性分析中获得的自我体验。

3. 自我控制

自我控制是对自己行为、思想和言语的控制，以达到自我期望的目标，包括自我激励、自我暗示、自强自律，核心内容是“我将如何规划自己的人生”。自我控制是自我意识中的最高阶段，其核心是“我应该做什么”“我应该成为什么样的人”“我可以选择如何做”。我们经常讲的“自制力”其实就是自我控制的能力。心理学研究表明：自我控制与大脑额叶的发展紧密相关，当我们生理正常时，自我认知与自我体验决定了自我控制，大学生通过主观能动性，选择认识角度，转变认知观念，调整自我认知评价体系，感受积极自我。

自我控制是自我意识的关键环节，“知”与“行”之间有很长的路，大学生常常“心动而不行动”，事实上，心动是一件容易的事，而真正磨炼意志则需要更多的自我控制。而当意志成为一种习惯时，自我控制就转变为“自动化”。成功的人都有较高的自我控制。但并非所有的自我控制都是积极的，有的大学生对自己的要求非常高，自我控制能力强，而在实际中却因为主观或客观原因没有能够达到，所以容易对自我产生怀疑与否定。

### （二）生理自我、心理自我、社会自我

从自我意识的活动内容来看，自我意识又可分为生理自我、心理自我与社会自我。

生理自我是个体对自己身体、生理状态（如身高、体重、容貌）的认识和体验，它是一个人在与他人交往的过程中通过学习而逐渐形成的，它使一个人把自我和非我区别开来，意识到自己的生存是依托于自己躯体的。生理自我是与生俱来的，我们只能接受它而不能改变它，随着自我意识的成长，我们逐渐对生理自我有一个明晰的看法与正确的认识。大学生正处于青春期乃至青年初期，其生理自我处于高度关注时期，女生关注自己是不是漂亮、有吸引力，以及自己的胖瘦高矮甚至脸上有无雀斑；男生关注自己的体形与身高甚至生理器官、声音的吸引力等。

心理自我是个体对自己的心理活动、个性特点、心理品质的认识、体验和愿望，包括对自己的感知、记忆、思维、智力、能力、性格、气质、爱好、兴趣等的认识和

体验。

社会自我是个体对自身与外界客观事物关系的认识、体验和愿望，包括个人对自己在客观环境及各种社会关系中的角色、地位、权利、义务、责任、力量等的意识。青年男女常用“我已经长大了”来表达自己的社会自我，期望社会给予积极的肯定与认可。

生理自我、心理自我与社会自我是密切联系的、相互影响的，它们都包含着不同的自我认知、自我体验与自我控制，但比例和搭配的不同，构成了个体与个体自我意识之间的差异。这也使每个人都有自己的对人、对己、对社会的独特看法和体验（表 5-1）。

表 5-1 自我意识的结构与内容

| 形式 | 自我认知 | 自我体验 | 自我控制 |
|---|---|---|---|
| 生理自我 | 对自己身体、外貌、衣着、风度、家属、所有物等的认识 | 英俊、漂亮、有吸引力、迷人、自我悦纳 | 追求身体的外表、物质欲望的满足、维持家庭的利益等 |
| 心理自我 | 对自己的智力、性格、气质、兴趣、能力、记忆、思维等特点的认识 | 有能力、聪明、优雅、敏感、迟钝、感情丰富、细腻 | 追求信仰，注意行为符合社会规范，要求智慧与能力的发展 |
| 社会自我 | 对自己的名望、地位、角色、性别、义务、责任、力量的认识 | 自尊、自信、自爱、自豪、自卑、自怜、自恋 | 追求名誉地位、与他人竞争、争取得到他人的好感等 |

### （三）理想自我、现实自我、他人自我

理想自我是指希望自己成为怎样的人，具有怎样的特征和品质，对将来或者想象的自我的认识。其中涉及的根本问题是“我想成为怎样的一个人”“我应该成为怎样的一个人”。

现实自我是指自己认为自己现在实际上所具有的特征和品质。

他人自我是指自己在与别人接触、交往的过程中，别人认为我是怎样的一个人，对我有怎样的评价。

## 三、自我意识的心理功能

### （一）决定个体对经验的解释

不同的人可能会获得完全相同的经验，但每个人对这种经验的解释却可能有很大的不同。解释经验的方式决定于一个人的自我意识。一个自认为能力一般，只能获得平均成绩的学生，对于获得比较好的成绩会认为是取得了极大的成功，感到十分满足；而对于同样的成绩，一个自认为能力优秀、应当获得出众成绩的学生，会解释为这是遭到了很大的失败，并体会到极大的挫折。事实证明，当个人的自我意识是消极的，每一种经验都会与消极的自我评价联系在一起；而如果自我意识是积极的，每一种经验都可能被赋予积极的含义。

### （二）决定个体行为的持续性与目标性

人是社会的动物，人的行为既受诸多社会因素影响，又在很大程度上与自己的自我意识有着很大的关系。每个人的现实行为，并不单是由其所在的情境决定的，更重要的是与自我认知、自我意识有着密切的联系。那些自我意识积极的学生，其成就动机感和学习投入程度及学习成绩也明显优于那些自我意识消极的学生；当学生认为自己声名不佳时，他们会放松对自己行为的约束。可以说，个人怎样理解自己，是个体如何行为及以何种方式行为的重要前提。

### （三）影响个体的期望水平

自我意识不仅影响到个体现实的行为方式和个体对过去经验的解释，而且还影响到个体对未来发生事情的期待。这是因为，个体对自己的期望是在自我意识的基础上发展起来的，并与自我意识相一致，其后继的行为也决定于自我意识的性质。研究发现，差生的成绩落后并不是孤立存在的，而是他的整个行为动力系统都出现了角色偏离的结果。成绩长期落后对于普通学生是不正常的，但对于差生，由于他们的整个行为动力系统都出现了偏离，并在偏离的状况下形成了一个新的自相一致的系统，因而在评价自身系统内部时并未觉得不正常。换言之，落后的学习成绩正是差生自己“期待”的结果。

## 四、自我意识的发生发展

### （一）自我意识发展的三阶段模式

我国心理学家提出了自我意识发展的三阶段模式，即经历生理自我、社会自我和心理自我发展时期。

（1）生理自我。人出生时，物我不分；七八个月时出现自我意识的萌芽；两岁左右的儿童，掌握第一人称“我”的使用；3 岁左右的儿童，开始出现羞耻感、占有心。其行为是以自己的身体为中心，以自己的想法和情感来认识与投射外部世界。

（2）社会自我。从 3 岁到青春期（3～14 岁）这段时期，个体在社会化中学习承担社会角色，少年开始积极关注自己的内部世界，但他们主要从别人的观点去评价事物、认识他人，对自己的认识也服从于权威或同伴的评价。

（3）心理自我。自我意识经过分化、矛盾、统一趋于成熟。个体开始清晰地意识到自己的内心世界，开始有明确的价值探索和追求，强烈要求独立，产生了自我塑造、自我教育的紧迫感和实现自我目标的驱动力。青年的世界观、人生观、价值观的形成是心理自我成熟的标志。

### （二）自我发展渐成说

心理学家埃里克森提出人的自我意识发展持续一生，但要经历不同的发展阶段，每个阶段都有一个核心课题。每个阶段都不可逾越，但时间早晚因人而异。如果每个阶段心理、社会发展课题的完成及危机的解决都较好，就会产生积极的品质；反之，就会产生消极的品质。青少年时期的主要发展课题是“自我同一性”，即自我的建立和统合是青年时期心理发展的主要任务。

1. 婴儿前期：信任—不信任（出生～1岁）

这是获得信任感而克服不信任感阶段。所谓信任，是婴儿的需要与外界对他需要的满足保持一致，通常表现为婴儿对母亲或其他养育者表示信任，这种关系称为依恋关系。婴儿如果感到所处的环境是个安全的地方，就会产生自我的安全感和对他人的信赖感。

依恋关系的质量会影响婴儿以后的社会行为，为婴儿提供认知形成以后的人际关系的基础。如果得不到周围人的关心与照顾，不能对某个亲近的人形成依恋，他就会对外界特别是对周围的人产生害怕与怀疑的心理，这会在他性格上留下烙印，可能影响他日后正常的人际关系的能力的发展。

2. 婴儿后期：自主—羞怯、怀疑（2～3岁）

这是获得自主感而避免怀疑感与羞耻感的阶段。个体在第一阶段处于依赖性较强的状态，什么都由成人照顾。到了第二阶段，婴儿开始有了独立自主的要求，如想要自己穿衣、吃饭、走路、拿玩具等，他们开始去探索周围的世界。这时候，如果父母及其他照顾他们的成人，允许他们独立地去干一些力所能及的事情，并且表扬他们完成的工作，就能培养他们的意志力，使他们获得一种自主感。相反，如果成人过分爱护他们，处处包办代替，什么也不需要他们动手，或过分严厉，这也不准那也不许，稍有差错就粗暴地斥责，甚至采用体罚，就会使他们产生自我怀疑与羞耻感。

3. 幼儿期：主动—内疚（4～5岁）

这是获得主动感受而克服内疚感的阶段。个体在这一阶段的肌肉运动与言语能力发展很快，能参加跑、跳、骑小车等运动，能说一些连贯的话，还能把自己的活动扩展到家庭的范围以外。除了模仿行为外，个体对周围的环境充满了好奇心，知道自己的性别，也能分清动物的公母，常常问这问那。这时候，如果成人对于幼儿的好奇心以及探索行为积极鼓励，让他们有更多机会去自由参加各种活动，耐心地解答他们提出的各种问题，而不是指责，那么他们的主动性就会得到进一步的发展，表现出很大的积极性与进取心。反之，如果成人对他们采取否定与压制的态度，就会使他们认为自己的游戏是不好的，自己提出的问题是笨拙的，自己在父母面前是讨厌的，致使他们产生内疚感与失败感，这种内疚感与失败感还会影响他们下一阶段的发展。

4. 儿童期：勤奋—自卑（6～11岁）

这是获得勤奋感避免自卑感的阶段。儿童开始进入学校，与老师、同伴生活在一起。通过与他们交往来认识自己、认识他人。如果勤奋好学，一般来说就能取得较好的成绩，如果能得到成人的支持、帮助与赞扬，就会形成对自我的积极评价，并进一步加强他们的勤奋感；相反，如果不勤奋努力，或者做出的努力不能得到成人的指导和认可，就可能在和同伴的比较中处于劣势地位，产生自卑感。

5. 青少年期：同一感—同一感混乱（12～18岁）

这一阶段的核心问题是自我意识的确立和自我角色的形成。自我同一性是指青少年的需要、情感、能力、目标、价值观等特质统合为统一的人格框架，即具有自我一致的情感与态度、自我贯通的需要和能力、自我恒定的目标与信仰。所有这些人格特性整合成为随时间、条件变化而相对稳定的整体。

6. 成人前期：亲密—孤独（18～25岁）

这是建立家庭生活的阶段，任务是获得亲密感、避免孤独感。亲密感是人与人之间的亲密关系，包括友情与爱情。亲密的社会意义，是个人能与他人同甘共苦、相互关怀。亲密感在危急情况下往往会发展为一种互相承担义务的感情，它是在共同完成任务的过程中建立起来的。如果一个人不能与他人分享快乐与痛苦，不能与他人进行思想情感的交流，不能与他人相互关心与帮助，就会陷入孤独寂寞的苦恼情境之中。

7. 成人中期：创造—停滞（25～60岁）

这是获得创造感、避免自我专注的阶段。这一阶段有两种发展的可能性：一种可能性是向积极方面发展，个人除关怀家庭成员外，还会扩展到关心社会上的其他人。他们在工作上勇于创造，追求事业的成功，而不仅仅是满足个人需要。另一种可能性是向消极方面发展，即所谓自我专注，就是只顾自己以及自己家庭的幸福，而不顾他人的困难与痛苦，即使有创造，其目的也完全是自己的利益。

8. 成人后期：自我完善—悲观失望（60岁以上）

这是获得完美感、避免失望感、体现智慧的实现阶段。如果前面七个阶段积极的成分多于消极的成分，就会在老年期汇集成完美感，回顾一生觉得这一辈子过得很有价值，生活得很有意义；相反，如果消极成分多于积极成分，就会产生失望感，感到自己的一生失去了许多机会，走错了方向，想要重新开始又感到为时已晚，对人生感到厌倦和失望。埃里克森关于人生发展的八个阶段的划分如表5-2所示。

**表5-2 埃里克森的关于人生发展的八个阶段的划分**

| 年龄段 | 心理危机 | 发展顺利 | 发展障碍 |
|---|---|---|---|
| 婴儿前期（出生～1岁） | 信任—不信任 | 对人信赖，有安全感 | 与人交往，焦虑不安 |
| 婴儿后期（2～3岁） | 自主—羞怯、怀疑 | 自我控制，行动有信心 | 自我怀疑，行动畏首畏尾 |
| 幼儿期（4～5岁） | 主动—内疚 | 有目的方向，能独立进取 | 畏惧退缩，无自我价值感 |
| 儿童期（6～11岁） | 勤奋—自卑 | 具有求学、做事、待人的基本能力 | 缺乏生活基本能力，充满失败感 |
| 青少年期（12～17岁） | 同一感—同一感混乱 | 自我观念明确，追求方向肯定 | 生活缺乏目标，时感彷徨迷失 |
| 成人前期（18～25岁） | 亲密—孤独 | 成功的感情生活，奠定事业基础 | 孤独寂寞，无法与人亲密相处 |
| 成人中期（26～60岁） | 创造—停滞 | 热爱家庭，栽培后进 | 自我恣纵，不顾未来 |
| 成人后期（60岁以上） | 自我完善—悲观失望 | 随心所欲，安享天年 | 悔恨旧事，徒呼负负 |

### （三）自我认同是人生发展的重要任务，也是大学生要完成的任务

按照埃里克森的人生阶段划分，在进入大学之前，个体就应该已经完成了自我统合的过程，但从中国大学生的实际情况来看，在初、高中阶段，学习和升学考试是最重要的生活方式和生活目标，是由社会、学校、家长为学生早已确定的、不容置疑的道路。处于青春期的个体并没有真正的选择权利和自主思考的意识，这实际上就推迟了个体自我整合的年龄阶段。因此，个体是在进入大学之后才开始真正发展自我认同的。

自我认同的内容主要包括以下六个方面：我现在想要什么？我有什么样的身体特征？父母如何期望我？以往成败经验如何？现在有什么问题？希望将来如何？这六个方面的问题可以总结为“我是谁？”与“我将走向何方？”两大问题。如果这些问题处理得好，大学生就能够适应与化解危机，达到自我同一性；否则，容易出现自我同一性危机，个人方向迷失，与自己的角色不相适应，最后出现退缩、自卑等不良人格特征。具体来说，可能出现的情况有以下几个方面。

（1）对时间认同与否。大学生对时间的认同是自我认同中非常重要的一件事。有的大学生没有认识到时间的重要性，为了避开成长的压力，不愿主动去面对自己的问题，不愿做出决定和付出努力，而是希望随着时间过去，面临的困境也随之而去；有的希望时间停滞不前，依旧沉浸在少年时代中，不去主动承担责任，拒绝成长，造成不成熟的自我认同。

（2）自我肯定与自我怀疑。大学生对自我的评价和认识开始多元化，如自己的天赋、智力、身体、心理、人际交往、社会活动等方面，都会逐渐进入大学生的自我认知范围，并且各方面的重要性也会因人而异。有的大学生过分看重别人对自己外表的看法，有的则对一切抱漠不关心的态度，一个自我认同的人能够有效地统合自我与他人的信息，达到自我同一性，同时又能够努力去理解和尊重他人的独特性与自我认同方式。

（3）预期职业成就与无所事事。大学生的职业生涯规划与职业预期是学业的重要归宿，也是非常实际的问题，大学生通过职业生涯确立与肯定自己的能力。对大学生来说，重要的是坚持学习并充分发挥自己的潜能，而不是确定自己的能力有多大。许多有才能的大学生由于缺乏意志力和坚定的目标而无所建树。

（4）性别角色认同与两性混淆。大学生应当对社会规范的性别角色及其责任有所认同，接受自己是男性或女性并有适当的性别表现，还要能够在与同性或异性相处时感到自在。

（5）服从与领导的认同。大学生既要发展自己作为团体领导者的能力，又要作为团体成员学会团队精神与合作精神。当作为领导时，能够适当地运用权力；而当作为成员时，不盲目服从而又能归属于团队。

（6）价值观的形成。大学生开始真正选择人生、思考人生并逐步形成自己的人生观、价值观及生活理念。大学生价值观的确立是自我同一性的最高境界，也是自我同

一性最为重要的任务。

## 五、大学生自我意识的形成

自我意识是人所特有的心理标志，它不是与生俱来的，而是后天获得的，是个体在社会环境中，在与他人的互动中逐渐形成的。一般而言，大学生对自己的认知可以通过以下四个方面逐渐形成。

### （一）自己的行为

贝姆（Bem）的自我知觉理论认为：在内部线索微弱或模糊的情况下，人们常常依据外在行为来推断自己的特征，如性格、态度、品质、爱好等。例如，当学生参加公益事业时，学生认为自己是一个高尚的人；但在大多数情况下，人们常常依据内部线索，如想法、情绪来了解自己，而且比外显行为更准确，因为行为易受外在压力的影响，更易伪装。

个体的行为既具有外显性又有内倾性，因而依据自己行为的判断为自我的确立提供了可靠的依据。

### （二）他人的反馈

通常，他人会对我们的品质、能力、性格等给予清晰的反馈，从而增强我们对自己的了解。当我们被教师告诫要更加大胆、更加主动、更加勤奋一些时，我们便会从反馈中得知：自己有些害羞、不够主动、学习不够勤奋。特别是当许多人的看法一致时，我们就会相信这种看法是正确的，从而确定自己是这样的人。激励对成长中的大学生是非常重要的，我们经常说："优秀的学生是夸出来的。"当否定性评价过多时，学生会产生"习得性无助"。这是由马丁·塞利格曼（Martin Seligman）研究提出的，它是指对环境失去控制的一种信念，当一个人拥有这种信念时，他感到不能从环境中逃脱出来，便会放弃脱离环境的努力。例如，有的大学生会说："无论我如何努力，我也不会成为受大家欢迎的人。"事实上，"习得性无助"是一种严重的自我意识障碍，它抑制了人改造与影响环境的能力，强化了顺从甚至屈从并转化为一种内在信念。"习得性无助"是后天形成的，特别容易受到环境的影响。尤其是当大学生来到一个陌生环境开始新的学习生活时，环境适应中的自我意识显示出巨大的张力，很多在中学时代有着骄人成绩的学生由于种种原因而认同了自己的平凡并不尝试改变时，就极易产生"习得性无助"。

### （三）反射性评价

在生活中，那些与我们生活无关紧要的人有时并不会给予我们清晰明确的反馈，但我们可以从他们的态度与反应中来了解自己。符号互动学者库利提出"镜中我"（looking-glass self），认为我们感知自己就像别人感知我们一样，镜子中的我或别人眼中的我就是我们感知的对象，我们常常依据别人如何对待我们来了解自己，这一过程称为“反射性评价”。

当大学生在与同学、教师交往中感知到“自我”，可得到一些反射性评价。例如，一个大学生在给心理咨询师的信中提道：“我感到非常孤独，宿舍的同学不喜欢我，常常是我在宿舍外面听着里面在热烈地谈论一个问题，而当我进入宿舍时，谈话就中断了，大家的表情也显示出冷淡与不在乎，我不知道自己做错了什么，得不到大家的认同，这使我非常痛苦。在不同家庭背景的同学中，我的家境略好些，可这不是我的过错，我一直主动地想与同学相处好，甚至做了一系列努力但都得不到大家的认同。在中学以前，我一直是非常受人欢迎的，我现在变得沉默了，因为不知道该如何做。”反射性评价对自我的形成也起着重要作用。

#### （四）社会比较

费斯廷格提出的著名的社会比较（social comparison）理论认为：人们非常想准确地认识自我、评估自我，为此，在缺乏明确标准时，人们常常和与自己相似的人做比较。

大学生正处于人生发展的重要时期，他的人生目标、职业理想、生活态度等都在形成之中，而社会比较为大学生提供了认识自我、了解自我和发展自我的重要标尺。社会比较也是每个个体认识自我不可或缺的方面。没有社会比较，就没有自我的进一步优化。当然，社会比较并不总是向着积极的方向，社会比较又分为向上比较、向下比较与相似比较。当个体的目的与动机不同时，采用的社会比较策略也不相同。例如，自我保护与自我美化的动机促使学生与那些不如自己走运、成功和幸福的人相比；而自我的成功动机会使人与那些侥幸取得成功的人相比较，以期望自己不需要付出努力而取得成功。

## 第二节 影响自我意识发展的因素

自我意识是在个体生理和心理能力发展到一定成熟程度的基础上发生、发展的，也是在个体与社会环境长期相互作用的动态过程中形成和发展的，许多个体因素和社会因素对自我意识的形成和发展起着重要的作用。

### 一、个体因素

#### （一）生理因素

自我意识的发生、发展与个人生理的发展、年龄的增长是密切相关的，离开了生理及相应的心理能力的发展，自我意识不可能发生。

自我意识的发生或形成主要有“物—我知觉分化”、“人—我知觉分化”和“有关自我的词的掌握”三个标志。

"物—我知觉分化"可分为三个发展阶段。最初出现的是物—我感觉分化。刚刚出生的婴儿不知道自己身体的存在，其吮吸自己的手指、触摸身体部位时就像吮吸、触摸别的东西一样。当婴儿感觉到两者的区别时，婴儿就出现了物—我感觉分化。此时，婴儿出现了主体（自我）感觉。到1岁末时幼儿开始能将自己的动作和动作的对象区别开来，在感觉上对自己的动作与动作的对象或结果产生分化，这是在物—我感觉分化基础上形成的对自己动作和与动作相联系的外物的分化知觉。在进一步的发展中，幼儿开始知觉到他所做的动作是自己发动的，自己是活动的主体，这标志着儿童出现了最初的相对于客体的（尤其是无理性客体）主体意识。

"人—我知觉分化"可以分为两个发展阶段：一是对人微笑；二是从形象上区分他人和自己。婴儿认识他人的形象比认识自己的形象出现得更早。6个月以前的婴儿已经能够对不同的他人做出不同的反应，从镜中认识父母的形象。7～8 个月的婴儿开始关注镜中的自我形象，10个月的婴儿出现想与镜中自我玩耍的倾向。1岁零8个月的婴儿开始能区分同伴（包括照片区分），2岁零2个月的幼儿能准确认识镜中或照片上的自我形象，标志着婴儿出现了最初的（相对于他人的）自我意识—自我知觉。

1岁以后，婴儿开始能将自己同表示自己的词语（名字）联系起来。同时，发展起对自己躯体的认识和对自己身体感觉的意识。"我"这个词的掌握在婴儿自我意识的形成上是一个质的变化。婴儿从把自己当作客体的人转变为把自己当作主体的人来认识，最终形成了自我意识。由此出发，婴儿随着年龄的增长，在社会生活中进一步发展起自我评价，产生自我情感，到3岁时出现明显的自尊心和羞耻感。

### （二）心理因素

自我过程是影响自我意识形成、影响自我意识的方向或目标的心理加工过程，它对自我意识的形成与发展有重要的影响力。其中，自我评价、自我修养对自我意识有较大的作用力。

自我评价是个体对自身状况所做的肯定与否定的判断。它常常发生在我们希望准确地、客观地描述自我的时候。自我评价通常依赖社会比较和自我估价来实现。自我评价作为自我意识的一部分，同时也是自我过程的一部分，其本身的发展变化也就影响了自我意识的变化。自我评价发生了变化，必然会引起一定的心理行为的变化，而这些变化又会使自我意识出现相应的波动。

自我修养就是个体正确对待自己、端正自我态度的过程。自我修养要求准确全面地认识和评价自己；设立切合实际的努力目标；学会进行自我批评，正确对待成绩和挫折。而这些自我修养的内容本身就是自我意识得以健康发展的因素。

## 二、社会因素

从上面的分析中我们可以看出，自我意识的产生并非与生俱来，而是后天形成和发展而来的。生理的成熟和发展是个体产生自我意识的关键，但这只是一个前提条件，自我意识的形成和发展还有赖于个体在生理成熟与发展的同时参与社会生活和社会互动。个体自我意识的形成和发展与社会环境息息相关。

**（一）家庭环境**

个体最早的社会环境是家庭，家庭对于个体自我意识的形成和发展起着关键性的作用。一般而言，家庭环境是指家庭的物质生活条件、社会地位，家庭成员之间的关系及家庭成员的语言、行为和感情的总和。杜亚松等人的研究表明，自我意识得分高者在评价家庭环境各方面都优于自我意识得分低者。1967 年，霍金斯（G. Hawkins）研究发现，城市的学生自我意识各分量表得分及总分均高于农村的学生，我国学者钱秋玲等人的研究结果与之一致。钱秋玲等人研究还发现，高社会阶层的儿童自我意识高于低社会阶层的儿童。杨善堂的研究发现，初中学生自我意识的发展存在显著的城乡差异。

国外不少研究者发现，父母离异对儿童心理发展（包括自我意识的发展）有显著的消极影响，但是马斯等的研究则表明，父母分居、离异对儿童自我意识并不产生远期的负面影响，国内学者苏畅、钱秋玲等人的研究结果与后者一致。

很多研究者认为，儿童对自己的看法是他们父母如何看待他们的反映。哈特（J. A. Hattie）研究表明，父母的满意度、教育、兴趣、对待孩子的态度和方式与孩子的自我意识显著相关，如父母对孩子的情感和关注持积极的态度，可以提高孩子的自信心，有利于孩子更好地发展。一些研究者还发现，父母教育兴趣、适度地控制和接受性与子女的自我意识显著相关。卢钦铭、陈李绸、张春兴等发现，学生越感觉父母用关怀、奖励、宽容、赞赏、爱护、温暖和高期望的态度来管教他们，他们的自我意识就越高。国外研究表明，孩子自我意识中的多个因子与父母采取情感温暖、理解式教育方式呈显著正相关，与惩罚、严厉、拒绝、否认式教养方式呈负相关。国外学者德琼娜（T. Dejana）研究发现，父母与孩子的沟通交流对孩子的自我意识有令人惊讶的作用——自我意识低下者常缺乏与父母的交流。劳（S. Lau）研究发现，父母对儿童（8～13 岁）的评价，尤其是母亲的评价与儿童自我意识明显相关。父母评价的一致性与儿童自我意识明显相关。父母教育不一致的儿童的自我意识低于父母教育一致的儿童。独生子女自我意识好于非独生子女，两者在自我意识多个因子间差异有显著性。

**（二）学校环境**

学校是个体家庭以外的主要生活环境之一，个体自我意识发展的黄金时期大多是在学校里度过的。学校权威的教师，以及个体在学校中的同辈群体都会对个体自我意识的发展和变化产生重要的影响。其中，教师对待学生的态度与方式、师生关系和学生学业成绩对学生自我意识的形成与发展具有非常重要的作用。

师生关系是学生的一种重要的社会交往形式，师生关系是促进学生学习和减少学生行为问题的关键因素。个体有关自己的大多数信息都来源于他人，是对他人评价的反映。他人评价对自我意识形成具有重要作用。在师生交往中，教师对学生行为的评价、情绪反应和行为表现影响着学生对自己的体验和评价，尤其是对学生个性发展中的诸多心理因素如自我意识和自尊心等影响深刻。国内学者林崇德等人的研究发现，属于冷漠型和冲突型师生关系的学生在自我意识发展方面都低于亲密型师生关系的学生。

此外，个体在学校中的同学和朋友对个体自我意识的形成与发展也会产生影响。学校是一个人际互动的重要场所，尤其对于儿童和青少年来说，他们会依据同伴的看法和反应反观自己，重新定义自己、评价自己。同时也会在和同学的交往中通过不同的角色扮演来促成更高的自我意识发展，使自己更加适应社会环境。而且，学校学习生活中的“榜样”作用也不容忽视。“榜样”也可以说就是参照群体。一般而言，个体常常根据参照群体的价值取向定义自己，形成自我观念；将参照群体的价值取向理解为一种期望，约束自己的思想、行为，融入自己的意识之中，与参照群体比较以进行定位。因此，个体在学校生活中选择什么样的人作为自己的“榜样”对于其自我意识的发展和变化至关重要。社会心理学家谢里夫（M. Sherif）把参照群体的规范看作个体的社会目标、自我评价、社会评价乃至世界观形成的基准线。

### （三）社会文化环境

关于社会文化，我们已经在社会化的内容中做过论述。社会文化对个体社会化过程有重要的影响力，必然也将与自我意识的形成和发展密不可分。政治、经济、国家的宣传体系、宗教文化、风俗禁忌、习惯传统以及生产力发展水平等都在日常生活中潜移默化，渗透到人们的自我意识中。在同一文化背景下生活的人们，就可能形成共同的自我意识成分。这在跨文化研究中有明显的例证。例如，美国的儿童更为积极、主动、进取，敢于向环境中的问题挑战；而墨西哥儿童更为被动、驯良、忠顺，忍受环境压力而不去改变它们。

## 第三节　大学生自我意识的塑造

**【案例】**

何某，大学中文系二年级的女生，由于长期营养不良而全身长满了紫癜，精神不济，学习成绩下降，人际关系紧张。该生家庭十分贫困，无钱供她读书，她靠做家教挣来的工资做生活费，还要养活一个正在读高中的弟弟，因此很自卑，总觉得同学都瞧不起她，感觉很痛苦。其实，该生成绩不错，大学一年级时曾获二等奖学金，同学对她评价还可以。可她却固执地认为同学都因她家庭困难而“鄙视”她，最令她苦恼的是，没有男生追求她。为了改变现状，她常常连续 1 个月不吃肉，节约伙食开支，去购买漂亮衣服，甚至买新上市的水果，在寝室吃给别的同学看，以获得同学的羡慕与“尊重”。这样的“牺牲”，并没有让她感觉到自己的处境有任何好转，反而发现同学投来异样的眼光，心情越来越糟，由于长期缩食，她患上了严重贫血，常常头晕目眩，上课注意力难以集中，记忆力减退，学习成绩大滑坡，以致补考多门而成为班上的“困难”学生。烦恼、自卑、懊恼时刻在吞噬着她不甘人后的自尊心，但此时的她已感力不从心，身心疲惫。

**案例分析：**

其实，这样的学生在大学里并不鲜见，只是表达形式与程度不同而已，自我认识的偏差导致自尊与自卑的矛盾体验，他们为了掩饰自己的自卑，常常拒绝帮助、语言尖刻、防御多疑、封闭自我，就其内心体验而言，是痛苦不堪的。外表的自尊无法欺骗自己真实的内心体验，他们在自卑与自尊的矛盾中挣扎，最后以偏颇的方式来解决问题，使自己越陷越深。上述案例中的女生，偏颇地以为穿上几件漂亮衣服，吃点新上市的水果，就能得到同学的尊重，事实上，在她采取这些在同学看来“可笑”的办法之前，同学们对她的评价还是不错的，是她的自我认识走入了误区，导致了后来的恶性循环。由此可见，自我认识基础上的自我体验直接影响着人的心理健康。

## 一、健全的自我意识的标准

自我意识对人的心理健康起着很重要的作用，它制约着人格的形成发展，在人格的优化中发挥着强大的动力功能。健全的自我意识是心理健康的重要标准，是人类自身内在的一种成功机制，在人才发展中发挥着重要作用。健全的自我意识有如下几项标准。

（1）自我意识健全的人，应该是一个有自知之明的人，既知道自己的优势，也知道自己的劣势，能正确评价自我和发展自我。

（2）自我意识健全的人，应该是自我认识、自我体验和自我控制协调一致的人。

（3）自我意识健全的人，应该是积极自我肯定的、独立的并与外界保持一致的人。

（4）自我意识健全的人，应该是理想自我与现实自我统一的人，有积极的目标意识和内省意识，积极进取、永无止境。

## 二、塑造健全的自我意识的重要意义

健全的自我意识具有良好的自主功能，这对大学生的个人发展和素质教育有着举足轻重的作用。大学生能否强化自我意识，自我意识是否真实，个体意识与社会是否同一，都直接影响到大学生能否成为一个具有独立性的人，能否成为一个为社会所接纳并实现自我价值的人。

### （一）健全的自我意识有利于大学生的成熟

健全的自我意识能使大学生设定明确的发展目标，明确目标的价值和可行性，并根据目标有意识地调节自己的行为，抑制不良因素的影响和诱惑，有意识地充实自己的内心世界，丰富自己的情感体验，培养良好的情感品质，在自我发展中增加情感的动力效能，保证自己按照正确的方向健康发展。健全的自我意识还能促使大学生顺应时代的发展，主动快速地收集、利用各种信息，努力调整学习方法，完善知识结构，发挥聪明才智，发展特殊才能，保持旺盛的精力，适应社会的变化。

### （二）健全的自我意识有利于大学生的自我开发

大学生无论在生理上还是心理上都处于快速发育期，所思所做都是为正式进入成人社会做准备，具有很大的可塑性和内在潜力。这就需要健全的自我意识去推动、挖掘、支持，促进自我潜力的最大发展，使自己努力成为一个合格的、社会接纳并欢迎的人。

### （三）健全的自我意识有利于大学生发展独立性

大学时期是个体心理断乳、走向独立的重要时期。虽然仍有成人的关心与爱护，但要真正学会“自己走”，还是要靠大学生自己，很大程度取决于其自我意识的状况。个体的提高、完善的力量不是来自外在的压力，主要是来自自身的愿望与内驱力。只有当大学生开始追求事物的内在意义，具备正确决策与选择的能力，能够客观公正评价自我时，才说明自己已真正独立了。

### （四）健全的自我意识有利于大学生心理、行为的健康形成

心理、行为的不健康，很大程度上是因为不能客观地评价自我与他人，不能认识自我、接纳自我、调节自我。健全的自我意识能使大学生增强心理承受力，增强自我主宰和驾驭的能力，善于调整应激水平，平衡心理过程，进行自我重建，顺利克服各种心理危机，使自己的心理、行为在个体化与社会化之间得到协调、平衡的发展。

## 三、确立积极健康的自我意识的途径

自我意识对大学生的成长和发展有重要作用。从某种意义上说，一个大学生有什么样的自我意识，他的人格就会向什么方向发展。那么，怎么培养大学生，使其具有积极健康的自我意识呢？归结起来，大致都是从自我意识的三个组成层面，即自我认知、自我体验、自我控制来进行的。

### （一）树立正确的自我观念

1. 建立多元自我概念

大学生在自我认知与自我评价中易走极端，要么觉得自己一无是处，要么觉得自己一切皆好。于是一旦在某方面稍有成绩，便沾沾自喜，一旦在某方面受挫，又会全盘否定自己。所以，要纠正单一的自我概念、建立多元自我概念，全面地认识自己。此方面失败不一定彼方面失败，某阶段失败并不意味着整个人生失败。

2. 建立合理的比较体系

比较是大学生认识自我、了解自我和发展自我的重要方法。第一，通过与他人进行客观比较来正确认识自己。他人是反映自我的镜子。大学生纠正自我意识偏差的关键是把自己和与自己类似的人做客观的比较。大学生每时每刻都处在人际交往中，尤其是与教师、同学、朋友交往甚密。对此，大学生要自觉地寻找比较对象，在比较中取长补短，发展自己。第二，通过别人的评价来正确认识自己。有人将对自我的认识比喻为看画，从一定的距离和角度看，齐白石的《虾趣图》栩栩如生；但是，若过于贴近去看，又只盯住一处，满眼不过几个墨团，便无甚意趣了。看画如此，看人亦然。大学生自我认识上的偏差，就是因为缺乏“距离感”，从而造成了“当局者迷”的局面。因此，大学生要注重父母、长辈、教师和同学的评价，不要因为忠言逆耳便充耳不闻、我行我素，要接受别人评价中的合理部分，避免自我评价的偏差。

但是大学生在比较时，要多角度地进行比较。如果总是拿自己的不足和别人的优势相比，那么肯定很难对自己有信心。因此，如果我们想要找到自己的位置，既可进行纵向比较——将现实自我与过去自我、理想自我进行比较；也可进行横向比较——将自己与各种人做比较，既包括比自己优秀的，也包括比自己稍差的。

3. 经常反省自我

孔子说“吾日三省吾身”，没有自我反省，就无从实现自我完善。反省是一种自我监督，是自我调整的出发点。在反省过程中，分析自己成败的原因，严于解剖自我、敢于批评自己、提高自我认识、调整自我评价，从而来定位自我。

内省调适法，是指运用自我观察、自我分析、自我报告的方法进行自我评价。它是纠正自我评价偏差的根本。自我观察，就是大学生在人际交往和活动中对自己的言行举止等过程的心理体验进行耐心的观察。在自我观察中加强自我信心，在合理的自我分析中形成自我报告。所谓自我报告，就是向自己报告活动的过程和结果、个人的言论和行为以及表现出来的个性品质。这个报告不但要求报告行动前的内心体验以及过程，而且更重要的是对结果的分析及评价。通过对报告的内省，自我变得更为自由和客观、更加对立和稳定，避免自我评价的过低和过高。

4. 在活动分析中认识自我

大学生可以通过自己参加各种活动时的动机、态度、表现、取得的成果来分析认识自己。活动成果的价值有时直接标志着自身的价值，社会衡量一个人的价值主要是通过活动成果认定的。因此，理想的活动成果、良好的活动效果可以使个体增强进一步认识自我的能力，发现自我的价值，从而激发自信、开发潜能。例如，一个原本有些害羞的大学生在同学的鼓励下参加了一次演讲比赛，并获了奖，他在对活动的分析中就会发现自己具有这方面的能力，只要态度积极，努力去做，就可以取得成功，得到别人的肯定，这对他克服害羞情绪、增强自信、发现自我潜能起到了积极的作用。

### （二）积极地悦纳自我

悦纳自我就是对自己的本来面目持肯定、认可的态度，悦纳自我是发展健康的自我体验的关键和核心。大学生怎样才能形成悦纳自我的积极态度呢？具体地说，积极地悦纳自我包括以下几个方面。

1. 全面看待自己的优、缺点

要悦纳自己的优点也要接受自己的缺点。所谓“尺有所短，寸有所长”，每个人都既有长处又有短处。人既不会事事行，也不会事事不行；一事行不能说明事事行，一事不行也不说明事事不行，要肯定自己的价值，善于吸收别人的长处，克服自己的缺点，扬长避短，充分地发挥自身潜力。

2. 保持乐观、性情开朗

进入大学后，大家经常面临各种生活、学习压力，经常遇到挫折和冲突。有的学生碰到挫折时，会把挫折当笑话讲给其他人听，使自己总是保持一种愉快、充实的心境。其实，生活中谁没有烦恼呢，只要我们能换一个角度，乐观地去看待，那么我们一定会更快乐。

### （三）有效地控制自我

世界上只要同时存在两个人，任何一方都可能考虑到自己的行为对对方的影响。有效地控制自我是健全自我意识的根本途径，有效进行自我调控是为了保证自我的健康发展。

1. 建立合乎自身实际的目标

要使自我控制积极有效，大学生应该建立合乎自身实际的目标，首先要合理定位理想自我。理想自我是大学生将来要实现的目标，在确立其内容时，要立足社会需要，符合社会对大学生的要求和规范。同时，要从大学生自身的实际出发，既不好高骛远，也不把目标定得过于简单，要把远大的目标分解成一个个远近高低不同的具体目标，目标要符合自己的实际能力，不苛求自己，不被他人的要求所左右。只有明确这一点，才可能真正地认清自己，规划自己的发展方向，最终健全自我意识。

2. 注意培养顽强的意志力

很多大学生为自己树立了远大的目标和理想，在努力的过程中，没有足够的自制能力和意志，经受不住挫折和打击，无法实现自我理想。因此大学生要发展坚持性和自制力，增强挫折耐受力，使自己能自觉主动地认清目标，为实现目标而努力排除干扰、克服困难。

3. 积极参加社会实践

自我评价、自我锻炼和自我教育是一个实践过程。因为，参加社会实践，用学到的知识和智慧为社会服务，可以认清自己的责任和义务，确立科学的人生观、价值观。在实践中，学会用乐观的情绪和积极的心态去对待问题，客观公正地看待事物，增加自我意识中的理性成分，消除偏激和肤浅，使自己协调地发展。

4. 塑造健全人格

人格不仅是人的心理面貌的集中反映，而且是人心理行为的基础，它在很大程度上决定了人对外界的刺激做出怎样的反应，因而会直接影响人的身心健康、活动效果、社会适应情况，进而也将影响到一个人的生理、心理和社会文化素质在内的综合素质的发展。健全的自我意识的形成，除了要有对自我的正确认识外，还要有健全的人格支持。

**（四）培养自信心**

对世界上的每一个人而言，只有自己才能救自己。请记住：不论现在还是将来，不论你身处逆境还是顺境，也不论周围的人与事如何变迁，只有你自己才是你永远的依靠。你应该自始至终信任自己、珍惜自己、帮助自己、激励自己，坚定地捍卫自己的自信。

有自信的人并不是天生就自信，其自信来源于自觉地维护和积极地增进自信。缺乏自信的人也并不是天生就不自信，其不自信往往是长期缺乏自我肯定、自我激励以及被动接受外界消极评价的结果。真正自信的人首先要自爱，他知道自己有哪些长处，确信不疑而且十分珍爱，引以为荣。不自信的人缺乏自爱，他并不特别了解自己的长处，总是盯住自己的缺点或者有意挑剔自己的不足，并且耿耿于怀；即使有好的地方，他也十分轻视它们的价值，甚至会怀疑它们的真实性。

**（五）不断地超越自我**

健全自我的过程也是一个塑造自我、超越自我的过程。对于大学生而言，超越自我更是终生努力的目标。在行动上，无论对人对事，均全力以赴，使自己的能力品行得到最大限度的发挥。

完善自我、超越自我并不是一帆风顺的过程，它需要付出艰辛的努力和沉重的代价，也是一个“新我”形成的过程，是从“小我”走向“大我”，从“昨天之我”向“今日之我”“明日之我”迈进。珍惜已有的自我，追求更好、更高的自我，做到一个“自如的、独特的、最好的自我”。既注重自我又不固守自我，根据社会要求不断改造自我；既注重自我价值的实现又不仅仅局限于追求个人自我价值的实现，把自我价值实现的过程与为祖国现代化建设做贡献的过程统一起来，在为他人和社会的服务中实现真正的自我价值。

## 第四节　大学生自我意识的偏差及调适

大学生自我意识发展的一个显著特点即出现了“现实自我”与“理想自我”。现实自我与理想自我往往存在一定的差距，正是这种差距促使个人不断完善现实自我，使个人逐渐接近理想自我。现实自我是个人对自己目前实际情况的看法，要做出合理的自我抉择是容易做到的。但在面临困难甚至处于逆境时，人们在自我抉择时往往犹豫不决。

## 一、大学生自我意识的偏差

大学生在自我意识完善过程中，有时不能客观地认识和评价自我，出现自我认知偏差，甚至造成自我认知障碍。主要表现有以下几点。

### （一）自卑

自卑就是自我评价过低，自己瞧不起自己，有己不如人的感觉，担心自己笨拙，对自己价值产生怀疑，是一种人格上的缺陷，一种失去平衡的行为状态。自卑常以一种消极防御的形式表现出来，如嫉妒、猜疑、羞怯、孤僻、迁怒、自欺欺人、焦虑紧张、不安等。自卑使人变得十分敏感，经不起任何刺激。自卑感是在自己的想法与自己实际价值比较之后产生的一种否定性心理。

自卑对人的心理发展有很大影响。自卑容易销蚀人的斗志，就像一把潮湿的火柴，再也燃不起兴奋的火花。而长期被自卑笼罩的人，不仅心理活动失去平衡，而且会诱发生理失调和病变。最明显的是自卑对心血管系统和消化系统有不良影响。自卑是由过多的自我否定而产生的自惭形秽的体验。有自卑感的人轻视自己，过分看重自身短处，否定自己的长处或对长处没有足够的认识，因而常表现出胆怯、畏惧、怀疑，担心被人嫌弃和拒绝，行为中采取逃避方式。

### （二）自负

自负的人一般过高地估计了自己的可能性、活动的成果及某些个性品质，他们通常在做事时很自信，而且喜欢选择那些显然是力不胜任的任务，而在遇到挫折后，他们或是沮丧、固执己见，或是把失败的责任推向客观的原因，常常伴有过分自信、高傲、势利眼、不讲策略和难于相处等性格特征。

自负的原因非常复杂，主要有以下几个方面：一是家庭环境。父母关系不好的家庭，如果不注意其影响，就很容易使孩子产生对抗情绪，觉得他人都不可信，不宜接触，从而夸大自身存在价值，促使自己自负。二是教养方面。溺爱型教育方式下的小孩，往往容易自视甚高，过分自高自大，常常不把别人放在眼里，产生自负心理。三是缺乏伙伴（社会交往）。独生子女在家中缺乏异性和同性伙伴，如果家长不鼓励孩子去结交朋友，不为孩子结交朋友提供条件，甚至还加以阻碍，孩子就不能通过相互交往认识真正的自我从而变得自负。四是创伤性经历。有的同学在与伙伴的交往中，出现了这样或那样难以解决的问题，或在精神上或肉体上受到了重大的打击，则丧失与人交往的兴趣，转而产生自负心理。

### （三）自我失控

自我失控就是指随心所欲地发生社会不能接受的行为，表现在下列三个方面。

（1）言谈失控。有的学生常常不顾听话者的年龄和个性，不看对方的态度和爱好，高兴说什么就说什么，说话不经过大脑思考。可能言者无心，但听者却觉得出言不逊。

（2）情绪失控。不能很好地控制自己的情绪，常常喜怒无常，个人经常成为情绪的奴隶，任由情绪来摆布。

（3）行为失控。做一件事情，不考虑行为的后果，冲动、任性，想做什么就做什么，想怎么干就怎么干。面对必须长期坚持的学习、工作却半途而废，面临困难的情境而临阵脱逃，碰到人际冲突而大动干戈等。造成自我失控的原因有很多：首先是认知失调。有些学生无法区分什么是社会可以接受的行为，什么是社会不能接受的行为。因此当发生冲突时，往往选择社会不能接受的行为。认知失调一般是个体观察和学习的结果。其次，意志力薄弱也是发生自我失控的原因。意志是个体自觉地确定目的，有意识地支配和调节自己的行为，通过克服困难，以实现预定目的的心理过程。意志品质多包括自觉性、果断性、自制性和坚持性等。

## 二、大学生自我意识的偏差的调适方法

自我意识在发展过程中出现矛盾并非坏事，因为有矛盾才会有发展，有发展才会有成熟。只要处理得好，就能成为促进人们发展的动力。因此大学生可以从以下几方面去调适。

### （一）正确全面地认识自我

正确认识自我是实现自我教育的前提和基础。古希腊一座神庙上镌刻着这样一句话：认识你自己。认识自我历来是古今中外的永恒话题。大学生自我认识的能力有了较大的提高，但他们要真正认识自己，绝非易事。大学生应该多角度认识自己：首先，应当学会用马克思主义的观点去考察社会与人生，学会用历史唯物主义的观点来评价自己。因为自我观念是具有社会定向意义的，只有熟悉社会生活，才能了解人生的意义，在评价自我时也才能找到合适的社会尺度。其次，在活动与交往中，通过社会比较和自我纵向比较等策略全面地认识自我。在衡量和评价自己时，大学生可采用社会比较策略，即既与自己表现差不多的同学相比，又与表现强于自己或不如自己的同学相比；既与同年级同学相比，又与不同年级的同学相比；既与大学生相比，又与其他青年相比；既与同龄人相比，又与不同年龄人相比。同时进行自我纵向比较，即将“现实的我”与“以往的我”“理想的我”做比较。经常反省自己，对自己做一分为二的分析，既看到自己的优点，又看到自己的缺点。

### （二）努力提高自尊水平

高自尊者意味着能自我接纳、自我开放、自我展示、自我赞许、自我超越，他们具有较强的独立性，不易受暗示的影响。而低自尊者对自己往往持否定态度，看不起自己、不喜欢自己，甚至自轻自贱。因此提高自尊水平极为必要。而引导大学生对自

己进行积极的自我评价，是使其产生自尊感的关键。对自己的评价要恰到好处，既不要夸张，又不能贬低，在肯定自己的同时，要认真对待他人的意见。而有些大学生遇到较多挫折时，往往会更多地看到自己的弱点或缺陷，这就更加需要加以积极诱导，对成功或失败都应该恰当地归因。在理想的追求过程中，要订出符合实际并经过努力能够达到的目标。如果一个人总是以最有成就的、最为出色的人为目标，由于过高要求而不能实现，肯定会降低自尊。同时学校、社会要积极创设各种成功的机会，让大学生获得成功的体验，从而增强自信心，提高自尊水平。

### （三）进行积极有效的自我控制

自我控制是自我意识在意志中的表现，是进行自我调节的最基本手段。它是个体对自己心理活动和行为的主动操纵，是有明确目标的实际行动与环境相互作用的过程。大学生要意识到社会的要求，并力求使自己的行动符合社会要求准则，激起自我控制动机，准确地从知识库中检索与认识和改造客观现实有关的知识，同时正确地评价自己运用这些知识的可能性。大学生要制订旨在完善和提高自己行动的相应计划与程序，在行动中运用诸如自我分析、自我体验、自我鼓励、自我监督、自我命令等各种激励手段，努力驾驭自己的心理活动和行为。

### （四）创造良好环境，促进自我意识的健康发展

自我意识的发展与环境的作用是密不可分的。在良好的人际关系环境、学习环境和生活环境的熏陶下，大学生自我意识的倾向性就更多地表现出积极、乐观、向上的一面，促使其树立正确的人生观。反之，则容易出现角色延缓现象。自我意识的培养是大学生自我完善的途径，是大学生实现人生目标的桥梁。大学阶段是自我意识发展的高级阶段，了解自我意识发展的特点，寻求合理的培养途径，是大学生自我管理的重要方面。大学生自我意识培养是引导大学生按社会要求自觉地对自己进行自我意识的教育，是大学生完善个性、实现自我价值的重要途径。

## 思考与练习

1. 简述自我意识概念及构成部分。
2. 简述自我意识的分类。
3. 描述自我意识的心理功能。
4. 简述自我意识的发展阶段。
5. 简述自我认同包括哪些内容。
6. 描述大学生自我意识形成的来源。
7. 试着描述影响自我意识发展的因素。
8. 试着描述建立积极健康的自我意识的途径。
9. 简述大学生自我意识的偏差与调适途径。

# 第六章　大学生人格发展及完善

## 你的学习目标

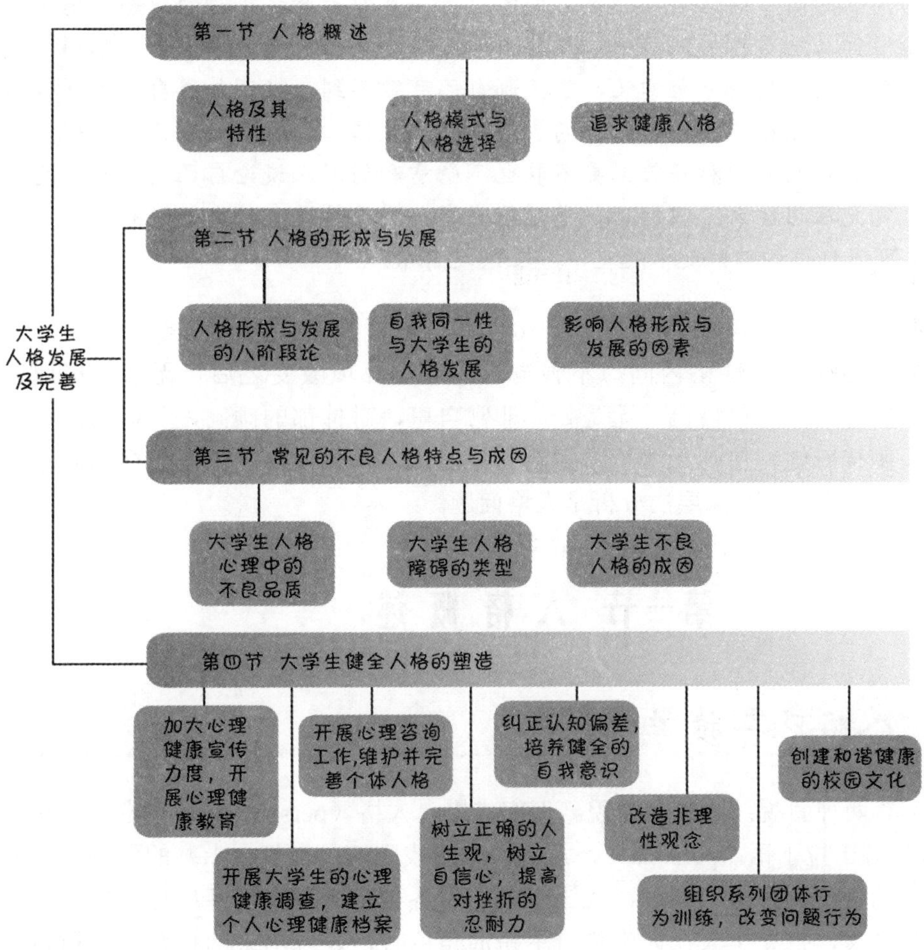


## 本章导航

人格在大学生的心理健康发展过程中起着极为重要的作用。大学生是社会上一个特定的群体，他们既有共同的心理特点，又存在丰富多彩的个性差异。“人格”一词，因其使用频繁反而引起颇多争议。在道德、法律、心理等不同领域，人格具有不同的含义，心理学界对人格的研究颇为丰富。近几年，关于人格对心理健康的影响的研究越来越受到心理学家的重视，其重要原因之一就是人格与人的身心健康和精神疾病密切相关。因此，大学生只有充分了解自己的人格特征，才能针对不足运用科学的方法对其加以改造和不断完善，以提高心理素质，发挥内在潜能。本章将主要讨论人格的形成、特性、有关人格的理论、大学生常见的人格障碍以及调适方法，从而帮助大学生全面地了解自己的人格特征及可能存在的不足，掌握常见的与人格相关的心理问题的调适方法，达到“助人助己”的目的。

【案例】

邓某，女，20 岁，大学一年级学生。在心理咨询室自述：上大学以来，我更加孤独和自卑，与周围的同学说话越来越少，好像自己一直处于迷迷糊糊的状态，总是胡思乱想，不论做什么总是精力不集中。尤其在学习时，一会儿想这，一会儿想那，学习效率很低，明知这些想法毫无意义，想克制自己可做不到。我不知道自己为什么活着，常常感到自己像是在梦游，对未来的生活没有一点信心。我怀疑自己是否得了精神病，感到莫名其妙的可怕和痛苦。更不敢也不愿意和周围人谈论自己的事情，连父母也不知道我究竟在想什么。回到家，觉得很寂寞，跟父母没有什么好说的，认为他们不了解我。可我自己的心病越来越重，甚至想过自杀。

案例分析：

上述案例中这位女生性格内向，不善与人沟通，环境改变之后，无法积极地适应，与周围人比较，更觉得自己一无是处，非常自卑，有抑郁的倾向，一些消极、自我贬低的念头困扰着她，使她无法正常生活和学习。是什么使得她出现这样的问题，影响到正常的生活和学习？深层次分析是人格问题。

# 第一节 人格概述

## 一、人格及其特性

每个人都有两种面貌：体貌和心貌。人们借用“人格（personality）”指称心貌。“personality”源于拉丁语“persona”，意指古希腊戏剧演员在舞台上戴的面具，用来表现剧中人物的身份和性格。例如，我国京剧中有各种脸谱，表现各种角色和性格。心理学沿用其含义，把一个人在人生舞台上扮演角色时，表现出来的种种行为和心理活动都看作人格的表现。

### （一）人格具备的基本特性

1. 人格的整体性

人格的整体性指的是人格所包含的能力、气质、性格、需要、动机、态度、价值观等各种成分和特质，相互联系、交互作用组成一个整体。人格的整体性还表现在人格内在统一性上，人格的内在统一性是人格健康的表现。

2. 人格的独特性

有位心理学家说："每个人就其各方面来说，A就像其他任何人一样，B像其他某些人一样，C不像其他任何人。"即人的人格是由某些与别人共同的，或相似的，以及完全不同的特征交织在一起构成的独特的人格。人格是共同性与差异性的统一。

3. 人格的稳定性和可塑性

人格的稳定性和可塑性指的是个体的人格特征具有跨时间的持续性与跨情境的一致性。个体的行为中偶尔表现出来的心理特征和心理倾向不能代表一个人的人格。人格的稳定性源于孕育期，经历出生、婴儿期、童年期、青少年期、成人期直至老年。随着年龄的增长，儿童时代的人格特征往往变得日益巩固。但是，人格不是一成不变的，它会随着生存环境的变化而发生某些变化，具有一定的可塑性。因其有可塑性，方有教育和发展的可能；因其有稳定性，方有对一个人的人格进行判断和评价的可能。

4. 人格的生物性与社会性

人是生物个体，也是社会个体。人的自然的生物特性不能预定人格的发展方向，然而它却构成人格形成的基础，影响人格的发展道路与方式，影响人格形成的难易程度。人格是在先天遗传素质的基础上，通过社会活动和社会交往而逐渐社会化的。在人格的形成中，既不能排除生物因素，也不能排除社会因素。人格是在社会生活条件下形成和发展起来的，同时也受社会环境的制约。

### （二）人格的结构

人格主要包括气质和性格两个方面。

1. 气质

气质是典型、稳定的心理特点，是心理活动的动力特征之和。它包括心理活动的速度和强度、灵活性和稳定性以及指向性等。气质具有"天赋性"，是人的神经特点的外在表现，很难改变。

2. 气质类型的分类

根据公元前 5 世纪古希腊医生希波克拉底的看法，人体内有四种体液（血液、黏液、黄胆汁、黑胆汁）。每种体液所占比例的不同决定了人的气质差异。胆汁质是兴奋型、多血质是活泼型、黏液质是安静型、抑郁质是抑制型。

直率、热情、精力旺盛、情绪易于冲动、心境变换剧烈等，是胆汁质的特征。

活泼、好动、敏感、反应迅速、喜欢与人交往、注意力容易转移、兴趣容易变换等，是多血质的特征。

安静、稳重、反应缓慢、沉默寡言、情绪不易外露，注意力稳定但又难以转移，善于忍耐等，是黏液质的特征。

孤僻、行动迟缓、体验深刻、善于觉察别人不易觉察到的细小事物等，是抑郁质的特征。

现代心理学把气质理解为人典型的、稳定的心理特点，这些心理特点以同样方式表现在各种各样活动中的心理活动的动力上，而且不以活动的内容、目的和动机为转移。

（1）胆汁质。

优点：坦率热情，精力旺盛，喜欢冒险，热爱运动，积极进取，直率豪爽，刚强果敢，反应迅速，体验强烈，行为坚韧不拔。能以很高的热情埋头事业。兴奋时，决心克服一切困难。

缺点：脾气急躁、暴躁，行事鲁莽，易因小事而大发脾气，与别人产生对立情绪，萌生报复心理，办事不考虑后果，事后又后悔，虽然“虚心接受，但坚决不改”。易冲动，感情用事，缺乏耐心。精力耗尽时，情绪一落千丈；遇到不如意时，甚至会欺负无辜来发泄不满。

在性格方面，胆汁质的人多表现为情绪反应强烈而难以自制；易冲动、感情用事，不善于通过思考来化解各种困难和障碍。他们思维敏捷但准确性差，情感外露，往往持续时间不长，缺乏自制力、易生气激动，因此要注意在耐心、沉着和自制力等方面的心理修养。

适合胆汁质的工作和职业有：管理及外交工作、驾驶员、服装纺织业、餐饮服务业、律师、运动员、新闻记者、演员、军人、公安干警、记者、图案设计师、实业家、企业中外勤工作、业务员、营销员等。

（2）多血质。

优点：热情活泼，有朝气，爱交际，有同情心，思想灵活，反应迅速，感情外露，遇事敏感，思想活跃，容易接受新鲜事物，可塑性大，对环境适应性强，快人快语，善于并易于结交朋友，有很强的活动能力和语言表达能力。

缺点：情绪不稳，粗枝大叶。“注意点”变换快，喜怒无常，做事轻举妄动，虑事不周，盲目性大，缺乏耐力和毅力。

他们有变化无常、性情浮躁、缺乏一贯性等特点。这种人虽然反应迅速、喜欢与人交往，但注意力容易转移、兴趣和情感常易变换等。这种人适宜做要求反应迅速而灵活的工作。他们感受性高，耐受性高，不随意反应性强，可塑性高，情绪兴奋性高，反应速度快而灵活，但内心体验不深刻等，如《红楼梦》中的王熙凤。

适合多血质的职业有：导游、推销员、节目主持人、演讲者、外事接待人员、演员、市场调查员、监督员等。

（3）黏液质。

优点：平静持重，情绪不易变化激动，情感不易外露。善于克制忍耐，生活有规律，不为无关的事情分心，埋头苦干，有耐久力，不卑不亢，不爱空谈，考虑问题全面，注意力稳定而不易转移，不易发脾气，也不爱常常显露自己的才能。外部动作少而缓慢。处变不惊，总能三思而后行。能坚定地执行已做出的决定，不紧不慢地去完成工作，对自己的行为有较大的自制力。

缺点：在运动和行为上较迟缓；对已习惯的工作比较适应，但对新工作较难习惯；可塑性差；踏实但有些死板，沉着但生气不足。因循守旧，表现出固定性有余，而灵活性不足。

这种人称为安静型，在生活中是一个坚持而稳健的辛勤工作者。由于这些人具有与兴奋过程相均衡的强的抑制，所以行动缓慢而沉着，恪守既定的生活秩序和工作制度，注意力非常集中。他们长时间坚持不懈、有条不紊地从事自己的工作，有从容不迫和严肃认真的品德，以及性格的一贯性和确定性。

适合黏液质的职业有：外科医生、法官、管理人员、出纳员、会计、播音员、话务员、调解员、教师、人力人事管理主管等。

（4）抑郁质。

优点：沉静含蓄，易相处，人缘好，为人谨慎，办事稳妥可靠，做事坚定，能克服困难；思想敏锐、观察细致、体验深刻，为人小心谨慎，行动迟缓，较敏感，能感觉出一般人所觉察不出的事。

缺点：多愁善感，优柔寡断，具有明显的内倾性。心理反应速度慢，遇事犹豫不决，缺乏果断，易受挫折，孤僻寡断，疲劳不容易恢复；面临危险和紧张情况时，常表现出恐惧和畏缩；受挫后会心神不安。

这种人不好抛头露面，不爱表现自己，不善与人交往，常有孤独感。《红楼梦》中的林黛玉，可作为抑郁质的人的典型代表。

抑郁质的人存在于任何一个领域。他们是思考型，富于想象，有理想、高度敏感、善于发现，精确自律，多才多艺，有美感，分析力强，具有天才的倾向。其最大的特征是内向、情绪化。

对于以人际交往为主的职业，如外交官、政治家、商人等外向性职业，抑郁质的人大多没有兴趣；而在只需要一个人刻苦奋斗的艺术哲学、学术教育、科学研究等内在要求慎重、细致、周密思考的职业领域，抑郁质的人就很适合。他们做事一丝不苟，责任心强，许多人都能成为中坚分子，担当可靠的角色，只是内心孤独，不擅长与人共事，在人事上需要花费更多努力。但无论置身于怎样的立场，只要肩负了责任，他们就会努力把它做好。这正是抑郁质的人的长处。

3. 性格

性格是人格的核心，是一个人对现实的态度和行为方式中比较稳定的、独特的心理特征的总和。个人的性格一旦形成就具有相对的稳定性，即人的性格基本结构是不变的，而在不同情况下，同一种性格可以以不同的形式表现出来。性格不是某种个别的心理特征，而是某种心理特征在一个人身上的有机结合，体现出个人的独特风格。

4. 性格的分类

性格的第一种分类。

根据四种气质类型，可相应地分为以下四种性格特征。

（1）力量型（胆汁质）。

优点：永远充满动力，满怀理想，勇于攀登高峰，总是对准目标进发直至成功。是天生的领导者、决策者，喜欢调动他人。能纵观全局，有效率，行动迅速，能运作一切。充满自信，不易气馁。外向、乐观，是行动者，总是忙个不停。

缺点：一味地勇往直前，却不会自我放松和减压，不会休息。他们固执地认为自己总是对的，不用他们的方法看待事物的人都是错误的。他们永远高高在上，这种优越感会在心理上对他人造成伤害。不能容忍他人的缺点，武断，刚愎自用，抱怨，时常吃力不讨好。

代表人物：孙悟空，本领非凡，充满活力，越挫越勇，不停找事做，如果风平浪静，就惦记着“到前面看看”；爱占山为王，不太听领导的话，为方便管理，需要给他戴上紧箍。

口头禅：“快!”

（2）活泼型（多血质）。

优点：兴趣广泛，见面熟，热情洋溢，懂得把工作变成乐趣。好奇，孩子气，眉飞色舞，喜怒形于色，不记仇。聚会中的灵魂人物，调动气氛的高手。天生是个讲故事高手，善于夸张地描述趣事。他们习惯于拥抱、亲吻、拍打或抚摸他们的朋友。

缺点：他们只看到自己，以自我为中心，不关注他人。高兴时和你一起玩，一旦你遇到麻烦或需要他们帮助时，他们早就消失得无影无踪了。做事情难以做到很专业，如果幸运地得到一时的成功，优越感会冲昏他们的头脑。往往在几年时间里频繁跳槽，甚至转行。办公桌通常不太整洁，爱吃零食、爱丢东西。

代表人物：猪八戒，有生活情趣，会吃会玩，难以持久地做一件苦差事，信奉“及时行乐”。如果没有他，《西游记》的故事会大大失色。

口头禅：“我……我……我……”

（3）完美型（黏液质）。

优点：内向，善于思考分析，活得很严肃；不轻易发言，说出的话便是经过深思熟虑的，是个思想家。对待目标严肃认真，强调做事的先后次序和组织，他们崇尚美感和才智。他们不会一时冲动，寻找刺激；反之，他们会为自己的生活做长远且最好的安排。有天分，有创造力和艺术细胞。对他人的反应很敏感，有责任心，理想主义，追求完美。善于发现问题，善于制订计划、确定目标，善始善终。注重细节，井井有条。

缺点：由于天生消极的倾向，他们对自己的评价非常苛刻，总将事情私人化，常常自找烦恼。他们的思想就像是一个调到负面位置的收音机旋钮，着意收集一些别人的批评。如果他们听到房间里有人提及自己的名字，就认为有人在说他们的坏话。他们绝大部分生活都是严肃的，维持这种一触即发的紧张关系是十分吃力的，所以人们在一般情况下都会尽量不去接触这种人。

代表人物：唐僧，有使命感，悲天悯人，标准极高，锲而不舍。

口头禅：“万一……万一……万一……”

（4）和平型（抑郁质）。

优点：性格随和闲适、平静有耐心，不干预、不侵犯他人，并且心情愉快。好的聆听者，他们总有时间给你。有天赋的协调能力，能把相反的力量融合起来。以不变应万变，低调，很少主动发表意见；善于隐藏内心情绪。很难激动，镇静、泰然自若，随遇而安，善于面对压力。平静但诙谐，会放松。无攻击性，有行政能力，不易树敌，注重气氛的祥和。习惯于一成不变的生活，能够长期从事一件事情，踏实认真，有可能成为专家。

缺点：旁观者、有悲观倾向。非常懒惰，得过且过，回避一切工作；往往事情推迟使他们更不能下决心动手工作，对任何事情都没有热情。他们对于伟大的目标一点也不热衷，虽有温和的外表，却很固执，不愿意与人沟通。和平型的人的沉默使他们避免了许多麻烦，但隐藏自己的感情和不进行沟通，使他们扼杀了与他人许多美好的关系。

代表人物：沙僧，善良谦逊，镇静平和，和事佬，十四年如一日地挑担子。

口头禅："无所谓""怎么都行"。

性格的第二种分类。

德国的心理学家斯普兰格从文化社会学的观点出发，根据人认为哪种生活方式最有价值，把人的性格分为六种类型，即经济型、理论型、审美型、宗教型、权力型、社会型。

经济型的人：一切以经济观点为中心，以追求财富、获取利益为个人生活目的。实业家多属此类。

理论型的人：以探求事物本质为人的最大价值，但解决实际问题时常无能为力。哲学家、理论家多属此类。

审美型的人：以感受事物美为人生最高价值，他们的生活目的是追求自我实现和自我满足，不大关心现实生活。艺术家多属此类。

宗教型的人：把信仰宗教作为生活的最高价值，相信超自然力量，坚信永存生命，以爱人、爱物为行为标准。神学家是此类人的典型代表。

权力型的人：以获得权力为生活的目的，并有强烈的权力意识与权力支配欲，以掌握权力为最高价值。领袖人物多属此类。

社会型的人：重视社会价值，以爱社会和关心他人为自我实现的目标，并有志于从事社会公益事业。文教卫生、社会慈善等职业活动家多属此类型。

现实生活中，往往是多种类型的特点集中在某个人身上，但常以一种类型特点为主。

## 二、人格模式与人格选择

人是社会人，人格的模式必然与社会生活相适应，并受社会价值观的制约，因此人格的完善被社会历史的发展赋予了广泛而深刻的内涵。今天对于正在探索和选择理想人格的青年一代而言，把握人格的社会模式并且选择健康的人格尤为重要。

### （一）中西方理想人格模式

1. 中国传统的理想人格模式

中国传统的理想人格定形于春秋战国时期。随着社会的变革，整个封建社会体制逐步完善，建立了一整套中华民族特有的理想人格标准。这一理想人格是围绕着“君子”设计的，其核心有两个方面：其一是德为首，仁礼合一，这是儒家思想竭力推崇的；其二是儒家的中庸与道家的顺其自然，以儒道互补的架构，形成了中国传统的理想人格——君子。这种传统人格，有其合理、科学的思想内涵，当然也有需要摒弃的东西。在今天，我们要弘扬合理的一面，剔除消极的一面，构建一种能够体现中华民族伟大精神的现代化的崭新人格。

2. 西方的理想人格模式

西方的理想人格是围绕着理性的灵魂和自由意志这个中心展开的。古希腊人推崇美德至上，文艺复兴时期主张大力发展人的潜能的“全才”观念，近代资产阶级又把所谓“真正自由的人”作为他们的理想人格。

3. 马克思主义的人格模式

马克思主义的人格设计是与人类社会发展的美好理想分不开的，因而把“全面发展的人”作为人格完善的标准。具体地讲，马克思主义的人格模式有两个显著的特点：人是历史的产物，个人的发展是由社会历史条件决定的；人只有在改变社会的能动的实践中才能使自身获得不断的完善和发展，马克思主义认为社会实践对理想人格的塑造起决定性作用。

马克思主义的人格模式给我们的启示有以下两方面。

（1）理想人格的构建不仅仅是由一些自然的属性来决定的，抽象的人性是没有的，它根植于历史和社会现实之中。人格的建立与完善要符合时代要求。

（2）理想人格的实现要通过实践，不能仅仅停留在“内省”和追求个体自由及完美的发展上，要坚持理论与实践的统一。

总结起来就是，马克思主义主张全面发展的人格设计，其人格模式应该是理想与现实的统一和理论与实践的统一。

### （二）对健康人格模式的选择

健康人格的选择要有时代感。今天在我们建设中国特色社会主义的历史进程中，当代青年理想的人格模式应该是：在爱国主义、集体主义、社会主义和中华民族传统美德的基础上构建起来的人格特征，包括独立的意识，鲜明的个性，高度的理性精神和科学态度，批判、继承、创新的意识；在心理活动上与多数人一致，有健康向上的情趣，全身心地投入学习和工作，开拓进取并能与人合作，具有忍耐力等。同时，要在现代化发展的进程中弘扬“不降其志，不辱其身”、“老吾老以及人之老，幼吾幼以及人之幼”、“学而不厌，诲人不倦”、“天行健，君子以自强不息”和“天下兴亡，匹夫有责”的民族精神，把理想与健康的人格作为人生追求的目标，重塑自我，攀登现代人格的高级境界。

不论是从社会生活的基本需要还是从人格的修炼过程来看，人格模式的选择应该而且必须追求真、善、美的标准，否则，就将失去人格存在的社会意义。

当代青年在选择构建自己高尚人格的过程中，应坚持以下原则。

（1）坚持历史客观性的观点。我们的国家是一个有着 5000 年文化的文明古国，我们的精神家园里有着丰富的文化遗产，现代化的人格是历史性人格的延续和发展，因此，弘扬中华民族的传统美德，是人格选择的历史环境。

（2）坚持现实性的观点。理想的人格及其人格精神，是我们追求的目标，现实的人格，是人格形成与发展的客观存在。这里所讲的现实性是指，一定要根据我国的国情来选择和塑造自己的人格，既不要闭门造车，也不可虚无缥缈，而应塑造活生生的现实人格。

（3）坚持科学性的观点。古今中外，人格的模式丰富多彩，选择的过程中切忌囫囵吞枣，而应采取冷静的、批判的态度，取其精华，去其糟粕，为发展一种健康的人格进行理性的思考。

（4）坚持人性的观点。人格的发展，重要的是体现在每一个人的身上。自我的人格塑造，要与自己的个性、心理特征相适应，反映出真实的自我形象，而不是多重人格的形象。

## 三、追求健康人格

凡是理智正常的人都渴望美好的生活，凡是有上进心的青年，都希望自己的人生辉煌卓越。卓越人生的首要因素是要有健康的人格。

健康的人格，不仅是人类应该追求的价值目标，也是人们充分发展所能达到的一种境界。具有健康人格的人，其最显著的特点是，他们能够有意识地控制自己的生活，掌握自己的命运；他们正视自己，正视过去，面对现实，注重未来，渴望迎接生活的挑战，在实践中充分发挥自己的潜能并实现自己的价值。

### （一）健康人格的标准

健康人格的标准可分为理想标准和相对标准。健康人格的理想标准就是人格的生理、心理、社会、道德和审美各要素完美地统一、平衡、协调，人的才能得以充分发挥。马克思所描述的全面发展的、自由的人就是健康人格的理想标准。但从相对意义上讲，不同时代、不同的社会条件有不同的健康人格相对标准。“有理想、有道德、有文化、有纪律”就是对社会主义初级阶段健康人格标准的一种概括。人只有在自己所处的特定历史条件下，不断进取、不懈努力，才能使自己的人格健康水平不断提高。

健康人格的标准又可分为总体的标准和具体的标准。从总体上讲，人格健康的人应该是在推动社会进步的实践中充分发挥自己的才干，为人类、为社会做出自己的贡献，同时使自己的人格在各个方面得到充分、协调的发展的人。从具体特征上讲，健康人格应具有以下标准。

1. 和谐的人际关系

人际关系最能体现一个人人格健康的程度。人格健康的人乐于与他人交往，并与他人建立良好的关系；与人相处时，尊敬、信任等正面态度多于嫉妒、怀疑等消极态度。人格健康的人常常以诚恳、公平、谦虚、宽容的态度对待他人，同时也受到他人的尊重与接纳。

2. 良好的社会适应能力

社会适应能力反映了人与社会的协调程度。人格健康的人能够和社会保持良好、密切的接触，以一种开放的态度，主动关心社会，了解社会；在认识社会的同时，使自己的思想、行为跟上时代的发展，与社会的要求相符合，能很快适应新的环境。

3. 正确的自我意识

自我意识是个体对自己、自己与他人的关系和自己与周围世界的关系的认识。具有健康人格的人对自己有恰如其分的评价，充满自信、扬长避短，在日常生活中能有效地调节自己的行为，与环境保持平衡。缺乏正确自我意识的人常常表现出自我冲突、自我矛盾，或者自视清高、妄自尊大，做力所不能及的工作；或者自轻自贱、妄自菲薄，甘愿放弃一切可以努力的机遇。

4. 乐观向上的生活态度

积极的人生态度是人类在社会实践中获得的本质力量的表现。乐观的人常常能看到生活的光明面，对前途充满希望和信心，对自己所从事的工作或学习抱有浓厚的兴趣，并在其中发挥自身的智慧和能力。即使在遇到困难和挫折时，也能不畏艰险，勇于拼搏。学生的主要任务是学习，因而对学习的兴趣倾向可以反映出对生活的基本倾向。人格健康的学生对学习怀有浓厚的兴趣，其观察敏锐、注意力集中、想象丰富、充满信心、勇于克服困难，通过刻苦、严谨的学习过程，获得不俗的满足感和成就感。

5. 良好的情绪调控能力

情绪标志着人格的成熟程度。人格健康的人情绪反应适度，具有调节和控制情绪的能力，经常保持愉快、满意、开朗的心境，并富有幽默感。当消极情绪出现时能合情合理地宣泄、排解、转移和升华。

健康人格的各个标准都是相关的。能够体验情绪并能控制情绪的人，通常是有能力满足自身基本需要的人，是能紧紧地把握现实的人，是获得健康的自我结构的人，是拥有稳定可靠的人际关系的人。总之，人格健康的人，其人格的各个方面是统一、平衡的。上述标准不仅是我们衡量一个人人格健康的尺度，同时也为大学生改善自己的人格提供了具体的努力方向。

### （二）塑造健康人格的途径

健康人格的塑造，一是要服从人格健康发展的需要，二是要服从现代化社会进步的需要。这是人格塑造的基本原则和指导思想，也是鉴别健康人格塑造效果的尺度。怎样塑造健康人格呢？除了创造良好的生活环境外，就每个人而言，应该从以下几方面着手。

（1）保持开朗的心境，学会控制和调节自己的情绪，建立积极、健康的情绪状态。

（2）加强意志磨炼，自觉主动地控制自己的行为，培养经受挫折的耐受力，不盲目冲动，不消极低沉，始终保持乐观的生活态度。

（3）注意性格完善，自觉检查修正自己的性格特点，培养健康的性格模式。

（4）养成良好的思维品质，具有独立分析问题和解决问题的能力。

（5）培养良好的情操，加强思想品德修养，树立科学的世界观、人生观，注重社会实践，提高自身综合素质。

总而言之，当代青年追求卓越的人生，必须具备健康的人格，因此，只有了解人格形成与发展的规律，掌握塑造健康人格的途径和方法，才能使人格素质趋于完美，创造更加辉煌的人生。

## 第二节 人格的形成与发展

### 一、人格形成与发展的八阶段论

美国心理学家埃里克森在长期的心理实验研究中，提出了“人格发展八阶段论”的结论。他认为情绪疾病的中心是自我与社会生活的冲突。人性最初无所谓好坏，但有向任一方面发展的可能。人格的发展是一个阶段的过程，每一阶段都需完成一个特定的受文化制约的任务。这一任务包括一对矛盾，人在向积极或消极发展的矛盾中实现平衡。如果人在各阶段能保持向积极品质方面发展，不仅可以完成任务，而且会逐渐形成健康和成熟的品格；否则就会产生危机，或出现情绪障碍，为后一阶段的发展制造麻烦，出现病态和不健全的人格。

**（一）形成信任感的阶段：出生～18个月**

儿童一出生就通过感官去领会世界，从母亲的形象中去信任世界。如果他们得到人们的关怀、爱抚，生理需要得到满足，就会感到安全，形成对人的信任感；如果这种关怀不一贯，爱抚不够或没有，他们就会对世界、对人产生疑惧，形成不信任感。这个阶段的基本矛盾就是信任对不信任，最有影响的人是母亲或类似母亲的人。不信任不一定都不必要，有时也是对危险与不快事件的准备和预期，两者应保持一定的比例，信任感多于不信任感。信任与不信任的问题要持续到后几个阶段逐一解决。

**（二）成为自主者的阶段：18个月～4岁**

儿童通过做力所能及的事，得到大人的允许、承认，就会感到有自控能力和影响环境的能力，形成自主感；反之，儿童在自己的活动中出现意外时遇到大人不耐烦、过分粗暴，或过分溺爱加以阻拦，就会产生羞耻感并怀疑自己的能力。这个阶段的主要矛盾是自主对羞耻、疑虑，对儿童影响较大的人是父亲式的人物。允许儿童有活动的自由，鼓励他们的成功，对于发展自主性非常必要，但也要让他们在自主活动中接受一定的限制，从而为其将来参加法制生活做准备。

**（三）发展主动性的阶段：4～5 岁**

儿童在这时开始进行各种运动，并在无父母控制下会用自己“良心”的内部声音去支持与引导行为，于是产生了主动性。如果儿童有更多的自由和机会从事各种游戏，并且家庭成员对他们智力上表现主动性而提出的种种怪问题给予耐心回答，不嘲笑、不禁止，其主动性就会得到加强；如果大人认为他们的活动是破坏性的、笨拙的、令人讨厌的，就会使他们产生内疚感。儿童开始认识到性别差异，会以父母自居，争取异性父母的爱，如不能偿愿，也会产生过度的内疚。这个时期的主要矛盾是主动性对内疚，对其影响最多的是家庭。

**（四）变得勤奋的阶段：6～11 岁**

儿童掌握了语言与文字工具后，不仅可以获得大量知识、技能，而且具有演绎推理及按规则做游戏和学习的能力，且特别爱“打破砂锅问到底”。当他们的创造活动得到教师及父母的支持、赞扬和奖赏，其勤奋感就会产生并得到加强；反之，如果父母把这种活动看作捣乱或他们在学习上经常失败，其就会产生自卑感。但是一个有自卑感的学生，如果遇到一位敏感、教导有方的教师，设法帮助他逐步取得好成绩，增强其信心，也可使其勤奋感获得新生。这个阶段的主要矛盾是勤奋感对自卑感，对其有较大影响的是学校中的教师与同学，还有邻居。

**（五）建立个人同一感的阶段：12～18 岁**

儿童进入青春期，萌生出对异性的情感喜好，更是发展了对周围世界新的观察与思考。他们会想到其他人在想什么和怎么想，想象理想的家庭、宗教和社会究竟应该是什么样的，并把它们与现实进行对比，把社会矛盾集中成为一个协调的、整体的理论和哲学。青年还是一个没有耐心的理想主义者，总想着把理想变成现实是那么的容易。这一阶段最重要的特征是出现了“个人同一感”。所谓同一感，指能发现事物之间的异同，形成它们内在相同和连续之感，如他们能将自己的过去、现在和将来综合成为一个有意义的“自我”整体，识别自己与别人的异同，认识现在工作与未来效果的关联，了解领导与被领导的统一和区别的关系，等等。发展同一感对于接受成年期的生活挑战非常重要，不然会产生同一性混乱，如时间混乱（不考虑时间的限制，总想立刻解决问题或任意拖延时间，缺乏时间观念）；自我肯定混乱（怀疑对自己的认识与给人的社会形象是否一致）；工作瘫痪（不能认识努力工作与预期效果之间的联系，所以对成就不抱期望，松懈不努力）；两性混乱（不愿接触异性或男女关系混乱，对两性之间的同一性认识不清）；权威性混乱（不了解领导与被领导之间的统一关系，产生对立或盲从）；等等。这一阶段的主要矛盾是同一性对同一性混乱，对其影响最多的是同辈团体。

### （六）承担社会义务的阶段：18～30岁

本阶段是人们进行恋爱婚姻家庭生活的时期，出现人与人之间的新关系，产生亲密与团结的感情，除爱情外，包括友谊，与人共同承担任务、分担苦乐、相互关怀等。如果一个人不能在夫妻或朋友之间建立友爱关系，就会产生孤独感。这个阶段的主要矛盾是亲密对孤独，对其影响较多的是一起工作、生活的伙伴。

### （七）显示创造力的阶段：中年期

这是成家立业的时期，人们可向两个方向发展：一是开始对家庭成员之外的人与后几代生活在其中的社会和世界表现出关心与操心；二是掉进自我专注的状态，只关心个人的需要和舒适。这个阶段的主要矛盾是创造力感与自我专注，与之关联的是社会分工和承担家务的情况。

### （八）达到完善的阶段：晚年

这是人一生的主要努力趋近完成和辅导第三代的时期。当人们满意地回顾一生就会有一种完美感；当看到过去失去了很多好的机会或走错了方向，想重新开始又觉得为时已晚，就会产生绝望的感觉。这个阶段的主要矛盾是完美对绝望。

## 二、自我同一性与大学生的人格发展

在关于青少年人格发展的理论中，埃里克森的自我同一性理论有着重要意义。他认为，大学生人格发展的关键任务是形成自我同一性（ego-identity），克服同一性混乱。顺利渡过自我同一性危机的大学生可以形成积极的人格品质，否则，就会陷入自我同一性混乱，产生心理与社会的适应性障碍，出现药物滥用、越轨、自杀等行为。

### （一）自我同一性

埃里克森的人格发展理论以人的生命周期为序，将人格的形成和发展划分为八个阶段，个体在人格发展的每一个阶段都要解决一个特定的心理社会任务。就大学生来说，其在人格发展过程中所面临的危机是同一性对同一性混乱。

自我同一性概念目前尚未有一个明确统一的定义。埃里克森认为，自我同一性是一种发展的结构，有时指一个人对其个体身份的自觉意识，有时指他对个人性格连续统一体的无意识追求，有时指自我综合的无言操作，有时则指对某个群体的理想和特征的内心趋同。马西亚（Mracia）将自我同一性解释为一种自我结构（self-structure）——一种个人的驱力、信念、生活经历等内在自我构建而成的动态组织，“这一结构发展越好，个体对自己的独特性和与别人的相似性以及在世界生存的优势和缺点就认识得更多。反之，个体对自己和别人的认识就越混乱，他们就越依赖于外部资源来评价自己。”可以说，自我同一性是对“我是谁”问题的回答，是个体在寻求自我的发展中，对自我确认和对有关自我发展的一些问题，诸如理想、职业、人生观等的思考和选择。自我同一性的确立意味着个体对自身有了充分的了解，能够将自我的过去、现在和将来整合成一个有机的整体，能根据社会的限定和要求确立自己的理想与价值观念，并对未来的发展做出自己的思考。

### （二）自我同一性的四种类型及其相应的人格特征

自我同一性作为人格结构的属性可以在系统的心理社会理论的背景下被观察、被研究。马西亚以“探索”和“承诺”作为两个维度，根据个体经历探索和投入的程度，将同一性划分为四种状态。而根据郭金山和车文博 2004 年对自我同一性状态与人格特征的研究，两者之间密切相关。

1. 完成型自我同一性及其相应人格特征

完成型自我同一性（identity achieved）指个体经过一段时间的艰难探索之后，终于形成了对某种职业、价值观念、宗教信仰等的承诺，并积极地投入到所选择的事业中去。这是自我同一性发展的最佳状态。研究显示，完成型自我同一性状态与自我发展、个人自主和自尊水平呈正相关关系，表现出目标明确、乐观进取、主动亲和、果敢直率等人格特征。但是，由于其自主性强，不易顺从，所以表现出在人际关系上的负相关。

2. 延缓型自我同一性及其相应人格特征

延缓型自我同一性（identity moratorium）指个体对有关自身发展的重大问题，正处在积极的探索阶段，但尚未在各种可能的选择中最终形成承诺。这种状态下的个体通常具有较高的焦虑水平，通过拒绝、宣泄和认同来控制焦虑，对经验具有较高水平的开放性和较高的自尊水平。可能表现出的人格特征有：较为敏感，悲观，情绪波动大，能积极探索，有追求，但容易不切实际、好高骛远，因而产生挫败感。

3.早闭型自我同一性及其相应人格特征

早闭型自我同一性（identity foreclose）指个体没有经过自己的思考、选择和探索，就直接形成承诺。这些承诺往往体现的是家长、重要他人或者一些权威人物的意愿。早闭型自我同一性状态表现为自主性差，常使用防御性的自恋来维持自尊，对经验的开放性低，思维刻板，对权威领袖有较强的遵从倾向，表现出保守顺从、缺乏主见、较为严肃、认真沉稳等人格特征。

4. 弥散型自我同一性及其相应人格特征

弥散型自我同一性（identity diffusion）也被称为自我同一性混乱，是指个体既没有进行主动的探索，也没有对一定的价值形成承诺。个体对未来感到彷徨迷惑，不知所措，是自我同一性发展的最低级状态。弥散型自我同一性状态与自尊、个人自主和自我发展呈负相关关系。可能表现出的人格特征主要有：孤僻被动、消极悲观、情绪不稳定、不思进取、任性随意。该状态下的大学生容易受外界影响，被动接受和顺从社会压力。

### （三）自我同一性对大学生人格发展的作用

同一性形成始于婴儿依恋的出现、自我感的发展、独立倾向的出现，止于老年阶段对人生的回顾与自我整合。大学是自我同一性形成的关键时期，健康的自我同一性有利于大学生人格的健康发展。

1. 自我同一性为大学生自我认识提供了基础

大学生在逐步确立自己的人生观、价值观时，面临内在自我及其与社会、文化、环境的平衡，容易出现一些自我认识过程中的困惑：我是谁？我在他人眼里是怎样一个人？我要成为什么样的人？我会成为什么样的人？自我同一性为大学生解决“我是谁”的问题提供了基础，自我同一性发展较好的大学生自我意象、自尊和自我接纳的水平较高。成熟积极的自我同一性使他们对他人和社会有连带感与归属感，感到自己从属于某一个社会或集团，接受自己所属社会或集团的价值观念，可以容忍社会的一些不足。这有利于大学生了解社会的期望，并按照一定的社会角色规范去行事，与他人合作，在社会中找到自己的位置，并感受到自己的存在对社会、对他人是有意义和有价值的。

2. 自我同一性有助于大学生追求价值观、信念和行为的内在一致性

自我同一性有助于大学生追求价值观、信念时对自身行为的控制，以及对潜能的认识和发挥。自我同一性发展良好的大学生更倾向于相信自己能够把握自己的生活，具有较高的自觉性、组织性和计划性，能够努力追求自己的目标而不是自我放纵。这类大学生意志品质较好，表现为“相信自己决定的合理性，善于迅速地判断是非，理智地分析和吸收他人合理的意见，有能力做出重要的决定并执行这些决定，在这个过程中坚定不移，能为自己的行为产生的后果负责”。总之，可以克服自身种种不健康的因素，积极完善自我。

3. 自我同一性有助于培养大学生良好的价值感

良好的价值感是大学生健全人格的重要体现。自我价值感是指个体对自身的感受，认为自己重要，有价值，因而接纳自己，喜欢自己，是个体对自身的重要性价值的主观感受和情绪体验。自我同一性的形成过程也是建立一个自己在别人眼中的形象，以及自己在社会集体中所占的情感位置的过程。这种统一性的感觉也是一种不断增强的自信心，一种在过去的经历中形成的内在持续性和同一感（一个人心理上的自我）。如果一个大学生无法认同自己、接纳自己，认为自己的存在没有价值，那么，他的自我价值感必然很低。进而极力寻求他人的认可，没有主见和自信。

4. 自我同一性有助于大学生信任感的提升

信任在人格中形成了希望这一品质，它起着增强自我的作用。埃里克森把希望定义为：对自己愿望的可实现性的持久信念，反抗黑暗势力、标志生命诞生的怒吼。自我同一性发展良好的大学生具有信任感，敢于希望，富于理想，具有强烈的未来定向。反之则不敢希望，时时担忧自己的需要得不到满足。具备信任感的大学生信任自己，信任社会，尽管所处的世界有不尽如人意之处，仍以积极的态度投入社会，相信

它会变得更美好。

### （四）自我同一性对大学生人格发展的消极影响——以大学生自杀为例

自我同一性的发展在一定程度上影响了个体人格发展的基调。良好的同一性有利于大学生形成健康的人格，继而在应对各种复杂的社会情境和生活事件时，更容易把各种社会角色有机地整合在一起，提高个人的适应水平。即便是遇到挫折，也可以以一种理性的态度，在分析内外部因素的基础上，合理调整自己的心态和自我定位。而对于同一性发展不健全，出现心理障碍的大学生来说，面对生活中的各种应激事件容易混乱、迷茫、不知所措。心理的脆弱使他们难以协调内外部的相互关系，感到无法把握自己的生活，找不到未来的方向，甚至产生厌世、抑郁等心理障碍，最终选择结束自己的生命。

1990年，Bar-Joseph H和Tzuriel D以两组大学生为被试，进行了有关自我同一性与大学生自杀倾向的心理学实验。其中，控制组是正常发展的大学生（$n=30$），实验组是从心理健康诊所招募来的有自杀倾向的大学生（$n=10$），两组被试在智力、人口学相关变量和社会经济地位方面不存在显著差异。使用大学生自我同一性量表和潜在自杀指数对两组被试进行测量。结果发现，控制组自我同一性量表的得分远高于实验组，而自杀倾向指数则低于实验组。同时，在两组被试中，自我同一性与潜在自杀倾向都存在负相关关系。可见，不健全的自我同一性或同一性危机易导致个体的自杀倾向。

在大学生自我同一性形成的过程中，有可能会面临“过去的自我”与“现在的自我”无法实现续接，“现实的自我”和“理想的自我”无法有效整合，“自我认知”与“他人评价”无法协调一致等同一性危机。此时，对于人格发展健全的个体来说，在经历了短暂的悲伤和混乱之后会形成新的同一性，从而开始新的生活。而对于一些人格发展不健全的大学生来说，如果没有顺利解决这些问题，可能会引起人格上的不良适应，引发各种神经病症，甚至会对他们造成一种致命的打击。

大学生自我同一性的健康发展为个体提供稳定感、持续感、意义感、社会认可等内在支持力量，而自我同一性的不健全会给大学生带来许多负面影响，甚至诱发自杀行为的产生，这是值得我们进一步关注的问题。

## 三、影响人格形成与发展的因素

人格是构成一个人思想、情感及行为的特有模式，这个独特模式包含了一个人区别于他人的稳定而统一的心理品质。人们各自所特有的这些人格模式是在遗传与环境交互作用下逐渐发展形成的，其影响因素分为两大类：先天生理因素和后天环境因素。

1. 先天生理因素

双生子的研究结果表明，在人格特征上，同卵双生子间的相关比异卵双生子间的相关高很多，分开抚养的与未分开抚养的同卵双生子具有同样高的相关。这证明遗传对人格具有一定的作用。然而，遗传作用有多大，确实是一个复杂的问题。根据以往研究，我们认为遗传是人格不可缺少的影响因素，遗传因素对人格的作用程度因人格特征的不同而异。通常在智力、气质这些与生物因素相关较大的特征上，遗传因素较为重要；而在价值观、信念、性格等与社会因素关系紧密的特征上，后天环境因素更重要。在个体发展过程中，人格是遗传与环境交互作用的结果，遗传因素影响人格的发展方向。

2. 后天环境因素

后天环境的因素是多种多样的，小的如家庭因素，大的如社会文化因素。

（1）社会文化因素。每个人都处于特定的社会文化之中，文化对人格的影响是极为重要的。社会文化塑造了社会成员的人格特征，使其成员的人格结构朝着相似的方向发展，而这种相似性又具有维系一个社会稳定的功能。社会文化具有对人格的塑造功能，这反映在不同文化的民族有其固有的民族性格，如西方人开放、中国人含蓄等。社会文化对人格的影响力因文化而异，社会对顺应的要求越严格，其影响力就越大。影响力的强弱也取决于其行为的社会意义的大小，对于不太具有社会意义的行为，社会容许较大的变异；但对在社会功能上十分重要的行为，就不容许太大的变异，社会文化的制约作用就较大。但是，若个人极端偏离其社会文化所要求的人格基本特征，不能融入社会文化环境之中，可能就会被视为有行为偏差或心理疾病。

（2）家庭因素。家庭确实是“人类性格的工厂”，它塑造了人们不同的人格特征。父母的教养方式的恰当性，会直接决定孩子人格特征的形成。如权威型教养方式下的孩子容易形成消极、被动、依赖、服从、懦弱、不诚实等人格特征，放纵型教养方式会使孩子任性、幼稚、自私、野蛮、无礼、独立性差、唯我独尊、蛮横胡闹等，民主型教养方式会使孩子活泼、快乐、直爽、自立、彬彬有礼、善于交往、容易合作、思想活跃等。

（3）早期经验。幸福的童年有利于儿童向健康人格发展，不幸的童年则会引发儿童不良人格的形成。但二者不存在一一对应的关系，溺爱也可使孩子形成不良人格特点，逆境也可磨炼出孩子坚强的性格。早期经验往往与其他因素共同来决定人格。早期儿童经验是否对人格造成永久性影响因人而异。对于正常人来说，随年龄的增长、心理的成熟化，童年的影响会逐渐缩小、减弱，其效果不会永久不衰。

（4）学校因素。学校是一种有目的、有计划地向学生施加影响的教育场所。教师、学生班集体、同学与同伴等都是学校教育的元素。教师对学生人格的发展具有指导定向的作用。特别是教师既是学校宗旨的执行者，又是学生评量言行的标准，教师的言传身教对学生产生着巨大的影响。学校是同龄群体会聚的场所，群体对学生人格具有巨大的影响。班集体是学校的基本团体组织结构，班集体的特点、要求、舆论和评价对于学生人格发展具有“弃恶扬善”的作用。

3.先后天的交互作用

遗传与环境因素在人格形成中，谁起主导作用？就人格状态而言，后天环境因素的作用更大；但就人格的不同成分来看，遗传、环境的作用因人格特征而异，因人而异。例如，人的气质、智力等成分受遗传因素的影响更大，人的性格、价值观等主要受后天环境影响。而具有灵活特征的人其社会适应性强，后天环境对他们的人格影响更大。总之，人格是先天、后天交互作用的结果。

## 第三节 常见的不良人格特点与成因

大学生在大学中逐渐适应其社会角色，不断扩大人际交往的范围，适应激烈的学习竞争环境，他们的人格发展也因此受到影响。健全人格强调的是人格各方面的整合，强调的是整体性与统一性。重视人格的整合和塑造既是大学生身心健康的需要，又是自我发展、自我实现的需要。从某种意义上来说，人格决定了命运。但是，大学生作为正在趋于成熟的群体，其人格特质的某些方面并不是十全十美的，或多或少地存在一些不足和缺陷。因此，大学生只有充分了解自己的人格特征，才能针对不足用科学的方法加以改造和不断完善。

### 一、大学生人格心理中的不良品质

#### （一）“A”型性格与“C”型性格

“A”型性格的人的心理与行为特征是：时间观念特别强，常感到时间不够用而产生压力；长期处于亢奋状态，常常同时考虑或做两件事情，总是设法把工作日程安排得满满的；雄心勃勃、竞争性强、追求成功、有较强的事业心，力求达到更高要求；遇到挫折变得具有敌意和攻击性，对他人怀有戒心，缺乏耐心与容忍力。

“C”型性格的人的心理与行为特征是：很难公开表达自己的情绪，做事谨慎、常常自责、极怕失败；患病不肯求医，对人有戒心，没有亲密的人际关系；认命，认为生活无意义、无价值、无乐趣；和家人有很深的隔阂；情绪不安时找不到倾诉的对象。

#### （二）偏激

偏激是一种不良的性格品质，一般常见于低年级的大学生中。偏激在认识上的表现是看问题绝对化，片面性很大，要么就全好，要么皆坏；偏激在情绪上的表现是根据个人的喜好和一时的心血来潮去评价人、事、物，缺乏理性的态度和客观的标准；偏激在行为上的表现则是莽撞从事、不顾后果。

#### （三）依赖

依赖主要表现为对个人的自理能力缺乏信心，遇事乞求他人的帮助，生活上寻求父母的保护和照顾。具有依赖倾向的大学生如果得不到及时的纠正，发展下去就有可能形成依赖型人格障碍。

#### （四）孤僻

孤僻多见于性格内向的大学生，其主要表现是不合群，对周围的人怀有戒备心或厌烦情绪，做事喜欢独来独往，疑心较重，神经比较敏感。孤僻的大学生容易把不良的情绪积聚起来，引发严重的身心疾病。

### （五）嫉妒

嫉妒是一种对他人优于自己感到忧虑、愤怒和怨恨的复合体验。嫉妒者总是把他人在才能、地位、境遇或相貌等方面的优越视为对自己的威胁，因而感到忧虑、愤怒与怨恨，于是往往采用贬低甚至诽谤他人的手段来维护自己的自尊和虚荣，以求得心理上的平衡。他们总是把自己的精力用于窥探他人的“隐秘”，整天寻找别人的挫折和失败，使自己长期处于紧张状态中，无谓地消耗精力，严重损害了身心健康。

## 二、大学生人格障碍的类型

人格障碍的类型有很多，大学生中常见的有：偏执型人格、分裂型人格、强迫型人格和反社会型人格（请参阅本书第四章第二节内容）。

例如，校园中的暴力事件时有发生，有些就是因为学生本身就有爆发型的人格障碍。

**【案例】**

**爆发型人格的自我调控**

小袁，男，20 岁，大学二年级学生。在学校心理咨询室自诉：我总是控制不住自己，情绪极不稳，脾气暴躁，有点事就爱发火，甚至与人大打出手。事后自己也很后悔，觉得没什么大不了的事，而自己却大发雷霆，太不应该了，严重伤害了他人，导致自己和同学们的关系越来越紧张。我总是暗暗下决心，以后一定要控制自己的情绪和行为，可一遇到事，就无法自控，又旧病复发。我也不明白到底是怎么回事。我自己心里很苦恼，现在已有许多同学开始疏远我，我也很担心这样下去，可能没有同学会愿意与我交往了。在咨询的过程中，发现小袁的问题不是一般人际交往问题，深层次的问题是人格问题，他存在明显的爆发型人格障碍。

爆发型人格障碍，是指经常因为微小的精神刺激，而突然爆发出非常强烈而又无法控制的愤怒情绪甚至暴力行为的人格障碍。具体表现为：①情绪和行为具有突发性。控制能力差，容易与别人发生争吵或冲突，往往因一点微不足道的小事，突然爆发出非常强烈的愤怒或暴力行为。②情绪和行为具有不稳定性。由于缺乏自我认同的稳定性，因而不断地寻求自己的生活角色，但又没有找到很好的定位，就导致变化无常的生活态度，形成了情绪的不稳定性。③情绪和行为具有反复性。每次在暴怒或暴力行为之后，感到十分内疚、懊悔。在间歇期表现正常，能与人正常相处。但过不了多久，暴怒或暴力行为等又会重新表现出来，呈现出明显的反复性。④挫折耐受力差。这种人遇到强度很小的刺激，也能触发强烈的情绪反应，容易小题大做。这是因为挫折阈限低、挫折耐受力差。

爆发型人格可通过自我调控得到改善。

首先是在间歇期加强自控能力的培养。一是加强自己的道德修养，用道德的标准来调节自己的行为；二是增强法制、纪律观念，用纪律来调节自己的行为；三是学会心理换位，经常替别人着想，以使自己学会冷静；四是学会运用“制怒”等座右铭来提醒自己，从而提高自控能力；五是学会用愉快的情境体验等来驱赶不愉快的情绪，学会自我排解、自我安慰；六是正确对待挫折，认真分析挫折的原因，不盲目采取情绪化行为，提高自己的挫折耐受力。

其次是学会在激情爆发时自我调控的方法。①警醒法。当怒火即将爆发的瞬间，立刻卷起舌头不讲话，闭上眼睛，脑子里默念“忍”字警醒自己。②回避法。迅速离开产生激情的现场，去做别的事情。③暗示法。如果一时离不开现场，就在脑子中迅速默念：“大发脾气有什么用？发火会使自己失态的，伤害别人也伤害自己……上一次发火自己已懊悔极了，这次千万不要再发火了……”④假想法。迅速想到暴怒或暴力后的严重后果，尽量把自己激情爆发后的后果想象得严重些，以使自己息怒。⑤宣泄法。如果实在怒火难耐，就赶紧对准一堵墙，挥舞你的拳头。这样，既宣泄了怒火，又避免了造成人员、财产的伤害。

人格障碍发展到一定程度，不仅危害个人，还可能给社会带来严重的问题。为此，对人格障碍的及早发现和治疗是十分必要的。由于人格障碍是个体在长期的生活中形成的，比较稳定，所以，对人格障碍的治疗所需时间较长。这就要求亲人、朋友和治疗者在对患者进行治疗过程中保持耐心，配合心理咨询、药物、理疗、催眠、生活指导、暗示等多种方法，逐渐应用于日常生活，以帮助患者矫正，适应社会的生活。

## 三、大学生不良人格的成因

著名心理学家荣格认为，影响人格发展的首先是人的个性化程度，其次是环境。在人格形成的过程中，社会因素、家庭因素、学校教育、自身因素等在不同程度上影响了人格的健康发展。

### （一）社会因素

1. 特殊社会环境潜移默化的影响

社会环境包括生活环境和文化环境。如果大学生在入学前的生活环境及人文环境较差，信息闭塞、见识少，人的思维封闭狭窄，就易形成狭隘的思维习惯和狭隘心理。不少大学生来自经济不发达地区，而这些地区的社会教育系统不够健全，信息传媒的导向不健康，在更多地传播诸如暴力、颓废以及现实生活中的某些不正之风的同时，又不给予正确的宣传引导，也容易导致学生产生“愤怒、敌对、压抑、悲观失望、不正当防卫”等不健康心理，使学生的人格陷入困惑、苦闷，甚至颓废和绝望中，影响学生的道德价值观念，这些都会发展成人格障碍。

2. 观念动荡的压力

随着对外开放的不断扩大和经济全球化进程的日益深入，大学生面临着大量西方文化思潮和价值观念的冲击，面临着崇尚科学与盲目迷信的矛盾，面临着冲破旧观念的束缚，树立新观念的心理压力，面临着在多种文化、多种价值体系之间抉择的矛盾，在崇尚人格完善和追求金钱、名利的冲击中，他们常常无所适从，因而引起心理机制的激烈反应，并对其人格产生不良影响。

3. 学习成就和择业就业的压力

大学生意识到未来社会竞争是激烈的，只有掌握过硬的技术本领才能在竞争中占有一席之地，他们最希望自己在学习上取得成功，因此在学习上的竞争尤为激烈。一方面，他们必须完成繁重的学习任务，面对考试过关的压力，心理压力增大，进而加剧了竞争的激烈程度。另一方面，大学生面对双向选择的就业市场，他们的择业愿望都较高，在现实生活中，受到客观条件的限制，往往难以实现，一旦竞争失败，就会发生心理扭曲，或产生自卑感，于是容易引起心理失衡，心理负担加重，导致抑郁症。所有这些极不利于大学生人格的健康发展。

4. 人际关系的压力

在高等学校，大学生人际交往的视野不只是局限于学校这块小天地，而是向更广阔的社会延伸，他们传统的交往空间和模式已经被彻底打破，错综复杂的人际关系就摆在大学生面前，对于具有强烈自我意识而心理素质比较脆弱的大学生来说，则构成了不同程度的心理压力，容易使他们陷入人际关系的困扰，甚至引发人际关系的紧张和冲突。这不仅不利于他们正视自己人格存在的不足，更不利于建立良好的人际关系、促进人格的完善。

**（二）家庭因素**

儿童早期是人格形成的重要时期，这一时期的不良境遇则是形成人格障碍的重要根源。这使家庭因素成为大学生人格发展的重要影响因素。

1. 家庭的娇惯、溺爱

当代大学生多是独生子女，他们很多是在过分关心的家庭照顾下长大的，如爷爷、奶奶、姥爷、姥姥、父亲、母亲等的照顾，导致许多学生对家庭依赖性过大、独立性较差、身心素质偏弱，缺乏人际交往的训练和现实环境的磨炼，难以养成良好的生活、学习习惯和正常的人际交往能力，意志品质薄弱，不易合群，不会关心他人和公共事业，甚至在性格上存在扭曲的现象。

2. 对孩子成才的期望值过高

“望子成龙”“望女成凤”的心态为父母所共有，然而，我国家庭中普遍存在着用单一的生活选择、思维方式、价值观念和人格理解来要求、约束孩子，对孩子在学业和事业上期望值过高，甚至会达到不顾客观现实的地步，这将会使他们一方面感到父母对自己的关心，另一方面感到恐慌和焦虑，其心理负担加重，导致父母与孩子关系的僵化，心理发展产生障碍，出现自卑、焦虑、抑郁等不良的心理问题，对事物的评价和价值观出现扭曲。

3. 家庭教育方法

学生在成长的过程中，很长时间内是在与父母的关系中建立自己的早期人格。如果父母缺乏对孩子的正确引导和教育的方法，对孩子成长过程中难免的过错，多数是以打骂来解决，相信“棍棒之下出孝子”的传统教育理念，使孩子的是非观念不稳定而产生心理上的焦虑和敌对情绪，就易出现人格分裂，或形成双重人格。还有的父母由于经济上的困境不得不整天为全家人的生计到处奔波，也有的由于家庭的变故出现不完整家庭，无暇顾及对孩子的教育，更不能与孩子很好地进行思想和心理的沟通，使孩子产生孤僻和封闭的心理，甚至是仇恨的心理。家庭情感交流处于淡化状态的孩子自身情感长期处于压抑状态，求学之路的艰辛、社会日趋激烈的各种竞争压力，又容易使他们产生自卑、对前途的紧张心理，从而产生焦虑和孤独情绪，逃避与父母感情的接触，进而逃避与他人的接触，影响健康人格的发展，从而形成人格障碍。

4. 不和谐的家庭关系

家庭成员之间，特别是父母关系不和谐，如经常争吵、打闹或者离婚等类似强烈的精神创伤往往会给人格发展带来危害，会使孩子情绪、情感受到伤害，容易使孩子有残缺感、不安全感，这就容易形成敏感、多疑、自卑、抑郁、焦虑、敌意、偏执等消极心理特征，很难与环境建立有意义的关系，因此容易发生人格障碍。

## （三）学校教育

1. 重智育不重德育的做法对学生成长产生重要影响

在现行的教育体制中考试成绩依然是衡量学生优劣的唯一标准，分数成为教育体制的唯一价值取向。这种重分轻能的做法，无法评价出学生的综合能力。由于分数显得如此重要，学生之间为了学习成绩展开了激烈的竞争，甚至为了追逐名利不择手段，他们承受着来自各方面的压力，身心疲惫，有许多学生因此产生了厌学、厌世的情绪。更重要的是，学校只重视学习而忽视了学生道德品质、心理素质的培养，使学生将成绩作为唯一的追求目标，而对社会责任感和道德伦理观念不屑一顾，当这些学生意识到自己无法独立地适应社会生活时，必然会陷入恐慌与失望中，产生心理错位。

2. 网络文化对学生成长产生一定影响

随着社会的发展，学校与社会的关系越来越紧密，网络和信息技术使各种信息快速传播，原来在“象牙塔”中进行理想信念教育的方式，就很难适合处在各种社会现象的影响以及各种信息冲击之下的大学生了。学生的知识视野得到了前所未有的拓展，其获取知识和信息的渠道变化万千，获得的信息已经远远超出了学校教育的范围，有着很强的不可控性。网络的开放性造就了各种文化观念、思想意识等的相互渗透和冲击，使大学生面临着如何抉择的困境。当学生用学到的东西去分析社会现实时，往往发现理论与现实不符，这常会使他们陷入困惑，认为学过的东西是没有用的，进而对知识产生怀疑。而且这种困惑与茫然常常会随着年龄的增长和对社会接触的增多而增强，由对知识的困惑发展为对社会、对人生的困惑，从而使学生面对新的社会环境时会陷入焦虑之中，导致心理失衡。

### （四）自身因素

1. 生理因素

人的个性化程度受遗传因素和脑发育因素的影响。大量研究表明，人类的许多行为，包括人格障碍，受遗传的影响很大。卡尔曼指出人格障碍的发生与血缘关系成正比，血缘关系越近，发生率越高。同时发现，人格障碍者在神经系统的先天素质上有不健全的地方，缺乏充分的蛋白质、脂类与维生素供应，影响大脑正常反应，可能引发智能和适应性行为的不正常发育与情绪的不稳定性。大学阶段，人的身体已进入由量变到质变的阶段，身体机能发展接近成熟，一方面个别学生对个人的身体结构及状态不满意，并由此产生严重的自我否定，进而导致自卑和挫折感；另一方面，青年大学生的性机能迅速成熟，对性的好奇感及性渴求的压抑往往使个别人产生一种不正常的性心理状态，继而发展为心理障碍。

2. 心理因素

大学生在确立自我同一性的发展过程中，会出现理想自我与现实自我的矛盾、主观自我与客观自我的矛盾、心灵闭锁与渴求知己的矛盾。许多大学生自我设计不切实际，自我评价过高，而对自己的缺陷、弱点却视而不见，于是理想与现实常常发生矛盾，使其在对自身价值的思考中迷失自我，放弃理想消沉下去。一些大学生随着思维的发展和环境的改变出现了心理活动的闭锁性，但内心深处又强烈呼唤着友情和理解，希望通过相互交往增进友谊，从中发现自我、理解他人。这种心理矛盾长期得不到解决，使他们处于压抑、焦虑之中，进而导致了人格的改变；另外，过分惊吓、暴力攻击、过度悲伤、赌博成瘾等强烈而持久的刺激会对人格产生直接影响并可能造成精神创伤。

# 第四节 大学生健全人格的塑造

大学生要养成良好的人格特质，首先，要了解自己的个性特征，然后健全自己的人格；其次，通过心理学的科学方法对不良人格造成的心理问题加以疏导和调适，以维护和保持自己健康的心态；最后，对于较严重的人格障碍，要积极地寻找专业人士帮助，进行咨询和治疗，做到及早发现、预防和治疗。

## 一、加大心理健康宣传力度，开展心理健康教育

随着人们思想意识的不断提高，学生心理健康问题已引起了各级部门的重视，但并非高度重视。因此，高校首先就要加大心理健康宣传力度，开展心理健康教育，使大学生了解自己身心发展的基本规律和特点，学会调控自己的情绪和行为，掌握解决心理冲突、应对心理挫折的科学方法，协调人际关系，提高适应社会的能力，从而防

止他们产生心理困扰并发展成心理疾病，保证其身心健康发展。

## 二、开展大学生的心理健康调查，建立个人心理健康档案

学校可以通过调查全面了解大学生的成长经历、家庭情况及生活环境，同时根据心理测试反映的情况，针对不同的个案，有针对性地制订治疗方案，对于有相似障碍倾向者组织系列的行为训练。

## 三、开展心理咨询工作，维护并完善个体人格

心理咨询是了解大学生思想动态和心理变化的窗口，对矫正大学生的不良心理行为、调节情绪、发展和完善人格、促进身心健康和谐发展能起到任何教育形式无法替代的作用。这就需要在对大学生心理疾病及时诊治的同时，推进大学生心理咨询工作的开展，通过门诊心理咨询、书信心理咨询、现场心理咨询、电话心理咨询、网络心理咨询等方式，随时解决大学生日常生活中的心理困扰，防止酿成不可挽回的后果。这种帮助要建立在咨询者与来访者有良好人际关系的基础上，通过专业训练的咨询者运用心理学的理论和方法，帮助来访者分析自身所面临的人格问题，以科学的方法指导他们维护人格健康、不断完善人格。

## 四、树立正确的人生观，树立自信心，提高对挫折的忍耐力

一个人有了正确的人生观、价值观和世界观，就能对社会、对人生持有正确的认识和看法，并能采取恰当的态度和行为，正确地体察和分析事物，做到冷静而稳妥地处理事情，形成良好的人格品质。所以，学校要帮助学生树立正确的人生观，确立远大的人生目标，坚持正确的价值取向，树立不受自己成败和他人评价影响的自信心；大学生要客观冷静地分析受挫原因，学会使用积极的心理防卫方式和心理调控方法，主动参加励志训练活动，减轻挫折感、提高耐受力。

## 五、纠正认知偏差，培养健全的自我意识

自我意识真正发展是在青年阶段。具有健康的自我意识的人，常常能接受自我，有健全的自尊心，信任自己并不断强化和肯定自我价值。人格障碍的发生多源于自我意识的混乱和不健全。大学生要学会对自己的思维、动机、能力、个性等进行客观正确的评价，根据现实状况与自己的能力，了解自身蕴藏的各种积极因素，发现自身的某些弱点，当遇到矛盾冲突时，保持心理活动与行为表现的和谐统一，通过向亲友、

同学倾诉，使不良情绪得以宣泄，使压抑的心境得到缓解，恢复心理平衡，建立融洽的人际关系。

## 六、改造非理性观念

人格障碍的行为发生受人的非理性观念支配。非理性观念的表现形式：如果有人对我不礼貌，我也要同样地反击他；有价值的人应该在各方面比别人强；社会上有很多的人不讲信用，所以我不能相信任何人；过去的经历对现在的影响是无法改变的；等等。非理性观念的特点在于：一是绝对化要求；二是过分概括化；三是糟糕至极。因此，大学生要学会改造非理性观念。

## 七、组织系列团体行为训练，改变问题行为

人格障碍多发生在人际行为状态之中。艾森克认为人格障碍是由不良学习造成的，他强调以行为疗法的形式把学习原则应用到人格障碍的治疗中，组织有效的团体行为训练，使个体从团体中获得大量好的生活方式和行为习惯，去掉那些已经学会的不良反应。

（1）阳光心态训练（培养积极心态）。让训练者设立积极合理的目标；寻找或编辑自己的成功格言；以积极的自我心理暗示图解成功的目标。

（2）自信心训练（克服自卑）。根据自卑的事由找出自己的长处；培养抬头挺胸走路的习惯；开会或上课时在前排就座；对着镜子练习大声讲话，并练习当众发言；改变自我形象，把自己想象成一个很成功的人；与他人练习互相正视对方。

（3）情绪管理训练（培育理性情绪）。消极的情绪是人格障碍即时发生的导火线。情绪管理训练的目标在于尽可能地延长积极情绪的影响时间，抑制消极情绪的发生。首先，组织系列的娱乐活动，让参训者在活动中消除神经紧张，驱散愁闷，克服回避行为和胆怯情绪。其次，培养表情的主动地位，如遇到不愉快的事后，可尝试对着镜子练习放松或面部微笑。最后，倾诉训练。在团体中自由选择一个对象相互倾诉不愉快情绪，减轻体内不良情感的压力。

（4）人际沟通训练（提高人际适应能力）。第一，在团体中自由选择一个对象尝试描述自己的容貌特征、兴趣爱好、家庭情况，同时耐心听取他人的自我介绍；第二，彼此交换信息，如交流学习与生活中的感受、表达自己的情绪、尝试接纳他人不同的观点等；第三，交换交流的对象并重复上述过程；第四，以小组为单位推荐一个代表，向全体人员逐一介绍本小组成员的情况。通过本训练，同一团体中的成员经常会由于空间距离的接近而产生一种亲近感、接纳感，从而提高人际适应的能力。

团体行为训练的方法还有很多，如自我重塑训练、适应训练、压力缓解训练等。团体行为训练的目的都是帮助大学生通过主动的学习训练和平衡训练，使自己经常保持美好的心境，与他人维持良好的关系，从而营造一种和谐的人文环境，提高学生对

人际关系的适应能力，减少人格障碍的发生。

## 八、创建和谐健康的校园文化

良好的校园文化能提升人的精神境界，有着催人奋进的激励作用和潜移默化的育人功能。建设生态校园、人文校园、数字校园，发挥校园内自然环境陶冶性情、修身养性之功能，营造一个积极向上、民主和谐、相互尊重、相互学习、相互激励的人际环境，使大学生产生一种高层次的精神需求并得到人格的升华。通过弘扬优秀的民族传统文化，把中外优秀的文化成果进行比较，互相借鉴，形成符合时代要求的新的价值观念体系。加强校园文化活动建设，大力开展丰富多彩、形式多样、积极向上的学术、科技、文化、艺术、体育、娱乐和社会活动，以高尚的风气、良好的秩序、多彩的文化净化学生心灵、陶冶学生情操，使学生在健康活泼的校园文化氛围中，思想得到提高、认知得到升华、意志得到磨炼、人格素质得到健康发展。

## 思考与练习

1. 请描述人格的基本特性。
2. 试述健康人格的应具有的标准。
3. 试述塑造健康人格的途径。
4. 简述人格形成与发展的八阶段。
5. 简述自我同一性的四种类型及其相应的人格特质。
6. 联系实际，分析自己的人格特点，并分析影响自己人格形成的重要因素有哪些。
7. 根据气质类型的分类，请你描述自己的气质类型特征及表现。
8. 试述大学生常见的不良人格有哪些，简述其形成原因。
9. 如何塑造大学生健全的人格？
10. 案例分析。

黄某，女，21 岁，大学二年级学生。在心理咨询室自诉：我十分苦恼，处理不好和同寝室同学的关系，她们似乎都在有意回避我，不愿意与我多交往，更谈不上与我交朋友了，本来她们谈论得十分热烈，可我一回宿舍，她们就不吭声了，这半年来，我心里感到越来越压抑和孤独。其实，这也可能更多是我自己的原因，但我不知道为什么。在咨询的过程中了解到，她在与同寝室同学相处时，总觉得别人是在故意和她过不去。例如，当她睡觉时，她觉得别人总是故意弄出响声把她吵醒；当她看见其他同学在一起窃窃私语时，她就认为别人在说她的坏话；当她心爱的娃娃被别人不小心弄脏时，她认为那是同学故意这么做让她伤心；当同寝室同学上课时没有叫她一起走，她又会认为别人在故意冷落她。

问题一：该同学表现出来的心理问题是什么？

问题二：如何利用所学知识帮助其改变？

# 第三篇
# 大学生心理健康自我提升篇

我想要爱你，而不控制你；
欣赏你，而非评断你；
与你一起，而不侵犯你；
邀请你，而非强求你；
离开你，无须多言歉疚；
批评你，而非责备你；
且，帮助你，但不看轻你。
我们彼此真诚，共同成长。

——维吉尼亚•萨提亚

# 第七章　大学生学习心理及调适

## 你的学习目标

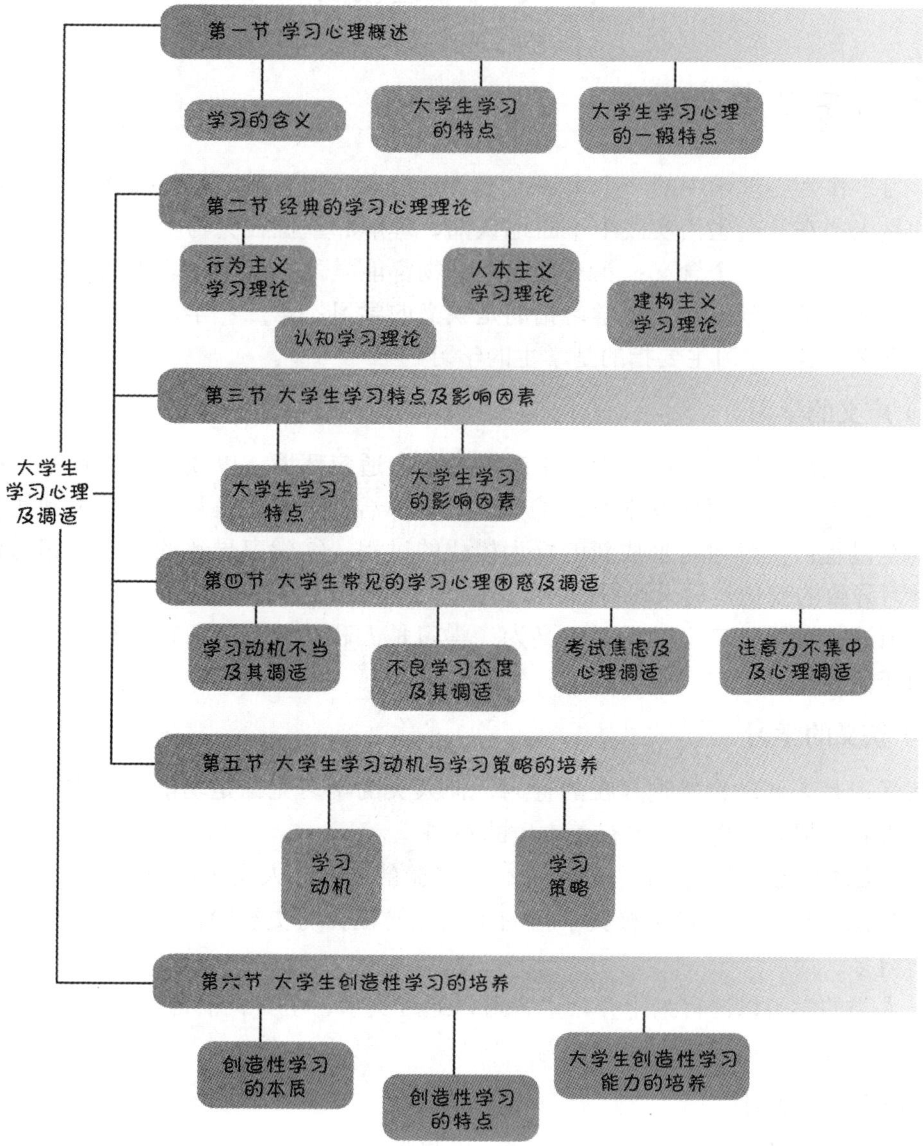

## 本章导航

当今社会所谈的学习观念，已经不仅仅是局限于课本知识的学习了。对于当代的大学生，“终身学习，全面学习，自主学习”已成为他们必修的课程，所以，“学会学习”比“学习什么”更为重要。大学生在大学学习期间的学习动机、学习方式与心理状态，都与未来的发展息息相关。本章将探讨大学生学习的心理现象，并介绍学习中可能遇到的困惑以及相应的调适方法，除此之外，对大学生学习的动机与策略也进行了相应的介绍。

# 第一节　学习心理概述

## 一、学习的含义

“学习”作为心理学中的一个术语，不只是指人类的学习，也包括动物的学习。学习活动是人类在社会生活实践中不断地认知、理解和掌握社会与个体劳动以及生活经验的过程。学习有三个含义：第一，人和动物都能学习，这个学习指的是广义的学习；第二，人尤其能学习，这个学习指的是狭义的学习；第三，学习对青少年有着特别重要的意义，这个学习主要指的是学生的学习。

### （一）广义的学习

无论是人还是动物都要通过学习来改变自己、适应环境，以获得更优越的生存条件。可以从以下几个方面理解学习：①学习是一种活动过程，是从一个状态到达另一个状态的全过程；②学习是形成新的行为模式的过程；③学习导致的变化是相对持久的；④学习导致的变化是后天习得的。

综上所述，可以把广义的学习定义为：学习是人和动物后天习得的行为方式的相对持久的变化过程。

### （二）狭义的学习

虽然学习是人和动物普遍存在的行为，但人类的学习无论是功能、动力、形式和内容还是机制，都与动物的学习有着本质的不同。

（1）人类的学习是个人掌握社会和个体的经验的过程。人类在长期的社会实践中通过不断的提炼、检验，积累了极其丰富的系统化的社会历史经验，它比个体的直接经验要广博得多。

（2）人类的学习以语言为中介，语言可以通过文字、手势、语音等形式表现。

（3）人类的学习是自觉主动的行为。

### （三）学生的学习

（1）学生的学习以系统地掌握前人的经验为主要任务，主要是通过书本和教师的传授，掌握前人积累起来的现成的科学知识，即间接经验。学生不可能也不需要亲身实践每一个知识点。学生要参加一定的社会实践活动，取得一定的经验。但是，这种实践经验往往是带有验证性和练习性的，是从教学的实际出发，使学生得到对间接经验的一些验证或补充书本知识的不足，这与从事社会实践的劳动者的实践大不相同。

（2）学生的学习在教育情境中，在教师有目的、有计划、有组织的系统指导下进行。

（3）学生的学习在相对集中的期限内进行。

因此，学生的学习定义为：学生的学习是在相对集中期限内、教育情境中和教师指导下，系统掌握间接知识的过程。大学生的学习是在经过专门职业训练的教师的指导下，有目的、有计划、有步骤地系统认识、理解和掌握各种专业文化知识与个体生存的生活经验，培养各种技能技巧，发展各种能力，积累良好学习经验和策略，培养独立健全的人格、品格和良好的社会生活的适应性，不断挖掘自身潜能和创造性，成功地发展自我的过程。

## 二、大学生学习的特点

学习是大学生的首要任务。大学生的学习与中学生和其他群体的学习相比较，除具有一些共同的特点，还有自己的特点。

### （一）学习的多样性

多样性主要是指大学学习内容和学习途径的多种多样。步入大学后，大学生普遍觉得知识浩瀚如海，为每个人的发展都提供了一个广阔的天地。大学生的求知欲、好奇心促使他们广泛涉猎各门学科知识，他们渴望在较短的时间内有效地掌握各种知识和技能。课堂学习只是学习的小部分，除此之外，大学生更多地靠广泛的学习兴趣去探求、获得课程之外的知识来确定自己学习所要达到的目标。有的学生把精力放在考研上，有的学生努力学习专业技能，为将来的社会实践奠定基础。另外，课堂教学已经不是大学学习的唯一途径了。在课堂的学习中，教师主要通过开展各种形式的讲授，充分调动学生学习的积极性和主动性。除上课时间之外，学生有较多时间自由支配，学校为学生提供各种学习机会，如课外实习、学术报告、知识讲座、专题论坛、社会调研和参观访问等。21 世纪是信息时代，教师已经不是学生获得知识的唯一来源，学生可以到图书馆和电子阅览室查阅文献资料，同时互联网开辟了一条学习的新途径，网络教学也开始出现于各大高校。多样的学习形式满足了各层次大学生的需要，为大学生从不同角度获得知识创造了条件。

### （二）学习的专业定向性

大学与中学明显的不同是，中学是基础教育阶段，学生学习的内容不分专业，包括各种理论知识，具有很强的基础性。而大学则是专业教育阶段，大学生被寄予了更大的期望，学生的学习目标是学好专业理论与专业技能，成为将来工作岗位上的专门人才，因此大学4年学习的内容都是围绕着这一大方向来安排的。大学生在入校前或入校后一段时间内必须根据自己的兴趣爱好及特点选择一定的专业。专业一经确定，也就基本明确了今后的职业定向。因为现代社会需要的是具有综合素质的复合型人才，所以，大学生在学好专业知识的同时，更要在专业基础上广阔地拓展自己的知识面，同时注意专业概念的扩展和演变，从而不断调整自己的学习内容，形成最佳的知识结构，实现“一专多能”，为毕业后更好地适应工作打下良好的基础。因此，大学生除了要学好专业知识外，还应根据自己的能力、兴趣和爱好，选修或自学其他课程（如有的学生辅修第二专业），扩大自己的知识面，以便更好地适应社会对人才的需求。

### （三）学习的主观能动性

在整个中学学习过程中，通常是教师指导性的教学多，指令性的要求相对较少。而大学生的学习虽然也有教师讲课，但与中学相比少了课堂的讲授，多了课外自由支配的时间，课后的理解、消化、巩固等各个环节要靠学生自己独立完成。这就要求大学生不能仅仅依赖教师的计划安排或只单纯接受教课内容，而必须发挥主观能动性。自学能力成为影响学习效果的主要因素，无论学习内容、学习时间还是学习方式都更加强调个体在学习活动中的自主性，自主性主要体现在以下三个方面：第一，大学生除了上课外，有足够的课余时间可以自由支配，在自由支配的时间里，大学生可根据自己的专业需要查阅资料和参考文献，拓展并补充在课堂上所学的知识，或者选择自己喜欢的学术讲座、专业论坛等。第二，大学的课程有较大的选择性，安排更加科学合理，既有公共必修课、专业基础课，还有辅修课程和大量的选修课，学生同样可以根据自己的专长、兴趣、爱好自由选择。第三，学习方法具有相当程度的自主选择性。教师仅仅是直接提出学习的目标和要求，至于选择哪种学习方法来实现这些目标和要求，则由学生自主决定。

但是，大学生选择课程学习内容不要人云亦云，跟随潮流，应主要考虑以下几方面：①学科内容与未来职业的契合性、学科的实用性、自身素质的拓展以及对将来职业生涯的选择；②由于当今社会的发展，计算机和外语凸显其重要性，成为现代人才必须具有的基本技能，应始终为学习的重点；③大学的学习中，教师一般提出学习的目标和要求，学生选择什么样的方法，完全根据自己的习惯和需要而定。随着社会的不断进步和发展、高等教育体制改革的不断深化和完善，未来人才素质的要求越来越高。高校更加重视知识的应用能力，这就要求大学生必须全面发展，培养自己主动学习的能力。如果还是一味依靠教师的辅导，被动地学习，就不能适应大学的学习生活。

### （四）学习的创新性

大学的学习方式和思维方式逐渐从死记硬背转向抽象思维，确立个人见解。大学生的学习已经不仅仅是掌握知识，更重要的是掌握知识形成的过程及科学的研究方法。大学生学习已经具有一定的探索性，即对课本以外的新观点、新理论进行探索研究。目前，高等学校普遍加强大学生创新能力的培养，在课程安排和课程设置上突出学生的主体地位，加强对学生动手能力和实践能力的培养。大学生在充满学术研究氛围的特殊环境影响下，通过撰写调查报告、毕业论文等，逐步提高创新能力。

同时，当代大学生的学习生活，不再是禁锢于校内死啃书本知识，而是不断和校外现实相联系，从实践中学习。很多大学生利用寒暑假或者周六日到社会上找与所学专业知识相适应的兼职工作，从中发现自己知识和能力的薄弱之处，以便回校后及时予以调整和补充。由此，可以极大地调动自身的学习积极性，亲身体验到学习知识的价值和意义。

## 三、大学生学习心理的一般特点

大学学习阶段与中学学习阶段相比，其本身是高层次教育，具有专业性、探索性、职业定向性、社会服务性的要求。因此，大学生入学后，进入由中学学习向大学学习转化的学习适应期，“学会大学学习”，逐渐形成大学生学习的心理特点。大学生的学习心理状态和学习水平大致可以分为几个不同的层次：①最低层次。学习心态和学习状态都较差，经常处于考试焦虑和缺乏明确的学习动机甚至厌学的学习心态中，没有良好的学习策略，机械被动地完成学习任务，勉强能应付学习和考试。②中间层次。学习心态和学习状态中等，有较明确和强烈的学习动机及较大的学习兴趣，学习认真积极，能较好地完成学习任务，考试成绩较好。③最高层次。学习心态和学习状态健康良好，学习目标非常明确，学习动机强烈，有旺盛的学习热情和浓厚的学习兴趣，积极进取，不怕困难，学习不仅是一种任务，而且是一种乐趣，处于这一层次的大学生不仅能较好地完成学习任务，而且能够发现式地学习、探究式地学习、创造性地学习。

### （一）学习意识基本成熟

大学生随着主体意识萌芽，自我意识的基本成熟，学习意识也基本成熟，而学习意识的形成是学会自学的关键因素。大学生学习意识是在中学生学习意识增强的基础上发展而来的，具有更强的学习独立性、自主性和可控性。

### （二）学习动机发展到核心层次

在大学生的学习动机中，以学习的社会意义、人生意义作为深层动力，可以对学习起到持续有力的推动作用。大学生学习动机的一般发展进程如下：直接性学习动机随着大学年级的升高而逐步减弱；学习的社会责任感成为主导的学习动机，随着大学年级的升高而加强；专业或职业的定向性目标的学习动机，随着大学年级升高而巩固和发展。

### （三）学习智力和能力发展达到最佳时期

韦克斯勒（D. Wechsler，1896～1981）用标准化的智力测验研究 7～65 岁不同人的智力，结果发现智力发展的高峰期约在22岁。也有学者认为：“人到18岁左右，智力已达到成熟期，在此以后，随着知识经验的增长，总的智力能力虽然不会有显著增长，但在某一方面的智力可能还是以不同的速度在增长。”吴福元等以国内修订过的韦克斯勒成人智力量表为工具，对大学生的智力发展做过追踪研究。研究结果是，经过两年大学学习的40名被试学生中，除1名在两次测验中的结果相同外，其余39名在第二次测验中都有提高。该研究的一个结论是：“智商具有相对稳定性，但在良好的环境、教育和主观努力下，智商是可以适当改变的。”由此可见，大学时期是人生流体智力水平发展的最佳时期，良好的教育条件和主观努力可以促使大学生智力水平的进一步提高。

**（四）非智力因素影响学习效果**

非智力因素是指学习动机、兴趣、热情、毅力与个性中的性格。大学生的学习和成才过程，受智力因素与非智力因素的相互影响，其中非智力因素起决定作用。非智力因素对智力因素的制约作用表现在以下两个方面：①不良的非智力因素对智力开发有遏制作用；②优良的非智力因素对智力的充分开发有促进作用，同时对智力上的某些弱点有补偿作用。有学者采用卡特尔的16种人格测验对大学生进行测试，进行学习成绩与人格特征因素之间的相关分析，结果表明：学习成绩与恃强性、有恒性、自律性等人格因素显著相关。

## 第二节　经典的学习心理理论

经典的学习心理理论包括行为主义学习理论（经典条件反射理论、联结学习理论、操作性条件反射理论、社会学习理论）、认知学习理论（完形顿悟学习理论、符号学习理论、认知结构学习理论、有意义接受学习理论、信息加工学习理论）、人本主义学习理论及建构主义学习理论。

### 一、行为主义学习理论

行为主义者认为，学习是刺激与反应之间的联结，他们的基本假设是：行为是学习者对环境刺激所做出的反应。他们把环境看作刺激，把随之而来的有机体行为看作反应，认为所有行为都是习得的。

**（一）经典条件反射理论**

经典条件反射又称巴甫洛夫条件反射，是指一个刺激和另一个带有奖赏或惩罚的无条件刺激多次联结，可使个体学会在单独呈现该刺激时，引发类似无条件反应的条件反应。经典条件反射最著名的例子是巴甫洛夫的狗的唾液条件反射。巴甫洛夫研究消化现象时，观察了狗的唾液分泌，即对食物的一种反应特征。他的实验方法是，把食物显示给狗并测量其唾液分泌。在这个过程中，他发现如果随同食物反复给一个中性刺激，如铃响，狗就会逐渐“学会”在只有铃响没有食物的情况下分泌唾液。一个原是中性的刺激与一个原来就能引起某种反应的刺激相结合，动物最后也会对那个中性刺激做出反应。这就是经典条件反射的基本内容。经典条件反射具有获得、消退、恢复、泛化四个特征。巴甫洛夫的实验如图 7-1 所示。

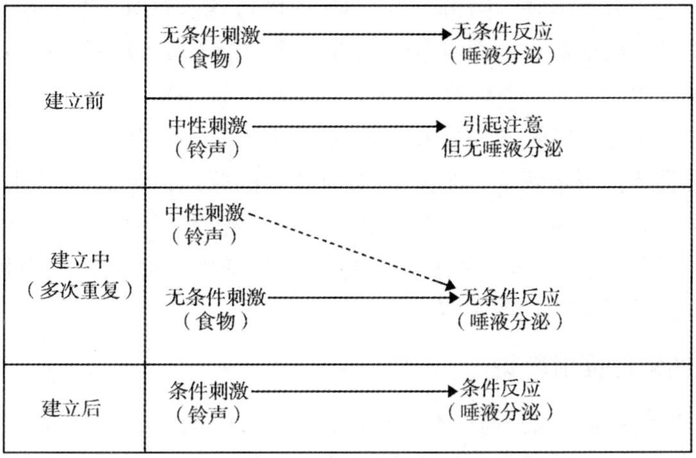


图 7-1 巴甫洛夫的实验

（1）消退（extinction）：指在缺乏无条件刺激时条件反射减弱的现象。

（2）自然恢复（spontaneous recovery）：在行为消退后，如果能给予无条件刺激，则习得的行为能重新显现出来。

（3）泛化（generalization）：指与原条件刺激相似的新刺激产生相类似反应的现象，如“一朝被蛇咬，十年怕井绳”。

（4）分化（discrimination）：指有机体对某种刺激而非其他刺激产生反应。

### （二）联结学习理论

学习的联结理论是 20 世纪初美国心理学家桑代克首创，后经斯金纳等人进一步发展，形成了用刺激与反应的联结来解释学习过程的完整联结理论。学习的联结理论也被称作行为主义学习理论。

联结理论的前提是认为人或动物的行为是由无数刺激和反应的联系单位所组成，每一行动都是对一定刺激的反应。按一定模式组成的复合刺激称作情境，行动也可以是对情境的反应，人或动物的行为中都包括一些生而就有的刺激—反应联系。在出生以后，若是刺激—反应的联系发生变动，那就是学习的结果。联结理论试图说明这些联系如何变动，即新的联系如何形成，旧的联系如何削弱或被新的联系所代替。

桑代克最初研究学习问题是从各种动物实验开始，通过一系列的动物实验提出了联结学习理论，其主要观点有以下几方面。

（1）学习是以神经连接为基础产生的情境刺激与反应之间的联结（“联结”即结合、关系、倾向）。

（2）学习的过程是一种渐进的、从盲目尝试到逐渐减少错误的过程。学习开始时正确反应的出现是偶然的，通过反复尝试，错误的反应逐渐减少，正确的反应会逐渐增加（此即“试误说”），终于在一定刺激与一定反应之间形成了牢固的联结。

（3）人和动物的学习都遵循三条重要规律：准备律即学习者在学习开始时的预备定势。准备以某种方式反应且能实现此反应则满意，学习就有效。有准备而不让其行动，则会烦恼。无准备而强制其行动也会感到烦恼。练习律即通过有奖励的练习，可以增强刺激与反应之间的联结。效果律即反应的结果（如喜悦或烦恼）影响着刺激与反应联结的加强或减弱。

（4）人类的学习比动物的学习要复杂。按其复杂程度可将学习分为形成动物式的刺激—反应的直接联结；形成观念的联结；形成抽象的联结；形成选择性联结。

桑代克的学习理论曾指导了大量的教育实践，发挥了该理论应有的历史作用。桑代克重视个体的差异，提出学习率要在具体实施中考虑个体差异，学校工作应努力消除差异上的问题和进行职业指导。

### （三）操作性条件反射理论

斯金纳曾指出传统教学的种种弊端：学生在学习中受到的刺激或所得到的控制不能使学生愉快，甚至令学生反感；学生在学习中受到的强化次数太少而且强化的时机不适宜；学习过程不是逐步达到学习目标，缺乏合理的学习过程。故斯金纳根据自己的实验结果提出了操作性条件反射的学习理论（小白鼠压杆取食试验，如图 7-2 所示）。

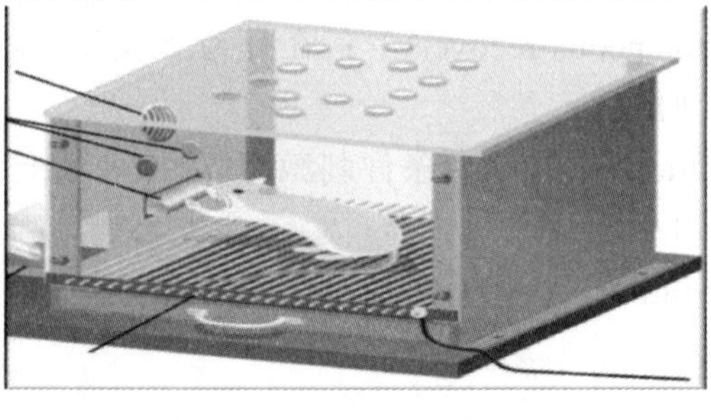

图 7-2 小白鼠压杆取食试验

箱内放进一只白鼠，并设一杠杆或键，箱子的构造尽可能排除一切外部刺激。白鼠在箱内可自由活动，当它压杠杆时，就会有一团食物掉进箱子下方的盘中，白鼠就能吃到食物。实验发现，动物的学习行为是随着一个强化作用的刺激而发生的。

斯金纳把动物的学习行为推而广之到人类的学习行为上，他认为虽然人类学习行为的性质比动物复杂得多，但也要通过操作性条件反射。操作性条件反射的特点是：强化刺激既不与反应同时发生，也不先于反应，而是随着反应发生。有机体必须先做出所希望的反应，然后得到“报酬”，即强化刺激，使这种反应得到强化。学习的本质不是刺激的替代，而是反应的改变。斯金纳认为，人的一切行为几乎都是操作性强化的结果，人们有可能通过强化作用的影响去改变别人的反应。在教学方面教师充当学生行为的设计师和建筑师，把学习目标分解成很多小任务并且一个一个地予以强化，学生通过操作性条件反射逐步完成学习任务。

### （四）社会学习理论

社会学习理论由班杜拉提出，主要是探讨个人的认知、行为与环境因素三者及其交互作用对人类行为的影响，他主张要在自然的社会情境中而不是在实验室里研究人的行为。其包括：观察学习，交互决定，自我调节，自我效能等理论。

观察学习是班杜拉社会学习理论中的重要概念，其基本内涵是人们能够仅仅由观察他人的行为而学习。在一个经典研究中，班杜拉让4岁儿童单独观看一部电影。在电影中一个成年男子对充气娃娃表现出踢、打等攻击行为，影片有三种结尾。将儿童分为三组，分别看到的是结尾不同的影片。奖励攻击组的儿童看到的是在影片结尾时，进来一个成人对主人公进行表扬和奖励。惩罚攻击组的儿童看到另一成人对主人公进行责骂。控制组的儿童看到进来的成人对主人公既没奖励，也没惩罚。看完电影后，将儿童立即带到一间有与电影中同样的充气娃娃的游戏室里，实验者透过单向镜对儿童进行观察。

结果显示，看到榜样受到惩罚的儿童表现出的攻击行为明显少于另外两组，而另外两组则没有差别。在实验的第二阶段，让儿童回到房间，告诉他们如果能将榜样的行为模仿出来，就可得到橘子水和一张精美的图片。结果，三组儿童（包括惩罚攻击组的儿童）模仿的内容是一样的。这说明替代性惩罚抑制的仅仅是对新反应的表现，而不是获得，即儿童已学习了攻击的行为，只不过看到榜样受罚，而没有表现出来而已。

观察学习包括四个部分。

（1）注意过程。如果没有对榜样行为的注意，就不可能去模仿他们的行为。榜样能够引起人们的注意常常是因为他们具有一定的优势，如更有权力、更成功等。

（2）保持过程。人们往往是在观察榜样的行为一段时间后，才模仿他们。要想在榜样不再示范时能够重复他们的行为，就必须将榜样的行为记住。因此需要将榜样的行为以符号表征的形式储存在记忆中。

（3）动作再生过程。观察者只有将榜样的行为从头脑中的符号形式转换成动作以后，才表示已模仿行为。要准确地模仿榜样的行为，还需要必要的动作技能，有些复杂的行为，个体如不具备必要的技能是难以模仿的。

（4）强化和动机过程。班杜拉认为学习和表现是不同的。人们并不是把学到的每件事都表现出来。是否表现出来取决于观察者对行为结果的预期的好坏，预期结果好，他就会愿意表现出来；如果预期将会受到惩罚，就不会将学习的结果表现出来。因此观察学习主要是一种认知活动。

交互决定理论认为个体、环境和行为是相互影响、彼此联系的。三者影响力的大小取决于当时的环境和行为的性质。自我调节理论认为人的行为不仅受外界行为结果的影响，更重要的是受自我引发的行为结果的影响，即自我调节的影响。自我调节主要是通过设立目标、自我评价，从而引发动机功能来调节行为。自我效能是指个体对自己能否在一定水平上完成某一活动所具有的能力判断、信念或主体的自我把握与感受，也就是个体在面临某一任务活动时的胜任感及其自信、自尊等方面的感受。

班杜拉的学习论对于教育教学工作具有积极影响，尤其是对开发学生的潜在能力、激发学生的学习动机和情感、促进学生积极的自我意识发展起到了重要的作用，对于探讨教师如何提高教学质量具有一定的启发意义。

## 二、认知学习理论

认知学习理论是通过研究人的认知过程来探索学习规律的学习理论。其主要观点包括：人是学习的主体，主动学习；人类获取信息的过程是感知、注意、记忆、理解、问题解决的信息交换过程；人们对外界信息的感知、注意、理解是有选择性的以及学习的质量取决于效果。

### （一）完形顿悟学习理论

完形顿悟学习理论由苛勒提出。苛勒通过对黑猩猩的观察发现，黑猩猩在面对问题情境时，在初次获取食物的行为不成功之后，并未表现出盲目的尝试—错误的紊乱动作，而是坐下来观察整个问题情境，后来突然显出了领悟的样子，并随即采取行动，顺利地解决了问题。这就是所谓的顿悟，而顿悟学习的实质是在主体内部构建一种心理完形。

完形顿悟理论的内容包括以下几方面。

（1）学习是通过顿悟过程实现的。学习是个体利用自身的智慧和理解力对情境及情境与自身关系的顿悟，而不是动作的累积或盲目的尝试。

（2）学习的实质是在主体内部构造完形。完形是一种心理结构，是在机能上相互联系和相互作用的整体结构，是对事物关系的认知。学习过程中问题的解决，都是由于对情境中事物关系的理解而构成一种完形来实现的。这种完形倾向具有一种组织功能，能填补缺口或缺陷，使有机体不断发生组织和再组织，不断出现一个又一个完形。

（3）刺激与反应之间的联系不是直接的，而需以意识为中介。由刺激直接引起的反应乃是一种心理的或知觉方面的过程，动作直接受知觉及其组织作用所支配。反应既不是由刺激直接引起的，也不是由预定的联结决定的。

### （二）符号学习理论

符号学习理论是20世纪20年代美国心理学家托尔曼提出的一种早期认知主义学习理论，即认为学习是对情境所形成的完整认知地图中符号与符号之间关系的认知过程。他根据一系列动物实验的结果，证明动物在迷津中行为是受一定目的指导的。动物并非是根据一系列尝试—错误的行动，以达到目标；而是根据对迷津中的颜色、声音、气味，以至通道的长度、宽度和转角位量等特点的“认知”，把这些特点作为力求达到目的的“符号”，并表现出有所期待的状态，在头脑中形成一个完整的“符号—完形—期待”。故托尔曼认为，学习者所学的东西并不是简单的机械的运动反应，而是学习达到目的的符号及其意义。符号学习理论的观点有以下几方面。

（1）学习是有目的的行为，而不是盲目的。

（2）学习是对“符号—完形”的认知。动物在学习方位迷宫图时，并非学习一连串的刺激与反应，而是在头脑中形成一幅“认知地图”，即“目标—对象—手段”三者联系在一起的认知结构。

（3）在外部刺激（stimulus，S）和行为反应（response，R）之间存在中介变量（organism，O）。主张将行为主义S—R公式改为S—O—R公式，O代表机体的内部变化。

### （三）认知结构学习理论

认知结构学习理论由布鲁纳提出。布鲁纳认为，学习包括三个几乎同时发生的过程，即习得新信息；转换，把信息整理成另一种形式，以便超越所给予的信息；评价。布鲁纳认为，学生不是被动的知识接受者，而积极的信息加工者。

他认为人是通过认知表征的过程来获得知识、实现学习的。所谓认知表征，就是指通过知觉将外在事物转换为个体内在心理事实的过程，而其认知表征方式则会随个体年龄而发展，表现为三个阶段：动作表征——儿童靠动作来认知世界、获得知识；映象表征——儿童用头脑中的表象去表现世界、获得知识；符号表征——儿童运用符号、文字再现世界、获得知识。

他还认为，发现学习具有一系列优点：首先，提高智慧潜力；其次，使外部奖赏向内部动机转移；再次，学会将来做出发现的最优策略和方法；最后，帮助信息的保持和检索。布鲁纳十分强调学生学习时对学科知识结构的掌握。知识结构也就是某一学科领域的基本观念，不仅包括一般原理，而且也包括学习的态度和方法。他认为，学生掌握学科的知识结构有助于更容易理解学科的基本原理、提高记忆的效果、促进学习迁移、缩短“高级”知识和“初级”知识之间的间隙。

### （四）有意义接受学习理论

有意义接受学习的理论基础是奥苏贝尔的认知同化学习理论。奥苏贝尔认为，学生的学习主要是接受式的学习，学生要通过教师所呈现的材料来掌握现成的知识。但是这种接受学习应该是有意义的，而不是机械的，新获得的知识必须与原有观念之间建立适当的、有意义的联系。有意义接受学习模式旨在促进学生对知识的掌握，尤其是对意义的理解、保持和应用，强调依据知识的内在逻辑联系形成良好的认知结构。

有意义接受学习教学模式通常包含以下四个教学环节。

（1）呈现先行组织者。呈现先行组织者即为了促进学生对新知识的理解，在学习之前先给学生一种引导性材料，它要比新教材更加抽象、概括和综合，并能清晰地反映认知结构中原有的观念和新的学习任务的联系。先行组织者可以分为两类：陈述性组织者和比较性组织者。

（2）呈现新学习内容。呈现新学习内容即通过讲解、讨论、录像、作业等形式让学生接触新的学习材料或任务，学习材料的呈现必须逻辑清晰，让学生能容易地把握各个概念、原理之间的关联性。另外，教师要注意集中和维持学生的注意力，要使学生明确了解学习材料的组织方式，对整个学习过程有明确的方向感。

（3）知识的整合协调。知识的整合协调即帮助学生把新信息纳入到自己的认知结构之中。教师可以提醒学生注意每个要点与整体知识结构的关系；向学生提问，以了解他们是否理解了学习内容；鼓励学生提出问题，从而使他们的理解能够超越所呈现的现成信息。

（4）应用所学的知识来解决有关的问题。有意义接受学习教学模式是典型的以教为主的教学模式。它有助于教师引导学生在有限的时间内掌握系统的知识，且在实施上经济、可行。

### （五）信息加工学习理论

加涅是公认的行为主义学习理论与认知学习理论相结合的代表。他从两大理论学派中合理地汲取有价值的研究成果，一方面承认行为主义的核心是刺激与反应的联结；另一方面又着重探讨刺激与反应之间的中介因素——认知活动。通过大量的研究，他建立起了信息加工理论模型，并在此基础上提出了自己的教学模式，形成了自己的认知学习理论——信息加工学习理论。

#### 1. 信息加工理论

信息加工理论者认为学习的实质是由获得信息和使用信息构成的，而人的行为是由有机体内部的信息流程决定的。因而他们只关注人类记忆系统的性质、记忆系统中知识表征和储存的方式。因此，加涅认为学习是来自学习者环境中的刺激，并作用于他的感受器，通过感觉登记器（记录器）进入神经系统并将这些信息加以编码、储存逐渐转移到长时记忆中。他经过不断的研究提出了学习与记忆的信息加工模式。在此基础上加涅把学习过程分为动机、注意和选择性知觉、获得、保持、回忆、概括和学习的迁移、作业、反馈这八个阶段。

#### 2. 学习层级说

加涅根据信息加工理论的分析，提出了学习从简单到复杂可分为信号学习、刺激—反应学习、连锁学习、语言联想学习、辨别学习、概念学习、法则学习和问题解决学习八种类型层级。其中前四类学习是基础性的、比较简单的，后四类则是较高级、较复杂的学习，是在基础性学习的基础上形成的。每类学习都以前一类学习为前提。

#### 3. 学习结果分类论

加涅认为学习过程会导致学习者心理形成或多或少的持久状态。这些状态可以从学生的作业中推断出来。因为这些状态是在具体的场合下多次表现出来的。加涅把这种具有习得性与持久的心理状态称为能力和倾向。加涅把学习的结果看作学生心理状态或能力和倾向的改变，并将其分为五大类，即言语信息、心智技能、认知策略、态度和动作技能，同时也强调教师要根据不同类型的学习应用不同的教学方法。

#### 4. 学习条件

加涅认为学习不仅有不同的分类，而且不同类型的学习要求有不同的学习条件，因为不同的学习条件产生不同的学习结果。这些学习的条件有内部的也有外部的。内部的学习条件包括学习者固有的内在状态（如工作记忆的容量和智力、人格特质等）与已经习得的能力和倾向。内部条件是基本的、发展的必要条件。对学校教育而言，外部的学习条件就是为学生学习提供的相应的教学条件和活动。加涅提出了九段教学活动：引起注意、告知学习者目标、刺激回忆先前的学习、呈现刺激、提供“学习指导”、引出行为、提供反馈、评价行为、促进保持和迁移。教育者采取一定的措施调动学生的内部条件，并安排合适的外部条件才能使学习得以有效地发生。

## 三、人本主义学习理论

人本主义者特别关注学习者的个人知觉、情感、信念和意图，认为它们是导致人与人的差异的“内部行为”，因此他们强调要以学生为中心来构建学习情境。

### （一）人本主义的主要观点

（1）人本主义理论认为，当代最有用的学习是学习过程的学习，即让学习者“学习如何学习”，学习的重点是“形成”，学习的内容是次要的。一堂课结束的标志，不是学生掌握了“需要知道的东西”，而是学会了怎样掌握“需要知道的东西”。教育的目标应该是以学习者为中心，以促进学生个性的发展和潜能的发挥，使他们能够愉快地、创造性地学习和工作为目的，是要培养积极愉快、适应时代变化的心理健康的人。教学的基本目的就是帮助每个学生发展一种积极的自我概念，不仅应该让学生知道“我做什么”，而且也让学生知道“我是谁”。

（2）人本主义认为，根据学习对学习者的个人意义，可将学习分为无意义学习和意义学习两大类。无意义学习是指学习没有个人意义的材料的学习，不涉及情感或个人意义，仅仅涉及经验积累与知识增长，与完整的人（具有情感和理智的人）无关。而意义学习，是指一种涉及学习者成为完整的人，使个体的行为、态度、个性以及未来选择的行动方针发生重大变化的学习，是一种与学习者各种经验融合在一起的、使个体全身心地投入其中的学习。

（3）意义学习有四个特点：首先，学习涉及个人，学习者整个人包括情感与认知都投入学习活动。其次，学习是自我发起的，即使推动力或刺激来自外界，但是要求发现、获得、掌握和领会的感觉是来自内部的。再次，学习是渗透性的，它会使学生的行为、态度及至个性都发生变化。最后，学习是由学生自我评价的，因为学生清楚这种学习是否满足自己的需要，是否有助于弄清他想要知道的东西。

### （二）人本主义对教学的基本主张

（1）强调以学生为中心，突出学习者在教学过程中的中心地位。注重让学生在自我指导下学习，自由地学习，就能在最大程度上促使学生从事有意义的学习，使学生在学习中感到自信，独立性、创造性和自主性就会得到发展。

（2）让学生观察到学习内容与自我的关系，人只会有意义地学习他认为与保持或增强“自我”有关的事情，而这种相关性将直接影响到教学的速度和效果。

（3）让学生身处一个和谐、融洽、被人关爱和理解的氛围。

（4）强调要注重从做中学。大多数意义学习是从做中学的，让学生直接体验现实问题，在切身体验中学会解决问题是促进学习的最有效方式之一。

（5）人本主义提倡的课堂教学模式体现的原则是：尊重学习者，把学习者作为学习活动的主体；重视学习者的意愿、情感与需要；相信学习者能自己教育自己，发展自己的潜能，达到自我实现。

## 四、建构主义学习理论

建构主义学习理论，与认知学习理论、行为主义学习理论共为三大学习理论。建构主义学习理论是历经对皮亚杰、布鲁纳、维果茨基、维特罗克等人的早期建构主义思想的不断发展，同时伴随着对认知心理学的批判和发展，于20世纪90年代出现在心理学领域中的一股强大“洪流”。

### （一）建构主义学习理论的主要观点

（1）建构主义认为，学习是学习者在原有知识经验的基础上，在一定的社会文化环境中，主动对新信息进行加工处理，建构知识的意义（或知识表征）的过程。学习是学习者主动地建构内部心理表征的过程。学习者不是被动地接受外来信息，而是主动地进行选择加工；学习者不是从同一背景出发，而是从不同背景、不同角度出发；学习者不是由教师统一引导，完成同样的加工活动，而是在教师和他人的协助下，通过独特的信息加工活动，建构现实世界的意义。

（2）建构主义认为，知识并不是对现实的准确表征，它只是一种解释、一种假设，它并不是问题的最终答案，相反，它会随着人类的进步而不断地被“革命”掉，并随之出现新的假设；而且知识并不能精确地概括世界的法则，在具体问题中需要针对具体情境进行再创造。

（3）从学习者形成的知识结构的构成来看，建构主义认为，知识结构并不是线性结构或层次结构，而是围绕关键概念而建构起来的网络结构的知识，既包括结构性知识，也包括非结构性知识，学习的结果应是建构结构性与非结构性知识的意义表征。学习可以分为低级学习和高级学习。低级学习属于结构良好领域，要求学生懂得概念、原理、技能等，所包含的原理是单一的，角度是一致的，此类学习也称非情境化的或去情境化的学习。高级学习属于结构不良领域，每个任务都包含复杂的概念，各种原理与概念的相互作用不一样，是非结构化的情境性学习。传统学习领域，混淆了低级、高级学习的划分，把概念、原理等作为学习的最终目的，而真正的学习应是要建构围绕关键概念组成的网络结构，包括事实概念策略概括化的知识，学习者可以从网络的任何一点进入学习。

### （二）建构主义关于教学的基本观点

（1）注重以学生为中心进行教学。学生是信息加工的主体，是意义的主动建构者，而不是外界刺激的被动接受者和被灌输的对象。教师是学生意义建构的帮助者、促进者，而不是知识的传授者与灌输者。教师应善于引发学生观念上的不平衡，高度重视对学生错误的诊断与纠正，充分注意每个学生在认识上的特殊性，努力培养学生的自觉意识和认知能力。教师是解决问题教练和策略的分析者，应十分注意对于自身科学观与教学观的自觉反省和必要更新。

（2）注重在实际情境中进行教学。开发围绕现实问题的学习活动，注重让学生解决现实问题，尽量创设能够表征知识的结构、与学习有关的真实世界的情境，尽可能将学习者嵌入到和现实相关的情境中，作为学习整体的一部分，更有利于促进学生积极主动地建构关于知识、社会、自然的意义。

（3）注重协作学习。建构主义认为，学习者以自己的方式建构对于事物的理解，而不同人看到的是事物的不同方面，不存在唯一标准的理解。可以通过学习者的合作而使理解更加丰富和全面。因此，建构主义指导下的教学组织形式有小组学习、协作学习等，主要在集体授课形式下的教室进行，提倡在教室中创建“学习社区”。

（4）注重提供充分的资源。建构主义强调要设计好教学环境，为学生自主建构知识的意义提供各种信息条件。

# 第三节 大学生学习特点及影响因素

## 一、大学生学习特点

### （一）大学生学习内容的专业性

1. 专业划分具体

大学的学习实际上是一种高层次的专业学习，在中学学习科学文化基础知识和基本技能的基础上，大学阶段的学习不仅分出了文、理科，而且进一步分出具体的学科和专业。

2. 课程设置紧扣专业发展需要

大学里所学的课程是由公共基础课、专业基础课和专业技能课组成的，这些课程紧紧围绕一个中心，即为培养专门人才服务。基础课虽然不一定同所学专业有直接联系，但为帮助大学生形成一个合理的基础知识结构系统、掌握专业知识、发展有关专业能力打下了坚实的基础。

### （二）大学生学习过程的自主性

1. 自动性

在授课之后，对知识点理解、消化、巩固等各个环节主要靠学生独立地去完成。课堂教学中，教师不可能讲授教材内容的所有方面，而是要布置各种参考书供学生课后自学。课后的大部分时间，大学生要完成撰写课程论文、毕业论文，参加科研工作，都是在教师指导下依靠自己的力量完成的。

2. 选择性

大学虽然仍有专业的限制，但学生选择的余地很大，教师对大学生的学习内容也不加限制，很多教师还鼓励学生广泛涉及各类知识，开设了必修课和选修课。大学生自由支配的时间较多，这就需要大学教师帮助学生学会统筹规划，合理安排自己的学习，选择适合自己的学习方法，以便在有限的时间内获得较高的学习效益。

3. 批判性

大学学习过程是运用科学的教学形式和方法，培养学生独立地学习知识、掌握专业理论、从事科学发现的实践活动。由于辩证逻辑思维的发展，大学生能够进行批判性的学习。教师在教学过程中既要保护学生学习过程中的批判性，同时还要清楚地意识到培养学生的批判性也是教学的目的之一。

4. 探究性

大学生的学习不是简单的掌握知识，而是要掌握科学知识的形成过程、科学的研究方法，了解各学科存在的问题及其解决的可能性。

### （三）大学生学习结果的超越性

1. 超越原学习情境

大学生的学习结果具有超越原学习情境的迁移力或生成力。大学教育应注重对学生学习能力的培养和品格的塑造，培养学生的迁移力和组织能力，养成终生受用的思考问题、分析问题和解决问题的能力，以适应工作和职业的变化。

2. 超越自我

大学生通过学习，不断认识自然和社会，不断完善、发展和超越自我。大学生学习的作用不仅仅局限于对某些知识和技能的掌握，学习还能使大学生聪慧文明、高尚完美、全面发展。

## 二、大学生学习的影响因素

影响大学生学习的因素包括智力因素、非智力因素、教学因素、环境因素以及其他因素。

### （一）智力因素

智力因素包括大学生的感知能力、记忆能力、思维能力、想象能力等。智力因素会直接影响到大学生的学习效果。高中时经常有这样的现象，可能有些学生没有很努力就拿到了一个很好的成绩，相反，平常很刻苦的学生可能还没有这个学生的成绩好。但是，智力并非不能发展，通过训练，智力水平可以得到提高。智力也不是唯一影响学习的因素。

### （二）非智力因素

非智力因素对大学生的学习有着很大的影响。例如，学习动机、学习兴趣、学习目标、意志力等。

兴趣是最好的老师。一般来说，学习兴趣是一个人倾向于认识、研究获得某种知识的心理特征，是可以推动人们求知的一种内在力量。学生对某一学科有兴趣，就会持续地专心致志地钻研它，从而提高学习效果。学习兴趣的产生与教学有密切的关系。可以通过以下方面培养学生的学习兴趣，如加强教材的趣味性、系统性、科学性；提高教学水平；了解学生已有的兴趣；帮助学生认识学习某一学科（或材料）的社会意义及其与个人的关系。通过兴趣的培养，可以极大地提高大学生学习的自主性和效率等。

目标是个体前进的动力，可以为个体指明前进的方向，起引领的作用。学习目标会直接影响到大学生的学习。例如，只是将拿到大学文凭作为目标，大学生在平常学习考试中，对自身的要求更多的可能是做到不挂科、及格万岁等。这种情况下，很难做到尽自己的最大努力去学习。但如果以提高自身的科学文化修养、为社会主义现代化建设贡献自己的力量为目标，大学生则在学习中更有可能花更多的精力和时间，争取得到一个好的成绩，朝自己的目标前进。第二种目标也会比第一种目标产生更持久的学习动力，从而调动大学生学习的积极性。

### （三）教学因素

教学因素包括教师、教学内容和方式、教学管理以及考试等。其中最重要的因素是教师，教育者的言行对学生归因起着信息或者前提条件的作用，学生往往因为教师的言行来对自己的学习结果进行原因推理，并总是影响到学生的自信心。且教学活动是师生共同参与的活动，教师素质如何，直接影响学生学习成绩的优劣。

### （四）环境因素

环境因素有家庭环境、学校环境、人际关系、物质条件等。其中家庭环境对大学生的学习有着重要影响。家庭除了是性格的第二家工厂外，家庭的环境氛围会对大学生的学习观、学习习惯产生重要影响，父母的教育方式以及与父母之间的关系等都直接或间接地影响到大学生的学习。适合、恰当的教育方式往往会调动学生学习的积极性，而不适合的教育方式则会适得其反。

### （五）其他因素

其他因素如身体状况、体育锻炼、心理卫生、营养、药物等都会对大学生的学习产生影响。

# 第四节 大学生常见的学习心理困惑及调适

**【案例】**

小张，女，20 岁，大学一年级学生，自幼聪明活泼，学习成绩总是在班上名列前茅。父母对她寄予了很高的期望，而她也非常努力地学习，对自己要求很高，希望能有好成绩，让父母为自己高兴、骄傲。结果她以优异的成绩考上大学。

进入大学后，小张学习依然认真刻苦，但是在第一学期的期末考试中，她的外语成绩刚刚及格，父母得知她的考试成绩后，表现出不满，给了她很大的心理压力。小张对自己的考试成绩也耿耿于怀，心理上产生了极大的挫败感，并有自责和自卑的情绪，甚至，她开始怀疑自己能否顺利地完成大学学习，也对大学生活失去了信心。自此，小张不再有原来的豪情壮志，对学习也失去了兴趣。她总是感到一种难以言状的苦闷和空虚，觉得前途渺茫，上课的时候也无法集中注意力认真听讲。她想提高学习成绩，可学习效率很低，学习时觉得心烦，胡思乱想，不能静下心来。第二学期的期中考试，小张的外语考试成绩没有及格……

**案例分析：**

该案例中小张的问题是学习动机问题。小张受表面学业动机的驱使，渴望外在的奖励与肯定，而且她的学习期望过高，自尊心强，渴望学习成功而又担心学业失败，致使学习压力加大，负面情绪体验增多，从而导致学习兴趣减弱、学习效率下降，并严重地造成心理失衡和学习行为的畸变。

动机是引发个体从事某种活动，以及促使该活动朝向某一目标前进的心路历程，动机也是使个人继续表现某种行为的原动力。学习动机是激励与维持学习行为以达到学习目标的内部力量和心理倾向。长期以来，教师和家长一直都特别重视学生的学习动机，因为学习动机与学习效果有着密切的关系。然而，普遍存在着一个问题：只重视学习动机的正面效应而忽视了学习动机的负面效应。或者说，我们没能清楚地认识到怎样的学习动机才能产生最好的学习效果。在学习动机问题上，大学生容易出现的问题是学习动机不足和学习动机过强。

## 一、学习动机不当及其调适

学习动机不当包括学习动机不足和学习动机过强两个方面。

### （一）学习动机不足

1. 学习动机不足的表现

学习动机不足是指学习没有内在的驱动力量，没有学习的兴趣，无求知的欲望，也就是学生常讲的“学习没劲”。学习动机缺乏的主要表现如下。

（1）没有明确的学习目标。不少学生没有目标，总是为学习而学习。他们不清楚所学专业的课程设置和发展趋向，不了解自己每个学期要达到什么要求。因为学生缺乏合理的目标体系，没有为学习制订远期、中期及近期的目标，所以总是不能进入良好的学习状态，每当静下来想为什么要学习的时候，都感到很苦恼。

（2）学习计划性不强。学生都知道学习的重要性，都抱有多学知识、学好知识的愿望。但是他们的学习心理停留在愿望的表面上，没有实际的计划，无法按照自己的实际情况对每门课程的学习内容与所需时间做出合理的分配。例如，不少学生常常出现想学习，却面对过多的学习内容而无从入手，继而放弃的状况。学生没有对自己每个学期、每个星期，甚至每天的时间做出合理的安排，导致日复一日的蹉跎，从而对学习失去兴趣。

（3）把学习当作一种任务，表现出学习目的的近利性。学生在考试的压力下被动地学习，对学习采取一种应付的态度，厌倦学习，逃避学习。他们不爱上课，马虎应付作业，不充分享受学校的学习资源，从不去图书馆，也不进行课外阅读，把大量的时间和精力用于娱乐，如上网聊天、打游戏。

（4）学习适应困难，缺乏成就感。一部分学生进入大学后，依旧沿用中学学习的思维模式，没有适合的学习方法，学习跟不上，学习的信心受挫，导致对学习缺乏兴趣。不少学生还未摆脱中学的那种教师监督、被动学习的模式，进入大学以后缺乏教师的监督管理，当上课听不懂、学习遇到困难的时候不主动、积极地寻求解决方法，不培养自学能力，导致学习成绩下降，缺乏成就感，放弃学习。

（5）偏离目标的学习判定。在社会上一些功利主义思想影响下，一些大学生在学习上缺乏社会责任感，其学习目的是实现个人价值。在对待个人与社会的关系上，他们偏重于个人，更多关注个人利益获取，较少思考大学生将来对社会发展的责任，出现个人事业心强而社会责任感弱的错位，造成了大学生学习目标偏离，学习动机狭窄或缺乏。为了能够应对将来社会的竞争压力，一些学生对理论的学习钻研不太用功，而是过多地投身于各种活动，以求在组织能力和社会活动能力上有更大的收获。

### 2. 学习动机不足的调节

（1）了解自己的需要，提升自身的内部学习动机。一方面，确定学好该科目能满足自己哪方面的需要，学好它会有什么好处，为什么要学好它。例如，我喜欢、对找工作或对自己创业有帮助、学好了父母会高兴、获得相关证书、获得文凭、朋友会高兴等。对于缺乏学习动机的同学来说，只有了解自己的需要，清楚自己的学习目的，才能激发学习动机。从“要我学”转变为真正的“我要学”。另一方面，内部动机是对学习活动本身的兴趣和学习动力，其一旦形成，就会对学习产生一种持久而稳定的推动力，不易受外界因素干扰。例如，甲同学说：“数学很容易，所以我喜欢。我想成为一个太空工程师，所以我要学好它。”而很多大学生的学习动机都指向学习活动之外即外部动机，需要学习情境以外的诱因加以维持，如高的分数、及格证书和社会的肯定。因为外部学习动机依赖于外物，所以一旦外物缺失，动机就会减弱或消失。有相当一部分新生中学时的学习动机就是考大学，考入大学，实现了目标，其学习的动力也就不复存在了。这一阶段新的目标还没有形成，学习的意义不明确，于是就产生厌倦、逃避、害怕等心理，造成了学习障碍。学校为了鼓励学生学习，设置了等级奖惩办法，但是对于几乎没有获奖机会而不看重等级的学生来说，等级奖惩就是无效的。

许多研究表明，内部动机与学习成绩呈显著正相关，而外部动机与学习成绩则是负相关的关系，外在奖惩会在一定程度上削弱学生的内部动机。因此，值得大学生注意的是，很多外在强化手段可能在行为的控制和矫正方面有重要的作用，但在形成正确的学习动机方面却有其局限性，它会让学生关注奖惩而非任务本身。大学生只有在所学内容的内部寻找乐趣，发现学习本身的意义，成为自主的学习者，关注自己能力发展的需要，才能体验到掌握知识或技能后的成功和自身能力的提高。

（2）确定任务目标。适合的目标定向是指学生通过努力可以实现的目标。当确定了所要学的科目以后，就要进一步了解学好该科目的具体要求（如确立通过英语四级的目标，就要去了解英语四级的要求，即词汇量、听力、翻译速度等）。如果自己感到毫无头绪，就应该询问相关专业的教师。

教学心理学的研究表明，教学内容太浅或容易实现目标，不能满足学生的成就感，则不足以激发动机；教学内容过深或难以实现目标，容易使学生气馁、望而却步，会降低学习兴趣；而学生对中等难度的学习目标，会感到新颖，但只要经过努力是可以实现的，能够体验到成功感，这样最能诱发好奇内驱力。因此，明确而合适的学习目标定向，有助于激发个体的学习动机，获得强烈的成功体验。从大学生的认知结构和认知水平来看，大家已基本具备分析问题和解决问题的能力，大学图书馆、互联网都可以成为学习的重要宝地。

（3）学会正确的学习归因。人总是喜欢寻找自己或他人取得成功或遭受失败的原因，这就是归因。通常，人们会把行为归结于内部原因和外部原因。内部原因是指存在于行为者本身的因素，如能力、努力、态度、性格等；外部原因是指行为者周围环境中的因素，如任务的难度、外部的奖励与惩罚、运气等。归因将导致人们对下一次成就行为结果的期待发生变化，同时归因还会使人出现情感反应。

在追寻学习成功或失败的原因时，大学生最好将原因归结于不稳定但可以控制的因素，如努力程度，当学习成功的时候这样归因就可以促使自己为下一步的成功继续努力，而当暂时失利时，我们也能够对自己说：我的努力程度还不够，还要继续努力。

成败归因理论是美国心理学家伯纳德·韦纳（Bernard Weiner）提出的。他认为，分析一个人成功或失败的原因是理解其行为动机的关键。个人对成败的解释不外乎以下四种因素：能力、努力、任务的难度和机遇或运气（表 7-1）。其中，能力和努力是两种描述个人特征的“内在原因”，是个人可以控制的；任务的难度和运气则是表示环境因素的“外在原因”，是个人较难控制的；能力和任务的难度又属于稳定的因素；努力和运气则是不稳定因素。不同的归因倾向会使人对成功和失败产生不同的情感体验与情感反应，并由此影响个体对未来结果的预期和努力。

表 7-1 韦纳成败归因模式

| 稳定性 | 内部 | 外部 |
| --- | --- | --- |
| 稳定 | 能力 | 任务的难度 |
| 不稳定 | 努力 | 运气 |

高成就动机水平的人常把以往的成功归因于能力与努力，而把失败归因于缺乏努力这种可变的内在因素上，这种归因方式会使他们今后更努力地去改变自身不利于成功的缺点，不断努力，不断进取。

低成就动机水平的人则会把以往的失败归因于缺乏能力这种稳定的、不可变的内在因素上，而把成功归因于外在原因（如运气等），这种归因会使他们安于现状，消极被动，过于自责，不思进取。

（4）感受成功，激发学习积极性。大学生以他们自己对学习意义的理解来解释教师提出的目标，并对预期的目标承担责任。最新的研究结果表明，学生和教师共同制订的学习目标更容易实现。学习目标上的这种共识反映了师生双方共同努力的一种意向。教师要向学生描绘积极学习后能获得的具体成果。例如，当学生认真复习英语四级时，教师告知其如果通过会得到四级证书，同时自己的英语实际水平也会大大提高。而且，教师应给予学生更多的鼓励，培养其学习的成功感。

### （二）学习动机过强

1. 学习动机过强的表现

学生学习期望过高，自尊心强，渴望学习成功而又担心学业失败，受表面的学业动机的驱使，渴望外在的奖励与肯定，特别是学业优秀带来的心理满足感使学生更看重自己的学业优势，因而造成学习强度过大，心理压力增大，引起心理疲劳和考试焦虑。学习动机过强的主要表现如下。

（1）成就动机过强。急于取得成就并超过他人，所树立的抱负与期望远远超过自己的实际能力和潜力。这类大学生过高估计自己的实力，当面临失败与挫折的时候，容易导致心态的不平衡。

（2）奖励动机过强。其原因来自社会、家庭和学校不适当地强化。这类大学生对奖励考虑过多，一心只想获得奖励，避免受到惩罚。他们考试得分往往较高，但学得呆板，不能举一反三，灵活应变能力不强，知识面也不够宽广。

（3）学习强度过大。由于安排时间不当，加之课业选修过多，大学生学习时间过长过紧，生理、心理得不到应有的调整与恢复，从而产生一种生理与心理的疲劳现象。从生理上看，过度的学习使肌肉长期受力过久，其持续重复伸缩，造成眼、心、手痉挛麻木，动作出现偏移。从心理机制看，感觉器官活动机能下降、注意力分散、思维迟钝、情绪烦躁、忧郁、易怒、打瞌睡，致使学习错误增多，学习兴趣减弱，学习效率下降，严重的将造成心理失衡和学习行为的畸变。这类大学生往往个性比较强，做任何事情都力求完美，只认定一个目的，时常使自己身处高压环境，结果适得其反。

2. 学习动机过强的调节

（1）端正学习动机，提高需要层次，正确对待外部诱因。

（2）正确认识自己的潜力，认识和调整不现实的目标，制订合理的目标，脚踏实地，循序渐进，使目标成为自己信心的保障和激发自己不断努力的动力。

（3）要转变成功观和完美观，即要将“只有达到目标才是成功”变为“只要追求就是成功”，将“只有十全十美才是完美”变为“只要尽力就是完美”。

（4）培养广泛的兴趣爱好，积极参与各类文化娱乐活动，注意劳逸结合，重视综合素质提高，培养多种特长。

（5）树立远大目标，正确对待学习中的成败问题，既要赢得起，也要输得起，同时学会调整情绪，保持旺盛的学习斗志。

## 二、不良学习态度及其调适

### （一）不良学习态度的表现

1. 学习兴趣广泛，专业兴趣淡漠

多数的大学生积极参加社团活动、知识讲座、课外小组活动，这些都能反映出当代大学生学习兴趣的广泛性。但是各种的原因使部分学生对专业兴趣淡漠，甚至有厌学情绪。这部分学生平时大多时间沉迷于上网、看小说、逛街及谈朋友，借此掩盖内心的空虚与寂寞。当问及他们对未来的设想时，有的一脸茫然，有的不以为然，甚至说那是家长的事。一种情况是高考填报志愿时，由于学生和家长对专业缺乏了解，学生进入学校后才发现对本专业并不喜欢；另一种情况则是家长按照自己的意志，完全没有考虑子女的需要和对该专业是否感兴趣，直接替子女做主，盲目填报所谓的热门专业；还有一种情况是学生由于考试成绩制约，为了进入大学，只能服从分配，选取自己不喜欢或不了解的专业。

2. 重视考试分数，应付学习

对于考试，绝大多数的大学生是非常重视的，有的学生把分数看作检验自己学习水平的标志。如果分数上去了，则说明水平有所提高；如果分数下来了，则说明水平还不够。但是一部分大学生仅仅关注考试分数和平均成绩点数（grade point average，GPA）的高低，而不是学习本身和知识技巧的掌握程度。这些大学生平时不努力学习，或者应付学习，直到考试将近才心急如焚，四处借笔记，熬夜突击，甚至有一些大学生为了得到高分数而屡次作弊。

3. 学习走捷径，读书不系统

学习没有任何捷径可走，只有系统地读书学习，持之以恒，才能有所收获，有所提高。但某些学生，学习更注重“效率”，考什么，学什么，考多少，学多少；上课不记笔记，下课拷贝教师的电子教案；读书不动笔，考试背重点，答题无新意；人文学科的学生不读书，理工科的学生不做题，基础单薄，知识面狭窄，素质一般，能力不强。

### （二）不良学习态度的纠正

（1）大学生进入大学后，应积极完成角色和心理转换，充分了解大学与中学学习特点和方法的不同，尽快适应大学学习生活。学校可以通过理想教育，使学生充分理解学习对人一生的重要意义，引导学生树立远大的学习目标，激发学习动力。

（2）大学生应与教师多沟通，多讨论，确立学习目标。学习不仅仅意味着学习科学文化知识，更重要的是如何最大限度地运用这些知识。古话说得好，“学以致用”，社会更需要技能知识型人才。大学的学习是一个自主学习的过程，通过与教师的深层次沟通讨论，学生能更全面地了解自己的专业设置和发展前景，有助于学生建立专业学习和就业的信心，并能促使学生自主确立学习的短期目标和长期目标；同时，能促使大学生更加明确学习新课程的具体目标和意义，消除盲目性，形成积极主动的学习态度。

长期目标与短期目标需要相互结合。长期目标往往比较大，实现的时间也比较长，如职业生涯设计、创业等都是长期目标。短期目标通常是比较具体、能够在较短的时间内实现的目标，如期中、期末考试要达到一个目标。短期目标也可以小到一个单元乃至一节课要达到的目标。无论是长期目标还是短期目标都能激起大学生学习的动机，使学生积极热情地投入学习中，为实现自己的目标不断努力，从而提高学习成绩。

（3）培养勤奋刻苦、永不满足的学习品格。大学生应意识到学习不是游戏，不是娱乐，而是一种劳动；不是一种一般的、轻松的劳动，而是一种繁重的、长期的劳动，是一项艰巨而复杂的脑力劳动任务。大学生要追求理想、达成目标必须付出长期的、艰苦的努力，天才出自勤奋。

学与多学是一种生活，不学与少学也是一种生活。相比较而言，学与多学更充实些，那为何不选择前者呢？“学而优则仕”，没有一种知识，学了之后会多余；没有一种技能，学了之后会成累赘。经济高速发展，生活水平越来越高，可我们的生存却面临越来越多的压力和竞争，在这个时代，也许我们的生存空间只有那一席之地。作为大学生，面对的不仅仅是冰山一角的校园，而是整个社会，只有不断地提高自身的素质，才能拼出一方属于自己的天地。

## 三、考试焦虑及心理调适

**【案例】**

小敏是一个漂亮的大学二年级女孩，从外表上根本看不出有紧张和焦虑的症状。她的学习成绩一直都排在班里前五名，老师和家长都对她寄予了厚望。小敏不仅学习好，是班里的学习委员，而且人又长得漂亮秀气，人缘特别好。大学一年级期末考试前一个月，学习开始紧张起来，期末考试前的两三天，小敏开始莫名其妙地拉肚子，差点耽误了考试。也因为这个原因，考试成绩并不理想，父母和老师都安慰她，只当是意外。没想到这之后只要考试小敏就会拉肚子，后来居然逐渐发展到即使单元测验也会如此，而只要考试一结束，拉肚子又不治自愈。就这样反反复复，学习成绩因此大受影响，最差的时候甚至考到了班里的第二十多名。小敏妈妈非常着急，带着她到医院反复检查，但怎么也查不出毛病。

案例分析：

该案例中小敏的问题是由于心理焦虑而导致的一种不良的躯体化反应。考试焦虑心理的存在，势必影响考前的学习情况，但是小敏没有正确认识到这个问题，从而导致严重的生理反应。

考试焦虑是一种比较复杂的情绪现象，是学生意识到考试情境对自己具有某种潜在威胁时，在考试前预感到威胁或在考试情境的激发下引起的一种不安的心理感受，产生的一种紧张的内心体验，是与注意力和认知评价相联系的一种紧张、忧虑甚至恐惧的情绪状态。考试怯场就是一种过度的考试焦虑现象。它不仅影响学业成绩，而且影响学生的身心健康。

### （一）考试焦虑的症状

1. 生理

过度考试焦虑会影响心血管系统的功能，出现心律不齐、高血压、冠心病等症状；引起消化系统功能紊乱，导致胃炎、胃溃疡等胃肠疾病；影响呼吸系统和内分泌系统的功能。同时，过度的焦虑，体现在考试前的失眠与不安，容易分散和阻断注意力，使注意力不能专注于学习和应试，而陷于各种各样的担忧。考试中，过度焦虑容易导致身体不适，如心悸、气短、出汗、手脚发冷、尿频等，同时产生强烈的心理反应：感到内心恐惧，干扰识记和回忆，使记忆功能受阻，引起思维迟钝、记忆模糊甚至缺失，无法正常发挥，只得胡乱作答而退出考场，严重的还会发生休克，即晕场现象，以致考试被迫中断而造成严重后果。考试后，过度焦虑也会引起头晕疲惫。

2. 心理

过度考试焦虑是一种负面情绪反应，会引起精神紧张。特别是在考试后仍不能摆脱焦虑，考试失败则陷入更严重的焦虑之中，转为慢性焦虑，甚至转为焦虑症，可能导致自杀、自残等失常行为的发生。

3. 行为

过度考试焦虑会使学生通过防御或者逃避而表现出一定的行为方式。考试焦虑心理的存在，势必影响考前的学习情况，在没有充分做好考前准备的前提下，学生对考试失去了应有的信心，致使产生失衡的心理，总是想通过非考试规则，躲避考试焦虑，从而引发考场舞弊等不良行为。或者，某些学生考试前没有产生紧张感，考试时胡乱答卷，这也是考试焦虑另类的行为表现方式。

## （二）考试焦虑的原因

影响考试焦虑的原因有很多，既有学生自身的内在因素，又有社会环境的外在因素；既有主观因素，又有客观因素；既有直接因素，又有间接因素。而各种因素又将相互影响、相互作用，当某种外因与一定的内因结合时，就会产生强烈的考试焦虑，从而使学生的心理和行为出现不适应性。

1. 客观因素

（1）大学生受到来自家长、学校和社会的压力。学生的考试焦虑与家长对学生的期望水平和施加的压力有关。部分家长和教师不懂得心理卫生知识，他们唯一关心的是学生的分数和荣誉，对学生的教育要求过严，期望过高。如今社会竞争日益激烈，毕业后找工作的难度越来越大，“出国潮”越来越热，加上同学间的相互竞争，给学生造成过大的心理压力，他们思想包袱沉重，唯恐考试失败遭到别人耻笑，得不到奖学金或圆不了出国梦。

（2）考试情境。考试情境是引发学生焦虑的直接原因。一般的小型考试引起的焦虑水平相对较低，而特殊的、关键性考试则引起相对较高的焦虑水平。试题过难、过繁或试题内容超出准备范围或试题分量过重、考试时间紧等都会使学生在考试中紧张慌乱，失去自控能力。考场环境不好或考场环境过于陌生，监考人员无端挑剔、面部表情过分严肃，或酷暑严寒等某些偶然因素的出现等，都可能引起学生厌烦、不愉快而出现考试焦虑现象。

2. 主观因素

（1）生理因素。学生的身体素质和健康状况，对考试水平的正常发挥有一定的影响。有些学生平时不进行体育锻炼，身体素质差，考前压力大，心理紧张，引起食欲不振、消化不良、神经衰弱等，因此上了考场后头脑昏沉，记忆力下降、思维阻滞；有些学生“临时抱佛脚”，考前加班加点，造成缺乏睡眠，过度疲劳，无法正常发挥自己的水平。

（2）个性因素。人格，即个性，是一个人具有一定倾向的稳定的心理品质的总和。一个人的人格是在遗传素质的基础上，通过一定环境和教育的影响逐步形成的比较稳定的个人特点。一些学生由于长期受不良环境和教育的影响形成了某些不良的人格特征。这些不良的人格特征成为一种较为持久的潜在的心理因素影响其情绪和行为，使之容易产生焦虑，这就是焦虑性人格特征。这种人格特征的学生，经常处于紧张不安的心境状态，适应能力差，稍有压力就会产生紧张与恐慌的心理。他们平时情绪不稳定，学习效率低，一旦遇到考试，就会紧张、焦虑、注意力不集中，无法按时作答，结果很不理想。

3. 知识准备和应试技能不足

俗话说：“巧妇难为无米之炊”，一个学生无论如何聪明，如果平时不认真学习，没有真才实学，考试时就无从下笔。学生考试会不会产生焦虑及焦虑程度如何，与他对所学课程的掌握程度密切相关。平时认真学习，扎实地掌握了所学的知识，考试时，他就会胸有成竹地答题。相反，那些平时没有认真学习，知识掌握得不够牢固，或“临时抱佛脚”的学生，心中无底，考试时就容易产生紧张与焦虑的情绪。

4. 对考试的意义评价过高

考试情境是否能引起学生的考试焦虑以及考试焦虑的程度如何，与个体对考试意义的评价有直接联系。因为每个学生都会对考试的性质及重要性程度做出有意或无意的评价，这种评价影响着学生考前、考时及考后的反应。通常，学生在平时小测验中较少出现高焦虑，而期末考试特别是升学考试往往诱发高焦虑。一些学生考试动机太强，期望过高，如希望获得奖学金，或者希望提高学科的GPA（grade point average，平均学分绩点），将来找个好工作，或希望在托福或雅思等出国考试中得高分以早日出国，等等。然而，过分的功利性和害怕考试失败必会造成情绪高度紧张、焦虑，反而使注意力难以集中，考前不能静下心复习，考场上的水平也不能正常发挥出来。学生除对考试性质及重要性程度进行评价外，还会在考前对考试不成功的危害性进行评价。如果学生把考试视为决定前途、命运的“生死战”，就肯定会产生强烈的心理压力，并导致高焦虑反应。许多考试焦虑的学生在考前就开始担心他人对自己的评价，担心考砸了后自我形象受到损害，担心个人未来前途；一旦进入考场，遇到不会的题目，不但不能集中注意力，而且头脑里充满了那些与考试题目无关的各种观念，结果必然影响考试。

### （三）应考对策与考试焦虑的调整

和中学生相比，大学生已具有一定的认知和评价水平及分析解决所面临的困难的能力。因此，患有考试焦虑症的学生应该试着找出导致自己考试焦虑的原因所在及其带来的不良影响，正确面对考试并学会一些应考对策和控制考试焦虑的方法，以降低焦虑，减轻紧张，在考试过程中充分发挥出自己的知识和水平，取得良好的成绩。

1. 应考心理对策

（1）端正考试动机，正确评价考试的意义。心理学研究表明，动机强度与考试效果之间并不完全是正相关的，动机过强或过弱都会影响个人的水平发挥，只有中等强度的动机才是应试的最佳水平。心理学家埃里克森曾指出：人的认识直接影响情绪，错误的、不合理的信念会导致不良情绪和不适应性行为，进而会产生躯体和心理症状。一般来说，学生焦虑与不当的认知和自我暗示分不开。如果学生把考试视为决定自己终身命运的“生死战”，认为考不好就没有前途，肯定会背上过重的思想包袱，而不能专注于学习本身。一旦学生改变了思维的刻板性，认识到成才道路的多渠道性，正确认识了考试的目的和意义，把考试当作对自己平时学习的情况的检验，轻装上阵，考试焦虑是会降低的，这样才会充分发挥出应有水平。

（2）培养良好的人格。要克服考试的焦虑，还要从其产生的内在根源——不良的人格特点这方面着手。平时加强意志锻炼，培养良好的人格品质，提高心理素质，进行勇气、放松、宽容、友爱等非焦虑心态的训练，多参加带有竞争性的比赛活动以增强自己的适应能力。

（3）正确认识自己的水平，确定适当的期望值。期望值是从事某次活动之前对所要达到的目标的预期。过高的期望值会给自己造成较强的心理压力，同时也会分散考试的注意力。如果没有达到期望，就容易产生消极的自我评价，如“我不行”等，从而丧失信心。所以，学生应该对自己的学习实力有清楚的认识，不要制订过高的目标，应切实可行，避免产生消极的情绪。

（4）认真复习，增强考试信心。树立考试信心的关键是平时做到认真复习功课，考前进行全面系统的复习。学生考试前需要充分了解自己的强项与弱点，做好复习计划，合理分配时间；明确考试的目的要求和命题范围，把握考试的重点，考试时放下思想包袱，稳定情绪；保持平静的心理状态，做到从容不迫、应付自如。如果考试时不自觉地紧张起来，就用积极的言语进行自我暗示，排除消极暗示的干扰，或采用自我放松的方法，缓解心理压力。

（5）从多种角度看问题。在准备考试的过程中，学生遇到挫折或发生内心冲突是常事。倘若只从一个角度来看，可能引起不安，造成终日苦闷或烦恼。如果从另外一个角度来看，就可能发现它的积极意义，使消极的情绪转化为积极的情绪。所以，学生要学会从多种角度、各个侧面去看问题，遇事要多分析、多思考，寻找适当的解决办法，使自己的情绪朝健康正确的方向发展。

2. 如何调整考试状态

勤奋学习、刻苦攻读，掌握扎实的基础知识，培养过硬的基本技能和能力，是考试取得成功的基本条件。此外，要保证考试取得较好的成绩，还必须调整考前和考试时的心理状态，讲究有效的应试策略。

考试时，最冤枉的事莫过于记住的知识想不起来，会做的题目束手无策，简单的运算出现错误，这种现象在学生中并不鲜见。例如，有一位学生这么说：“就学习时间而言，似乎已到了我的极限。我觉得平时学得还可以，大部分习题能做对，但考试时却不知怎么搞的，该对的做不出来，不该错的却偏偏出错，成绩总是不理想，这使我紧张不安，甚至有点害怕考试。”出现这种现象的主要原因在于学生没有使自己处于最佳应试状态，情绪过于紧张，无法充分集中注意力，不能调控自己的内部心理状态和外部操作活动，从而影响自己真实水平的发挥。在现实生活中不难举出这样的例子。有的学生平时学习成绩很好，英语四、六级却没有通过，而另一些成绩一般的学生反而通过了。这看起来似乎不公平，于是有人把它归因于运气，其实应归因于考试时的心理状态。学生进入考场参加考试，情绪紧张是正常现象，它的产生是必要的，关键在于其强度适当。极低度的兴奋和紧张，甚至对考试抱无所谓态度，不能引起对考试内容的高度注意，作答速度缓慢；但高度的紧张又会导致怯场，甚至害怕考试。心理学研究表明，中等程度的紧张对提高考试成绩最为理想。那么如何将紧张程度调控到中等水平，维持最佳应试状态呢？

（1）保持充足的睡眠。有些学生为抓紧时间多学知识，剥夺部分睡眠时间，这是一种极其愚蠢的做法。睡眠可消除疲劳，防止大脑因活动过度而产生抑制，而且可以为新陈代谢补充营养，使人集中注意力，增加记忆效率，思维反应敏捷，想象力丰富。所以复习越是紧张，越要保证充足的睡眠。在复习考试阶段，学生必须睡足8小时。曾有一位学生学习刻苦，平时学习成绩较好，自己对自己期望值很高，希望自己在考试时取得更加优异的成绩，于是在临考前1个月，每天晚上12点半左右才上床入睡，早晨6点半又起床读书。一个阶段过后，该生的成绩不但没有进步，反而因在规定的时间内完不成试卷上的全部内容而落后于本来不如他的其他学生，他很是着急。那么为什么原来能在规定的时间内完成试卷上的全部内容，而现在不能了呢？更深层的原因是其反应、思维速度变慢了，对外界刺激的敏感性下降了。侵占了睡眠时间，在疲劳状态下学习，大脑皮层某些部位由于长时间工作产生超限抑制而难以正常工作。也就是说，在他学习时，大脑并非100%地投入学习过程中，可能某些部位已经“睡着了”，不能工作了。这样势必影响学习速度，本来已经掌握的内容难以在短时间内反映出来，或者根本束手无策。经常在这样的状态下学习，形成了不良的习惯，那么他到考试时也处于这种状态，这必然会阻碍他的答题速度。其他学生在两个半小时内，大脑能发挥作用的各部位均能全力投入考试之中，可是该学生的大脑有部分处于睡眠状态而不能发挥作用。这就必然降低学习速度，影响学习效率。因此，在这种不遵循生理规律的“意志”和压力驱动下所进行的疲劳战不可能带来好的学习结果，相反因为消耗了大量宝贵的心理能量而只能得不偿失。

（2）摄入充足的营养。营养是一个人生长发育和从事各种活动的主要能源。营养不良，会影响人体发育和大脑机能，严重的会出现头昏眼花、注意力涣散、思维反应迟缓等症状，降低学习效率。复习考试是一项极其复杂的脑力活动，更需要摄入充足合理的营养供给大脑。“废寝忘食”强调了意志在学习中的作用，却违背了学习的生理规律，所以在复习考试时不宜提倡。

（3）进行必要的体育锻炼。经过一段时间的学习后，必须进行休息，或者是静止性休息如睡眠，或者是活动性休息如体育锻炼，休息既可以防止疲劳，又可以消除疲劳，而对于主要从事脑力活动的学生来说，体育锻炼更有利于防止和消除疲劳。通过体育锻炼，人体不断分解、消耗原有能量，而合成、再生新能量，增强人体各大系统的功能，提高反应灵活性，增强效率和考试效果。

（4）不断变换学习内容和学习方法。任何单一的活动持续时间过长，都会引起人的厌倦和疲劳、注意力分散，从而降低学习、工作效率，所以要不断变化学习内容和学习方式，避免单科独进，方法单一，使各科内容交替进行，耳、眼、口、手、脑并用，听、说、读、写、算并进，学习方式多样化。用新的方式学习新的内容时，对原有的学习来说实质上就是一种休息，这样高效地利用时间，可以更快更好地获取知识。

（5）注意科学用脑。许多学生不懂得用脑的科学性，平时过于放松，考前“临阵磨枪”，甚至考试的前一天还开夜车，致使大脑出现超限抑制。有一位参加公务员考试的男生，考前总怕“砸锅”，加上较长时间的紧张复习，睡眠很少，神经一直绷得紧紧的，以至于在临考前3天焦虑，不能入眠。考试前一天晚上他吃了一片安眠药仍睡不着，于是凌晨4点又吃了一片。不料等上午9点开考时，药性发生作用，他昏昏沉沉、全身无力，由同学搀扶着进了考场，其考试结果自然可想而知。因此，平时抓紧学习，考前要保持充足的睡眠，适当参加文体活动，使大脑得到松弛和调节，能有效降低焦虑。

（6）适当降低求胜动机。虽然考试成绩要一段时间以后才能知道，但从某种意义上说，其成绩在考前就已经决定了，不管想得到多高的分数，学生考前的水平就是他的真实水平。因此学生无须忧心忡忡，顾虑考试的成败得失；也不可异想天开，不切实际地提高自己的志向水平。学生所要做的就是顺其自然，发挥出现有的实际水平。

（7）在战略上藐视考试，在战术上重视考试。应该相信自己经过长时间的复习已准备充分，经过多次模拟考试已积累了许多经验，心理也得到了较好的训练，考试并不可怕，这是应试总的策略。但在具体解每一道题时，应认真细心，重视每一细节，尽力不丢一分。“信心”和“细心”保证学生考试取得成功。

3. 掌握调节焦虑的方法

（1）自我暗示法。学生在考前对自己实施积极的自我暗示：“我一定能考好”，增加信心；在考试中碰到难题时，应静下心来提醒自己：“其他同学也一样感到题目很难。”这样的暗示会使心情轻松、减轻焦虑。当然积极的自我暗示，并不是盲目乐观，而是客观评价自己，积极期待自己。

（2）放松训练法。焦虑与肌肉紧张相关，如果使肌肉得以放松，也会使精神放松，焦虑就会减轻。放松训练法是通过循序交替收缩和放松自己的骨骼肌群，细心体会个人肌肉的松紧程度，最终达到缓解身体紧张和焦虑状态的一种自我训练方法。一般程序如下：每天 30 分钟，进行从头到脚（或从脚到头）的放松训练，头部肌肉→颈部肌肉→胸、肩、背部肌肉→臀部肌肉→腿部肌肉→脚趾肌肉，其要领是使该部位肌肉紧张收缩保持 10 秒钟，然后慢慢放松，注意体会放松时的感觉（如发热、沉重等）。如能持之以恒地进行训练，不仅能消除考试焦虑，还能全面促进身心健康。

## 四、注意力不集中及心理调适

注意力是心理活动对一定对象的指向和集中。例如，学生在上课时专心致志地听教师讲课而不听其他声音，聚精会神地看黑板而不看别的东西，认真思考教师提出的问题而不想无关的事情，这便是注意力的指向和集中。注意力是一切心理过程的开始，并伴随着心理过程的始终，它使心理活动处于积极的状态并具有方向性，保持较高的效率。没有注意力，任何心理活动都达不到预期目的，可见注意力在学习活动中具有关键性作用。

1. 注意力不集中的表现

（1）上课不能专心听讲，常常走神，盯着黑板却心猿意马，自己不能控制心绪，思维飘逸。

（2）容易受环境的干扰，教室外的小小动静都能引起注意力的转移，而且长时间不能静心。

(3)苛求自己的心思100%用在学习上，害怕被干扰，导致对外界刺激过于敏感，结果变成真的“注意力不集中”，于是更加苦恼，更加想摆脱这种状况，更加关注注意力的问题，从而形成恶性循环，难以自拔。

2. 注意力不集中的原因

(1) 由于青年时期发展任务多，因而压力与心理冲突加剧，特别是由于恋爱、性幻想等更容易引发注意力不集中问题。

(2) 生活事件导致心理应激，如考试失败、家庭生活发生重大变故、经济困难、评优失败、失恋、宿舍关系失和等造成的思想负担重，精力分散。

(3) 学习动机不足，学习焦虑过低，缺少压力与紧迫感。

3. 注意力不集中的自我调适

(1) 学会注意力转移，生活中遇到应激事件与挫折，能够尽快从中解脱出来。例如，当遇到问题时，多方寻求别人的意见、寻求支持的力量，以减轻心理压力和情绪困扰，让自己的心理压力和情绪困扰得到缓解与调整，或者得以宣泄，进而达到调适自我、专注学习的目的。

(2) 适当强化学习动机，保持适当的学习压力与学习焦虑，并进行积极的自我激励与自我暗示。例如，找几张卡片写一些提醒自己的警句，置于平时学习时容易看到的地方，以起提醒自己的作用。

(3) 养成良好的学习习惯与生活习惯，保持旺盛的精力。很多大学生都曾遇到过越想学越静不下心来的情况，这时候不要恐慌和焦虑，不要刻意去阻止或对抗，要允许这种情况的出现与存在并坚持学习。以这种不怕、不理、不主动克制的态度去对待，就会在不知不觉中把注意力集中到学习上去。同时，充足的睡眠和休息也是集中注意力的重要保障。

(4) 选择理想的学习环境，减少与学习无关的活动，并进行适当的自我监控。例如，可以采用设立目标的方法，合理安排学习时间，让目标和时间来排挤自己无意义的“胡思乱想”。针对自己的实际情况按部就班，以恒心和毅力每天坚持不懈地完成计划，一旦这样坚持下来就会得到意想不到的结果。同时，安静的学习环境也十分重要，图书馆和教室是理想的选择，良好的氛围能够使人专注于学习；相反，过于喧闹的宿舍则容易使注意力转移到与学习无关的事情当中。

## 第五节 大学生学习动机与学习策略的培养

### 一、学习动机

学习动机是指引发与维持学生的学习行为，并使之指向一定学业目标的一种动力倾向。它包含学习需要和学习期待两个成分。

1. 学习动机的种类

1）近景的直接性动机；远景的间接性动机

根据学习动机的作用与学习活动的关系，可以分为近景的直接性动机和远景的间接性动机。近景的直接性动机是与学习活动直接相连的，来源于对学习内容或学习结果的兴趣。例如，学生的求知欲、成功的愿望、对某门学科的浓厚兴趣，以及教师生动形象的讲解、教学内容的新颖等都直接影响到学生的学习动机。这类动机作用的效果比较明显，但稳定性比较差，容易受到环境或一些偶然因素的影响。例如，一个小学三年级的学生数学成绩很好，这是因为任课教师讲得很生动，使枯燥的数字变成了一串串美丽的音符，容易理解与记忆，因此，学生在课后认真预习和复习，取得了好成绩。但这个学生对数学的兴趣并没有保持下去，因为换了任课教师，而这位教师讲得比较死板、乏味，学生觉得没意思，因此不怎么用心，成绩自然下降了。

远景的间接性动机是与学习的社会意义和个人的前途相连的。例如，大学生意识到自己的历史使命，为不辜负父母的期望，为争取自己在班集体中的地位和荣誉等都属于间接性的动机。那些高尚的、正确的间接性动机的作用较为稳定和持久，能激励学生努力学习并取得好成绩。而那些为父母、教师的期望或是为了自己的名声、地位的动机作用的稳定性和持久性相对比较差，容易受到情境因素的冲击。例如，在学习活动中遇到困难是常事，但受低级的、错误的间接性动机支配的学生在这种时候容易出现情绪波动，缺乏克服困难的勇气与力量，常常半途而废。

2）内部学习动机和外部学习动机

根据学习动机的动力来源，可以分为内部学习动机和外部学习动机。内部动机又称内部动机作用，是指由个体内在的需要引起的动机。例如，学生的求知欲、学习兴趣、改善和提高自己能力的愿望等内部动机因素，会促使学生积极主动地学习。外部动机又称外部动机作用，是指个体由外部诱因所引起的动机。例如，某些学生为了得到教师或父母的奖励或避免受到教师或父母的惩罚而努力学习，他们从事学习活动的动机不在学习任务本身，而是在学习活动之外。

研究表明，内部动机可以促使学生有效地进行学校中的学习活动，具有内部动机的学生渴望获得有关的知识经验，具有自主性、自发性。具有外部动机的学生的学习具有诱发性、被动性，他们对学习内容本身的兴趣较低。

当然，内部学习动机和外部学习动机的划分不是绝对的。由于学习动机是推动人从事学习活动的内部心理动力，所以任何外界的要求、外在的力量都必须转化为个体内在的需要，才能成为学习的推动力。在外部学习动机发生作用时，人的学习活动较多地依赖于责任感、义务感或希望得到奖赏和避免受到惩罚的意念。因此，从这个意义上说，外部学习动机的实质仍然是一种学习的内部动力。因此，我们在教育过程中强调内部学习动机，但也不能忽视外部学习动机的作用。教师一方面应逐渐使外部动机作用转化成为内部动机作用，另一方面又应利用外部动机作用，使学生已经形成的内部动机作用处于持续的激发状态。

2. 学习动机的心理学规律

学生的主要任务是学习，当态度的对象针对学习活动时，这种态度就是学习动机。学习动机是引发并维持学习活动的内部心理倾向，具有较强的规律性，涉及以下三个方面。

1）学习起因

若学生处在一种比、学、赶、帮、超的学习环境之中，身边学生刻苦学习、学风浓郁，给学生一种良好的导向作用和良好的学习暗示效应，从而产生自发地、主动地学习的动因；与上进心强的学生同座位，学生内心有一种趣同的倾向，从而产生发奋学习、自觉模仿的主观愿望；学生在正确回答教师的提问后，能得到教师的表扬、同学的肯定，增强了自信心而产生的积极向上的学习态势，进而不断规范自己的学习行为等。

2）指向作用

有些学生奋发学习、挑灯夜战、“闻鸡起舞”，以超乎寻常的毅力和始终处于亢奋的精神状态全身心投入学习，这些学习行为的直接目的就是实现考取名牌大学的梦想；有些学生不思进取，饱食终日、无所用心，学习上被动应付，学习任务难以完成，这些学生学习行为折射出的原因的就是一次次在学习上受挫折、丧失了自信心后，放弃了上名校的愿望，学习处于放弃状态， 家长或许对自己的孩子“听之任之”；有些学生严重偏科，特别喜欢某一学科，可能将来上大学时选择该专业；等等。

3）强化学习

作为学生，初始动机为实现某一目标，如果在实现这一目标的学习过程中能不断获得成功，品尝了学习成功的快乐，那么学生的良好的学习动机就会得到强化，更能自觉将这一学习行为维持与落实，甚至强化。当学生在学习过程中遇到困难，导致信心不足时，如果班主任、任课教师、家长及亲友或同学能及时做有针对性的工作，那么学生就能坚定学习信念、重新审视自己的学习行为，不断反思自己，调整好自己的学习状态，使学生学习动机“矢志不移”，不会因不断“失败”轻易改变自己良好的学习动机，而使学习行为得以维持等。

3. 学习动机的激发与培养

1）启发式教学

启发式教学与传统的“填鸭式”教学相比，具有极大的优越性。而要想实施启发式教学，关键在于创设问题情境。所谓问题情境，指的是具有一定难度，需要学生努力克服，而又是其力所能及的学习情境。

2）控制动机水平

学习动机和学习效果之间有着相互制约的关系。因此，在一般情况下，动机水平增加，学习效果也会提高。但是，动机水平也并不是越高越好，动机水平超过一定限度，学习效果反而更差。教师在教学时，要根据学习任务的不同难度，恰当控制学生学习动机的激起程度。在学习较简单的课题时，应尽量使学生集中注意力，使学生尽量紧张一点；而在学习较困难的课题时，则应尽量创造轻松自由的课堂气氛，在学生遇到困难或出现问题时，要尽量心平气和地慢慢引导，以免学生过度紧张和焦虑。

3）给予恰当评价

研究表明，来自学习结果的种种反馈信息，对学习效果有明显影响。这是因为，一方面可以根据反馈信息调整学习活动，改进学习策略；另一方面学习者为了取得更好的成绩或避免再犯错误而增强了学习动机，从而保持了学习的主动性和积极性。

除以上外，维护学习动机，处理好竞争合作，促使学生努力都有助于学生学习动机的激发与培养。

## 二、学习策略

**【案例】**

小刚以优异的高考成绩考入北京某重点大学，但在第一学期期中考试中，高等数学竟然不及格。这给他带来一定的打击，也产生了很大的心理压力。他向师兄请教，师兄告诉他，解决问题的好办法就是多去向别人学习，和那些学习成绩好的同学多探讨学习方法，尽可能借鉴他们的学习方法。

但是到了期末，小刚的学习成绩还是没有起色，考试成绩十分不理想。于是，他来到了学校的心理咨询室。在与心理咨询教师的交流中，他深受启发，认识到大学的学习与中学的学习有显著的差异，需要充分了解大学的学习特点，转变学习方法，同时认识到单纯地学习别人的方法是不行的，应结合别人有效的方法，找到适合自己的学习方法。

**案例分析：**

小刚出现的学习问题，是由于他不能掌握适合自己的学习方法，只是简单地复制别人的学习方法或者沿用高中的学习模式，这是不能适应大学学习生活的。所以，掌握良好的学习方法是大学生的必修课程。

大学学习内容多层次、多角度的特点决定了学习方式的广泛性和多样性。从中学到大学，教学方式有很大差异。大学的课堂上，内容密集、信息量大，教师往往只做粗线条讲解，更多的是要靠学生自己去学习。这就要求学生变被动听讲为主动研究，变机械练习为积极思考、探索规律。不少学生由于没有掌握正确的学习方法，几乎不考虑大学学习任务激增的现实，仍然采用中学应试教育中的题海战术，结果投入大而效率低，甚至出现成绩不及格的现象，使他们产生很大的精神压力和学习的挫折感。

学习方法本身作为一种知识，是可以学会的。它包括科学地用脑、合理地安排时间、学会图书资料的利用和科技文献的检索等内容。过去人们存在这样一种观点，认为对大学生进行学习方法的教学没有太大必要，我们的绝大多数高校中也没有开设相应的系统课程，更多的是以讲座的形式来进行传播。现在看来，这种做法值得商榷。当然，无可否认有些学生在学习中掌握了科学的学习方法，但对更多的学生而言，系统的有关学习方法的知识的传授，无疑会为他们提供一把打开学习之门的“金钥匙”。

**（一）笔记法**

大学里每次专业课的时间都是两到三小时，教师讲授内容较多，有时甚至讲两三章内容，课上教师主要是传授理论、方法，消化吸收、扩充知识更多是在课下。大学生很难在课堂上完全吸收讲课内容。另外大学教学的主要任务是单位时间内传授知识、丰富学生的知识信息量、开拓思维。在短时间内记大量信息会造成大脑过度疲劳，不利于健康，所以我们要采用一种比较科学的学习方法——笔记法来适应大学的教学学习。笔记法是最佳的学习方法之一，在大学生学习过程中尤其不可缺少。它可以提高听课效率，增强自学、理解能力，并且学会笔记法也有助于养成良好的学习习惯。

**（二）记忆法**

没有记忆就没有智慧。学习中的记忆方法是多种多样的，在具体运用时需根据自己的实际情况，选择最适合自己的记忆方法，掌握记忆的规律，提高记忆效率，增强记忆的效果。

（1）特征记忆法。对于那些在形式或内容上极为相似的知识，我们可以通过细致的观察和全面的比较，找出它们共有的较容易记住的特征，然后由这一特征向全文扩展，从而在头脑中留下深刻的印象。

（2）及时复习法。对以前学过的知识能够回忆起来，就是保持，如果回忆不起来或回忆错了，就是遗忘。心理学家艾宾浩斯通过对遗忘的研究发现，在学习20分钟以后被遗忘的学习内容就达到了42%，1天之后遗忘内容达到了将近66%，而30天之后遗忘内容仅仅达到79%。这一研究表明，我们在学习中的遗忘是有规律的，遗忘的过程是不均衡的，在记忆的最初阶段遗忘速度很快，之后逐渐减慢，到了相当长的时间后，几乎就不再遗忘了，这就是遗忘的发展规律，即“先快后慢”的原则。

根据遗忘的发展规律，如果想巩固学习的效果，提高学习效率和学习时间的利用率，那么就必须及时复习。刚学过的新知识应该及时复习，复习间隔的时间不能过长，一周内要复习两次；随着记忆巩固程度的提高，每次复习的间隔时间可以延长。

（3）形象记忆法。对于那些比较抽象的内容，我们可用图、表等形式形象地描绘出来，图形能荷载更多的信息，保持对图形的敏感有助于加深识记痕迹，提高记忆效率。而且形象识记比逻辑识记效果好，两种识记协同活动效果更好。因此，在学习过程中对需要进行逻辑识记的内容，应尽可能寻找其直观模型，以增强印象。

（4）讨论记忆法。在学习的过程中，如果有不理解的地方，我们不妨先按照自己的想法与同学们进行讨论，在讨论的过程中正确的东西就比较容易记住。

（5）练习记忆法。一些可以通过动手来记忆的内容，我们可以亲自练习、检测、实验，通过实际操作来检查正误，增强记忆。而且多种器官共同活动比单一器官活动的记忆效果好。

（6）骨架记忆法。先记住大体轮廓，然后由粗到细逐步对每一细节进行记忆。有纲、有目、有系统的内容容易识记，因为它能缩减识记单元的数量。所以在学习过程中要理出纲、目，整理出系统，以便提高识记的效果。

（7）重点记忆法。记住公式、定理、结论、基本概念等重点内容，然后以此为记忆的“链条”来联系其他的内容。

### （三）博约结合法

孟子曰：“博学而详说之，将以反说约也。”博约结合法，是就阅读的内容而言，既要广博又要简约，是横向和纵向的结合。博就是要广泛地阅读，多方面地探索；约就是要在广博的知识基础上概括出简要的道理，这是有效读书的真谛。课本是学生获得知识的主要来源，但不是唯一来源。如果仅仅抱住课本，而不广泛阅读其他课外书籍，势必孤陋寡闻、思路狭窄。因此大学生应该有计划、有重点地选择适当的课外书籍。在阅读课外书籍时，必须进行深入细致的研究，做适当的读书笔记，分析它们与教材在理论体系方面的关系。如果面前放着一大堆书和资料，如何做到快速阅读大量资料，然后选择所需，做研究分析呢？

（1）做好读书计划，知识的积累可以从自己比较熟悉或喜爱的领域向外拓展。因为每个人的爱好不同、知识背景不同，对于某些熟悉的知识可能更容易接受。

（2）快速阅读，要摒弃默念的习惯。因为有声或无声的语言，都会影响阅读的速度。阅读时先抓住关键词语，明白书中讲了什么内容。然后在必要的地方，眼睛回扫，补充重要的细节。同时，快速阅读是一个熟练的过程。

（3）面前放着一大堆书时，不要从第一本读到第十本。读书时，应先阅读前言、绪论，看书的目录，再大体上翻阅整本书的内容。然后，选择重点阅读这本书的某一个章节，再快速向外拓展。

（4）阅读时可以大步前进，不时回退，做以比较、参考、巩固或者修正。这样可以使前后的知识联系起来，更加系统化，加深对所学知识的了解和记忆。

### （四）“学”“记”“思”有机结合法

知识是外在的东西，必须经过自己的积极思考，才能把人类长期积累的知识化为己有。孔子说：“学而不思则罔”，不思则不得，孔子接着说“思而不学则殆”，学是思的基础，不学，思想会成为无源之水、无本之木。在学习过程中，不仅要学，还要记。记忆也是思维的基础，没有“记”，就无法进行“思”，反之，没有思想的记忆，只能是死记硬背，没有多大用处。在记忆中思考，在理解中记忆，只有把“学”“记”“思”有机结合起来，才能更好地掌握知识。为此，大学生应注意和思考下列问题。

（1）不仅关心问题的结论，还要注意解决问题的过程，要思考每个概念的形成和发展规律，总结每门学科的思想和方法。

（2）不为知识的形式和现象所束缚，透彻了解其本质含义，以便产生良好的迁移效果。

（3）思考问题既要考虑其整体，又要注意其每个细节；既要考虑问题本身，又要考虑其他相关的因素，避免死守书本和机械呆板的学习方法。

（4）善于对自己每一阶段的学习进行总结，正确地评价自己的学习成绩和学习方法，确定下一步的学习计划，提高学习的信心。

### （五）模仿与创新结合法

模仿在学习中是不可忽视的学习方法。教科书、课外书籍中的叙述、图形、书写格式，以及教师的讲解、板演、操作示范等，都是供学生模仿的内容。模仿虽然必不可少，但是，绝不能机械地模仿。

模仿直接观察到的东西，如课本和教师讲解中的叙述、图形、书写格式、操作等，更要注意对不易直接观察的东西的模仿，此外，理论创造者的思维方法、思维过程及研究途径等，都应属于模仿的范围。

要创造性地模仿，不能亦步亦趋，不能依样画葫芦，应在消化理解的基础上，开动脑筋，提出创见，不拘泥于已有的框框，不拘泥于现成的模式，不能仅仅停留在模仿上，还必须有所创新。当代的大学生，由于长期受传统教学方法的影响，养成了一种依赖教师的习惯，严重束缚了创造能力的发展。当然，学生的学习不同于科学研究，但是，如果从学生时代起，就敢于创新，那么就可以不断提高智力品质中的独创能力。

### （六）理论联系实践法

大学的学习不同于中学，大学生要真正掌握教学大纲所规定的全部知识、技能，除了解一系列的理论、原则、概念及其产生的背景外，还必须将它们更广泛地运用于实践，也只有这样，才能使知识结构逐步趋于完善。大学生在学习过程中应注意下列几个方面。

（1）准确掌握抽象概念的本质含义，了解从实际模型到抽象理论的演变过程，以保证对抽象理论具有实质性的理解，保证把这些理论无谬误地应用于实践。

（2）对于所学理论，在一定范围内寻求它的具体实例，一边学习，一边联系自己的经验和实际需要，做一些小练习，使之具体化，理论本身也就得以丰富和深化。

（3）进一步做一个大一些的项目，将所学理论知识和思维方法运用于更加复杂的环境中。

（4）总结经验教训，回头进一步学习理论知识，加深理解和认识。

（5）抽象、简化、归纳和条理化，消化吸收知识，将其变成自己的一种能力。

### （七）学会利用图书馆

俄国文献学家布留索夫曾经说过：“学问与其说是知识的储蓄，倒不如说是善于在书海中找到知识的本领。”大学图书馆作为高等学校的文献信息中心，为大学生提供了一个巨大的知识宝库。那么面对浩瀚的书海，大学生应该怎么利用好学校图书馆的资源呢？

1. 避免盲目性和随意性

过去相当多的人以为，学习就是往脑子里不断地添加东西，因此，人们很乐于接受加法的学习，甚至是乘法的学习。但在信息时代，知识的半衰期很短，更新换代的速度很快，所以不要太留恋已经得到的东西，要不断地清理脑海中的“垃圾”，坚决地剔除已经用不上的东西，要学会减法的学习，甚至是除法的学习。

图书馆丰富的信息资源具有比课堂教学内容更大的自主性、适应性和灵活性。大学生应把学习视为一种对信息获取、加工、存储、转化和再生的过程。尤其是新生，进入大学后要尽快适应高校的学习氛围，改进学习方法，在读书时切忌盲目性和随意性。

博览群书是求知欲强的表现，但要有目的、讲效果，否则生吞活剥，书读得再多也没有用。选择课外书应根据自己的专业目标和发展方向，要遵循有益性、定向性、多样性和选优等原则，尤其是低年级学生，在利用图书馆与课程学习齐头并进的同时，注重基础知识的掌握，自觉地培养独立思考能力和自学能力；学习要有严密的计划，围绕主课，利用与课程有关的参考文献和对口资料，根据各自的不同起点，选读与教材相适应而且针对性比较强的参考书，以此加深理解课堂上讲的基本内容和概念，逐步开阔自己的思路，拓宽自己的知识面。

2. 熟悉图书馆的服务形式

大学图书馆开展了许多为读者服务的项目，如书刊借阅、信息咨询、网络信息资源检索、馆际互借、文献复制、传递服务等。图书馆备有馆藏资源的印刷型目录，这些目录是检索馆藏文献资料的最好工具。不同的读者目录，有着不同的检索功能，但需掌握其编排体例和检索方法，从而获得独立获取知识的主动权。

3. 熟悉本校馆藏和网络资源

大学新生对图书馆的书库、阅览室、借书处、基藏室、典藏室的各种图书的排架规律、标志、目录体系了解有限，找书、借书不能得心应手，翻来翻去仍然所获不大。无论馆藏文献还是网络资源，一般均采用分类排列，它符合多数读者的习惯，有利于宣传推荐文献，熟悉研究藏书。还要注意排架的规律，什么库存有哪类书，每种文献资料具体摆放在书架的什么方位，要做到心中有数，并能随着课程的进展和个人兴趣爱好的增长到相应的部门去浏览自己所需的文献知识信息。

4. 掌握信息检索的基本技能

“最有价值的知识是关于方法的知识”，学会和熟练地掌握信息检索的基本技能是大学生开展学习与科研活动的一项基本功，对完成毕业设计和撰写毕业论文尤为重要。因为毕业设计和论文撰写需要利用有关学科的现有基础与最新信息，而这些知识信息散布在各种图书、期刊和电子文献中，要想广、快、精、准地收集该学科领域中的相关核心文献，必须熟练地运用各种检索工具。毕业设计和论文撰写虽然也与个人固有的学术素质和治学态度有着密切的关系，但绝不能低估收集文献信息、利用图书馆能力的作用。因此，认真学习与实践信息检索知识和检索技巧，将会使大学生终身受益。同时，电脑已经成为大学生学习工作的伙伴，所以一些电脑软件的掌握也是必需的。

## 第六节　大学生创造性学习的培养

### 一、创造性学习的本质

学习的本质是创造，创造性学习的本质在于学习的方式与习惯。学生创造性学习能力的培养在很大程度上依赖于自学能力的增强。但对于什么是创造性学习，如何明确定义创造性学习这一概念，以揭示其本质属性，专家的观点并不一致。代表性的观点主要有两种：一种观点认为创造性学习是学习的一种类型，主要是从静态的角度进行把握；另一种观点认为创造性学习是一种学习活动，更多地强调学习的动态过程。从创造的角度来看，虽然从狭义上讲，学生提出各种新的观点和新的方法、新的设计等也是一种创造，但这种创造只是有着个人价值的、渐进性的创造，它主要表现在学生能够运用创造理论对当前的学习在结构、模式、方法、技术等方面有较大的改进，使学习产生渐进的质的变化，能够促使学生进行有目的、有选择、有独创性、有自我调控以及充满理想和责任感的学习。它不仅仅是一个学习目标的问题，更体现了学习的机制问题，即如何才能获得这些“新”的成果，亦即学习方式。因此，创造性学习不是某一种学习类型，而是一种学习方式，指的是学生在教师的指导下，以已有知识经验为基础，在强烈的学习动机的支配下，自主地参与学习过程，运用各种有效的学习策略，从而在学习过程中有所创新，培养创新心理素质和实践能力的学习方式。

这种学习方式是学生在完成学习任务的过程中所体现出来的基本的行为和认知取向，它不是一种具体的学习方法或多种学习方法的总和，也不是一个具体的学习活动，而是学生完成学习任务的行为习惯与认知方式的一种反映。

### 二、创造性学习的特点

#### （一）自主性

创造性学习是学生的自主学习活动，它强调学生的主体地位、学生在学习活动中积极主动的反应。它与传统的学习观——更多地强调教师的传授与学生的接受、降低或否定学生积极主动学习的能力、削弱学生在教育活动中的主体地位——截然不同。归根结底，学习是学生通过自己主动积极的认知来获取教育内容，学生是学习的主体。创造性学习强调学生的自主性，这与教师在教学过程中的主导作用并不矛盾，它不但没有否定教师的作用，而且更加强调了教师作为主导者的地位，即引导和启发学生的学习，而不是把学生当成被动接受知识的容器。

### （二）创新性

创新性学习，是学习革命的发展阶段之一。创新性学习是指在学习活动中激发创新意识，培养创新思维，塑造创新品格，提高创新能力，不断推进知识的更新，选择最有力量的知识。要进行创新性学习，就必须培养创新的素质。一切创新活动，都起源于创新性的思考，因此，创新思维是创造性学习的核心，是创造性学习活动的开始，并贯穿其始终，当然也是培养创新型人才的关键。

### （三）个性化

学习是学生的个体行为，每个学生的心理特征、已有的知识经验，以及解决问题的方式均有很大差异。创造性学习尊重学生的个性，反对绝对的统一要求，提倡学生在学习中充分发挥自己的个性和特长。创造性学习也对教师的教学活动提出了新的要求，教师应该对学生独特的思维方式和解决问题的能力给予认可，鼓励他们不断地进行创造性探索，使学习带来更大的效益。从个体发展的意义上来讲，人的一生就是充分展现自身特征和实现个人价值的过程。创造性学习正是学生通过个性化的学习来实现其自身的个体价值与社会价值的一种方式。

## 三、大学生创造性学习能力的培养

创造性学习，是学习革命的深化阶段。21 世纪要求大学生学会学习，而学会学习的核心问题是会创造性学习。从社会意义与历史角度看，创造性的学习方法是最高的学习方法，只有不断创造，才能不断推进社会和历史的进步，大学生们具备了创造性的精神和实力，才能真正成为栋梁之材。

### （一）树立创造性学习观念

学习观念指导着学生的学习目标，影响着学生的学习态度与方法，从而也作用于学生的学习质量。随着现代创新型社会的不断发展，及时更新学习观念是当代大学生必须具备的素质之一，而树立创造性学习观念正符合我们所处的时代背景。大学学习是以学生自学为主的学习活动，学生应摒弃“死记硬背只为考试过关”的陈旧观念，加强自我识别与激励，根据自我提升的需要与时代发展的特点，为自己设定科学合理、与时俱进的学习目标，在创造性学习观念的指导下，积极思考，主动参与，不断挖掘自身的学习潜力，迸发新的思维火花，创造新的财富。

### （二）参与创造性学习活动

一般来说，大学生除了课堂学习活动外，还有另外三种重要的自学活动：补充课堂学习的自学活动、独立钻研的创造性活动以及相互讨论与启发的学习活动。补充课堂学习的自学活动主要是指课后复习。课后复习，不是简单地阅读已学过的材料，而是要达到进一步消化已学知识和发展思维能力的目的。独立钻研的创造性活动是培养创造性人才的基础，它并非高不可攀，而就存在于日常学习与生活中。一个能够提高学习效率的小小改进都是一种创新活动。要做到创新这一点并不难，关键是要善于观察与勤于思考。而相互讨论与启发的学习活动，能够为学生提供较为轻松自由的环境，使得学生在不同思想与知识的碰撞中，提高分析问题、解决问题的能力，并且培养敏锐感知和发现新问题、找到新方法与途径的创造性学习能力。

**（三）培养创造性学习习惯，掌握创造性学习方法**

行为主义心理学家约翰•华生（John B. Watson）曾提出“学习的习惯化”这样一种学习理论，认为学习的过程就是习惯形成的过程。高效的创造性学习方法，必须从认识不良学习习惯并将其打破开始；并要持续地养成创造性学习的习惯。久而久之，习惯成自然，就形成一种创造性的学习风格，即稳定的学习活动模式。进行创造性学习，要求学生学会如何安排学习，如何科学有效地提高学习效率。创造型学生能够能动地安排学习，尤其是在大学生拥有充分的自主学习空间的条件下，这一点显得十分必要。例如，学生不应受制于固定的学习时间与学习内容，除了完成课内学习以外，他们应自觉主动地从事各种课外学习与社会实践活动等，从而捕捉到不同的知识与经验，建构自己的知识结构和认知体系。创造型学生应该掌握较为系统而独创的学习方法。学习方法种类繁多，学生应根据学习情境的不同特点和变化选用最为适当的学习方法，并在学习进程中灵活应用，不断改进。为了掌握创造性的学习方法，学生应在强烈的好奇心与求知欲的驱动下，学会不断地向教师、同学和自己提问，发挥丰富的想象力，从不同角度看待事物，培养发散性思维，不盲目依赖群体公认的思想或观念，敢于探索与发现问题，善于将知识或经验概括化与系统化等。这样，不仅改善了学习的效果，而且也发展了创造能力。另外，学生在学习的过程中还应做到自我控制，适时调整学习状态，即根据自身的学习状况和学习要求及时地修正学习目标，明确学习方向，优化学习策略，改进学习方法，学会客观地自我评价，形成动态的创造性学习活动。

**思考与练习**

1. 根据自己的实际情况，为自己制订一份学习计划，并学会在实施过程中不断调整自己的策略与动机。

2. 简述大学生常见的学习心理困惑，并阐述其调适方法。

3. 如何培养大学生的学习策略？

4. 如何培养大学生的创造性学习能力？

# 第八章　大学生人际交往心理

## 你的学习目标

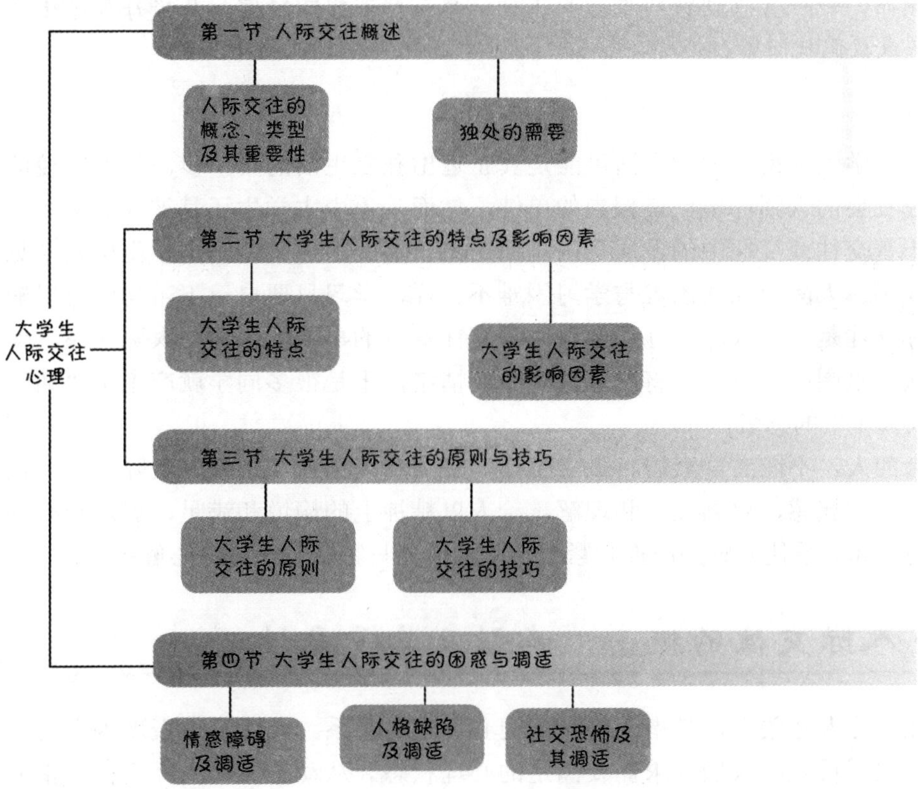


## 本章导航

大学生正处在学习知识和技能、认识社会、探索人生的发展时期，他们的所有活动都是在与人交往的过程中进行的，经常要面对和处理多种多样的人际关系。其实，人们的心理健康水平有赖于正常的人际交往和社会生活的和谐。良好的社会交往不仅是大学生向社会化转变的基本途径，也直接影响着他们的学习与生活，影响着他们的成长与发展。因此，了解人际交往的基本理论知识，正确掌握人际交往的原则和艺术，对建立和谐的人际关系和大学生的健康成长具有非常重要的意义。

# 第一节 人际交往概述

【案例】

张某，女，22 岁，大学三年级学生。长久以来，有一件事一直令她感到相当烦恼和压抑，那就是她住的寝室里总是气氛很沉闷。大多数情况下，室友们都在宿舍里，却很少有人说话，也没有笑声，总是十分安静，而且几乎都是独来独往，相互之间的交流十分有限，更谈不上交朋友了。每次她晚上回到宿舍，想与室友轻松交流，可所有人都寡言少语，她无法与她们进一步交流，自己也觉得很无趣。在大学一年级时，她多次尝试主动和室友聊天，但大家的回应都很冷淡，久而久之，别人不讲话，她也就不作声。然而，她一直感到特别难受和压抑，越来越不想回寝室，几乎每天早出晚归，一到周末或放假就回家。

案例评析：

对于众多大学生来说，大学生活可能是真正迈出独立生活的第一步。虽然学校的人际环境比起社会的人际环境已是相当的单纯，然而，不少大学生还是被人际关系所困扰，因为不善交往或交往中的矛盾与困难而产生苦恼。上述案例是大学生中较常见的人际交往问题。人际交往的困难与学习困难不一样，学习只要自己下苦功就可以解决了，而人际交往是一个人际的互动问题，是交往双方的事情，融洽的人际关系，使人生活在愉快的氛围中，反之，将严重影响人的情绪，于是很多同学就产生了“活得真累”“做人真难”的感慨。

人是社会的人，不能离群索居、孤立生活，必须和人交往。良好的人际关系能使人获得安全感和归属感，得到支持和理解，给人以精神上的愉悦和满足，促进身心的健康；不良的人际关系使人感到压抑和紧张，承受孤独与寂寞，损害身心健康。

## 一、人际交往的概念、类型及其重要性

人际交往又称人际关系，是指人与人之间心理上的关系。人际交往表现为人与人之间的心理距离，反映着人们寻求需要满足的心理状态。从动态讲，人际交往是指人与人之间一切直接或间接的相互作用，主要包括信息沟通和物质交换；从静态讲，人际交往是指人与人之间通过动态的相互作用形成的情感联系。

### （一）人际关系的类型

在社会交往中，人与人之间形成了不同层次的人际关系，这些关系反映了人与人之间相互吸引的程度。依据大学生人际关系建立的动因，按照交往的范围可以将人际关系划分为以下三类：①个体与个体的交往。在社会生活中，个体与个体的交往是最为普遍的，如同学之间、朋友之间、师生之间、亲子之间等都是个体之间的交往。②个体与群体的交往，如学生与班级之间的交往等。③群体与群体的交往，如班级与班级

之间、系与系之间的交往等。但不论哪种交往，按成因交往可归于以下几类。

1. 血缘型

血缘关系是一种天然人际关系，人们与父母、兄弟、姐妹、姑舅姨亲等的关系均属此类。这些关系又因关系媒介联系而划分为不同层次，构成一个个横竖交错的血亲关系网。

在与父母的关系上，许多大学生都存在着矛盾心理。一方面觉得上大学就可以独立了，不再受父母约束，尤其是空间上的距离确实可以使人感受到这种自由；另一方面，由于上学的经济来源主要还是父母，心理的不成熟，无论是在物质上还是心理上仍脱离不开父母，以各种方式与父母保持着复杂和极具情感色彩的关系。而与父母的关系又不同程度地影响着大学生的自我成长。

2. 地缘型

地缘型是因人们共同生活的空间和地域相同或接近的缘故而形成的人际关系，如邻里关系、同乡关系。人们常说：美不美？家乡水。亲不亲？故乡人。地缘型人际关系往往因交往双方有着共同的地域文化背景，而加强了彼此的心理认同。在大学生中，最常见的一种形式是同乡会，它在刚入学的新生中尤为突出，因为它使新生们在异地感受到乡情的温暖。

3. 业缘型

业缘型是指人们以职业、学业为纽带而形成的人际关系，如工友、农友、战友、学友等。大学生以学业为纽带形成的人际关系包括师生关系、同学关系、宿舍关系等。同学关系是大学生业缘型人际关系中最主要的关系。

大学生尤为重视同学关系，愿意以同学的行为作为参照标准，在意同学的评价，更看重同学的肯定与认可。对同学关系的重视是因为它可以给人以归属感。随着人的自我成长，特别是到了青春期，被同龄人和身边的团体所接纳是归属感的重要满足，并且希望把同学关系发展成朋友关系，多交朋友。

4. 趣缘型

趣缘型是指人们以兴趣为主而结成的人际关系（大学生以专业兴趣为纽带所结成的业缘型人际关系也属此列），如诗社、各类兴趣小组、协会等。共同的兴趣和爱好是这种关系的基础。

5. 情缘型

情缘型是指男女双方为满足爱情的需要，通过与异性交往而建立的人际关系。在大学生的人际关系需要中，爱情需要占了重要位置。由于性生理的成熟、性意识的觉醒和性心理的发展，大学生逐渐对异性产生兴趣，喜欢男女同学之间的交往，而大学生活又为异性交往提供了很多的机会，恋爱已经成为不可回避的一种人际交往。但是，由于大学生的心理并没有完全成熟，在思考和处理各种问题上常常理想化、感性化和本能化，因此在处理恋爱中的矛盾、失恋、爱情与学业的关系等问题上，容易走极端。例如，有的同学认为因为我爱你，所以你是我生活的全部，失去了你，我将无法生活等。

6. 网络人际

大学生是网络应用最充分的群体，网络为人们提供了广阔的人际交往平台，同时也在排斥和改善着传统的交往方式。一方面，网络掩盖了真实的自我；另一方面，网络交往也促使人们流露了真实的自我。这是因为网络空间距离的存在，加之网络本身的虚拟性，很多人在网络交往中都给自己戴上了一副面具，自由填写注册虚假信息。正因为个人信息是假的，人们在网上可以畅所欲言，说出自己在现实生活中想说而不敢说的话，在某种程度上流露了真实的自我。

但是，网络毕竟只是虚拟的交流空间，网络交往不能代替现实交往。部分大学生过于关注网络交往，反而忽视了现实交往，甚至引发了一些心理障碍。美国的一项调查表明，每周上网一小时，会有 40%的人孤独程度增加 20%。我国的相关调查也表明，在上网的青少年学生中，有20%的人有情绪低落和孤独感，12%的人与家人和朋友疏远。

对于许多大学生来说，上网的初衷是获得大量的信息，通过网上娱乐、网上人际关系来改变自己，但因网络交往对象的匿名性及其社会角色的不确定性，使学生在网络交往时不必遵守现实社会人际关系和角色表演的规则，不必履行角色义务，他们可以在无拘无束的状态下说话做事，这种匿名效应导致了社会角色的混淆。部分大学生整日沉迷在网络中，心甘情愿地退出现实生活，逐渐患上了网络心理依赖症。正如精神病专家托尼所说："长期的网上冲浪会渐渐失去自我，改变个性。"从这种意义上说，网络剥夺了大学生网民正常交往的权利，使一些大学生成了孤独的网络人。这些人在现实生活中不愿意表露自己的情感，也不愿意接受他人情感的表露，网络使他们对现实生活产生某种疏远感、淡漠感，甚至不信任感，使他们变得沉默寡言、不善言谈。

### （二）良好人际关系发展的阶段

勒温格（G. Levinger）等认为，关系的发展有三个阶段：一是单向注意阶段，双方没有互动。二是表面接触阶段，双方有初步的、浅层的互动，但是还没有相互卷入，也就是说没有走进彼此的私我领域。一般的泛泛之交就停留在这一阶段。三是相互卷入阶段，双方向对方开放自我，分享信息和感情，这是友谊发展的阶段。

阿特曼（I. Altman）等提出了社会渗透理论（social penetration theory）来解释关系发展的过程。他们认为人际交往主要有两个维度：一是交往的广度，即交往或交换的范围；二是交往的深度，即交往的亲密水平。关系发展的过程是由较窄范围的表层交往，向较广范围的密切交往发展。人们根据对交换成本和回报的计算来决定是否增加对关系的投入。阿特曼等认为，良好的人际关系的发展，一般经过四个阶段，即定向阶段、情感探索阶段、情感交流阶段、稳定交往阶段。

（1）定向阶段。在人际交往中，人们对交往的对象具有很强的选择性。进入一个交往场合时，人们往往会选择性地注意某些人，而对另外一些人视而不见，或者只是礼貌性地打个招呼。对于注意到的对象，人们会进行初步的沟通，谈谈无关紧要的话题，这些活动，就是定向阶段的任务。在这个阶段，人们只有很表层的自我表露，如谈谈自己的职业、工作、对最近发生的新闻事件的看法等。

（2）情感探索阶段。如果在定向阶段双方有好感，产生了继续交往的兴趣，那么就可能有进一步的自我表露，如工作中的体验、感受等，并开始探索在哪些方面双方可以进行更深的交往。这使双方有一定程度的情感卷入，但是还不会涉及私密性的领域。双方的交往还会受到角色规范、社会礼仪等方面的制约，比较正式。

（3）情感交流阶段。如果在情感探索阶段双方能够谈得来，建立了基本的信任感，就可能发展到情感交流的阶段，彼此有比较深的情感卷入，谈论一些相对私人性的问题，如相互诉说工作、生活中的烦恼，讨论家庭中的情况等。这时，双方的关系已经超越了正式规范的限制，比较放松，比较自由自在，如果有不同意见也能够坦率相告，没有多少拘束。

（4）稳定交往阶段。情感交流阶段如果能够在一段时间内顺利进行，人们就有可能进入更加密切的阶段，双方成为亲密的朋友，可以分享各自的生活空间、情感、财物等，自我表露更深、更广，相互关心也更多。一般来说，能够达到这种境界的关系相当少，这也就是人们常说的“人生难得一知己，千古知音最难觅”。

由此可见，好的人际关系是需要时间发展，需要耐心培养的。

### （三）人际交往的重要性

人是社会性动物，马克思说过：“人的本质是一切社会关系的总和。”人从出生那天起，就被置放于一定的社会关系中，就必须与别人发生交往关系。亚里士多德说过：“能独自生活的人，他不是野兽，就是上帝。”

一个离开人群的人，是无法单独生存的。《鲁滨孙漂流记》是一本引人入胜的文学名著。但人们或许不知道，鲁滨孙的原型是塞尔柯克，此人脾气暴躁，在航海中因与船长争吵而被滞留荒岛，孤独地生活了 4 年，当 1712 年返回家乡时，脾气更坏了。4 年孤独的生活使他看到别人就怕得要命，只能躲在无人的地方。结果在 1721 年，死于自己所挖的地洞里。

#### 1. 人际交往——心理的需要

著名心理学家马斯洛认为，人人都具有这样一个基本需要：归属于一定的社会团体，得到他人的爱与尊重。人类对爱、关心、尊重等交往活动的需要，在重要性上不亚于对食物、性等生理的需要。如果人的交往需要得不到满足，就会像吃不饱饭而营养不良一样，导致人心理的失调，由此产生的苦恼和困惑也显得格外突出。这些问题如果得不到及时解决，便会对我们的学习、生活，乃至身心发展造成严重的影响。

社会学与人类学的研究更是肯定，群体合作具有生物保存与适应的功能。如果没有群体的合作，不仅是人类，许多生物都会灭绝。当我们对情境不确定时，需要有人指引，获得参照；当我们忧愁哀伤时，需要有别人抚慰，能够倾诉；当我们面临危机时，需要有别人的帮助，得到支持。我们需要良好的社会支持网络，与他人保持人际关系。

青年时期是一个关注交往、需要理解、渴望友谊的时期。通过人际交往结成一定的人际关系，是个体能够适应环境、适应社会生活、担当一定的社会角色、培养健全人格的基本途径。大学生正处于学习知识、了解社会、探索人生的重要发展时期，要以积极的心态面对学习和生活，更重要的是要对在人际交往中彼此该如何顺畅地沟通、增加了解、培养情感这一人生课题有理性的思考。

2. 人际交往——加速社会化

所谓社会化，是指人不断学习和掌握充当社会角色必备的知识、技能以及特定的社会规范、准则，以获得社会有效成员资格的过程，是个体由自然人向社会人转变的过程。一个人的社会化程度越高，他的成熟度和能力也会越高。

一般而言，人只有生活在一定的人际关系中成为社会化的个体，才能具有完整的人格和品行，才能学习社会角色行为，才能获得社会公认的身份资格。人际交往的范围越广阔，获得的社会规范越多，适应社会的能力也就会越强。而不善交往的人可能会难以完成或延缓社会化的过程。

大学生在校期间，既是学习专业知识的过程，又是了解社会，体验、探索人生，逐步完成社会化的过程。在大学期间，既要完成从未成年人走向成年人、从校园步入社会所需要完成的社会化任务，还要掌握符合社会要求的、适应社会角色必备的知识和技能以及具备适应社会的心理素质等。

在社会化的过程中，人们不是被动地接受生活规范，而是积极主动地在与人的交往中了解社会规范，在内心深处，把建立和维持人际关系的原则纳入自己的价值体系，来调节和支配个人的行为，适应社会生活。

3. 人际交往——完善自我意识

美国心理学家埃里克森认为，大学时期，青少年主要的发展就是建立自我同一性，即个体自我一致的心理感受。如果自我感觉与在其他人心目中的感觉是相称的，将使个体自我感觉和谐；相反，个体如果没有自我同一性，不清楚自身的存在，则无法获得对自我心理客观的认识。

大学是人生发展的特殊阶段，大学生必须对我是谁、我的能力如何、我的价值如何等自我意识的问题做出回答。人不仅需要自己了解自己，而且要通过他人来了解自己，在与他人不断的交往中，以他人为镜，在与他人的对照中不断调整自己，从他人对自己的态度和评价中正确认知自己的形象以及在社会中所处的位置，从而充当正确的社会角色。因此，大学生必须充分认识到人际交往的重要性，在交往中学习、总结，以别人的长处来弥补自己的短处，扩充自己的知识积累，发展自己的认知体系。

4. 人际交往——健康、幸福、快乐之源

良好的人际关系是心理健康的标志之一。我国著名心理卫生学家丁瓒先生说过：“人类的心理适应，最重要的就是对人际关系的适应，人类的心理病症，主要是由人际关系失调而引起的。”

正常的人际交往和良好的人际关系，对个体的心理和生理具有保护与缓冲的作用，使个体有安全感、愉快和满足感，对生活充满希望，免于出现心理障碍，并且对已经出现心理障碍的个体具有治疗作用；相反，如果人际关系失调，个体通常就会伴随着紧张、焦虑、忧伤、悲观、自责等消极情绪，而且由于缺乏必要的人际支持，这种不良状态长期持续存在，往往会导致出现比较严重的心理障碍，对其学习、生活造成严重影响。

现在的大学生，一般都是独生子女，在外求学，大多是第一次远离家乡和亲人，面对陌生的环境和来自全国各地的同学，心中难免会有孤独感，在学习和生活中也经常会遇到一些困难与不顺心的事。大学生亟须将这些成长的烦恼找人倾诉、交流，从而得到精神的慰藉。如果自己过于孤僻，不愿意或害怕与人交往，就会逐渐感到孤单、焦虑和压抑，长久以往很容易导致心理疾病。一位哲学家这样说过：“如果你把快乐告诉一个朋友，你将得到两个快乐；如果你把忧愁向一个朋友倾吐，你将被分去一半忧愁。”

5. 人际交往——事业成功的保证

卡耐基说过，一个人事业上的成功，只有15%是由于他的专业技术，85%是靠他的人际关系和处事技巧。在科技日新月异的年代，知识的更新换代极为频繁，每个人都需要不断地进行知识的补充与更新。但是，个人的能力是有限的，光靠书本上的知识很难适应社会发展的实际需要，而积极的人际沟通与交往，是一个人获取新知识的有效途径。俗话说：“独学而无友，则孤陋而寡闻。”

另外，学会合作是非常重要的。美国哈佛大学就业指导小组对几千名被解雇的男女雇员进行了综合调查，他们发现，其中人际关系不好的，比不称职的人高出两倍多；每年调动人员中因人际关系不好而无法施展其所长的占 90%。俗话说，“一个篱笆三个桩，一个好汉三个帮”，再伟大的人物如果离开了群众，也将一事无成。人际交往与我们的发展息息相关，除了自己有实力外，我们更要学会和他人交往，建立良好的人际关系。

## 二、独处的需要

**【案例】**

李某，女，大学二年级学生。她和同学们一直相处得还不错，但这也是困扰她的问题。因为她们之间交往得非常密切，每天大家同进同出，几乎没有什么私人的时间，她很希望能有一部分私人的时间，但是又怕会被同学们说她不合群。

**案例分析：**

毋庸置疑，每个人都有人际交往的需要，但同时也有独处的需要。正如一位哲学家所说：“过多的交往使人浅薄。”研究结果表明，当人们感到孤独，缺乏感情依赖和理解，没有足够的人际关系支持时，会为人际关系的缺乏而烦恼；当人们交往过多，难于把精力集中在学习上时，人们又会为过多的交往与复杂的人际关系感到不安。案例中的同学正是由于过多的交往，以至于失去了个人的自由，因此对过多的交往产生了烦恼。

### （一）独处的概述

1. 独处的内涵

关于什么是独处，很多研究者提出了自己的观点。最完整的界定是：独处是个体的意识与他人的意识分离，个体没有与他人进行信息或情感的交流的状态，即在心理和行为层面上与外界不存在任何关系的状态。这跟大多数人认为的独处还是有区别的，我们平时会简单地认为，独处就是一个人待着、没有其他人在场的状态。实际上，独处不是身体上的远离，而是意识上的远离，如一个人在家与他人打电话并非是独处，因为打电话的过程中，有信息的交换；反之，如果在公园中散步或在家看电视，如果是独自一个人，也是独处，因为在这些过程中没有与人互动与回馈。由此可见，独处不仅要求个体在行为层面上与他人分离，而且要求在心理上的独处，即在形式上和实质上都与外界分离。

2. 独处与孤独

提及独处，人们常将其与孤独混淆。有学者研究了个体对独处情节的描述，发现有人将独处情节描述为正向的，有人将独处情节描述为负向的，还发现前者更愿意进行冥想、听音乐等活动，后者更愿意进行看电视等活动。可见，独处不意味着消极，不意味着孤独。很多研究者采用实证的方法对独处和孤独进行了探索及辨别，结果发现，一方面孤独和独处是两个独立的概念，代表着不同的心理特征；另一方面孤独又是独处的一部分，而非独处的对立面。所以，独处与孤独之间虽然在语义上存在着一定的联系，但在实质上却具有区别，独处的内涵要比孤独更加丰富和复杂。

### （二）独处对心理健康的作用

独处是一种积极的、具有潜在价值的人类经验，具有多方面的功能。独处对于心理健康的作用，主要来自独处对个体认知和情绪两方面的影响。

1. 独处的情绪功能

最开始的时候，研究者强调独处能力的情绪潜能，并且把独处能力看做个体情绪成熟的指标之一，认为一个完全成熟的人能够运用独处来平复压力所带来的焦虑，使情绪恢复平和。后来的一些研究结果也不断证实了独处对人的情绪有影响，尤其是对负向的、消极的情绪有缓解和消除的作用。Bond（1990）认为具有独处能力的人在独处的状态下能够觉察到自己情绪的改变，而且负向情绪会慢慢消失；Larson（1990）的研究也证实，有时候选择远离他人、释放负向情绪并更清楚地自我思考，有助于短期的情绪更新；Morrison（1986）等人在研究中发现，独处有助于个体的情绪适应，降低负向情绪的影响，并促进其身心健康。因此，独处具有降低负向情绪、促进情绪更新、使情绪变得平和的功能。

2. 独处的认知功能

Buchholz（1999）认为独处是个体建构和重构自我功能的一种需要，目的在于增强个体的感知觉、认知组织以及幸福感，因此独处也具有自我反省、思考、评价等认知功能，这也为个体提供了评价压力的机会，个体在面对压力时可以通过独处来进行反省。台湾学者 2006 年研究发现，生活压力、独处能力与身心健康具有显著相关，且独处能力对生活压力、身心健康具有调节作用。该结果支持了独处能力具有对压力进行评价的认知功能。此外，独处还有助于创造力的发展，Amabile（1983）认为独处所提供的自由有助于创造力的发挥。青少年的创造力发展有赖于独处活动，如一个人玩乐器或写诗等，如果个体无法忍受独处就不能发展创造力潜能，个体对独处的偏好是有助于提高创造性成就的关键因素之一。

综上，个体存在的状态可以分为两种：人际交往与独处。而大多数人更多的是对独处的恐惧，而非对独处的喜爱，显然忽略了独处对心理健康的有益作用，否定了独处需要的存在。在与他人相处时，人们不可避免地把注意力投向他人，致使自我观察和自我注意减少，必然削弱自我体察和自我矫正的功能。事实上，每个人都需要无拘无束、自由表现的机会，更需要个人的内省经验。因此，维持交往需要与独处需要的平衡，是建立良好人际关系的必要前提。

但是，并不是每个人都会独处。有的人习惯了与别人一起活动，当他们不得不一个人打发时间的时候，就会不知所措。在人际交往中，有一个重要的问题值得大学生思考：你会一个人积极生活吗?当你一个人的时候，你可以拥有自己快乐的生活吗？当然，不同的个体对交往的需要和独处的需要是不同的，不同的个体有不同的人际关系期待，重要的是，维持自己交往需要与独处需要的平衡。

# 第二节　大学生人际交往的特点及影响因素

## 一、大学生人际交往的特点

### （一）平等意识强

随着大学生自我意识的发展，独立和自尊的要求日益增强，他们产生了强烈的“成人感”，对交往的平等性要求越来越高。他们既对他人平等相待，又希望他人对自己也一视同仁。所以大学生更多地选择与同辈交往而远离父母，经常回避“居高临下”的教训，渴望平等交往。而那些傲慢无礼、不尊敬他人，嫉妒心、报复心强的人常常不受欢迎。

### （二）感情色彩浓

大学生普遍希望通过交往获得友谊。对友谊的珍惜与渴求，以及青年人情感丰富的心理特点，使大学生在人际交往中十分注重感情的交流，讲求情投意合和心灵深处的共鸣。但是大学生情感很不稳定，有点变化无常，表现为时而欢欣鼓舞，时而焦虑悲观，也经常容易用感情代替理智。

**（三）富于理想化**

大学生的人际交往具有浓厚的理想色彩，比较重思想、纯洁、真诚。无论是对朋友，还是对师长，都希望不掺任何杂质，以理想的标准要求对方，一旦发现对方某些不好的品质就深感失望。与其他人群相比，大学生人际交往的挫折感较强，致使大学生出现渴求交往和自我封闭的双重性。

## 二、大学生人际交往的影响因素

人际吸引是指人与人之间的相互接纳和喜欢的现象，它是人际关系状况的一个重要标志。人与人之间的交往有亲疏远近的差别，无聊时只希望有人为伴，这是人际“亲和”的需求。然而，人际的交往有时并不只是相互亲近，对于经常交往的人，有些我们视同知己，有些我们则唯恐避之不及，有的甚至会日夜思念，这就是人际吸引程度不同所致。人为什么喜欢别人或为别人所喜欢呢？人际的相互吸引，是由很多原因造成的。

**（一）外表与个性特征**

1. 外表吸引力

大量的研究表明，外貌魅力会引发明显的人际吸引的“辐射效应”（radiating effect）。人们在交往中对外貌有一种特别的注意力，因此很多女孩为自己生就一副美丽动人的脸庞而扬扬自得，也有女孩为自己生就一副平平淡淡的面孔而自惭形秽。但是，人的美是由许多内在和外在的品质组成的，外貌的美固然重要，但它并不代表美的全部。语言美和气质美便是比美貌更能让人产生美感的东西。委婉、动听的语言给人带来美感，恶语给人带来伤害。气质美是建立在内在基础上的美，很多时候可以弥补外貌的不足。

2. 个性特征

人们对乐观开朗、助人为乐、富于幽默感、有进取精神的人非常倾慕，因为与这种人相处，能给人带来欢乐。美国心理学家安德森 1968 年通过所做的一项调查发现，最受人欢迎的十项个性特征依次是：真诚、诚实、理解、忠诚、真实、可信、智慧、可依赖、有思想、体贴；最不受欢迎的十项品质依次是：虚伪、不友好、敌意、饶舌、自私、粗鲁、自负、贪婪、不诚实、不善良。这些个性品质都或多或少、间接或直接与真诚有关。真诚受人欢迎，虚伪令人讨厌。一个人要想赢得别人的尊重，与别人保持良好的交往，真诚是必须有的品质。因此，建立良好的人际关系，真诚是必不可少的。热情是最具吸引力的个性特质之一。热情之所以有如此强大的功能，是因为人们总是习惯把热情与慷慨大方、能力强、和蔼可亲、受人爱戴等良好的品质联系起来，对人热情会视为喜欢对方的表现，“投之以桃，报之以李”，人们也会回报以喜欢。

3. 能力

通常人们喜欢聪明、有能力、有智慧的人，主要的原因是跟有能力的人在一起，他们可能会帮我们解决问题，想出新的点子，让生活更容易、更有趣。但是太有能力的人则会让人感到压力，因为任何人都不愿意选择一个总是贬低自己无能和低劣的对象去喜欢。当身边的人的才能使自己可望而不可及时，人们就会产生一种压力，这种压力驱使人们对高才能的人敬而远之。在一个群体中最有能力、最能出好主意的成员往往不是最受人喜爱的人，一个才能出众但偶尔有点小错误的人在一定程度上比没有错误的人更受欢迎。因此，在现实生活中，不要苛求自己做一个完美的人，因为完美不但不会增加你的吸引力，反而会使人们对你敬而远之。如果你是一个很有才能却不受喜欢的人，那么不妨犯一点可以原谅的小错误，也许会收到意想不到的效果。

**（二）相似与互补**

相似性能够增进人际吸引。俗话说“君子所见略同”，故“惺惺相惜”。人们往往喜欢那些与自己相似的人。社会心理学家发现态度、价值观或兴趣相似的人会相互吸引，人们的态度越相似，则越会相互喜欢。相似导致喜欢的原因在于，具有相同的理想、信念和价值观，具有共同或相似的生活、学习习惯的人，感情上就容易产生共鸣，在对问题的看法上持与自己相同的观点，实际是对自己的一种社会性支持，同时也是一种酬赏或报答，它必然会促进人们之间积极肯定的人际关系的形成。

与相似相联系的是互补，当交往双方的需要和满足途径正好成为互补关系时，双方之间的喜欢程度也会增加。互补能够产生吸引，主要是针对双方的需要而言的，当一方所具有的品质和表现出的行为正好可以满足另一方的心理需要时，就会产生相互吸引。支配型的人需要的是支配别人，而顺从型的人需要的是被别人支配，这两种人如果遇到一起，能够满足各自的需要，相互合得来，容易结为友好。人人都有一种心理补偿倾向，自己缺少的正是自己最渴望具有的，自己某方面欠缺，就会欣赏具有这方面特点的人，对其产生好感，产生吸引力。从表面上看，相似与互补是矛盾的，但实际上，两者是协同的。因为人在成长的过程中，不可能面面俱到，在个人兴趣、专业、特殊才能等方面，多数人都会有希冀自己所缺的由别人补足的心理倾向。因此，当见到自身所缺的某种特征而对方所擅长时，就会不期然地对之产生好感。建立在态度与价值观上一致性的相似和互补有着重要意义，在互补涉及人际吸引的关键因素和社会角色相互对应时，互补比相似更重要。

**（三）对等与互惠**

阿伦森的研究表明，人际吸引的基础是人与人之间的相互重视、相互支持。任何人都不会无缘无故地接纳我们、喜欢我们，他们的接纳和喜欢是有前提的，这就是说我们也要喜欢他们，承认他们的价值，对他们起支持作用。人际交往中的喜欢与厌恶、亲近与疏远等是相互的。通常情况下，喜欢我们的人，我们才去喜欢他们；愿意接近我们的人，我们才去接近他们。而对于疏远我们、厌恶我们的人，我们也报之以相应的疏远、厌恶。人际吸引的对等原则提示我们，在人际交往过程中，我们应首先接纳、喜爱我们的交往对象，这样我们才能在交往中占据主动地位，也才能赢得对方的认可、接纳，否则，我们会面临困境，甚至被他人拒绝。所谓“爱人者，人恒爱之；敬人者，人恒敬之”。

互惠是指交往的双方因可以给对方带来收益而增加相互吸引的现象。人们总是喜欢那些能给自己带来收益的人。心理学家霍曼斯提出，人与人之间的交往本质上是一个社会交换过程，尽管这种社会交换不同于经济领域的商品交换，但却和后者一样遵循着相同的基本原则，即互惠原则。生活中常常可以发现，互相帮助的人们，交往总是比较密切、关系也总是比较亲密和持久的。因此我们要想提高自己的人际吸引能力，要想自己被他人所接纳，不但必须了解他人在人际关系方面的价值倾向，同时要懂得及时回报别人的帮助。人际交往中“回报”的内容是多方面的：有物质的，也有精神的；有直接的，也有间接的。但应注意的是，人际交往中的回报，并不存在一般等价物，在很多时候也不是同步、等量的。要注意给别人提供帮助切勿以别人相应的回报为条件；而对别人的帮助应懂得适时予以回报。

**（四）熟悉与接近**

俗话说，“近水楼台先得月”，“远亲不如近邻，近邻不如对门儿”。这说明时空距离是形成密切的人际关系的一个重要条件。空间距离越接近的人，就越容易发生人际交往，如同班同学、同桌、同寝室的人，不仅容易交往，而且交往频率高。交往得频繁也容易使双方相互了解和相互支持。因接触机会多而相识，因相识而彼此吸引，因彼此吸引而容易形成共同的经验、共同的话题、共同的体会、共同的兴趣以及共同的利益，从而建立友谊，甚至彼此相爱，是最寻常的事。但是，时空的接近性并不是形成良好人际关系的决定因素，而只是一个必要条件，并非充分条件。有时人与人之间在空间上彼此接近，未必一定彼此吸引，甚至可能是日久生厌。

## 第三节　大学生人际交往的原则与技巧

### 一、大学生人际交往的原则

进入大学后，由于交往范围的扩大，人际关系也会呈现出复杂的特点。由于缺乏交往经验，许多大学生在处理人际关系时容易出现问题。因此，在与人交往时，要注意以下几个基本原则。

**（一）真诚原则**

真诚的理解是人际交往的基础。在人际交往中只有抱着心诚意善的态度，才能得到别人的接纳和信任。以诚相待是人际交往得以延续和深化的保障。古人云：“以诚感人者，人亦诚而应。”在我们与人交往中，最不受人欢迎的就是虚伪。

**（二）平等原则**

人际交往中的平等，主要是指一种精神和人格上的平等。在实际生活中，同学间肯定是有差异的，家庭的经济水平、社会地位，甚至是个人的能力、地位都不平等，这些不平等往往会给我们的交往造成困难。例如，有些同学因为自己家境好，或是自己能力强，难免对其他人有种居高临下和盛气凌人的心理；而有些同学又会因为经济原因或自卑感等，有一种不可高攀别人的心理，这就会使我们的交往出现障碍。但是，面对一些客观存在的不平等因素，我们应保持心理上、人格上的平等。

### （三）尊重原则

我们每一个人都是独立的个体。在交往中一方面要尊重自己，做到自重、自爱、维护自己的人格；另一方面要尊重他人，做到尊重交往对象的人格、爱好与习惯。尊重他人才能得到他人的尊重，尤其是要尊重他人的隐私，如人与人之间无论关系多么亲密，都有不愿暴露的领域，因此我们不能因关系亲密而任意侵犯对方所不愿意暴露的领域。

### （四）宽容原则

宽容是指在承认人与人差异的基础上，尊重他人的存在方式。在人际交往中我们的很多矛盾来自对他人的苛刻。有这样一个小故事：晚饭后，母亲和女儿一块儿洗碗盘，父亲和儿子在客厅看电视。突然，厨房里传来打破盘子的响声，然后一片沉寂。儿子望着父亲，说道：“一定是妈妈打破的。”爸爸问：“你怎么知道？”儿子回答说：“她没有骂人。”日常生活中，我们习惯以不同的标准来看人、看己，以致往往是责人以严，待己以宽。要做到宽容，我们应辩证地看待别人，既能看到别人的优点，也能容忍别人的缺点。当双方发生矛盾时，只要不是原则性的大问题，都应抱着豁达大度的心态，“退一步海阔天空”，彼此容忍，这样才能保证交往的顺利进行。

### （五）互利原则

人际交往中，双方要互惠互利。双方在交往过程中都要受益，只有单方获得好处的人际交往是不能长久的，因此在交往中双方都应付出和奉献。双方的受益可以是物质的，如互赠礼物，也可以是精神的，如互相关心，互相安慰。大学生更注重的是精神上的受益。

### （六）守信原则

交往离不开信用。我们在和别人交往中，不要轻易许诺，一旦许诺，就要设法实现，以免失信于人。人们最不能容忍的就是别人对自己的欺骗。朋友之间，要言必信，行必果，如此才能赢得别人的信赖。

## 二、大学生人际交往的技巧

人际关系是在长期的生活实践中建立和发展起来的，每个人都希望自己能够拥有良好的人际关系，能够拥有许多知心朋友，这不但需要一颗宽容的心，需要真诚，需要积极主动交往，还需要塑造良好的个人形象，善用各种交际手段，克服社会知觉中的各种偏见。

### （一）提高认识，克服人际关系中的认知错觉

除了客观环境、个人地位、生态距离等因素会影响人际交往的进行外，以下几种认知错觉也会影响人们在交往过程中相互理解、相互感知。

1. 首因效应

人们初次见面时产生的印象就是第一印象。这个印象往往影响人们以后的交往，称为首因效应。第一印象会使人际认知带有表面性和片面性。人们初次相遇，总要首先观察对方的衣着、相貌、举止及其他可察觉到的动作反应，然后根据观察到的印象对对方做出一个初步的评价。这就容易出现“先入为主”“以貌取人”的现象。尽管人们都知道第一印象是在很短的时间内根据有限的、表面的观察资料所得出来的，有可能是错误的，但由于它的新异性和双方鲜明的情绪色彩在人的脑海中留下深刻的烙印，人们常常难以避免这种倾向。第一印象可以成为人们心理相容的有利因素，也可以成为人们心理不相容的因素。它不但决定人际交往是否延续，并影响今后交往的质量和效果。第一印象是一种客观存在的心理现象，是不可回避的，大学生必须重视人际交往中的第一印象。一方面，在看待别人时，要尽量避免受第一印象的影响，以免对他人产生不正确的认知，在人际交往中应该多了解、多分析，不要轻易给对方下结论。另一方面，在与人交往时，要学会利用第一印象的效应，加强自己的个性表现力，力争给人留下好的第一印象，使别人初次与你接触后，就产生进一步交往下去的愿望，否则，就容易失去下次交往的机会。

2. 近因效应

近因效应是指最近的信息对人的认识具有强烈的影响，最后留下的印象比较深刻。近因效应和首因效应是一个问题的两个方面。一般来说，在对陌生人的认知过程中，第一印象比较明显；在对熟人的认知中，近因效应所起的作用则更为明显。近因效应在大学生的人际交往中是常见的，如一位大学生平时表现很好，可一旦做错了一件事，就容易给别人留下很深的负面印象。大学生在人际交往中应注意克服近因效应带来的认识偏差，要用历史的、动态的、发展的眼光看待他人，看待人际交往。同时，大学生也要注意利用近因效应在人际交往中的积极作用。有的人过去与他人交往时，给人留下了不好的印象，但只要认真改掉，发扬优点，重新树立良好的形象，就会改变他人对你的看法。

3. 晕轮效应

晕轮效应（halo effect）又称成见效应、光环效应，指的是在人际交往中，根据某人身上一种或几种特征推论概括该人其他一些未曾被了解的特征，属于以点概面、以偏概全的认知偏差。晕轮效应的产生是在人际交往中掌握有关对方信息资料不足的情况

下做出总体判断的结果。人们常说“情人眼里出西施”就是晕轮效应的最好说明。晕轮效应对人认知的影响表现在很多方面，积极的一面是通过某一方面建立有关别人的印象，最迅速、最经济，帮助人们尽快适应多变的外部世界；其消极的一面在于以偏概全，使人们对别人的印象与本来面目相去甚远。如在一个集体里，当你对某人印象好时就觉得他处处顺眼，甚至他的缺点错误也会觉得可爱；当你对某人印象不好时，就觉得他处处不顺眼，对其优点成绩也视而不见。这种心理状态必然会影响到人际关系的融洽与和谐。此外，外表的吸引力、学习成绩有着明显的晕轮效应，当一个人的外表充满魅力时，其与外表无关的特征，也会得到更好的评价。某学生因为学习成绩好，被老师所喜爱，即使一些淘气的行为也被解释为精力充沛、顽皮可爱。在人际交往中，我们要注意克服晕轮效应的消极作用，尤其应防止喜欢一个人某一点便认为他一切都好，讨厌一个人某一点便认为他一切皆糟。有意识地训练自己从不同角度、不同方面观察、评价他人，力求做到实事求是、客观公正。在克服晕轮效应消极作用的同时，还要学会利用晕轮效应的积极作用，如塑造良好的外在形象，优化自己的言谈举止，突出自己的优势、特长等，以便给他人留下美好的印象。

4. 刻板印象

刻板印象是指人们对于社会上某一类人所形成的概括而固定的看法。人们在交往中不仅会对个人形成印象，而且对群体也会形成印象，并且这种对群体的印象还会影响到群体中个人的认知。如果一个人属于某个职业、某个民族，就认为他一定具有这个职业或民族的特性。如在人们脑子里，女性总是柔弱的，男性总是强壮的，知识分子书生气十足，工人粗犷豪放，会计师都精打细算，教授必然白发苍苍。刻板印象在人际交往中有利有弊，一方面，它使认识他人的过程简化，有利于对某一个人、某一群人做出概括性的了解，借助于某一类的共性，我们可以想象出某一个人可能会有的典型特征。另一方面，刻板印象不一定符合实际，倘若在非本质方面做出概括而忽视了人的个别差异，就会形成偏见。因为即使在同一类人里，每个人除了具有类似的特征外，还有自己的个性，两者是有差异的。因此在人际交往中必须克服上述心理偏见，要懂得人们对各类群体特征的概括，其正确性是相对的，不能按刻板印象认识他人，而要做具体观察；我们要时时提醒自己把交往对象看成一个独特的、具体的人，以此为基础进行交往，便会大大弱化刻板印象。

5. 投射效应

投射效应是指个体认知他人时把自己的特性归属到他人身上，也就是以自己的想法推测别人的想法，认为自己是这样想的，别人也一定会这样想。由于人类有许多本质上共同的特性，因此投射效应有时能够帮助人们相互理解。但是，过多地把主观意向强加于人，则会造成对他人的认知偏差，带来交往问题。如自私的人总认为别人也很自私；好胜心强的人，就猜想别人也争强好胜。这种“以小人之心度君子之腹”的想法是一种典型的投射效应。投射效应的常见表现形式之一是情感投射，即以为别人与自己的好恶相同。例如，有的人喜欢热闹，就以为别人也喜欢热闹；有的人爱吃肉，就对他人不爱吃肉感到不可思议。另一种常见表现形式是愿望投射，这是把自己的主观愿望投射于他人身上，认为他人与自己抱有相同的愿望。例如，某男生暗暗喜欢上了班里的一位女生，在平时的交往和接触中自然非常留意女孩的一举一动，察言观色、探测虚实。由于愿望投射的作用，他经常把对方表现出来的那些没有实际意义、不包含特定信息的举动主观地解释为“她对我也有意”，于是从中得到鼓舞，终于鼓足勇气向对方表白心怀，结果却被婉言拒绝。他非常恼怒，认为对方是在戏弄他，该男生到最后也没有意识到是自己判断失误。由于投射效应的影响，人际交往中很容易产生误解，我们应尽量学会站在对方的角度上考虑问题，这样才能更好地理解对方的想法，了解对方的态度。

### （二）培养良好的交往品质，增进个人魅力

社会交往中，个体良好的交往品质、知识水平与涵养直接影响着交往的效果，良好的个人形象应从点滴开始，从善如流。“勿以善小而不为，勿以恶小而为之”，优化个人的社交形象。

1. 真诚信任

“人之相知，贵相知心。”真诚的心能使交往双方心心相印，彼此肝胆相照，真诚的人能使友谊地久天长。在大学生的交往中，讲诚信是非常重要的。由于大学生群体的特殊性，他们的诚信行为主要依靠道德力量来约束。因此，大学生们都喜欢与诚实正直的人来往，因为这样的交往使人有安全感，诚实使人放心，诚信才能赢得他人的信任。只有真诚待人，才可能谈得上与别人建立并保持良好的人际关系。

美国思想家和诗人爱默生说过：“你信任人，人才对你忠实。”以伟大的风度待人，他人才表现出伟大的风度。在人际交往中，信任就是要相信他人的真诚，从积极的角度理解他人的动机和言行，而不是胡乱猜疑，相互设防。信任他人必须真心实意，而不是口是心非。那种“逢人只说三分话，不可全抛一片心”的交往信条和假意逢迎、吹牛撒谎的交往行为，都会损害健康的人际关系。

2. 主动热情

在人际交往中，热情能给人以温暖，能促进人的相互理解，能融化冷漠的心灵。因此，热情待人是沟通人的情感、促进人际交往的重要心理品质。心理学家研究发现，多数人的交往愿望很强烈，但是能够主动发起交往活动的人却不多。很多人不是主动接纳别人，而是在等待别人接纳自己，他们试图去引起别人的注意，做交往的响应者而不是发起者，这样往往会错过很多机会。因为在交往的时候，人与人之间具有互动性，人们更喜欢那些对自己感兴趣的人。如果一个人很少主动了解别人，那么别人也会对他敬而远之。因此，要想建立广泛而良好的人际关系网络，就必须做交往的发起者，这样才能始终处在交往的积极主动的位置上。

在社会交往中，主动交往的稀少源于两方面的原因：一是缺乏自信，担心遭到拒绝，担心别人不会像自己期望的那样理解、应答，从而使自己处于窘迫的局面，伤害

了自己的自尊。二是人们在人际关系方面有许多误解，如“先同别人打招呼，在别人看来低人一等”“那些善于交往的人左右逢源，都有些世故，有些圆滑”等。大学生的主动交往也很重要，特别是当面临人际危机时，主动解释，消除误解，对重新建立良好的人际关系非常重要。

3. 幽默洒脱

幽默是一种特殊的情绪表现，它是人们适应环境的工具，是人们面临困境时减轻精神和心理压力的方法之一。人与人之间有时会产生没有恶意的冲突，这时候就需要幽默感来化解。一个轻松的笑话、一个善意的玩笑都可以缓解尴尬的气氛，化解紧张的状态。如果打算向对方提出一个要求，但是又担心对方不能满足自己，这时就可以用幽默的方式提出要求；反过来，如果无法满足朋友的要求，用开玩笑的口吻婉拒也不失为一个好办法；当朋友遇到麻烦时，幽默感也是安慰和鼓励对方的有力手段。幽默的人永远被周围的人所喜爱，人们喜欢幽默是因为它让人轻松和超脱，使人际关系更为融洽。但要注意，幽默不是讽刺挖苦，在与人交往中，宁可取笑自己，绝不可取笑他人。幽默不是油嘴滑舌，而是一种语言的艺术，它是与广博的知识、丰富的阅历、高度的修养、广阔的胸襟紧紧联系在一起的。

4. 自信克制

俗话说，自爱才有他爱，自尊而后有他尊。自信也是如此，在人际交往中，自信的人总是不卑不亢、落落大方、谈吐从容，而绝非孤芳自赏、盲目清高；他们常常主动发起交往活动，主动接纳别人；他们对自己的不足有所认识，并善于听从别人的劝告与帮助。培养自信要善于“解剖自己”，发扬优点，改正缺点，在社会实践中磨炼、摔打自己，使自己尽快成熟起来。与人相处，难免发生摩擦冲突，克制往往会起到“化干戈为玉帛”的效果。克制是以团结为金，以大局为重，即使是在自己的自尊与利益受到损害时也是如此。但克制并不是无条件的，应有理、有利、有节，如果是为一时苟安，忍气吞声地任凭他人无端攻击、指责，则是怯懦的表现，是不正确的交往态度。

5. 宽容忍让

“唯宽可以容人，唯厚可以载物”“得饶人处且饶人”这些古训都是告诫我们在人际交往中要做到心胸开阔，宽容忍让，这也是为人处世的高层境界。虽然我们都喜欢与那些在人生态度、价值观、个性特征、文化背景等方面和我们相似的人交往，但是我们也无法避免与那些相异者相处共事，只有以一种宽容的态度对待他人，视彼此的差异为正常合理，才有助于我们建立广泛的人际关系。在日常的人际交往中，每个人都有做错事、讲错话的时候，都有无意中伤害到别人的时候。如果这时毫不退让，斤斤计较，不仅会使自己的情绪变坏，造成心理波动和失衡，还会激起对方的不良情绪，造成矛盾对立和激化，使冲突加剧，甚至会导致关系破裂，无法补救。因此，大学生在交往中要学会宽容和忍耐，要能够容得下别人的某些缺点和不足，尊重别人那些和自己不同的兴趣与行为习惯，只有化干戈为玉帛，友谊才能长存。

### （三）掌握交往的技巧，培养交往能力

1. 恰当的自我表露

自我表露是指在人际沟通中自愿地把自己的个人信息传递给对方。要想与别人成为知心朋友，就必须恰当、适时地表露自己的真实感情和真实想法。一个从不自我表露的人不可能与他人建立密切的关系，但是，总是向别人喋喋不休地谈论自己的人，会被他人看作适应不良的自我中心主义者，太多或太少的自我表露都不合适。

理想的自我表露是对少数亲密的朋友做较多的自我表露，而对一般朋友和其他人做中等程度的表露。自我表露的深度和广度因沟通对象而异，一般来讲，人们容易表露为社会所接受的内容，而不愿表露为社会所不容的内容；人们易于向女性表露而不易于向男性表露；在进行重要的自我表露时选择私下场合比较合适。在进行自我表露时要注意观察对方的反应，尽量在对方感兴趣、愿意听的时候自我表露。一句话概括，就是在适当的时间和地点向适当的人表露适当的内容。

2. 积极地倾听

倾听是人际沟通中获取信息的主要手段，学会做一个积极的倾听者也是提高和改善人际关系的有效手段。我们在谈话过程中常常有种冲动，想把自己心里的话全都说出来，因此，对别人说的话心不在焉，甚至急不可待地打断对方的讲话。这种举动，能够带来一时的畅快，但却丧失了许多与人深交的机会。因为跟你谈话的人，对他自己的问题和需要更感兴趣，所以在人际交往中，注意倾听别人诉说，比我们自己诉说更为重要。

3. 真诚地赞美对方

人类普遍存在着自尊的需要，人们在交往中总是倾向于选择能肯定自我的人。赞美，使人感到认同，使人感到尊重，使人体验到自身的价值，赞美能满足人的心理需要，因而对赞美者亦会报以感激之情和友善的回应。所以，赞美别人是一种不用花钱费力就能赢得别人好感的方法。遗憾的是，在现实生活中人们往往忽视了赞美的意义，对此不屑一顾，甚至把赞美看作“拍马屁”，不愿赞美别人。我们不仅要乐于赞美别人，还要善于赞美别人。首先，赞美别人要发自内心。只有真心的赞美才能赢得对方的好感，虚伪的赞美只能引起反感，或被认为是别有用心。要做到真心赞美，需要一颗关注别人的爱心，需要能发现别人优点的慧眼，需要有欣赏别人优点的胸怀。其次，赞美要恰如其分。只有恰如其分的赞美才能收到应有的效果，言过其实、过分夸张或者无中生有的赞美，会起反作用，使人感到不安，感到受之有愧，甚至有讽刺挖苦之嫌。所以，赞美别人要实事求是，要注意分寸，以便被赞美者能够泰然受之。

4. 熟记人名

人们在日常生活中，如果一个并不熟悉的人能叫出自己的姓名，就会对他产生一种亲切感和知己感；相反，如果见了几面你还是叫不出对方的名字，对方就会感到你不重视他，会产生一种疏远感、陌生感，增加彼此的心理隔阂。一位心理学家曾说，在人们的心目中，唯有自己的姓名是最美好的、最动听的，就像在集体照中，一个人

总是首先找到自己一样，在交往中广记人名有助于社会活动的开展。

5. 适度交往

无论关系多么亲密、感情多么融洽的两个人，心理上的距离不可能完全消失，双方在观念意识、行为习惯、处事方式上都不可能达到完全的一致。每个人在内心深处或多或少都会藏有属于自己的秘密，即便是最亲密的爱人和朋友可能也无从了解，我们没有必要把自己的一切都袒露给别人，更不能要求别人也向自己敞开一切，“距离产生美”的道理也正在于此。大学生在人际交往中要“亲密”，但不要“无间”，与人交往的时候，必须要做到给自己和对方留有余地，适当地保持一点距离，因为彼此心灵都需要一点空间。大学生处于一种渴求交往、渴求理解的心理发展时期，良好的人际关系，是他们心理正常发展、个性保持健康和具有安全感、归属感、幸福感的必然要求。大学期间是大学生个性品质形成和发展极为重要的阶段，如果大学生与集体、同学、教师、朋友、家人维持良好的人际交往，保持良好的人际关系，便会感到被人理解、被人接受，感到安全、温暖、有价值，从而心情会更加舒畅，性格会更加开朗，兴趣爱好会更加广泛，智慧会更加活跃，逐渐形成良好的个性品质。在大学校园里建立良好的人际关系，形成一种团结友爱、朝气蓬勃的环境，将有利于大学生形成和发展健康的个性品质。

## 第四节　大学生人际交往的困惑与调适

人际交往问题就如同一张无形的网，一旦坠入其中就很难挣脱。因此，了解人际交往中的常见问题和障碍，并掌握基本的调适方法对提高大学生的人际交往水平有着实际意义。

### 一、情感障碍及调适

#### （一）自卑心理及调适

自卑心理是大学生人际交往中常见的心理问题。自卑心理是一种过低的自我评价，自卑的浅层感受是别人看不起自己，深层次的体验是自己看不起自己。有自卑心理的大学生在交往中常缺乏自信心，处事过分小心谨慎，畏首畏尾，善虑、敏感、多疑、孤僻。有自卑心理的人在社交场合一般不是积极主动参与，而是消极被动、过于警觉，极易受挫。自卑心理可以从以下几方面去调适。

（1）正确认识自己，提高自我评价。自卑心理的形成主要来源于不能正确认识自己和对待自己。要从自卑陷阱中走出来，必须对自己有一个清醒的、正确的认识。自卑者要正确评价自己的长处和短处，要知道“尺有所短，寸有所长”，世界上十全十美的人是不存在的，因此过分的自尊和自卑都是不可取的，我们没有必要对自己求全责备。每个人都有自己的特点，我们应善于发现自己的长处，并运用自己的特点，塑造成功的人生。个人的价值在于自身，而并不随别人的评价而改变。

（2）主动交往。自卑者容易把自己孤立起来，越怕、越退缩回避，越得不到锻炼的机会，能力就越得不到提高，也就越被人议论、瞧不起，形成越怕越羞、越羞越怕的恶性循环。其实，自卑的人往往比狂妄自大的人讨人喜欢，他们中的大多数都谦虚，善于体谅别人。要鼓足勇气积极参加社会交往活动，这是打破恐惧心理的重要一步。勇气对恐惧羞怯者来说是一座桥，通过这座桥，就可以步入广阔而多彩的交往世界，展示自己的交际才能，获得更多的经验、友谊和朋友。

（3）争取成功的体验。对于自卑者而言，他们将过去所体验到的挫折称为“失败”，他们总是想尽量远离失败，但失败却是人生最重要的经历。事实上，心理学家认为没有失败，只有信息的反馈。当我们勇敢地去尝试，由此带来一个结果，这个结果会丰富我们的经验，增强我们的能力。自卑者应该给过去的自己一个“葬礼”，以赋予自己全新的形象，最好把“失败”这个词从脑海里赶出去。

### （二）嫉妒心理及调适

嫉妒是存在于人类心灵中最不健康的一种负面情感因素。嫉妒之心是为抬高自己，达到唯我独尊的目的而向竞争对手发出的一种仇恨心理。嫉妒也是一种缺乏自信、深感生命失落的心理感受。它是看到、感受到或预感到他人的才干、好运、地位、财富以及未来的命运好于或优于自己时内心的一种深深的刺痛，这种刺痛又总是积闷为一种抱怨、憎恨的情感，并通过攻击或诋毁他人来维护心理的平衡，满足好胜的自尊。轻微的嫉妒，使人意识到一种压力，一种超越他人的动力，但严重嫉妒所导致的更多是焦虑、敌意和憎恨，并会导致中伤、诋毁他人，打击别人的进步等消极行为。产生嫉妒并不可怕，可怕的是不能正视嫉妒。

克服嫉妒心理可以从以下方面入手。

（1）认知调节。嫉妒的产生往往来源于两种错误的认识：一是认为别人成功了，说明自己失败了。别人取得了成绩，说明自己没有取得成绩。二是认为别人的成功就是对自己的威胁，是对自己利益的侵害。

（2）增强自信。一个人嫉妒他人时，总容易注意到他人的优点，却不能发现自己的强项，因而不相信自己的能力，要学习改变比较的角度和标准，调整自我价值的确认方式，发展自我定向的心理品质，建立完善的内在比较标准，从有利于自我的角度和标准与他人比较，从而获得自信。

（3）充实自我。当自己有很多事要做时，就会无暇去关注别人、嫉妒别人。因此，学会把目光集中在自己身上，确定适合自己的发展目标，制订出近期计划。

## 二、人格缺陷及调适

### （一）怯懦心理及调适

怯懦的人在生活中常以“老好人”的面目出现，害怕面对冲突，害怕拒绝别人，害怕别人不高兴，总之，由于“怕”变得习惯于委曲求全、忍气吞声以求得相安无事。但实际上怯懦的人在做出很多退让后，往往产生一种自我挫败感，导致自我评价和自信心降低，并对交往对象产生暗暗的怨恨情绪。从长远看，这并不利于人际交往的顺利发展。

克服怯懦个性，首先要从观念上强化自己作为一个人的权利和尊严。学习拒绝无理，本身就是对自己尊严的捍卫。在交往中，既要做出适当的、有分寸的忍让和妥协，也要有一个限度。如果总是压抑着愤怒不去表达，你的退让会强化别人不适宜的行为和态度，给别人的感觉是“我可以这样对你无理”，而自己也会生活在不真实的自我当中。

### （二）自我中心人格及调适

自我中心是一种严重地影响人际交往的心理障碍。有这类问题的人在交往时总是处处为自己着想，只关心自己的需要和利益，强调自己的感受，不尊重他人的价值和人格，漠视他人的处境和利益。固执己见，唯我独尊，与同伴相聚时，不顾场合，也不考虑别人的情绪。自己高兴时，高谈阔论，手舞足蹈；不高兴时，抑郁寡欢或乱发脾气。自我中心的人有很强的自尊心，在别人看来可能是很小的一件事，但在他们身上都会引起强烈的自尊心受挫的感觉。他们不愿意伤害自己的自尊心，可以不择手段来维护自己的自尊心。对别人的成绩非常嫉妒，对别人的失败幸灾乐祸。自尊心过强，使别人敬而远之，而导致自己处于可怜的自我封闭和自我隔离的状态。长此以往，它终将导致一个人形成自卑、孤独、退缩等种种的心理障碍。

自我中心的人在交往中，由于缺乏对自己的正确认识，无论他多么精明，永远也不会与人建立牢固持久的良好关系。要有所改变，必须坚持：①学会接纳，宽容异己。接受别人正确的意见，承认自己的错误，才有可能通过批评改掉过去固执己见、唯我独尊的形象，对于那些与自己有不同意见的人和事，要学会理解，尝试主动与人交流看法，可以争论，但目的放在解决问题上，不要总想着以击败对方为快。②平等相处，不苛求别人，也不冷眼看人，这样才能使人际交往的天平始终处于平衡状态。③不断完善自我人格。通过做一些科学的人格测试，了解自己的人格类型特点及其优劣，择优汰劣，并将优良的人格品质作为自己修炼的目标，建立健全人格。

### （三）猜忌心理及调适

猜忌是由主观臆测而产生的不信任别人的一种复杂的、不良的心理。有些人，对别人的言行和动作过于敏感、多疑，在现实中有一些人把“防人之心不可无”作为自己的信条，抱着怀疑一切的态度与别人交往，这就陷入了猜忌的心理障碍。猜忌的人往往心胸狭窄，爱计较个人的得失，整天疑心重重，无中生有，仅凭主观臆测就对别人抱有不信任心理。

要消除猜忌心理，主要从以下方面入手：①多角度了解别人。了解别人是不怀疑别人的前提。如果交往双方互不了解，则很可能产生怀疑的戒备心理，多方面、多角度地了解别人，把握别人的性格特征、处事方法，增进相互理解，澄清事实，对于克服认知偏见、防止猜忌非常有效。②多沟通信息。猜忌心理往往是相互间缺少交流沟通造成的，因此，当出现猜忌时，应暗示或督促自己加强交流和沟通，尽快去认识和了解别人。③用理性思考代替冲动，用自我安慰代替怀疑。当开始对他人产生怀疑时，就应该善用人类所有的理性思考，寻找自己怀疑的原因，证明其合理性。同时，不要轻信流言，而是要冷静地以合理的方法去调查了解，以找到真实的证据促成正确的分析判断。

## 三、社交恐惧及其调适

社交恐惧是一种同时具有不安和恐惧色彩的情绪反应，属于非常严重的交往心理障碍。社交恐惧对个人身心健康、提高生活质量乃至未来前途与人生态度都会产生重大的危害。克服恐惧的有效方法是用平和的心态对待事物，用自信和勇敢鼓励自我、战胜恐惧。

**【案例】**

张某，男，大学三年级学生。在学校心理咨询室自述，自己是一个性格内向、自尊心强、处事谨小慎微的人。他暗恋班上的一位女生，但又不敢向她表露。但同班的男同学看出了他的秘密，说他与该女同学好。他感到很紧张、很担心，生怕被别人笑话，也怕被那位女同学拒绝。从此，他见到那位女同学就心慌意乱，见到男同学就躲闪。老师的目光和他的目光相遇，他就面红耳赤，认为老师已知道他的内心秘密，从此以后更不敢看这位老师了。再后来，不仅害怕同班的同学，而且发展到见熟人都害怕，不得不休学在家。

**案例分析：**

这是典型的社交恐惧症的例子。社交恐惧症是大学生常见的心理疾病，患这种病的人意识清楚，心里明明白白，分析问题、解决问题的能力都不差，可就是对某事、某物或某人有莫名其妙的紧张和恐惧感。之所以说“莫名其妙”是因为他心里明明知道没什么可怕的，可偏偏心不由己，怕得要死。人是社会的人，交际是适应环境的重要手段，不敢与人交往，就叫社交恐惧症。本来恐惧是人们的一种正常情绪，但当这种情绪影响到一个人正常交往，使其从此与他人、与世界隔离时，就是一种严重的心理疾病——社交恐惧症。

社交恐惧症的典型症状：不敢见人，遇见他人时面红耳赤，神经处于一种非常紧张的状态。与人交往时，对自己的言行和举止过分敏感，生怕在别人面前丢丑。他们越是害怕，就越是无法控制自己的失态行为，反而在别人面前异常紧张，极不自然。他们越是提醒自己不要脸红，偏偏越是红得厉害。这样不自然的面部表情和行为通过反馈更加强了紧张意识，形成恶性循环。长此以往，会使他们对交往情境形成一种条件反射的害怕心理，以致变得神经质。

社交恐惧症产生的原因，一般有以下几种。

一是性格所致。患社交恐惧症的人一般来讲性格比较内向，胆小、孤僻、敏感、退缩、依赖性强、不善言辞，在与人交往中一般处于被动的地位。

二是交往中过度在意自我形象，唯恐言行有误，被他人耻笑，致使心理负担过重。

三是与人相处过程中，有过不愉快的情绪体验，这属于挫折性的社交恐惧症。例如，一位刚入学的女大学生不会讲普通话，一次上课时老师让她起来背诵一篇文言文，她用浓重的方言把课文背了一遍，老师听得一头雾水，同学们笑得前仰后合，她自己也羞得满脸通红。下课后，她躲在卫生间大哭了一场。从此变得胆怯起来，经常无故害怕，只要有几个同学在一起谈话，她就猜他们是在议论自己、笑话自己。别人跟她打招呼，她怎么看别人的眼神都像在嘲笑自己，上课的失败感怎么也挥不去、抹不掉。渐渐地，她从不愿意与别人讲话到不敢同别人讲话，后来竟发展到见人就不由自主地恐慌，并伴有心跳加速、呼吸短促、身体抖动等生理反应，最后不得不入院接受心理治疗。

四是青春期性的萌动和成熟。社交恐惧症在青春期的发病率高于成年后。青春期的社交恐惧症往往首先表现为异性恐惧症，再由异性恐惧症泛化到对人的恐惧症。青少年的成熟导致性意识的苏醒，使其产生对异性的好感、爱慕之心以及追求异性的要求。但因为种种原因或观念的限制，这种要求受到了压抑或指责，令他们在异性面前产生害羞感，使他们处在想见异性又害怕见异性的矛盾之中。如果早期有不良的性经历，就会产生羞耻感和罪恶感，导致对与性有关的事和人际关系的神经质反应，直至泛化到所有方面，最终发展成社交恐惧症。

患了社交恐惧症是非常令人苦恼的，这种病既影响工作、学习和生活，又影响正常的人际关系。不过，这种纯属心理紧张造成的心理性疾病，并不直接威胁生命和健康，甚至不影响正常的智力活动。目前有许多行之有效的方法都可以治好这种病，所以患上这种病的人也不要过分悲伤和烦恼。

无论哪种原因引起的社交恐惧症，都与缺乏自信、过于自卑有关。因此，要克服社交恐惧症必须全面认识自己，克服自卑，树立“自信人生”的理念。

对于严重社交恐惧症，我们还应采取心理咨询和心理治疗的方法。满灌疗法和系统脱敏疗法常用于矫正社交恐惧症（参阅本书第二章内容）。

## 思考与练习

1. 试着描述良好人际关系发展的阶段。
2. 描述人际交往的重要性。
3. 描述大学生人际交往的特点。
4. 简述影响大学生人际交往的因素。
5. 简述大学生人际交往的原则。
6. 简述大学生人际交往的技巧。
7. 简述人际交往的困惑与调适。

# 第九章　大学生人际沟通与冲突管理

## 你的学习目标

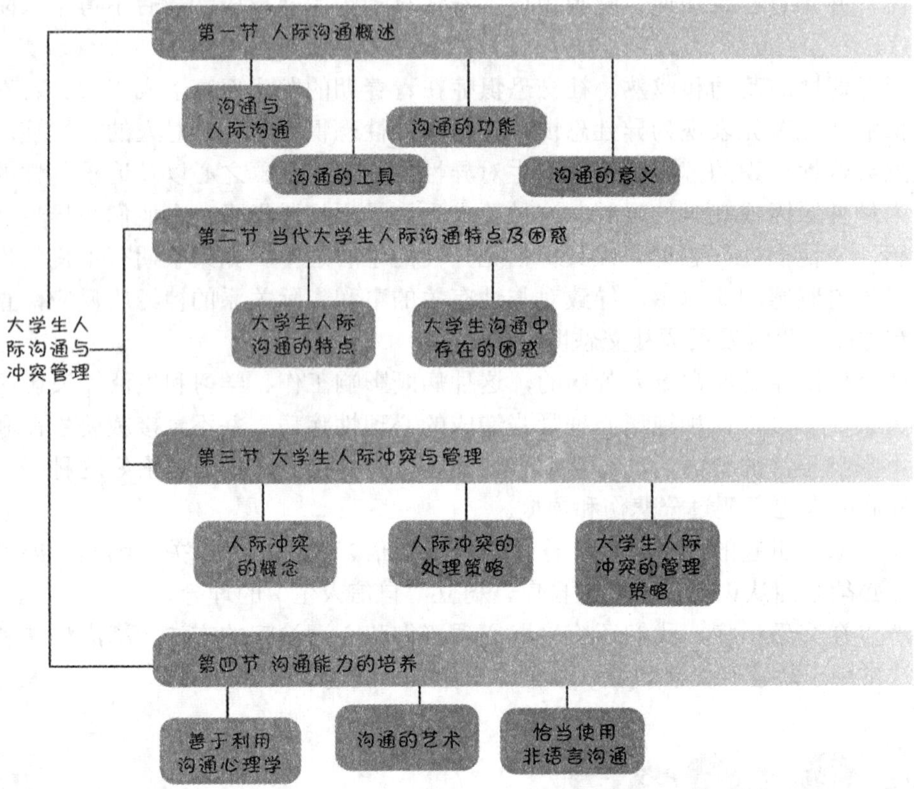


## 本章导航

大学生能够与他人准确、及时地沟通，才能建立起人际关系，而且是牢固的、长久的，最终有一个开心难忘的大学时代。石油大王洛克菲勒说：“假如人际沟通能力也是同糖或咖啡一样的商品的话，我愿意付出比太阳底下任何东西都珍贵的价格购买这种能力。”由此可见沟通的重要性。

人与人的交流、沟通如果不顺畅，就不能将自己真实的想法告诉给对方，会引起误解或者闹笑话。南方的儿童没见过雪，所以不知道雪是什么东西。老师说雪是纯白的，儿童就将雪想象成盐；老师说雪是冷的，儿童将雪想象成冰淇淋；老师说雪是细细的，儿童就将雪想象成沙子。最后，儿童在考试的时候，这样描述雪：雪是淡黄色，味道又冷又咸的沙。人与人的交往，就是一个反复沟通的过程，沟通好了，就容易建立起良好的人际关系；沟通不好，闹点笑话倒没什么，但因此得罪人，失去朋友、客户，就追悔莫及了。

本章主要从沟通的概念出发，简要介绍了当代大学生人际沟通的特点及困惑，人际冲突与管理，最后能够培养大学生人际沟通的能力。

# 第一节　人际沟通概述

当代著名哲学家理查德·麦基翁（Richard McKeon）认为："未来的历史学家在记载我们这代人的言行的时候，恐怕难免会发现我们时代沟通的盛况，并将它置于历史的显著地位。其实沟通并不是当代新发现的问题，而是现在流行的一种思维方式和分析方法，我们时常用它来解释一切问题。"这段话以非常精辟的视角展现了沟通在当代的状况和地位。沟通，它存在于人们生活的每一个阶段和方面。不会说话的孩子也可以向母亲用微笑、哭闹来表达要求和情感；在职场上，面试找工作如何让老板满意，都涉及如何进行有效沟通；调查显示，老年人退休后衰老加快的原因之一就是退休后失去了许多沟通机会。此外，沟通的频度、广度的下降会影响人的安全感和智力发展。

## 一、沟通与人际沟通

无数实践证明，良好、有效的人际沟通能力已经成为人们必不可少的能力之一。那么究竟什么是沟通和人际沟通呢？

### （一）沟通的概念

沟通是指信息发送者凭借一定的渠道，将信息发送给既定对象，并寻求反馈以达到相互理解的过程。

### （二）人际沟通的概念

人际沟通是指人们之间的信息交流和传递过程，包括人与人面对面的和非面对面的两种信息交流活动。由于人际沟通有直接，反馈调节及时，双向性和情感性强，沟通深入程度高等特点，在整个社会活动中发挥着重要作用，它是人际关系的起点，也是改善和发展人际关系的重要手段。

## 二、沟通的工具

作为信息传递的过程，沟通必须借助于一定的符号系统才能实现，所以，符号系统是人际沟通的工具。我们可以把符号系统划分为两类，即语言符号系统（verbal sign system）和非语言符号系统（non verbal sign system）。

## （一）语言符号系统

语言符号系统，是利用语言（verbal）进行的言语（speech）沟通。语言是社会约定俗成的符号系统，而言语是人们运用语言符号进行沟通的过程。语言是人类最重要的沟通工具，也是信息传递中最有力的手段。

## （二）非语言符号系统

非语言符号系统，是指在人际知觉和沟通过程中，凭借动作、表情、实物、环境等进行的信息传递。人们常常认为非语言符号系统是不重要的，数量较少的，但是事实并非如此。美国传播学家艾伯特·梅拉比安（Albert Mehrabian）通过实验把人的感情表达效果量化成了一个公式：信息传递的 100%＝7%的语言＋38%的语音＋55%的态势。从以上公式可以看出，通过非语言符号系统进行的沟通具有重要的功能，它能补充、调整、代替或强调语言信息。绝大多数的非语言信息具有特定的文化形态，在传达时是习惯性的和无意识的，它可能与语言信息相矛盾，以非常微妙的方式传递感情和态度。非语言符号系统一般有以下几种形式。

### 1. 视-动符号系统

手势、面部表情、体态变化等都属于这个系统。动态无声的皱眉、微笑、抚摸或静止无声的站立、依靠、坐态等都能在沟通中起作用。

### 2. 时-空组织系统

人际空间距离可以表现出人与人之间关系的密切程度。个体空间的一般距离会因文化有异，也会因地位差异与性别有别，在社交环境里，人们都要遵守支配空间使用与运动的社交准则。有关人们在人际互动中如何使用空间和距离的研究，被称作空间关系学（proxemics），这是由爱德华·霍尔（Edward Hull）提出的概念，他将人际空间距离分为四种：亲密距离、个人距离、社会距离和公共距离。

（1）亲密距离（0～46 厘米），亲爱的人、家庭成员、最好的朋友在此区域中，可以有身体接触，如拥抱、爱抚、接吻等，话语富于情感，并排斥第三者加入。

（2）个人距离（46 厘米～1.2 米），同学、同事、朋友、邻居等在此区域内交往，由于距离有限，在此区域内说话一般避免高声。

（3）社会距离（1.2～3.6 米），在此区域人们相识但不熟悉，人们交往自然，进退也比较容易，既可发展友谊，又可彼此寒暄，纯粹应付。

（4）公共距离，3.6 米到目光所及，与陌生人的距离，表明不想有发展，在此区域人们难以单独交往，主要是公共活动，如做报告、等飞机等。

### 3. 目光接触系统

目光接触（eye contact）即人际互动中视线交叉，是一种广泛的非语言交流形式，具有非常重要的作用。相互之间的目光接触，可以加强表达效果。在谈话中，迎合对方的目光，意味着你对谈话的专注和兴趣；但当对方回答问题故意避开和你的眼神接触时，也许意味着事实还另有内情。心理学的研究表明，人们在观察对方时，关注最集中的地方就是眼睛和嘴。一个人的语言可以修饰，但眼神信息却是很难掩盖的，我们甚至可常常透过一个人的眼神来归纳对方的品质，是温暖的、真诚的，还是凶残的、狡猾的。

4. 辅助语言系统

音质、音幅、声调、言语中的停顿、语速快慢等因素，都能强化信息的语意分量。辅助语言可以表达语言本身所不能表达的意思。对于同样一个主题，不同的演讲者表达效果就有所差异，在这种差异中，辅助语言是一个很重要的影响因素。一位非言语沟通研究者估计，沟通中39%的含义受声音的表达方式的影响，在英语以外的语言中，这个百分比可能更高。例如，研究显示，在交往中语速对于第一印象有重要影响。讲话急促表达的是激动兴奋，并可能具有表现力和说服力。但讲得太快会使对方神经紧张。另外，辅助语言研究者迪保罗（B. M. Depaulo）的研究发现，鉴别他人说谎的最可靠的因素是声调。尽管老练的说谎者可以控制自己的语言和表情，但其说谎时提高声调却是不自觉的。同时，一句话的含义常常不是决定于字面意思，而是决定于它的弦外之音。语言表达方式的变化，尤其是语调的变化，可以使相同的词语表达不同的含义。例如“谢谢”一词，可以动情地说出，表示真诚的谢意；也可以冷冷地吐出，表达轻蔑的含义。

## 三、沟通的功能

为什么要沟通？这个问题乍听起来，好像问别人“为什么要吃饭”或“为什么要睡觉”一样愚蠢。吃饭是因为饥饿，睡觉是因为困倦。同样，对于我们来说，沟通是一种自然而然的、必需的、无所不在的活动。通过沟通可以交流信息和获得感情与思想。在人们工作、娱乐、居家、买卖时，或者希望和一些人的关系更加稳固和持久时，都要通过交流、合作、协议来达到目的。沟通信息根据内容可分为事实、情感、价值取向、意见观点。沟通方式根据目的可以分为交流、劝说、教授、谈判、命令等。

综上所述，沟通的功能主要有以下两个。

### （一）传递和获得信息

信息的采集、传送、整理、交换，无一不是沟通的过程。通过沟通，交换有意义、有价值的各种信息，生活中的大小事务才得以开展。掌握低成本的沟通技巧、了解如何有效地传递信息能提高人的办事效率，而积极地获得信息更会提高人的竞争优势。好的沟通者可以一直保持注意力，随时抓住内容重点，找出所需要的重要信息。他们能更透彻了解信息的内容，拥有最佳的工作效率，并节省时间与精力，获得更高的生产力。

### （二）改善人际关系

社会是由人们互相沟通所维持的关系组成的网，人们相互交流是因为需要同周围的社会环境相联系。

沟通与人际关系两者相互促进、相互影响。有效的沟通可以赢得和谐的人际关系，而和谐的人际关系又使沟通更加顺畅。相反，人际关系不良会使沟通难以开展，而不恰当的沟通又会使人际关系变得更坏。

## 四、沟通的意义

有效的沟通能够提高办事效率，让我们享受更美好的生活。善于沟通的人懂得如何维持和改善相互关系，更好地展示自我需要，最终赢得更好的人际关系和成功的事业。有效沟通的意义可以总结为以下几点。

### （一）提供信息资源

人体是一个系统的有机体，是信息加工和能量转化的主要载体，它时刻与外部环境保持相互作用，接受外界的各种刺激，并对各种刺激做出适当反应，其中社会性的沟通过程具有核心地位。

人们通过与他人沟通，可以提供及传递信息，并收集自己所需的信息资料。人与人之间的沟通所提供的信息，不仅具有物理属性，而且具有社会属性。关于智慧活动，沟通是必要的前提。研究证明，如果儿童生长的环境缺少沟通机会，如福利院的孤儿，其智力发展明显延后。

### （二）有利于建立、维持相互联系

1. 沟通是观念、思想、情感的交换过程

任何一个人，无论他多么精力充沛，他的直接经验都是有限的。人要想适应无穷无尽的不断变化的外部世界，就必须凭借沟通，获得别人的宝贵经验成果。人这个个体本身是有限的，但沟通使得人能够无论在思想观念上还是情感上都变得无限。

在情感上，我们同样是通过沟通来丰富自己的。我们欣赏绘画、摄影作品、电影等，实际上都是在体验作者创作的情感历程。不仅如此，通过作品的激发，我们在欣赏过程中还会产生出许多作品中没有的、超越作品的情感体验和思想。在情感体验的性质上，沟通的过程使积极的情感体验加深，使消极的情感体验减弱。

2. 沟通是人与人建立和维持联系的方式

我们每个人都能够体验到，沟通与人际关系建立与维持存在着十分紧密的联系。其实人与人之间建立沟通和稳定情感联系的可能性，远比我们想象的要大得多。

### （三）自我概念形成的途径

人对自己的认识是在与他人的交往中获得的，是在社会活动中逐渐意识到的。人与人之间的不断交往及沟通，为个体提供了大量的社会性刺激，从而保证了个体社会性意识的形成与发展。米德指出没有语言，没有沟通，就没有自我。对狼孩进行的研究也表明，脱离了人类沟通环境就不可能形成正常的自我概念。

# 第二节 当代大学生人际沟通特点及困惑

【案例】

一名大三学生因为在学业上受了挫折，变得很内向，再也融不到同学中去，于是开始一天到晚上网。他说："我喜欢网上，因为在网上可以给我自重感，没有人看不起我。我交了许多的朋友，甚至有的朋友会打电话来找我，说我有个性，说我幽默，虽然在现实中我并不是这样的。我似乎找到了我要找的东西，但又担心这会使我更加脱离现实。"他还说："我不知道网络对人格发展究竟有没有影响。在网络上，一方面一个人的性格可以得到极致的张扬；而另一方面一个人很多时候表现出来的又不是现实生活中真实自我的性格。我们不能否认它的真实，却更不能否认它的虚拟。"

**案例分析：**

当代大学生，由于与人沟通和相处的经验较少，在处理人际关系问题会感受到一定压力。一方面，大学生对建立良好人际关系抱有极大的渴望，希望通过沟通建立和谐、友好、真诚的人际关系；另一方面，由于缺乏人际沟通技巧，又常常事与愿违。

## 一、大学生人际沟通的特点

大学生文化层次较高，生理和心理日趋成熟，感情丰富、不稳定，重视情感交流，人际沟通存在一定特殊性。

### （一）沟通意愿较强

处于青春期的大学生思想活跃、精力充沛，对人际沟通的需要极为强烈，沟通具有主动性、积极性，沟通的情感成分多，功利色彩少。与此同时，随着生理的成熟，大学生对于爱情也特别关心和敏感，与异性沟通意愿也逐渐增强。

### （二）沟通对象平等化

详见第八章第二节"（一）平等意识强"。

### （三）沟通内容广泛化

广泛化是就大学生沟通的内容和范围而言的。他们除了寻求友谊，交流学习工作体会外，还常常在一起探讨人生，开发智力和技能等。时代性特点主要通过沟通方式的改变体现出来。大部分的学生不再抱有狭隘的交友观念，转而追求建立更加广泛多样的人际关系。如网络沟通已成为当代大学生新型的人际沟通方式。

### （四）沟通方式新媒体化

随着网络科学技术的蓬勃发展，以互联网、数字电视、手机等终端为代表的新媒体迅速在社会各界普及开来，融入大学生的生活和学习当中。当前，大学生已然是中国最大的网络使用群体，新媒体使用率高居前列，微博、微信、QQ 的普遍使用标志着新媒体成为当代大学生上网学习、娱乐、信息沟通、情感交流的主流媒介。一方面，新媒体的迅速崛起打破了信息传播的时间、空间的限制，扩宽了大学生的信息来源和沟通渠道，扩大了他们的社交范围和沟通对象；另一方面，在新媒体所营造的全新的沟通环境里，大学生可以充分表现自己，分享身边的点滴事物，拓展人际交往圈，结识很多志同道合的朋友，与朋友进行无障碍沟通，拉近朋友间的距离，满足他们的情感需求。与此同时，新媒体的广泛使用，能有效消除大学生的沟通障碍，提高他们的人际交往能力。

## 二、大学生沟通中存在的困惑

### （一）沟通能力缺乏

沟通能力缺乏是影响人际交往的原因之一，当代大学生人际沟通能力的障碍主要表现如下：一是沟通经验不足，有些大学生缺乏沟通经验，尤其是成功交往的经验，他们想关心人却不知从何做起，想表现自己却不知道如何表现；二是沟通方式欠妥，尤其是语言表达能力欠佳，俗话说：“良言一句三冬暖，恶语伤人六月寒”，有的大学生语言表达能力差，词不达意，话不得体，势必影响沟通的顺利进行；三是存在个性缺陷或沟通心理障碍，逃避人际沟通，把沟通看作一种负担，对自己进行自我封闭。

### （二）网络依赖性强，人际沟通较少

新媒体在使大学生人际沟通变得便捷、灵活的同时，也导致学生过度依赖网络，沟通圈子变窄，整天围着电脑转，电脑成了他们主要的“交际对象”，也不主动参加学校的活动，忽略了与舍友、同学之间的交际，还有个别学生整天抱着手机，不与同学进行交际，长此以往就会变得孤僻，交际能力减弱。

### （三）道德情感疏远隔阂，心理健康问题突出

当代大学生，由于学业、恋爱、就业、家庭等方面的压力日渐增加，心理问题日益凸显，容易出现逃避现实、逃避人际沟通等问题，常常以个人为中心，进行自我封闭。与父母、同学、朋友的沟通交往减少，会造成亲情、友情、师生情感淡漠，出现道德情感冷漠、麻木等问题，并逐渐演变成大学生心理上的抑郁、孤僻、焦虑、自卑等问题。

# 第三节　大学生人际冲突与管理

人际冲突是人际交往中普遍存在的一种社会互动行为，在人类全部的社会活动中随处可见。人际利益的不同，沟通的障碍，认识的差别，个性的差异，都有可能造成冲突的发生。由于每个人对人际关系的认识和态度不同，个人性格、社交技能和行为方式各异，人际冲突的处理策略和行为表现也会有所不同。冲突处理方式直接影响人际关系及个体身心健康。

## 一、人际冲突的概念

人际冲突指人际交往双方由于沟通障碍、个性差异、认识差别等出现的相互反对的互动行为或紧张的交往状态，具有对立性、互动性、主观性及客观性等特点。

人际冲突的对立性体现在交往双方的互不兼容，冲突的表现形式可能是消极冷漠、沉默抗议，也可能是明显的攻击行为、侵犯伤害对方。互动性，指人际冲突是一个动态、不断改变的历程。采取建设性的做法，冲突可以降低，双方关系得到改善；采取破坏性的做法，敌意可能升高，引发更激烈的冲突。结果如何，要看冲突中双方的互动过程如何。人际冲突不同于个体内部的动机、思想冲突，也不同于有组织的社会群体之间的冲突，而是个体与个体之间的互动关系，是至少两个人之间的社会交换过程。人际冲突是一种主观感受，是客观存在的，是人群互动过程中不可避免的社会现象，冲突并非全是坏事，有破坏性的冲突，也有建设性的冲突。人际交往主体之间的互动方式是多种多样的，有人际合作、人际冲突、利他和侵犯等，人际冲突是人际互动的一种重要方式。

## 二、人际冲突的处理策略

人际冲突处理策略也称为冲突应对方式，反映个体处理冲突的倾向性。众多冲突处理策略模型中，以托马斯（K. W. Thomas）提出的五因素模型影响最为广泛。托马斯在满足自身利益和满足他人利益两个维度上，来确定个体究竟是哪一种处理冲突策略。其中，要满足自己利益的愿望依赖于追求个人目标的武断或不武断的程度，想满足其他人利益的愿望取决于合作或不合作的程度。在此基础上托马斯提出解决冲突的五种策略：一是回避方式，就是既不满足自身利益也不满足对方的利益，试图不做处理，置身事外；二是抗争方式，就是只考虑自身利益，为达到目标而无视他人的利益；三是迁就方式，就是只考虑对方利益而牺牲自身利益，或屈从于对方意愿；四是合作方式，就是尽可能满足双方利益，即寻求双赢局面；五是折中方式，就是双方都有所让步。五种人际冲突处理策略则分别代表了武断型和合作型的不同组合。如图 9-1 所示。

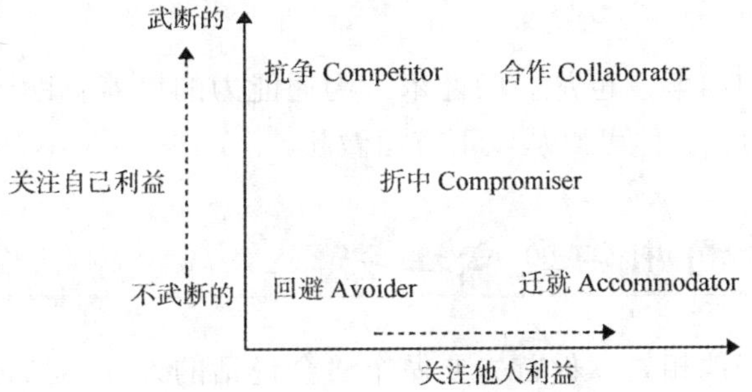


图 9-1　五种人际冲突处理策略

## 三、大学生人际冲突的管理策略

### （一）正确认识冲突，跳出“归因错误”陷阱

冲突能否顺利得到解决，很多时候取决于对待冲突的态度，对待冲突的态度往往会受到一种叫作“归因错误”的东西影响，这是个心理学概念，说的是人们常常把他人的行为归因于人格或态度等内在特质上，而忽略他们所处情境的重要性。归因错误就像万有引力一样无处不在，由于归因错误的影响，很多时候我们对人、对事产生了主观臆断而不自知。因此，想要顺利地解决冲突，首先要避免陷入“宽于律己，严以待人”的归因错误陷阱。

### （二）提高沟通技能，进行有效沟通

沟通不良是造成大学生人际冲突的首要原因。沟通是一门艺术，有效的沟通不但可以预防冲突，而且可以促进冲突的建设性解决。在沟通过程中尤其要重视进行有效倾听，直接沟通。矛盾和冲突是双方的事，要解决冲突，了解对方的诉求与处境同样重要，这就需要做到有效倾听，不要只听攻击性语言，要听出对方背后的意思，才能洞察对方的真正诉求，而不用陷入攻击与反攻击的死循环里。冲突产生时，有话直说，清晰明了，不要绕圈子。此外，大学生要多与人交往，在实际交往中提高自身的交往能力，有助于大学生有效地解决冲突。

### （三）善用处理策略，合理解决冲突

善用冲突策略是解决冲突的重要环节和手段。大学生常用的冲突处理策略有回避、抗争、迁就、合作、折中等方式。各种处理策略没有必然的优劣之分，每种处理策略都有其适宜使用的冲突情境。大学生要根据具体情况灵活使用不同的冲突处理策略。如在处理无关紧要或没有可能解决的问题时，可以采用回避策略；在处理事关双方共同利益的问题时，尽量采取合作策略。

# 第四节 沟通能力的培养

人际沟通是一门科学，也是一门艺术。沟通能力的培养有助于大学生改善人际关系，增加人际吸引力。具体可以从以下方面做起。

## 一、善于利用沟通心理学

要想和别人更好地相处，你首先要做个“会说话的人”。当你端坐在角落里想要与人搭讪却又羞于启齿时，你是否会暗暗懊恼？当你混迹于人群之中想要发声却又最

终沉寂之时，你是否也会心生不甘？当你在社交场上看到那些谈笑风生、高谈阔论的人时，你是否也会心生艳羡？学习沟通心理学，让你掌握沟通语言的技巧，接触并学习更多新鲜的、有趣的、有用的沟通心理，打破思维局限，成为会说话、受欢迎的人！

**（一）同理心**

所谓同理心，就是能够设身处地为他人着想的态度和思路。对同理心的理解有三种：一是尝试采用另一个人的观点，将自己的意见放在一边，同时试着去了解对方；二是贴近地去体验别人的感受；三是真诚地关心对方的福祉。利用同理心，我们能使沟通更顺畅。影响沟通的重要因素包括心理、情绪、态度和感受。对待沟通，有句话很重要：先处理心情，再处理事情。所以，沟通高手能够把自身的情绪、感受处理得非常好，从而拥有良好的心理态度，掌握必要的沟通技巧。通常来讲，能够建立同理心就能够实现有效沟通、表达，并能够很好地倾听，从而创建良好的沟通情境。

**（二）优越心理**

所谓优越心理，顾名思义，就是觉得自己比他人强大的心理，也表现在自己的各方面条件比他人好。在这种心理的影响下，人们往往自高自大，这会限制个人的发展。但是，优越心理也有积极的一面，那就是当一个人高高在上地对待另一个人时，他就会变得很宽容，不会斤斤计较。成全别人的优越感，是良好沟通的有效手段。成全别人的优越感可以从以下两个方面着手：一是降低姿态，谦虚处事。相信无论在何种情况下，每一个心理正常的人都不愿意别人趾高气扬、咄咄逼人地跟自己说话。无论社会地位高低，真正的沟通高手都会顾及对方的自尊心需求，成全对方的虚荣心理。我们照顾到对方的感受，无疑会拉近彼此的心理距离，使沟通变得更加顺利。二是赞美对方，和谐气氛。每个人都喜欢被赞美，都渴望被赞美，因为赞美总是使人产生一种高高在上的优越感，令人无限受用。大文豪萧伯纳曾说：“每次有人吹捧我，我都头疼，因为他们捧得不够。”可见赞美多么重要，多么招人喜爱。

## 二、沟通的艺术

**（一）积极倾听**

倾听是一种艺术，巧妙的聆听态度能使对方觉得受到重视和肯定，懂得倾听艺术的人，会处处受人欢迎。要做到有效倾听应注意以下几点：一是切勿喋喋不休，经常插话会漏掉很多关键信息，也会让对方觉得你没有认真关注他的讲话，对他不够尊重；二是耐心倾听和回应，倾听不是不说话，耐心倾听的同时可以适当地点头或是以“嗯”等词作为回应和肯定；三是不要急于评论，要耐心听完别人的完整表达，并听懂他的潜台词之后，才做出反应。

**（二）寻找共同点**

寻找共同点是交往中对对方的最初接纳，也是一种最基本的沟通技巧，特别是在和陌生人的第一次交往中非常有效。寻找共同点就是寻找和对方共同的话题、共同的爱好、共同的看法、共同的目标等相同点，从而使对方认同自己，产生一种最初的共情。

### （三）巧用幽默

幽默是思想、学识、智慧和灵感的结晶，是一瞬间闪现的光彩夺目的火花。幽默是自觉地用表面的逗笑形式，以严肃的态度对待生活、事物和整个世界。幽默是具有智慧、教养和道德优越感的表现。巧妙地运用幽默，能有效地化解紧张、尴尬、局促不安，使所有令人不快的气氛一下子变得愉悦而轻松，使对立冲突、一触即发的态势转为和谐与融洽，还能使对方心悦诚服地理解、接纳你和你的观点。

### （四）委婉拒绝

在与人交流沟通的过程中，照顾对方的情绪是维持和谐人际关系的必备素质，热心是不容置疑的美好品质，但是我们也绝不能毫无底线地去迁就别人，舍弃原则地满足别人的不情之请。因此，拒绝也是沟通中必不可少的一门课程。掌握沟通中的拒绝技巧，学会适当地拒绝别人，才是既重视他人又重视自己的平等的沟通方式。拒绝他人可以采用以下方式：一是巧用暗示，委婉拒绝保全双方颜面；二是拒绝他人，要善于搭好台阶给人下；三是无声回应，用沉默来表达拒绝态度；四是提前预判，巧妙把麻烦挡在门外。

## 三、恰当使用非语言沟通

日常生活中，除了运用语言进行沟通之外，人们还有很多其他辅助的语言，如表情、肢体动作等。肢体动作看似漫不经心，恰恰是人们内心活动的真实反映。因而，如果我们能够准确地识别他人的肢体语言，对于提高沟通的有效性和可信度有着非常重要的作用。

非言语沟通往往和言语沟通同时发生，它广泛存在于我们沟通的每一过程。在日常生活中，许多人都不擅于充分利用身体语言来支持自己的沟通过程。这不仅使人觉得这些人缺乏个性与活力，也大大削弱了沟通本身的影响力。在学校，与不善于利用身体语言的教师相比，身体语言丰富的教师更受学生的欢迎，教学效果更好。在日常沟通中，有意识地运用与发展自己的身体语言，可以使沟通更为充分，更易于达到沟通的目的，同时也能增加个性的活力，使个性特点更加鲜明。

## 思考与练习

1. 当代大学生常见的人际沟通问题有哪些？
2. 在我们遇到冲突时，如何进行有效的沟通？

# 第十章　大学生情绪管理与提升

## 你的学习目标

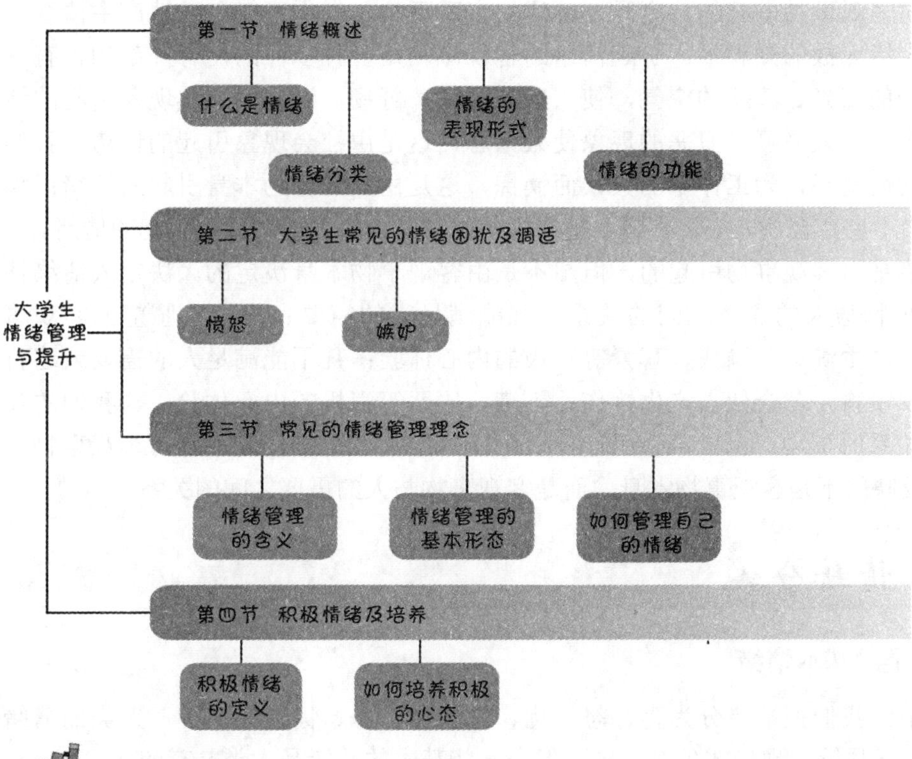


## 本章导航

情绪是人在心理活动过程中所产生的内心体验和相应的行为反应。正是有了喜、怒、哀、乐等不同的情绪和情感的体验，我们的生活才变得丰富多彩。处于青春期的大学生，有着丰富的情绪体验，情绪波动大，爱憎分明，但是也容易陷入情绪困扰，产生消极的情绪体验。良好的情绪状态不仅对大学生的学习、生活产生积极的影响，而且有利于发挥自身潜力；相反，不良的情绪状态，则容易产生一些心理障碍，如抑郁症、恐惧症、强迫症等，严重的还会引发身体疾病，如胃病、心血管疾病等。积极乐观的情绪状态，是大学生保持身心健康、促进自己学习生活良好发展的需要。我们每个人都要学习做自己情绪的主人。

# 第一节 情绪概述

## 一、什么是情绪

情绪，广义上是指人对客观事物的态度体验，狭义上是指有机体受到生活环境中的刺激时，由生物需要而产生的暂时的、较剧烈的态度及其体验。俗话说："人非草木，孰能无情？"人若无情，对纷繁的大千世界会觉得平淡无奇，对千变万化的社会生活会觉得索然无味。人生在世，有生、老、病、死，有荣、辱、得、失，所以就有与之相应的喜、怒、哀、惧，"喜、怒、哀、惧"是人类情感的不同表现形式。

情绪是由客观事物引起的，离开了具体的客观事物，人不可能自发地产生情绪。世界上没有无缘无故的爱和恨。引起情绪的客观事物是多种多样的，有外部的也有内部的，如明媚的阳光、清新的空气，使人感到振奋、舒畅，这是由自然现象引起的情绪；美好的事物令人爱慕，丑恶的现象使人憎恶，这是由社会现象引起的情绪；我们为事业的成功而高兴，为工作中的失误而懊悔，这是由人的行为本身引起的情绪；疾病缠身，久治不愈，会使人心情不畅、情绪抑郁，这是由机体内部因素引起的情绪。

虽然情绪是由客观事物引起的，但却不是由客观事物本身决定的。决定人情绪性质的是客观事物与人的需要之间的关系。凡能满足人的需要、符合人愿望的客观事物，就能使人产生满意、愉快、喜爱等积极的内心体验；凡不能满足人的需要或违背人愿望的客观事物，就会使人产生忧伤、不满、厌恶等消极的内心体验；与我们的需要没有什么关系的事物，也就不会引起什么体验。因此，情绪也是人脑对客观事物的反映，但它反映的不是客观事物本身，而是客观事物与人的需要之间的关系。

## 二、情绪分类

### （一）人类的基本情绪

在生活中，我们把情绪分为喜、怒、忧、思、悲、恐、惊等很多种，人类的情绪种类多种多样，尽管表现形式各有不同，但是一些基本的情绪是人类共有的。

《礼记》中记载，人的情绪有"七情"分法，即喜、怒、哀、惧、爱、恶、欲；《白虎通》记载，情绪可分为"六情"，即喜、怒、哀、乐、爱、恶。近代的研究中，一般常把快乐、愤怒、恐惧、悲哀列为情绪的基本形式，即人类的四种基本情绪，认为这是人类的本能情绪，是先天就具有的。

1. 快乐

客观事物满足了人的需要后产生的情绪体验就是快乐，如因为饥饿得到食物，或者经过努力取得好成绩，都会让人产生这种积极愉悦的情绪体验。根据得到满足的需要的程度不同，快乐的程度也有区别，如满意、愉快、特别愉快、狂喜。

2. 愤怒

它是与快乐相反的一种情绪体验，是一种消极的情绪体验。它是指当人的需要得不到满足或者个体的目标不能实现甚至严重受阻导致的一种情绪体验，如一位学生在休息时间在宿舍大声喧哗，影响了其他学生休息，从而使得他们产生一种不满的情绪。一般把愤怒分为不满、生气、愠怒、大怒、暴怒。

3. 恐惧

它是指个体企图摆脱、逃避某种情境或事件而又无能为力时所产生的情绪体验，如人在遇到地震、海啸、空难时所产生的情绪体验，引起恐惧的根本原因是缺乏对可怕事件的处理能力。

4. 悲哀

悲哀是个体在得不到期望的、追求的东西或结果时所产生的情绪体验，如失去亲人所带来的悲伤。一般把悲哀的程度分为遗憾、失望、难过、悲伤、悲痛。

### （二）正面情绪与负面情绪

从情绪的功效角度，将情绪划分为正面情绪和负面情绪。正面情绪是指人的一种积极情绪，如愉快、欢乐、舒畅、喜欢等，也称积极情绪；负面情绪，通常是指那些不愉快甚至是引发人痛苦、愤怒、身体不适的情绪体验，如忧郁、烦恼、气恼、悲伤等，或称消极情绪。

### （三）情绪状态的分类

一般来讲，人的一切心理活动都带有情绪色彩，而且以不同的心情、激动和紧张状态表现出来。情绪状态是指在某种事件或情境影响下，人在一定时间里表现出的一定的情绪。按照情绪发生的强度、持续时间、紧张程度，心理学将情绪分为心境、激情和应激反应三类。

1. 心境

心境是一种微弱、平静、持续时间很长的情绪状态。心境即我们常说的“心情”。心境往往容易蒙上情绪色彩，也容易被渲染。心情舒畅时我们会觉得身边的一切都是那么美好，山不再是“眉峰聚”，水也不再是“眼波横”，就连下雨也是细雨蒙蒙，充满诗意。可当人们心情烦躁时又会觉得诸事不顺，似乎连老天爷都和自己作对，就连喝水都会噎着，心情自然是好不起来了。心境是受个人的思维方式、理想以及人生观、价值观和世界观的影响的。同样的外部环境会造成不同的情绪反应。有的人在恶劣的环境中依然保持乐观向上，像那些身残志坚的人、临危不惧的人都是很好的楷模。

2. 激情

激情是迅速而短暂的情绪活动，通常也是强有力的。我们经常说的勃然大怒、大惊失色、欣喜若狂都是激情所致。很多情况下激情的发生是由生活上的某些事情导致的。而这些事情往往是突发的，使人们在短时间内失去控制。它时常是被矛盾激化的结果，是在原发性的基础上发展和夸张表现的结果。处于激情状态时，人的认识活动范围缩小，控制能力减弱，对自己的行为后果不能做出正确的评价。但是激情也有积极的一面，如即兴演讲、艺术创作等。

3. 应激反应

应激反应是出乎意料的紧急情况所引起的急速而高度的紧张情绪状态。人们在生活中会遇到突发事件，它要求我们及时而迅速地做出反应和决定，应对这样的紧急情况所产生的情绪体验就是应激反应。在平静的情况下，人们情绪变化的差异不是很明显，而当应激反应出现时人们的情绪差异立刻显现出来。应激反应的程度差别不仅限于机体和生理，在表现方式和表现结果上也是差异很大的。人们如果长期处于应激状态，身心就会长期紧张，从而出现一系列问题。加拿大生理学家的研究表明：长期处于应激状态会使人内部的生化防御系统发生紊乱和瓦解，身体的抵抗力低下，失去免疫力，更容易患病。所以我们不可能长期处于高度紧张的应激反应中。

## 三、情绪的表现形式

### （一）生理变化

情绪变化引起生理反应最敏感的表现是血液循环系统、呼吸系统、消化系统和内分泌系统的变化，从而导致人体的一系列变化。

情绪的生理反应往往表现为交感神经兴奋的特征。例如，愉快的情绪可以使我们激动，内脏和皮肤血管扩张导致脸红、潮热等；相反，恐惧和愤怒时，人的呼吸频率是正常的两倍以上，也就是呼吸急促，如果是突遇惊恐还会造成呼吸中断和停止，紧张和突发的情绪还会带来身体的痉挛。当情绪处于悲伤和焦虑时，肠胃功能减退，会导致食欲不振、厌食等；当情绪紧张、惊慌愤怒时唾液停止分泌，口干舌燥，气息紊乱，呼吸急促，我们会感觉手脚出汗、发冷，嘴唇变白或发青等。曾经流行一时的“情绪戒指”，实际上就是利用不同情绪时皮肤温度和电阻的改变来变化戒指的颜色，这样就可以简单地观察到情绪的波动和变化。

### （二）表情变化

当人的情绪发生变化时，表情也会发生相应的变化。面部表情作为人类情绪表达的窗口，通过眼睛、额眉、鼻颊、口唇等肌肉的变化来表现各种情绪，是情绪表达的最重要的方式。一般来讲，个体在不同情绪状态下，面部各个部位的变化特点各不相同。例如，愉快时眼睛眯小、两眼闪光、额眉舒展、鼻孔扩张、嘴角上翘；悲哀时两眼无光、额眉紧缩、嘴角下拉；恐惧时两眼呆滞、鼻孔收缩、张口结舌；愤怒时两眼圆睁、双眉倒竖、咬牙切齿；厌恶时双目斜视、鼻子皱起、嘴角微撇等等。

### （三）体态的变化

人类的不同情绪还体现在体态语言上，即平时所讲的肢体语言。在日常生活中，我们常常会看到一些人不苟言笑，使我们无法判断他们的情绪状态，但人类的体态语言为我们提供了辨识情绪的信号。肢体语言通过我们身体的动作来传达情绪的信息，主要是我们的手和脚的动作。例如，我们在高兴和兴奋时就会手舞足蹈，狂喜时会捧腹大笑；悔恨时则捶胸顿足；惆怅时则仰天长叹；紧张时则手足无措；尊敬、虔诚时则肃立低头；气愤时则摩拳擦掌；等等。人类使用的肢体语言可以说是极其丰富的，学会从他人的肢体语言中识别情绪状态，是人类的一项重要技能。

**（四）语言的变化**

语言是人类沟通思想的工具，同时，语音的高低、强弱、抑扬顿挫等，也是表达说话者情绪的手段。例如，一个人高兴时，讲话会语调高昂、节奏轻快；而悲伤时，讲话语调低沉、节奏缓慢；气愤时声音较大，声调也较高，发音清晰短促。

一般而言，人们只要观察对方的各种表情，就可以了解其主观感受和思想意图。但是，由于人类的情绪具有一定的社会性，人们可以有意识地调节或控制自己的表情，有时甚至会掩盖或隐藏自己的真情实感。所以，在识别他人情绪时，应把生理、表情、体态和语言的变化联系起来。

## 四、情绪的功能

**（一）适应功能**

有机体在生存和发展的过程中，有多种适应方式。情绪和情感是有机体适应生存和发展的一种重要方式。情绪直接反映着人们生存的状况，是人们心理活动的“晴雨表”，如通过愉快表示处境良好，通过痛苦表示处境困难。人们可以通过情绪进行社会适应，如用微笑表示友好；还可以有助于人际关系的维持，如通过察言观色了解对方的情绪状况，以便采取适当的、相应的措施或对策等。也就是说，人们通过各种情绪，了解自身或他人的处境与状况，适应社会需要，求得更好的生存和发展。

**（二）动机功能**

情绪是动机的源泉之一，是动机系统的一个基本成分。它能够激励人的活动，提高人的活动效率。适度的情绪兴奋，可以使身心处于活动的最佳状态，进而推动人们有效地完成工作。研究表明，适度的紧张和焦虑能促使人积极地思考和解决问题。同时，情绪对于生理内驱力（drive）也具有放大信号的作用，成为驱使人们行为的强大动力。例如，人们在缺氧的情况下，会产生补充氧气的生理需要，这种生理内驱力可能没有足够的力量去激励行为，但是，这时人们产生的恐惧和急迫感就会放大和增强内驱力，使之成为行为的强大动力。

**（三）组织功能**

情绪是一个独立的心理过程，对其他心理活动具有组织的作用。这种作用表现为积极情绪的协调作用和消极情绪的破坏、瓦解作用。中等强度的愉快情绪，有利于提高认知活动的效果。而消极的情绪，如恐惧、痛苦等会对操作效果产生负面影响，消极情绪的激活水平越高，操作效果越差。

情绪的组织功能还表现在行为上，当人们处在积极、乐观的情绪状态时，易注意事物美好的一面，其行为比较开放，愿意接纳外界的事物。而当人们处于消极的情绪状态时，容易失望、悲观，放弃自己的愿望，有时甚至产生攻击性行为。

**（四）信号功能**

情绪在人与人之间具有传递信息、沟通思想的功能。这种功能通过情绪的外部表现，即表情来实现。表情是思想的信号，在许多场合，只能通过表情来传递信息，如用微笑表示赞赏，用点头表示默认等。表情、手势、语调也是语言交流的重要补充，能使语言信息表达得更加明确或确定。从信息交流的发生上看，表情交流比语言交流要早得多。

# 第二节 大学生常见的情绪困扰及调适

常见的情绪困扰又称为情绪的适应不良，按其起因，具体表现为情绪反应过度、情绪反应不足、消极情绪泛化或情绪难以控制等几个方面。大学生常见的情绪困扰有焦虑、恐惧、抑郁、愤怒、嫉妒等。焦虑、恐惧和抑郁相关知识详见第四章第一节，在这里仅对愤怒和嫉妒情绪进行具体讲解。

## 一、愤怒

愤怒是由于客观事物与主观愿望相违背，或愿望一再受阻、无法实现而产生的激烈情绪反应，特别是当人认为他所遭受的挫折是不公正、不合理的，或是被恶意造成时，最易产生愤怒情绪。愤怒会使人失去理性，做出不可估量的行为。如在与他人交往中得不到自身的满足，就会难以控制自己的情绪，容易愤怒，严重的甚至会引起攻击行为。

**（一）愤怒的主要特征**

愤怒是人的基本情绪反应，从程度上可分为不满、气恼、愠怒、暴怒、狂怒等。其主要特征有：脸色发红，身体出汗，胃部收紧，坐立不安，咬牙握拳，双肩发紧，呼吸变快，心跳加速，头涨头痛。

**（二）愤怒的调适**

1. 冷静克制，多次进行自我暗示

在与人发生矛盾冲突，即将动怒时，要用理智和意志控制冲动的情绪，尽量缓解或避免怒气发作，可以暂时离开使自己动怒的环境，过后对问题冷静地商量解决，也可进行自我暗示，如在情绪激动时对自己说：“要冷静、别发火。”

2. 合理宣泄，选择合适的宣泄渠道

如果一味克制、压抑而不加以宣泄，同样会不利于身心健康，因此可以用写笔记、与人交谈等方式缓解愤怒情绪，还可以在情绪激动时进行剧烈的体育活动或喊叫以宣泄愤怒，但是，无论是哪种方式，都要适时适度，既不能影响他人，也不能损害自身。

## 二、嫉妒

嫉妒是大学生中普遍存在的不良情绪，嫉妒是因为自己的社会尊重需要未得到满足而产生的不良情绪，是一种企图缩小和消除与他人的差距，恢复原有平衡关系的消极手段。严重的嫉妒感是一种极不健康的心态，是一种情绪障碍。嫉妒会导致人无法正确地认识自己，更严重的是破坏人与人之间的友谊。

### （一）嫉妒的主要特征

嫉妒的主要特征表现为看到他人的才华、能力、品行、荣誉甚至相貌、衣着等超过自己时，感到恼怒、痛苦、愤愤不平，当别人遭到不幸和灾难时则幸灾乐祸，言语上讥讽嘲笑、行动上冷淡疏远，甚至在人后恶语诋毁、中伤，蓄意打击报复。

### （二）嫉妒的调适

（1）要正确认识、评价自己。俗话说：人贵有自知之明。的确，能够清醒、准确地了解自己的人是难能可贵的。大学生对自己应有一个正确的评价，既要看到自己的优势、长处，也要知道自己的不足和缺点，想事事不落人后、样样不逊于人是不可能的，只有善于吸收别人的长处，克服自己的缺点，扬长避短，充分发挥潜力，才能赢得属于自己的辉煌和成功。

（2）合理转化，将与他人的差距的不安转化为前进的动力，嫉妒别人是一种不服输、不甘落后的好胜心的体现，将消极的嫉妒情绪转化为发奋进取、积极向上的动力，是一种合理的应对方式。好嫉妒的大学生在羡慕他人的成功、荣誉时，应该对自己说：他行我也行，然后发奋努力，逐步缩小差距，化消极情绪为积极动力。

（3）充实生活，开阔自己的视野。我们应把精力集中在专业知识、技能学习上，同时积极参加各类有益身心的活动，培养广泛的兴趣，使生活充实愉快，在学习、工作和生活中不断丰富知识、发展能力、完善个性，采取积极的方式告别嫉妒心理，与同学、朋友携手并进，共同发展。

# 第三节 常见的情绪管理理念

## 一、情绪管理的含义

### （一）什么是情绪管理

情绪管理（emotion management）是指通过研究个体和群体对自身情绪与他人情

绪的认识、协调、引导、互动和控制，充分挖掘和培植个体与群体的情绪智商、培养驾驭情绪的能力，从而确保个体和群体保持良好的情绪状态，并由此产生良好的管理效果。

情绪的管理不是要去除或压制情绪，而是在觉察情绪后，调整情绪的表达方式。有心理学家认为，情绪调节是个体管理和改变自己或他人情绪的过程。在这个过程中，通过一定的策略和机制，使情绪在生理活动、主观体验、表情行为等方面发生一定的变化。这样说，情绪固然有正面有负面，但真正的关键不在于情绪本身，而是情绪的表达方式。以适当的方式在适当的情境表达适当的情绪，就是健康的情绪管理之道。

### （二）情绪智力的含义

哈佛大学心理学教授丹尼尔·戈尔曼提出了情绪智力（emotional intelligence）概念，情绪智力是指管理情绪的能力，是影响个人适应环境要求与压力的非认知面的技能、潜力及胜任能力的总和。情绪智力代表一个人处理自己情绪的能力。根据一些心理专家的观点，情绪智力涵盖下列五种能力。

1. 情绪的自我觉察能力

情绪的自我觉察能力是指了解自己内心的一些想法和心理倾向，以及自己所具有的直觉能力。自我觉察，即当自己某种情绪刚一出现时便能够察觉，它是情绪智力的核心能力。一个人所具备的、能够监控自己的情绪以及对经常变化的情绪状态的直觉，是自我理解和心理领悟力的基础。如果一个人不具有这种对情绪的自我觉察能力，或者说不认识自己的真实的情绪感受的话，就容易听凭自己的情绪任意摆布，以至于做出许多遗憾的事情来。伟大的哲学家苏格拉底的一句“认识你自己”，其实道出了情绪智力的核心与实质。

2. 情绪的自我调控能力

情绪的自我调控能力是指控制自己的情绪活动以及抑制情绪冲动的能力。情绪的调控能力是建立在对情绪状态的自我觉知的基础上的，是指一个人有效地摆脱焦虑、沮丧、激动、愤怒或烦恼等因为失败或不顺利而产生的消极情绪的能力。这种能力会影响一个人的工作、学习与生活。当情绪的自我调控能力低下时，就会使自己总是处于痛苦的情绪旋涡中；反之，则可以从挫折或失败中迅速调整、控制并且摆脱消极情绪而重整旗鼓。

3. 情绪的自我激励能力

情绪的自我激励能力是指引导或推动自己去达到预定目的的情绪倾向的能力，也就是一种自我指导能力。它是要求一个人为服从自己的某种目标而产生、调动与指挥自己情绪的能力。一个人做任何事情要成功的话，就要学会自我激励、自我把握，尽力发挥出自己的创造潜力，这就需要具备对情绪的自我调节与控制能力，能够对自己的需要延迟满足，能够压抑自己的某种情绪冲动。

4. 对他人情绪的识别能力

觉察他人情绪的能力就是所谓同理心，亦即能设身处地站在别人的立场，为别人设想。越具同理心的人，越容易进入他人的内心世界，也越能觉察他人的情感状态。

5. 处理人际关系的协调能力

处理人际关系的协调能力是指善于调节与控制他人情绪反应，并能够使他人产生自己所期待的反应的能力。一般来说，能否处理好人际关系是一个人是否被社会接纳与受欢迎的基础。在处理人际关系过程中，重要的是能否正确地向他人展示自己的情绪情感，因为一个人的情绪表现会对接受者即刻产生影响。如果你发出的情绪信息能够感染和影响对方，那么，人际交往就会顺利进行并且深入发展。当然，在交往过程中，自己要能够很好地调节与控制住情绪，这些都需要掌握人际交往的技巧。

## 二、情绪管理的基本形态

情绪管理的基本形态有四种，即拒绝、压抑、替代和升华。

### （一）拒绝

拒绝接受某些事实的存在。拒绝不是说不记得了，而是坚持某些事不是真实的，尽管所有证据表明是真实的。例如，一名深爱丈夫的寡妇在丈夫死去后很久，仍然表现得好像他还活着，吃饭的时候仍然还留着他的位置，给他盛饭。一般人很难纠正她，因为在心理机能上，她是无法接受外界的帮助的。拒绝是一种极端的情绪防御形式。

### （二）压抑

压抑是自我通过某种努力，把那些威胁他的东西排除在意识之外，或使这些东西不能接近意识。和拒绝不同，压抑是一种强压，势必带来一些副作用。压抑在某种程度上是违背人的本性的。当然，也许只有人这种最高级的动物才有能力去压抑。压抑是人在情绪管理中经常运用的，但过分压抑也是有害的。

### （三）替代

替代是将冲动导入一个没有威胁性的目标物。在实际运用上，替代有一种表现形式就是迁怒。如果今天你被你老板骂了，如果你有下属，你很容易迁怒下属。如果你没有下属可以迁怒，势必会将这种情绪带回家，妻子或丈夫将成为不幸的对象，妻子或丈夫可能又会把它传给孩子，孩子去学校，又会去招惹其他孩子，一顿打架后，老师又会传你到学校，也许你还不明白由头。这的确就是一个迁怒的恶性循环。怎样找一个好的替代品也许是解决问题的关键，建立一种良性的替代形式既可以使情绪得到有效管理，又不伤及无辜。

### （四）升华

升华是唯一真正成功的情绪管理机制。升华是将可怕的无意识冲动转化为社会接受行为的方式。例如，如果你把攻击性的冲动直接指向你想攻击的人，那么你将陷入困境。但是，如果你把这些冲动升华为诸如拳击、足球比赛之类的活动，就可以被接受。在我们的社会里，攻击性的运动员被看成英雄。拳击比赛之所以这么受欢迎，就在于它不仅仅让比赛的选手的情绪得到了升华，同时让观众的攻击性情绪也得到了排解。

## 三、如何管理自己的情绪

情绪管理即是以最恰当的方式来表达情绪，如同亚里士多德所言："任何人都会生气，这没什么难的，但以适当方式对适当的对象恰如其分地生气，可就难上加难。"据此，情绪管理指的是要适时适所，对适当的对象恰如其分地表达情绪。

### 1. 体察自己的情绪

体察自己的情绪就是要时刻认识到"我的情绪是什么？"例如，当你因为朋友约会迟到而对他冷言冷语，这个时候就应该问问自己："我为什么这么做？有什么感觉？"如果你察觉你已对朋友三番两次的迟到感到生气，你就可以对自己的生气做更好的处理。有许多人认为人不应该有情绪，所以不肯承认自己有负面的情绪。要知道，人一定会有情绪，压抑情绪反而带来更不好的结果，学着体察自己的情绪，是情绪管理的第一步。

### 2. 适当表达自己的情绪

再以上文提到的朋友约会迟到的例子来看，你之所以生气可能是因为他让你担心，在这种情况下，你可以婉转地告诉他："你过了约定的时间还没到，我好担心你在路上发生意外。"试着把"我好担心"的感觉传达给他，让他了解他的迟到会带给你什么感受。什么是不适当的表达呢？例如，你指责他："每次约会都迟到，你为什么都不考虑我的感觉？"当你指责对方时，也会引起他负面的情绪，他会变成一只刺猬，忙着防御外来的攻击，没有办法站在你的立场为你着想，他的反应可能是："路上塞车嘛！有什么办法，你以为我不想准时吗？"如此一来，两人就会开始争吵，就别提什么愉快的约会了。如何适当表达情绪，是一门艺术，需要用心地体会、揣摩，更重要的是，要确实用在生活中。

### 3. 以适宜的方式纾解情绪

纾解情绪的方法很多，有些人会痛哭一场，有些人会找好友诉苦一番，还有些人会逛街、听音乐、散步或逼自己做别的事情以免老想起不愉快。而比较糟糕的方式是喝酒、飙车，甚至自杀。要提醒各位的是，纾解情绪的目的在于给自己一个厘清想法的机会，让自己好过一点，也让自己更有能量去面对未来。如果纾解情绪的方式只是暂时逃避痛苦，而后需承受更多的痛苦，这便不是一个适宜的方式。有了不舒服的感觉，要勇敢地面对。仔细想想，为什么这么难过、生气？我可以怎么做，将来才不会再重蹈覆辙？怎么做可以降低我的不愉快？这么做会不会带来更大的伤害？从这几个角度去选择适合自己且能有效纾解情绪的方式，你就能够控制情绪，而不是让情绪来控制你。

## 第四节 积极情绪及培养

### 一、积极情绪的定义

积极情绪主要是指积极的心理态度或状态，是个体对待自身、他人或事物的积极、正向、稳定的心理倾向，它是一种良性的、建设性的心理准备状态，在学校文化素质教育、心理教育、心理咨询与治疗操作层面上主要指学生各种正向、主动、积极的心理品质。积极心态与消极心态是相对而言的，面对生活的压力与历练，若积极心态战胜了消极心态即会促进人的进步，激发人性的优点使之为善；若消极心态战胜了积极心态即会阻碍人的进步，激发人性的缺点使之为恶。积极心态也是一种生活态度，是阳光地把生活中的一切当作一种享受的过程。

### 二、如何培养积极的心态

#### （一）了解心态积极的重要性

（1）积极的心态能够减少负面情绪。拥有积极的心态，你的情绪也随之变得正面。你将不会沉溺于负面情绪中，且能更快地恢复到正面情绪。因而，生活会更加美好且有乐趣。

（2）正面情绪促进身体健康。研究表明，压力等其他负面情绪会引发冠心病等疾病。将负面情绪转化为正面情绪，能够提升整体的健康状况。

（3）积极的心态促进创造力和专注力的发展。积极的心态不仅对身体健康有益，且能“拓宽和激活认知能力”。因为积极的心态使得神经多巴胺水平上升，从而提升了创造力、专注力和学习能力。积极的心态还能提高人们应对困难的能力。

（4）积极的心态帮助人们快速从消极事件中恢复过来。你会变得更加抗打击，不容易被创伤和痛苦击倒。有一项测试抗击打能力的实验，参与者需要在压力下完成任务。实验结果表明，所有参与者都有焦虑的反应。但抗击打能力强的参与者更快恢复到镇定状态。

#### （二）耐心地自我检省

（1）改变尚需时间。和改善体力与健康一样，培养积极心态也不是一朝一夕的，需要持续地努力。

（2）明确并提高你的优势。认清自己的优点，你会有更多正面情绪，更有能力应对困难。列出你擅长或喜爱做的事。经常做这些事，增加自己的正面情绪。

（3）写日记。研究表明，自我检省能有效地促进学习和工作，也能帮助培养积极的心态。记录你的情绪和想法，有助于认清自身的行为和反应。一开始你可能觉得自我检省有点奇怪，不过一段时间后，你会从记录中发现自己的行为和情绪模式。这能帮助你有针对性地解决问题，实现目标。

（4）记录每天发生的美好的事。回顾一天中的美好事物，包括让你开心、骄傲、感恩、平静、满足、愉快的事件。例如，想想你早上做了什么，哪些时候你觉得平静愉悦。也许是上课路上的沿途美景，也许是第一口咖啡的香味，或者和某人愉快的交谈。回顾哪些时刻觉得自豪，哪些时刻觉得感恩。可能是很小的事，如你把垃圾捡到垃圾箱。也许是完成了一个任务或克服一个挑战后感到自豪。你会慢慢觉得这个习惯有用。回顾美好的事物，有助于你将负面情绪向正面情绪转换。

（5）记录负面情绪。一天中哪些时刻有负面情绪？包括内疚、羞耻、尴尬、沮丧、失望、恐惧和厌恶。这些情绪是否强烈或者极端？

（6）将负面情绪转化为正面情绪。看看你记录下来的负面情绪，努力从负面的事件中找到中立或积极面。例如，在公交车上被司机说了几句，你要尽量理解他并非有意。若你今天做了一件尴尬的事，就勇敢地自嘲一下。要是你不小心弄翻了室友的咖啡，这些小错误是常事，说不定你室友也没那么介意。只要你不把小错误看作影响人生的大问题，你就能更好地克服困难。如碰翻了咖啡，你应该立即真诚地道歉，并确保对方没有烫伤。然后，你可以主动提出清洗弄脏的衣服，或者买件新的赔礼。

（7）回顾快乐的时刻。提高应对困难的能力，心态自然会逐渐变得积极。你所经历过的美好的事，它们带来的快乐是持久的。每当你回想起来，都会觉得开心。如果近来没有特别好的事情发生，你可以想想以前发生的快乐的事。

（8）每个人都会遇到问题。生活本来就不是一帆风顺的。你要耐心地学着将负面情绪转化为正面情绪，也要学着接受生活中的不美好。你会逐渐不那么纠结那些不完美的细节，你会把困难看作增长阅历的机会。

（9）别对自己苛刻。过于苛责自己会阻碍积极心态。例如，当你碰翻了咖啡，你的内心会骂自己真蠢。停止这样的苛责，你要学会制止并改变内心的“批判者”，这是培养积极心态的重要过程。

**（三）关爱自己**

（1）做喜欢做的事情，做让你觉得开心的事。如果你总是把他人放在第一位，你可能很少顾虑到自己。当你照顾他人的时候，你首先得照顾好自己，才有能力去关爱他人。把自己调整到最佳状态，才能给他人最好的关爱。若你爱听音乐，就多听听音乐；若你爱阅读，就花些时间在安静的环境中阅读。去看看美景，去博物馆看展览，去看你喜欢的电影。主动做这些你喜欢的事，这样你会多关注到积极的事物。

（2）多回想满足的时刻。没人知道你的想法，不会有人觉得你很自大。你不需要常常迎合别人的想法。如果你擅长下厨，就承认自己是个优秀的厨师。发现那些满足、自豪、愉快的时刻或事件，回顾一下也是一种快乐。

（3）不要过多担心他人的想法。你是独一无二的你，不用按照别人的标准来要求自己。你爱好的、擅长的都和别人不同。你可以自己去定义什么是成功。

（4）不要拿自己和他人比较。你看待自己的方式和别人不同，就如同看一幅画，从远处和近处也是不同的。你眼中的别人，也许只是他努力营造的形象，并不是最真实的。所以，不要用他人的标准来衡量自身价值。你要学会更为客观地看待别人的行为。例如，你和某人相处不愉快，你不用觉得是对方对你有意见，那只不过是交流出现了一些误会。

### （四）培养人际关系

（1）维持健康的人际关系。就算你是个内向的人，或觉得自己不需要太多朋友，人际关系的重要性也不容置疑。朋友和社交关系对所有人来说都是一种支持的力量。因此，你要维持健康的人际关系。研究表明，当你和你所在意的人交谈且得到他的支持后，你的心情会立即变好。

（2）开拓新的人际关系。结识新的朋友，学会判断哪些人给你带来正能量，和这些人建立更深的联系。他们会给你支持，帮助你培养积极的心态。

（3）和朋友谈心。当你陷入消极情绪中，要主动寻求朋友的帮助。不要把消极情绪埋在心里，而要说出来然后解决问题，这样才能变得开心。

### （五）应对压力

（1）学会从压力中看到积极面，换一个角度看待问题。例如，对于你害怕做的事情，别说“我肯定做不完这些事”，你应该说：“我能够完成大部分。”

（2）学会针对性地解决问题。找到给你压力的问题，尽快解决它。把问题分解，逐步击破。还要学会预测可能出现的问题，预先想好应对措施。

（3）从日常事物中发现积极面。心态积极意味着能够从平凡的事物甚至是困难中发现积极面。如果你能用积极的心态看待问题，你会更有效地解决问题。当你有效地解决了问题，反过来也能促使心态变得更加积极。从而，生活会变得越来越美好。

## 思考与练习

1. 生活中常见的不良情绪有哪些？如何管理和调节自己的不良情绪？
2. 简述情绪对人的成功与发展的影响。
3. 如何培养积极的心态？

# 第十一章　大学生恋爱心理与成长

## 你的学习目标

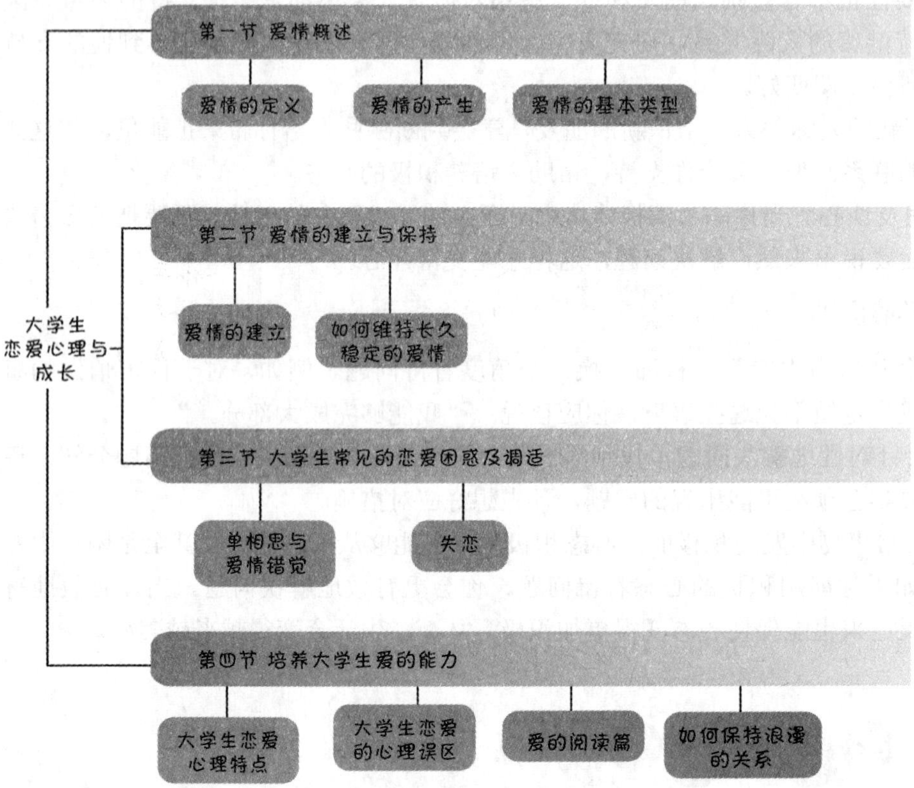


## 本章导航

“在年轻的时候，如果你爱上了一个人，请你，请你一定要温柔地对待他。不管你们相爱的时间有多长或多短，若你们能始终温柔地相待，那么，所有的时刻都将是一种无瑕的美丽。”正如席慕容诗中描述的那样，爱情是个美好的东西，人人都会向往。

现今，大学生谈恋爱已经非常普遍。这不仅能够增强大学生处理各类感情问题的能力，还有助于大学生自我同一性的完整和人格的独立。而与此同时，由恋爱引发的各类问题也越来越复杂，失恋已成为影响大学生心理健康的重要因素。大学生恋爱有几个常见的心理误区：不是为了爱而“爱”；以粗俗的方式去表达爱情；轻率地对待性行为；把恋爱当成生活的全部。

本章主要阐述了爱情概述、爱情的建立与保持、大学生常见的恋爱困惑及调适，最终达到培养大学生爱的能力。

# 第一节 爱情概述

【案例1】

小林是某系二年级学生。他最近最困惑的问题是“大学生该不该谈恋爱”，不谈吧，周围的同学都成双成对了，平时自己一个人看着也挺孤独的。周末一到，宿舍的同学都有活动，自己一个人显得也挺无聊。没有女朋友，朋友一起聚会的时候好像显得挺没面子的。但是要谈恋爱吧，自己又觉得现在学业挺重要的，爱情也挺消磨时间的。可是小林周围的同学对小林的观点都嗤之以鼻，认为大学不多谈几场恋爱太浪费校园美好的生活了。

【案例2】

小玉是某系三年级学生，二年级的时候交了一个男朋友，并与之发生了性关系。其后，男方又喜欢上了其他的女孩子，提出与小玉分手。小玉不肯，几次割腕相逼，手上的伤痕多达7条，小玉想通过自残的方式挽回对方的心，但换来的却是自己加倍的痛苦。

**案例分析：**

案例1中的小林的困惑是进入大学生活后学生共有的困惑，对于爱情我们不是感性地等待它的来临，而是理性地衡量他人的眼光，谈恋爱有时变成了一种从众行为。案例2中的小玉引起我们思考：女性应该如何在爱情中保护自我，如何在两性关系中把握自我。爱情是成长中重要的课题，更多的时候，爱情只是一种我们对生活的尝试，尝试就包含着结果，可能是失败抑或是成功。失败了，我们需要总结经验教训和鼓起勇气重新生活；成功了，我们就要懂得好好珍惜。

## 一、爱情的定义

爱情，是人类历史上一个亘古不变的主题。梁山伯与祝英台、罗密欧与朱丽叶这些千古绝唱多少年来一直令世人唏嘘不已。在现在的大学校园，爱情早已不是一个禁忌的话题，恐怕是宿舍里“卧谈”最多的内容。尽管大学生已步入成年，但毕竟没有完全走向社会，所以大学生还是相对单纯和幼稚的，包括对爱情的看法。那么，究竟什么是爱情呢？马克思说：“真正的爱情是表现在恋人对他的偶像采取含蓄、谦恭甚至羞涩的态度，而绝不是表现在随意流露热情和过早的亲昵。”瓦西列夫在他的《情爱论》中说：“爱情是作为男女关系上的一种特殊的审美感而发展起来的，爱情创造了美，使人对美的领悟能力敏锐起来，促进对世界的艺术化认识。”苏霍姆林斯基说：“真正的爱情，这意味着不仅是欣赏美，而且要培植美，创造美。”人本主义心理学家卡尔·罗杰斯说：“爱是深深的理解和接受。”马斯洛认为：“爱的需要涉及给予和接受爱，我们必须懂得爱，必须能教会爱、创造爱、预测爱。”人们对复杂多样的事物喜欢用隐喻或象征意义来表达，而爱情可能是隐喻最多的事物之一，可见爱情的复杂性和多样性。不同的人对爱情可能有不同的看法。爱情本身并没有一个标准的定义。自古以来，对爱情的看法就一直存在两种对立的论点：一是唯精神论，一是唯性欲论。唯精神论认为，爱情是男女精神上的相互依恋，将爱者的情感完全融化在对所爱的人的关怀之中，爱情与性欲毫不相干。持这种观点的代表人物是柏拉图，他认为爱情分低级的肉体之爱和高级的精神之爱，肉体之爱是卑俗的，精神之爱是高尚的，是真正的爱情。唯性欲论认为，性欲是爱情产生的根源，爱情的目的也就是满足性欲。哲学家罗素提出，人类的性就“好像饮食，都是本能的需要”，所以对性的满足就是对人的尊重，对性的压抑将会导致性饥饿，而且越压抑越强烈，最后将会疯狂地发作，使性行为变得兽行般野蛮，失去文明性。

当代社会条件下，人类的爱情是由生理、心理和社会伦理三个要素构成的。生理因素是基础；与之相联系的心理因素是爱情的本质规定；社会伦理因素是实现爱情生活的社会条件和形式。这三个要素相互联系、制约与作用，决定了爱情的本质。

与爱情最容易混淆的一种人际吸引形式是喜欢。社会心理学家鲁宾对爱情和喜欢的关系与区别进行了系统研究，他发现爱情和喜欢是两种既密切相关但又各不相同的情感。确实，生活中“我喜欢他（她），但不爱他（她）”的现象也经常发生。爱情与喜欢的区别主要表现在三个方面：①依恋。卷入爱情的恋人对伴侣有着高度的依恋感，感到孤独时，会强烈地想让对方来陪伴和安慰，而喜欢的双方不会有同样的表现。②利他。恋爱中的人之间会高度关怀对方的情感状态，觉得让对方快乐和幸福是自己义不容辞的责任。在对方有不足时，也会表现高度的宽容。即使是以自我为中心、自私自利的人，在恋爱中也会表现出某种理解、宽容、关怀和无私。③亲密。恋爱的双方，不仅对对方有高度的情感依赖，而且会有身体接触的需求。性也是爱情的核心成分。通常情况下，社会化水平比较高的成年人能区别喜欢和爱情，但对于刚进入青春期的少年男女，由于依赖、尊重、喜欢与新出现的性意味的朦胧爱情还没有出现明确分化，因而常常将喜欢与爱情混淆。

## 二、爱情的产生

爱情的产生一直是心理学家感兴趣的话题。在1世纪时，罗马诗人Ovid在他的《爱的艺术》中，首先提供了男女读者征服异性的建言。其中一个对男性非常有趣的建议就是：将自己喜欢的女人带到竞技场去约会。在那里，女人很容易就会被唤起激情（心理学家称之为“生理激动”）。这似乎是一个合乎事实的建议，然而Ovid并没有说明为什么会这样。直到1887年，研究者才对此“智能之言”尝试做心理学角度的解释。

Horwicz 认为，当一个人有了生理激动（无论是用什么方式达成的）时，他会在所处的环境中寻求引起他生理激动的原因。换句话说，当一个人在生理上有所激动时，他会想要对这一变化寻求合理的解释，而通常他会在当场的周围环境寻求解答。这个解释在Ovid的建言中，就是：女人在竞技场上会易于产生生理激动，这种激动与爱情或性激动所产生的生理反应是一样的。而有趣的是，女人通常并不会（或无意识地不会）把她的生理激动归因于竞技场上的热闹、缠斗的情景；而相反地，她通常会以为是陪伴在她身旁的情人引起了她的激动，于是这种心理激动更加深了她对身旁情人的爱慕及情感。

Horwicz 的解释，后来被心理学家带到实地的情境中进行研究。加拿大心理学家 Dutton 和 Aron（1974）做了有趣的“吊桥效应”实验，比较了两种不同情境中男性实验参与者对漂亮女性研究助理的反应。在第一个情境中，漂亮的女助理站在一座高耸且摇摇晃晃的木桥中间，个别地访问经过此危桥的男子。Dutton 和 Aron 假设，当人走在这座木桥上时，由于高度及摇晃所产生的担心，会激发个人的生理激动。在这时候，女助理要求男性过桥者协助完成一项心理学的看图说故事测验，并留下她的电话给受访者，说明假如他们对实验的结果感兴趣的话，可以用此电话找她。在另外一个情境中，除了这位女助理是站在一座平坦、坚固平稳的水泥桥中间，受访的对象是经过此水泥桥的男性外，所有的情境和步骤均与第一个情境相同。结果发现，有比较多走危桥的男性，打电话给女助理要求进一步了解研究结果（事实上，是想与女助理约会）。

## 三、爱情的基本类型

心理学家 Lee（1974）的研究发现，青年男女的爱情关系包括以下六种形式。

（1）浪漫式的爱情。将爱情理想化，强调形体美，追求肉体与心灵融合的境界。

（2）游戏式爱情。视爱情如游戏，只求个人需要的满足，对其所爱者不肯负道义责任，将恋爱对象的更换视为轻易之事。

（3）占有式爱情。对所爱之对象，赋予极其强烈的感情，并希望对方以同样的方式回应；对其所爱者，极具占有欲，若对方稍有怠慢或忽视，即心存猜疑嫉妒。

（4）伴侣式爱情。在长时间中由友情逐渐演变成的爱情，温存多于热情，信任多于嫉妒，是一种平淡而深厚的爱情。

（5）奉献式爱情。信奉爱情是付出不是索取的原则，甘愿为其所爱者牺牲一切，不求回报。

（6）现实式爱情。将爱情视为彼此现实需要的满足，不做理想的追求。男子娶妻，煮饭洗衣；女子嫁汉，穿衣吃饭，是这种爱情的典型。

为了提供一个关于爱情的综合性的理论，1986 年，斯腾伯格（2010）提出了爱情三角理论（triangular theory of love）。他认为所有的爱情都应含有三要素：亲密（intimacy）、激情（passion）、承诺（commitment）。这三要素分别代表爱情三角形的三个顶点，三角形的面积越大，代表爱情的程度越深。若三角形的形状越不像正三角，则表示三要素中的一个要素被特别凸显，这种爱情越不均衡。其具体关系如图 11-1 所示。

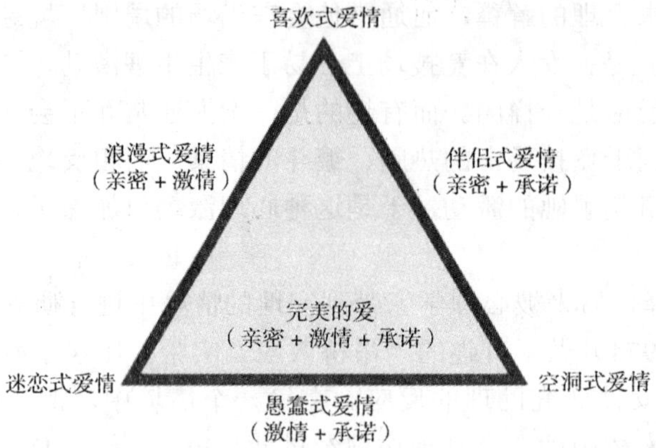


图 11-1　爱情三角理论

资料来源：R. Steinberg. A Triangular Theory of Love. Psychological Review，1986（93）：119-135.

亲密是指彼此依附亲近的感觉，包括爱慕和希望照顾爱人，通过自我揭露，沟通内心感受和提供情绪上、物质上的支持来达成。激情是指反映浪漫、性吸引力的动机成分，包括自尊、支配等需求。激情包括正面与负面的感情以及各项社会需求，包含许多我们对对方所感知的情绪，如思念、害羞、羡慕、兴奋等。承诺是指与对方相守的意愿及决定，短期来说是指去爱某个人的决定，长期来说则是指维持爱情所做的持久性承诺。

如果将这三种要素及其在情侣间维持的一般时间和程度特征分别用曲线表示，即得图 11-2。

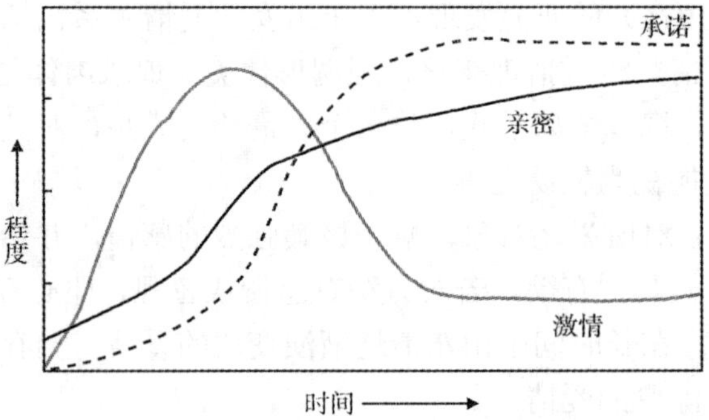


图 11-2　斯滕伯格爱情三角理论图示（1988）

由于亲密、激情和承诺这三种要素在爱情中所占的比例会不断变动，斯腾伯格提出了八种不同类型的爱情关系。

（1）无爱（non love）。三种要素都没有，如随机的人际交互。

（2）喜欢式爱情（liking intimacy）。只包括亲密。如友情，其友谊的呈现会让朋友有亲近与热诚相待的感受。

（3）迷恋式爱情（infatuated love）。只包括激情。这种爱情是一种单相思、一见钟情式或理想化的爱情。

（4）空洞式爱情（empty love）。只包括承诺。如中国古代的指腹为婚，依媒妁之言而成的婚姻关系。

（5）浪漫式爱情（romantic love）。由亲密与激情组合而成。如罗密欧与朱丽叶之间的爱情，富有激情而浓烈。

（6）伴侣式爱情（companionate love）。由亲密与承诺组合而成。爱情中较缺少激情，和爱人之间的感情较平淡，细水长流般的绵长而不断，如长期的婚姻关系。

（7）愚蠢式爱情（fatuous love）。由激情与承诺组合而成。此种爱情从相识到坠入爱河快速而短暂。

（8）完美的爱（consummate love）。是亲密、激情与承诺三者的结合，是真爱的本质，是很难达到的完美爱情。

## 第二节 爱情的建立与保持

### 一、爱情的建立

大学生爱情的建立与发展大致可分为萌芽期、发展期和稳定期三个阶段。

**（一）萌芽期**

萌芽期一般为大学一年级。经过高考千军万马的角逐，挤过升学独木桥，从进入大学的升学压力下解脱出来，个个如醉如痴、得意扬扬，思想上暂时出现了“空档”。同时，他们远离父老乡亲，面对全新的生活环境、全新的人际关系，心里的孤独感油然而生，从而渴望得到别人的关心、帮助，与人建立友谊。于是，找老乡，找朋友，你来我往，慢慢地，男生女生接触频繁起来。尤其是在这时，高年级的大哥哥们关心起一年级的小妹妹们，有的确属关心，有的则别有一番用意。很多高年级学生看中了某位低年级的女生，便倍加关心，无微不至，进而使对方成为恋人，坠入情网。这是大学一年级学生恋爱队伍中的主体部分。此外，还有为数较少的一部分是在上大学之前就“名花有主，佳人在旁”，他们双双升入大学，无论是在一地一校与否，这种恋情大多能够巩固和发展。

**（二）发展期**

发展期一般为大学二、三年级。经过1年左右的大学生活，已完全去掉了中学时代的“尾巴”。知识、能力、体魄、风度、服饰、语言等都彻头彻尾地大学生化了。初入大学时被大哥哥大姐姐们列入爱情名册的学子，现在有资格拿到恋爱的入场券了。经过 1 年左右的大学生活，他们已对同学有了较深入的了解，与同学建立了友谊。而友谊是一种表现为情感依赖的人际关系，它使人发现自我、善解别人，从中体验到深深的情感依恋。异性之间的友谊容易上升为性爱的依恋，友情可以成为爱情的基石。这样，大学二、三年级的大学生谈恋爱呈迅速发展之势。据调查统计，大学二、三年级大学生恋爱人数占整个大学生谈恋爱人数的60%～70%。其类型大致有如下几种。

（1）同乡恋爱。“老乡见老乡，两眼泪汪汪”，那些远离家乡、亲人的大学生难免会有寂寞孤独的感觉。正在他们彷徨无助的时候，老乡向他们伸出了温暖的手。“同乡会”“校友会”给同乡学生提供了更多的表现自己、了解别人的机会，亲切的关怀、熟悉的乡音、关心的话语、相同的风格，容易引起他们感情的共鸣，进而发展为恋情。

（2）社团恋爱。大学生活较高中生活丰富得多。各种各样的活动频繁，大家都积极热情地投入到各项活动中去。各种各样的活动一方面为男女学生的交往提供了条件，一方面使他们的个性、才华有了淋漓尽致的表现。物以类聚，人以群分，趣味一致、脾性相投的两性，在逐步地深入交往中有的自自然然地转向恋爱。据大学生自己表示，通过该种方式而恋爱者为数不少。

（3）干部恋爱。担任校、院（系）、班级学生干部的大学生往往见识较多，兴趣较广，性格活泼开朗，德才条件俱佳，容易引起异性学生的注目，成为大家追逐的目标。又由于工作的缘故，他们接触面比较广，工作关系也容易转为恋爱关系。学生干部恋爱，一种是学生干部与学生干部谈，一种是学生干部与一般学生谈。因有工作关系的面纱维护，学生干部恋爱显得比较隐蔽和含蓄。

### （三）稳定期

稳定期一般为大学四年级。进入四年级后，大学生变得更加成熟老练，看问题也更加现实。他们的精力多花在毕业实习、论文设计、就业等问题上，加之他们害怕出现新的“牛郎织女”，所以对爱情的思考趋于冷静理智，恋爱呈现较稳定的态势。这期间，新确立的恋爱对象一般为条件成熟者。

## 二、如何维持长久稳定的爱情

很多情侣虽然恋爱，却最终走不进婚姻殿堂。那么如何将来之不易的爱情进行到底呢？恋人间如何做才能保证爱情的新鲜度呢？

### （一）有原则的接纳和追随

有多少恋人是情投意合或者说是一见钟情呢？双方通常有一方相对来说处于主导地位，另一方千万不能无条件地顺从，也就是说双方的心理地位差距不能太大，不能一个是神，而另一个是百般顺从的仆人。我们必须学会去充实自己，才有资格去接纳别人的爱。这是一个同步进行的过程，一方面不断地自我成长；一方面在爱情关系中，帮助彼此成长。不要一味地膜拜、追随对方，更恰当的描述：恋人间不应该是教导关系，而是互相尊重、互相学习的关系。

### （二）爱情的节奏要缓慢，不要急功近利

喜欢看都市爱情或者青春偶像的电视剧的看官应该很熟悉，当恋人中一方提出“结婚”的想法时，另一方可能会含情脉脉、心情复杂地说：“你不觉得太快了吗？”通常提出这种想法的都是比较感性的女性角色。在感情交往中，不要太快地吐露自己的心声，将自己的一切经历在一次约会中倾盘而出。这样会让自己无话可谈，没有了吸引力，没有了新鲜感，仅剩下一副或者帅或者美丽的皮囊。假如刚谈恋爱就双方如胶似漆，想在一天内把一生想做的事全做了，那么你的一生中后续每一天都只会去想如何讨好对方，寻找可能早已绝迹的新鲜感。

### （三）爱情要有动力

在这世间，无论去做什么，都会有具体或者抽象的动力在支持，爱情也不例外。虽说感情跟爱情似乎是人的天性，是在规定年龄就会自动激发的一种技能，但上天给了你学会爱的能力，却没让你学会如何坚持去爱。爱情要坚持到底，就要有一定的动力。这里的动力不是物质、精神欲望或者是什么许诺，而是要自信，自己首先要喜欢自己，不断地去充实自己，让对方能源源不断地得到新鲜感。而且要学会给对方留空间，强求对方达到自己的期望或者要求是不理智的，不要为了过度的征服心或者安全感而与对方背道而驰。

### （四）生活中不能只有恋爱

在恋爱中，尤其是非异地恋的情侣，两个人甜甜蜜蜜，经常在一起，有时甚至希望生活中只有彼此。但是，有些同学因此忽视了生活中的其他事、其他人，比如和舍友在一起的时间越来越少，放弃自己的一些兴趣爱好等。在热恋期，这样“高密度”的接触是难免的，也有利于增加亲密度。但是如果两个人长时间处于“恋爱的孤岛”上，并不利于个人的发展，对感情的稳定发展也可能存在危害。有时，恋爱的一方把对方看作生活的全部，把所有精力都放在对方身上，当对方不能同水平回应时，容易焦虑和失落，激发冲突。如果恋爱关系结束，更是一场灾难。

因此，恋爱双方都应当有自己的事情、自己的朋友圈，不断地丰富自己的生活。这样的两个独立而丰盈的个体建立起的恋爱关系会更加稳固，也更有利于双方相伴成长。

### （五）不要只在乎对方对自己怎么样

有些女性经常会说：“他只要对我好就行了啊。”事实上，这是不太正确的。一个人有没有正常健康的人际关系跟未来的生活、幸福有没有保障是息息相关的。

## 第三节　大学生常见的恋爱困惑及调适

恋爱、婚姻和家庭，是人生的重要内容，是人类社会生活的基本形态之一。对于当代大学生而言，回避这一话题显然是不现实的。如何看待大学恋爱？该不该恋爱？

在情感上受到困惑和挫折怎么办？对异性产生爱慕之心，这是人到了一定年龄感情的自然流露，特别是对于大学生来说，他们面对的不是可不可以谈恋爱的问题，而是怎样克制或把握自己情感的问题。在目前的大学校园里，尽管许多人会因某些理由而不去谈恋爱，但对周围同学的恋爱大多还是持肯定态度的。许多心理学家认为，大学生恋爱有利于心理上的成熟和健康。大学生恋爱可缓解因性压抑而产生的紧张和焦虑。精神分析学家弗洛伊德认为，恋爱中异性间的相互沟通有利于舒缓性压抑而产生的紧张和不安。恋爱能确保大学生性别角色的社会化，真正认识到性别角色上的差异，学会如何在生活中适应别人的要求。恋爱有利于大学生发展完整的自我同一性，形成独立的人格，为进入真实的社会生活起到缓冲作用。当然，关于在大学里要不要谈恋爱的问题，也难做一个绝对的回答。但应明白，缘分是可遇不可求的，一旦缘分到了，自然会水到渠成。对于恋爱，既不要勉强自己，也无须勉强别人，否则将会做出爱错人和一厢情愿之事，从而带来不少的心理困惑。下面介绍大学生在恋爱过程中常见的心理问题及解决方法。

## 一、单相思与爱情错觉

单相思是指两性关系中的一方倾心于另一方，却得不到对方回报的单方面的“爱情”。单相思是一种心理失去控制的情感表现。男女在相遇时由于对方容貌、体形、才华而产生爱慕，于是自己有意单方面地点燃爱情之火，编织情网，把对方的举止看作对自己有意求爱的信号，一旦发现对方无此情，往往蒙受失恋的痛苦。单相思最大的心理误区是把心目中暗恋的人过于美化，看成十全十美。如某大学生性格内向，不愿表白，暗恋上一个女同学，每天都定时坐在校园内的花坛旁，手拿着书却无心看书，因为他知道这个女同学每天从这里经过去食堂吃饭，每当这个女同学从他身边经过，看到她飘柔的长发就非常欣喜，然后心里编织出同该女同学恋爱的梦，在花坛旁一坐就是两年多。单相思是恋爱心理的一种认知和情感的偏差。单相思使某些学生陷入痛苦的境地，处于空虚、烦恼，甚至绝望之中，如果处理不好，对以后的恋爱、婚姻生活都有消极的影响。因此，陷入单相思的大学生要及早止步另做选择。克服单相思重要的是正确理解爱情的深刻含义，同时用理智驾驭情感，尊重对方的选择，不可感情用事。爱情错觉是一种情感方面的误解或偏执状态，是以一厢情愿、自我陶醉为特征的畸形爱情体验。爱情错觉是单相思的主要原因，是恋爱中的大学生经常遇到的烦恼之一。爱情错觉通常有三种表现形式：一种是因受到对方外貌、言谈举止、气质修养的吸引，将其视为偶像而不由自主地陷入“单向爱情体验”的误区；另一种是在客观依据不足的情况下仍主观认定对方对自己有意，从而产生虚幻“双向爱情交流”；还有一种是遭到对方拒绝或失恋后，依然一往情深地独自憧憬双方的“美好未来”。

从心理学的角度看，观察力弱，幻想力强，缺乏辩证思维能力以及具有敏感、虚荣、胆怯、自卑、偏执等人格特点的人，易于产生爱情错觉。爱情错觉的体验虽然可以使当事人处于一时的快慰和愉悦状态，但它带给当事人的更多感受却是痛苦与不安，这就如同托米德尔顿所说："爱情是精神的强壮剂，但又是导致心病的耗损元气的药丸。"因此，积极预防或纠正爱情错觉，促使当事人从虚幻的爱走向真切的爱，帮助他们"迷途知返"非常重要。

（1）鼓足勇气探明真相。就爱情错觉的第一种表现形式而言，由当事人自己去揭开朦胧的爱情面纱，通过感情"撞击"直接了解对方在恋爱问题上的真情实意，无疑是最可贵的途径。然而，许多当事人不敢走出这一步，或者是由于性格上的胆怯，或者是由于失败的预期，或者是由于其他原因。基于此，应鼓励女生"妹妹你大胆地往前走"，鼓励男生"该出手时就出手"。勇敢地走出这一步，无论是对男生还是女生都有一定的收效，也都会获得新的感悟。

（2）借助他人排除偏差。"不识庐山真面目，只缘身在此山中"这句诗深刻提示了爱情错觉第二种表现形式的心理机制。因此，引导当事人将自己的错觉"依据"告诉可以信赖的朋友、亲属或咨询人员，听听别人对这个问题的看法，无疑比自己一个人"雾里看花"要真切和客观。

（3）运用替代实现移情。挫折心理学的研究告诉我们，改变目标，寻求替代，是应付挫折的有效行为方式之一。就爱情错觉的第三种表现方式来说，在遭受对方拒绝或失恋以后，尽可能设法远离痴爱的人，以"眼不见为净"的心态重新思考感情目标，并适时开始新的爱情追求，这对于摆脱挫折体验有积极意义。实践证明，受挫后马上报复性地寻找新的替代目标，不仅达不到预期目的，而且有可能会害己害人。所以，受挫后应当根据个人的心理调控能力和爱情机遇灵活处理。

## 二、失恋

失恋是恋爱过程的中断，在客观上表现为相爱的双方分离，在主观上表现为失恋者体验到悲伤、忧郁、失望等消极情绪及心理痛苦和压力。恋爱的过程是两个人相互了解和选择的过程，当一方提出中断恋爱关系时，另一方就会失恋。世界上有恋爱就会有失恋。

对于分手的原因不外乎下面几种：双方个性、价值观有重大差异，无法沟通；对方的实际情况，不符合自己的期待；第三者介入；时间、空间的距离；父母、家人或亲友的反对；误会太深；觉得自己付出太多，对方付出不够；失去了爱的感觉；对方过度关怀，使自己有压迫感；发现对方和他人有过亲密的行为；发现对方有不良嗜好；等等。

失恋后应及时找朋友或亲人倾诉，或找专业人员咨询。此外，还可以自己做如下调整。

（1）相信时间可疗伤。一般来说，失恋要经过一段"天昏地暗"的危险期，这个危险期有长有短，因人而异。在这个危险期内，有的人把失恋归因于自己的无能，把痛苦留给自己；有的人由爱生恨，挖空心思寻求报复；也有一些乐观的人，自我安慰：一定要找一个更好的。一般只要在危险期内有朋友、亲人的陪伴和安慰，不做出冲动的事来，相信随着时间的推移，就会慢慢走出危险期，痛苦也会随之减轻。

（2）合理看待自我。面对失恋的打击，不同的人会有不同的反应，那是因为每个人看待问题的方式不同。例如，爱情，有的人坚信它是“铁树开花，百年难遇”，有的人则认为“天涯何处无芳草”。失恋后最重要的是要排除一些不合理的推论，最常见的是“以偏概全”，如“世上没有真正的爱情”“我太无能了”“我的人生整个失败了”。所以，此刻要做的是换个角度看问题，对生活和爱情建立正确的观念，如“爱情不是人生的全部”“爱情不是是非题，而是选择题”“人间自有真情在”“痛苦也是人生的一种经验，它会帮助我成熟”等。有了这样的观念，人就会豁然开朗。

（3）尽量宽容对方。失恋者对伤害自己的人会本能地产生仇恨，这也是失恋者不能从痛苦中走出的重要原因。但仇恨和报复并不能挽回失去的爱情，只能使自己的心态更加失衡，而宽容则能让人释怀。如现在再也不要去向对方询问理由，只是告诉对方，尽管你很痛苦，但你尊重他/她的决定，并祝他/她幸福。我想对方一定会很感动，或许经过一番曲折后，他/她可能还想重新认识你。当然，最主要的是，当你能这样说，当你试着宽容对方时，你的心灵会得到滋润。

（4）用行动转移注意力。“生命因为有了爱才有意义，生命因为失去了爱才变得更为富有。”这是作家泰戈尔的话，说得很有道理。在失恋的日子里，可以看书、思考问题，忙自己的事情。许多性格坚强的人，就是将痛苦升华为力量，做出了许多成就。试试看，把失恋升华为一种奋力向上的动力，在你专心于学业时，你会觉得自己很充实、富有。当你在不断提高自己时，你就会站在新的起点，重新审视你的失恋和痛苦，到时你就会觉得没有什么承受不了的。

（5）感情转移法。人有一种在感情上进行自我恢复和再次示爱的能力。因为爱一个人，会觉得对方是最适合自己的，失去后更觉珍贵。当事人只要平静地接受失恋的事实，重新用眼光去寻觅，并真情投入，就会惊讶地发现，生活中还有更适合自己的人。许多重新获得幸福的人都有这样的体会。所以，千万不要怀疑自己再爱的能力，努力去尝试吧！

**【案例】**

2002 年 3 月，某高校一栋教学楼上，一名大一男生从 9 楼飞身而下，转瞬间便气绝身亡。据介绍，这名男生进校没多久，就喜欢上了一名女生，并与之恋爱，但由于各方面的原因，女生提出分手并再也不理会该男生，男生无法接受这段感情的结束而自杀。

**案例分析：**

恋爱对于每个人都是难忘的，然而，越是美好的东西，失去之后的伤害越大，失恋也是如此。据调查，失恋后首先产生自杀念头的大学生不在少数。有的大学生涉世不深，冲动偏激，失恋后无法自拔，沉溺于痛苦之中。因此，失恋后应学会自我调节，及时找朋友或亲人倾诉，或找专业人员咨询，以顺利度过失恋期。

# 第四节 培养大学生爱的能力

## 一、大学生恋爱心理特点

### （一）大学生恋爱意识发展的阶段

大学生恋爱意识的形成和发展，可以分成三个阶段：一是恋爱意识的萌芽阶段（包括朦胧期和探索期）；二是恋爱意识的充分发展阶段；三是恋爱意识的完善成熟阶段（包括实践期和修正期）。这三个阶段互相联系，共同构成大学生恋爱意识发展的全过程。

1. 恋爱意识的萌芽阶段

大学生恋爱意识的萌芽阶段是从中学时代就开始的。起初是恋爱意识的朦胧期，这是一个从对恋爱问题完全没有意识向有一些零碎感觉的过渡阶段。这个时期在初中二、三年级，一般年龄在 13～14 岁，属于青春期初期。

到了高中阶段，就是恋爱意识的探索期。这个时期恋爱问题已经进入个体的意识领域，不但有恋爱的意向，而且有恋爱的思考，开始探讨爱情的真谛。然而，高中生由于背负高考的重任，因此一般都会把这种爱慕之情压抑起来，在毕业后进入大学或者就业时才明显地表现出来。

2. 恋爱意识的充分发展阶段

进入大学后，恋爱意识的准备基本就绪，大学生带着憧憬和追求，进入恋爱意识的新阶段——充分发展阶段。这一阶段又可分为两个时期。

首先是定向期，主要标志是择偶标准的系统化（全面考虑）和合理化（现实可能性）。另一个标志就是开始明确意识到“恋爱”与“责任”“道德”等相联系。

其次是恋爱对象的理想选择期。这一时期的大学生在头脑中构想出一个“理想化”的异性对象，赋予这个理想形象以具体的内容，便构成内心择偶的标准。

3. 恋爱意识的完善成熟阶段

经过前两个阶段，大学生的恋爱意识一般已经基本确立。恋爱意识的进一步完善成熟，一般还要经过下面两个时期。

恋爱实践期。恋爱实践期是指学生在一定恋爱意识的指导下，由恋爱问题的核心探索到恋爱行为的过程。大学生的恋爱实践有两种形式，即直接实践和间接实践。所谓间接实践，就是自己实际上没有恋爱，但对此关心的程度不亚于已经恋爱的人，只是由于各种原因暂时没有谈。

恋爱意识的修正期。在这一时期，大学生在恋爱实践和社会现实两者的矛盾下不断修正自己的恋爱意识，并使之完善成熟。

### （二）大学生恋爱的动因

男女大学生生活在同一校园内，出现恋爱现象是自然的。那么，大学生恋爱的主要动因是什么呢？有学者认为，大学生恋爱的动因有以下几个方面。

1. 生理发育成熟

大学生的性生理发育已经完全成熟，性意识增强，渴望与异性交朋友，恋爱欲望强烈，他们积极构思恋爱对象的理想形象，并且尝试付诸实践，当遇到理想的异性同学时，便常寻找各种机会进行试探和追求。

2. 情感需要

男女大学生都是经过十年寒窗、奋力拼搏才进入大学校园的。中学阶段由于升学的精神压力而被暂时压抑的丰富的青春期情感此时得以爆发，自我形象逐渐清晰，他们渴望情感需要的满足。

3. 从众心理

在高校中经常可以发现一种现象，就是同宿舍里几个同学，一旦有人谈恋爱，其他人很快就开始陆陆续续地跟着谈。甚至有学生认为在大学里没有谈过恋爱会被同学看不起。女孩子如果没有谈恋爱，会被人以为魅力不足或性格怪异，男孩子没有谈上女朋友会被同学耻笑，会被人认为其追女孩子的技巧太差。甚至在某些宿舍里，男同学之间攀比的是谁能用最短的时间追到女孩子，而女孩子之间攀比的是谁的男朋友花钱最多、送的礼物最贵。恋爱不再是一种感性的行为，而成了一种从众行为，一种比拼行为。

## 二、大学生恋爱的心理误区

### （一）不是为了爱而“爱”

在某校，曾做过一份大学生爱情观调查，在“你为什么要谈恋爱”这个问题的回答上，60%的学生认为“大学生活很无聊，又不想好好学习，就谈一下恋爱”；30%的学生认为“周围人都在谈，我要不谈，人家肯定会觉得我这人有点怪或者觉得我没有人喜欢”，还有一部分学生认为找到一个大家羡慕的男朋友或女朋友是一件很体面的事，可以在同学面前炫耀一下。

恋爱观不纯、不正是造成大学生恋爱失败的重要原因。一些大学生恋爱不是发自内心地被对方美好品德所吸引，而是由于其他种种理由去“爱”，如弥补感情空虚、从众心理、虚荣心理、找一份好工作或留在大城市等。这种不是以真挚情感为基础的爱情必然是“空中楼阁”，不可能带来持久的幸福。

### （二）以粗俗的方式去表达爱情

现在的校园，似乎让学生更开放地表达自己，不论是白天还是黑夜，校园的每一个地方都成了恋人缠绵的地方，他们不顾周围路过的同学，旁若无人地做着自认为很浪漫的事情，甚至有恋人在大白天许多人路过的校道旁缠绵。

爱情的表达方式反映了一个人的道德修养和文化水平。爱情是激情的涌动，是喜悦的流露，它需要传递与表达。但是爱情的表达要在尊重对方意愿的基础上，尊重群体的心理并合乎时宜和场合。爱情的表达在很大程度上受到时代、观念、民族、传统文化、习俗的影响。当今的大学生应当学会采取合适的爱情表达方式，避免粗俗的不合时宜的表达方式。

### （三）轻率地对待性行为

恋爱中的双方两情相悦，渴望产生亲昵的行为，这是正常的心理现象。但是由于大学生身心还没有完全成熟，情感及职业等方面还极不稳定，恋爱的成功率并不高，故不宜过早发生性行为。许多例子表明，性行为不是决定恋爱是否可以长期并最终成功的重要因素。如果恋爱中的男女由于缺乏理智而出现越轨行为，而恋爱关系又不能走向婚姻，一旦处理不好将对以后的情感和家庭生活产生一定的负面影响。受西方性解放思潮的影响，目前大学生对性行为持较为开放的态度的人数呈上升趋势，校园恋爱、同居行为已不是个别现象，更有甚者对性行为持不严肃态度，在校园里造成不良影响。因此，恋爱中的大学生一定要严肃对待性行为，增强道德责任感，正确处理情感与理智的关系，把恋爱行为严格限制在社会规范之内。降低受到伤害的风险。

**【案例】**

小琴是某系三年级学生，在与男友谈恋爱的过程中发生过许多次性关系，虽然内心并不是很情愿，但怕男友有其他的想法，对男友的性要求小琴从来不懂得拒绝。而且周围的同学有性经历的也不少，甚至有些女生以没有性经历为耻，想想这些，小琴也就释怀了。但由于平时不注意保护措施，小琴不得不瞒着父母去医院做了几次人流，手术后，小琴觉得身体越来越差，同时感觉男友对自己也越来越不关心。很多时候，小琴甚至有离开这个世界、了断现在的生活的想法。

**案例分析：**

小琴的例子在高校中并不少见。在两性关系中，女性因其生理特征等原因，比男性更易受伤害。调查显示，现在的女大学生的性观念更为开放，性行为也更为频繁。作为女性，要赢得长久的爱情，应懂得把握自己并懂得如何拒绝，在两性关系中以更为成熟的态度对待“性”。

### （四）把恋爱当成生活的全部

由于青春期的心理特点，对美好爱情的追求往往会成为一部分大学生的主要心理需求。一些学生把恋爱视为生活的主要目标，于是花前月下、出双入对，对恋爱以外的事情不感兴趣，以至于荒废了学业，疏远了同学间的友谊。恋爱是人生的重要组成部分，但不是人生的全部，生活中还有更重要的东西需要我们去品味，人生还有更重要的目标需要我们去追求。大学生如果一味沉溺于爱情，过分看重爱情在人生中的地位，那么一旦失去爱情，就会失去人生的重心，产生心理危机，甚至出现自暴自弃、自杀等人生悲剧。因此，大学生一定要摆正爱情的位置，正确处理恋爱与学习，恋爱与人际交往，做到既拥有甜蜜的爱情，又拥有丰富的人生。

## 三、爱的阅读篇

### 爱情的神话

爱情是社会文化的一个理想化概念。那些既有趣又麻烦的神话是由这种理想主义培育出来的。对于社会心理学家来说，科学地研究爱情问题不能基于理性主义的观点，而应基于现实主义的观点。在此领域，美国的伊莱恩·哈特费尔德和埃伦·贝莎德为我们树立了榜样。不只因为她们两人是当今世界颇负盛名的爱情问题专家，而且因为她们从事的研究在数量上和质量上都超过了该领域的其他专家。她们给我们讲述了理想社会的四个爱情神话。

神话之一：当一个人恋爱时，他是会知道的。人们由于分不清他们是在真正体验爱情还是处于迷恋状态而经常感到痛苦。当这些痛苦者向他人咨询自己的困惑时，他们常被告诫说："如果你在真正体验爱情，那么你是会知道的。"言下之意是："你不一定在真正恋爱。"其实，这种说法是武断的。研究表明，约会双方在其关系的发展过程中，会有一段时间处于疑惑和猜测阶段，目的是想弄清楚他们感情的性质。由此可见，对爱情的困惑是真正体验爱情的组成部分，即便存在困惑，也不意味着他不在恋爱。

神话之二：当爱情向你走来时，你无法控制它。这种神话传递着如下信息：爱情是不可抗拒的，人们一旦遭其袭击，便会无法明智地行事。于是，人们借此安慰自己，因为无法控制，所以在恋爱问题上可以不负责任地行事。然而，暂且不说爱情是否能够控制，单就不负责任的行为而言，就有可能导致性传播疾病、艾滋病毒和艾滋病、不希望的怀孕以及不悦的伴侣关系。在浪漫关系的初期阶段，双方确实难以区分兴奋和冲动，但是有一点对许多人来说是十分清晰的：一旦卷入性的问题，他就必须为此承担长期的义务。

神话之三：真正的爱是直到永远的。理论上说，爱情可以持续到永远。然而遗憾的是，人们无法指望它。许多人用一种伏魔的方式来信奉这一神话。如果他们的爱情关系不得已解体，他们就会得出结论说，这不是真正的爱，只是游戏或着迷而已。类似此类的托词使他们继续去寻求真正的爱情，希望它能够给自己带来幸福。其实，在爱情关系不得已解体之前，也有真正的爱，况且爱情难免受到挫折，在个体的一生中，甚至在结婚后，都可能会多次遇到，这样的观点才是现实主义的观点。

神话之四：爱情能够克服一切问题。这个神话是导致许多婚姻痛苦的原因。在现实生活中，尽管有些恋人已经意识到他们的关系问题，包括性格不合、兴趣各异、两性的社会角色错位以及同一性混乱等，但是他们仍然义无反顾地步入婚姻的殿堂。乍一看，他们似乎做好了充分的思想准备，而事实上，他们却天真地抱着一种侥幸的想法："只要我们彼此相爱，我们就能解决现在和今后的一切问题。"当然，不能否认，真诚的爱的确能帮助恋爱双方解决有关的问题，可是，它不能保证成功。原因在于，爱一个人与喜欢一个人不是一回事。一个人在多大程度上喜欢他的伴侣，要比他在多大程度上爱自己的伴侣更加重要。有关浪漫关系成功率的测量发现，喜欢与关系成功的相关为0.62，而爱与关系成功的相关为0.50。虽说两者的差异较小，难以说明问题，但它却得出了这样一种可能性：喜欢也许比爱更能有效地解决问题。

## 四、如何保持浪漫的关系

若要保持浪漫的关系，恋爱双方必须注意如下一些建议。

（1）在做出长期的义务承诺之前，需要花些时间去了解对方。浪漫关系是否得以继续，取决于双方的亲密程度和承担义务的程度。心理学家莱恩曾经调查过从恋爱顺利过渡到婚姻并保持婚姻达15年的351对夫妇，当他们被问到为什么他们的关系能够得以持续时，经常被引用的答案有：①自我袒露。它能使双方彼此理解对方的心思，以此建立亲密关系。②承诺义务。义务意识会使双方在发生矛盾时，为自己的承诺而做出退让。③寻求关系中的相似性。当一方觉得对方的言行难以接受时，应该反思一下，自己有时也会做出令人难以接受的言行。④友谊原则。朋友之间是平等的，如果出现统治—屈从的现象，则友谊是很难维持的。恋爱关系和婚姻关系也是如此。凡是试图让对方屈从的举措，都会导致关系的冲突，因为少量的屈从是可以接受的，但是没有一个人愿意让屈从成为习惯。

（2）强调伴侣身上的积极特征。在初恋阶段，恋爱双方容易做到向对方传递更多积极的情感，而不是消极的情感。但是，随着关系的继续，初始的热情逐渐消退，此时一种共同的归因错误就开始起作用。所谓行动者—观察者效应，就是指个体容易将自己的行为归因于情境因素，而将对方的行为归因于个人因素。个体面对应当负责的问题而不愿担起责任，或者长期责怪对方，这种倾向可能形成破坏性的习惯。有研究表明，在快要结婚的恋爱者中，关系双方一般会对自己的伴侣而不是陌生人做更多的消极的陈述。而且，当一方实施这种行为时，另一方通常会以同样的方式做出反应，致使相互否定的行为被激发起来，所以，强调伴侣身上的积极特征，不失为一种可行的策略。

（3）发展有效的控制冲突的技能。恋爱关系和婚姻关系是难免发生冲突的。如何处理冲突，关键在于区分大小麻烦和问题。关系双方都需要学会辨别什么是小麻烦、什么是大问题。由小麻烦引起的冲突是容易解决的，可是，对于大问题，一是不能期望它们会自行消失，二是不要回避对它们进行的谈论。对于大问题采取姑息的态度，或者视而不见，或者自欺欺人地认为它们不会对双方的关系构成威胁，其结果只会使问题越积越多或越积越大，最后使人难以分清问题和感觉，难以理性地面对存在的问题。关于如何面对和处理冲突，有些小建议：①冲突并不意味着恋爱关系是糟糕的；②冲突是双方进一步磨合的契机；③在冲突结束后，冷静下来，尝试着两个人聊一聊，思考冲突是怎么发生的；④冲突发生后，处理好自己和对方的情绪，不要过度压抑自己的情绪，忽视对方的情绪。不然情绪会“滚雪球”，拉远双方的心理距离。可以尝试着询问对方的感受，表达自己的感受。如此，冲突会增进双方的了解；⑤如果经常因相似的原因发生冲突，要认真分析和处理，如果因为“身在庐山中”无法理清，可以询问朋友，求助于心理老师。如此，可以让冲突变得有建设性，有利于感情的进一步发展，也有利于我们认识自己。

阿瑟·阿伦的研究似乎也给恋爱中的人一个启示，那就是危险或刺激性的情境可以促进彼此的感情。当某人心中正有一个心仪的对象，并想进一步增进彼此的感情时，如果知道了爱情与生理唤醒的关系，那么或许对他选择下一次约会的地点有所帮助。

## 思考与练习

1. 大学生应如何面对失恋？
2. 如何维持长久稳定的恋爱关系？
3. 失恋为什么会给人带来很大的痛苦？

# 第十二章　大学生性心理与性健康

## 你的学习目标

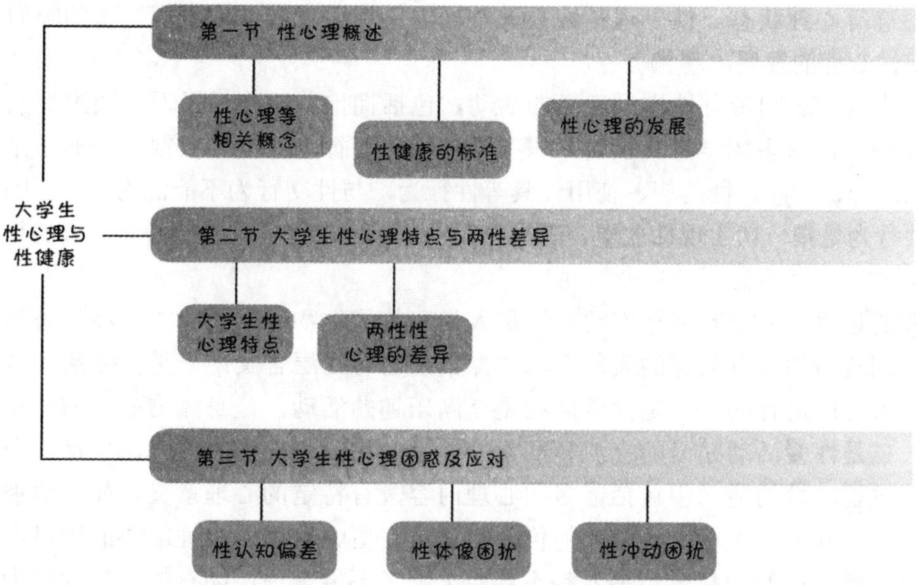


## 本章导航

性的话题总是讳莫如深，家长羞于说，老师挑着讲，学生偷着看。然而这并不是什么见不得人的话题，甚至像吃饭、穿衣一样正常。而大学生所处的年龄阶段，生理上有需求，客观上又并未进入婚姻，因此面临诸多困惑。本章便正大光明地谈谈性。

## 第一节　性心理概述

### 一、性心理等相关概念

性（sex）从拉丁语“sexus”一词演变而来，要想真正对“性”做出科学的解释不是一件容易的事情。“性是什么，就是性研究的权威也轻易不敢下一个定义。”英国性心理学家蔼理士的这句话道出了性问题的复杂性。性的内涵比较复杂，但其基本的含义主要体现在两个方面：一是性的自然属性，体现在“生理”层面，是人类最基本的生物学特征之一，是决定人类男女两性的生物特征的总和，是人类繁衍生息的基础；二是性的社会属性，体现于“心理、文化、道德”层面，是生理的、心理的、文化的、伦理的和价值上的诸因素相互影响作用的结果，是人类生命健康和幸福的基本元素，主要包括性观念、性态度、性别角色、性身份认同、性取向、情感依恋等核心要素。

性通常可以分为性生理、性心理和性行为三个方面。

性生理是性心理的基础，性行为是性心理的后果，性心理是性的核心。性心理是指在性生理的基础上，与性征、性欲、性行为有关的心理状态与心理过程，也包括与他人交往和婚恋等心理状态。性生理是性心理发展的生物学基础，性生理发育的障碍或缺陷，会使性心理的发展出现偏差。

性行为是指男女之间带有性满足意义的活动，包括拥抱、接吻、手淫、通过性具获得快感以及性交。从生物学意义上讲，只有异性的性交行为才能导致精子与卵子结合，其他如同性恋、手淫、性幻想、使用性具等性行为，与性交行为不能混为一谈。因此，广义的性行为是指一切实现性欲望、满足性需求包括性生理需求和性心理需求的行为活动。

需要强调的是性和爱是紧密相连的，这是人类和其他生物不同的地方。性爱是两个相爱的人共同营造的饶有兴趣的爱的交流和探索，它有三层含义：一是性爱活动是在两个相爱的人之间进行的；二是性爱活动是充满乐趣的活动，是身体与心理的相互吸引与融合；三是性爱活动是爱的交流和探索，性是一种身心交流的方式，也是一个探索和适应的过程。性的活动中包括诸多的心理内容，有特定的心理意义，如个体被异性认同、接纳、欣赏的渴望；对个人的价值的认可，更含有诸多心理需要的满足，这些需要可能是潜意识的，甚至当事人都不甚明了或者不能言说，如有的人在性行为的同时伴随着报复他人，作践自己，自我惩罚，对抗家长和社会规则，或者证明自己的价值、挽留爱情的砝码等不同的动机和需要。

而性行为并不等同于性爱，性行为是有目的性的、直接的，只有与爱融合在一起的性行为，才是性爱。性和爱有时是分离的，性不一定意味着爱，性有时会变成纯粹的生理需要的满足和对异性的征服，任何一个异性都能满足性欲，但并不一定能得到爱的享受。

## 二、性健康的标准

世界卫生组织对性心理健康所下的定义是：通过丰富和完善人格、人际交往和爱情方式，达到性行为在肉体、感情、理智和社会诸方面的圆满与协调。性心理健康是人类健康不容忽视的重要组成部分，近年来正越来越受到人们的重视。

心理学家罗杰斯认为，保持健康的性心理应该遵循的标准是：具有良好的性知识；对于性没有由于恐惧和无知所造成的不良态度；性行为符合人道；在性方面能做到“自我实现”，即能学会拥有、体验、享受性的能力，在社会、道德的允许下，最大限度地获得性活动的快乐与满足；能负责地做出有关性方面的决定；能较好地获得有关性方面的信息交流；接受社会道德和法律的制约。

一般可以认为，性健康体现在性认知、性态度和性行为三个方面。性认知即对有关性问题的认识，是否具备了这些知识、所具备的这些知识是否准确和丰富，都是性心理能否健康发展的前提。性态度即对有关性问题较为稳定的看法和持有的态度倾向，而这些对性问题稳定的看法和态度倾向会支配他们对有关性问题的各种心理过程与行为，因此端正性态度也是性心理健康的必要条件。性行为指进行的性行为是否健康、是否符合道德规范等。

对于大学生群体而言，具体表现为以下几个方面。

（1）对性有客观的认识，掌握一定的性生理、性心理和性健康等知识。

（2）在传统性观念与现代性观念的交错影响下，能够拥有不偏激的性观念，既不完全拒绝，也不过度开放。

（3）理性对待婚前性行为，了解其后果，慎重选择，并进行道德的、健康的性行为，对对方负责，对自己负责。

（4）在稳定、良好的恋爱关系或婚姻关系中，会表达和沟通，享受性和爱，促进关系。

## 三、性心理的发展

性心理发展是奥地利心理学家西格蒙德·弗洛伊德在19世纪末20世纪初提出的一个概念，是心理学理论的核心概念。弗洛伊德认为，性冲动的根基在新生儿身上就已经存在了，它们持续发展一段时间，然后就被渐进的压抑过程所遏制；这种压抑又会被性发育的阶段进展所打断，或者被个人的具体特性所突破。他将性心理发展概括为五个阶段：口唇期、肛门期、性器期、潜伏期、生殖期。

按照弗洛伊德学说来理解，心理发展的动力来自性本能，追求性欲的满足是心理发展最重要的内驱力。他把与生存本能相联系，并用以推动机体性需要的心理能量称为“利比多”（libido）。在人的不同发展时期利比多会投放于身体的不同部位，并以此为标准而将人的性心理分为不同的阶段。每个阶段都有其特定的社会化任务，如果社会化过程中出现障碍（如中断、缩短、变异），将可能导致人格障碍和一些心理疾病。

### 1. 口唇期：婴儿期，1岁以内

在这一时期，婴幼儿通过吸吮母亲的乳房，不仅满足对食物的需要，还因此感到性快感和安全。这一时期性表现的三大特征是：“性快感的来源同身体中维持生命不可缺少的寻食功能密切相关；它尚不知有性的对象，是一种自体享乐；它的性目的受快感区的直接控制。”这一时期最大的心理危机是断奶。婴儿是否能渡过断奶期间所带来的心理危机对以后性心理的发展具有深远的影响。这一时期个体建立起对自己、他人和环境的信任感。

如果这一时期的社会化有问题，个体成年后易形成对世界、对人际关系的不信任态度和怀疑态度，有对爱拒绝的倾向，亦害怕失去爱和信任，难与人建立亲密的关系。

2. 肛门期：儿童早期，1～3 岁

这一时期的快感区转移到了肛门区，求取满足所需的肌肉动作从吸吮变为排便。这一时期儿童心理发展的重要任务是获得独立性、发展自律性、接受大小便的控制等生活技能的训练，学习如何表达敌意等负面情绪。由于父母过分关照，自律性发展和适应环境的能力将受到抑制。精神分析学说认为，那种故意控制大便的孩子是顽劣的。他们将粪便憋住不排，其潜意识是在用来刺激肛门区，以达到自慰的目的。神经衰弱的人常常便秘，一切心理症患者都毫无例外地有着特殊的排便习惯和方式，就是这些人的心理发展倒退到这一时期的证明。

3. 性器期：学前期，3～5 岁

这一时期个体性别认同开始形成，儿童对生殖器格外好奇，既喜欢展示自己的裸体，也对别人的生殖器好奇，对两性差异有浓厚兴趣，对父母异性一方产生爱恋情结。这一时期羞涩心、厌恶感和道德感等尚未建立起来，如果教育不当或存在某些外界的“诱导”作用，那么将可能导致儿童多种性反常现象的发生，把他们的性活动引向任何一种变态行为。

4. 潜伏期：学龄期，6～12 岁

这一时期个体对性的兴趣下降，开始发展对学校、游戏同伴、体育运动等新的兴趣，获得勤奋感，具有乐于学习、富有好奇心、有坚强的毅力等特征。如果这一时期社会化过程不良，会导致个体出现不足感和自卑感等消极的自我概念；在学习方面不适应；对批评采取防卫性反应；出现性别角色认同障碍，依赖性强，缺乏主动进取精神。

5. 生殖期：青少年期，12～20 岁

这是一个充满依赖与独立的矛盾冲突的时期。性别角色和性别认同的矛盾冲突迅速激化，可能会有一种惊慌失措的情绪体验。通过综合各种影响和压力，最后建立起自我认同感，成为一个独立的人，接纳自己。否则可能出现认同混淆和认同危机，没有一种稳定的自我认同感。弗洛伊德认为，“男女性特征的明显分化始自青春期。分化的结果对以后人格的发展，与别的因素比较起来，有着决定性的影响”。由此可见，一个成年人的性心理健康与否取决于青少年时期的性社会化过程的正常与否。

# 第二节 大学生性心理特点与两性差异

## 一、大学生性心理特点

大学生经济尚未独立，社会生活等多方面还尚未脱离对家庭的依赖，其性心理发展呈现出一些有别于成年人的特点。

1. 性器官和性生理迅速发展与性心理尚未成熟的矛盾

从青春期到青年期是人的性器官和性生理发育最迅速的时期，男孩有了遗精，女孩出现了月经。男女青年生理发育已经基本完善，可以完成性交、受孕、生育、哺育等生殖功能。然而，这一时期的男女青年的性心理尚不成熟，表现在对性器官和性生理过程还充满无知的好奇感、紧张恐惧感；对异性的爱慕还具有生理的本能性和朦胧性的特点，在对性冲动的自制性、对性的审美情趣、性爱的技巧等多方面还存在知识的盲区。

2. 对恋爱的渴望与对异性心理了解不深的矛盾

进入大学后，高考的压力解除，远离了家人的监控，闲暇时间增多，与异性接触交往的热情日渐高涨，恋爱出现了低龄化。但长期习惯以自我为中心的青年人对异性心理的了解并不深，不能同情理解对方的心理需求，在恋爱期间，双方常争吵、生气、发生矛盾，甚至轻生、他杀等恶性事件时有发生。有调查表明，大学期间的恋爱以失败告终的多，毕业后最终走向婚姻的并不多。究其原因，除毕业后的诸多因素影响之外，亦与对异性心理认识不足、难以磨合有关。正因为如此，将所有异性都有的特点视为恋爱对象的缺点，或将所有异性的优势视为恋爱对象才拥有的可爱之处都是一种认识偏见。

3. 性的身心需求与社会规范和道德责任的矛盾

一个人从性生理成熟到进入合法的婚姻生活，一般需要经历10年左右的时间，虽然对性欲的满足是人的一种本能需求，但大学期间的校规、社会舆论和大众习俗并不赞成大学生有婚前性行为。这就出现了需求与满足、个人与社会、身心需求与社会规范之间的矛盾冲突。作为恋爱中的男女青年独处时常会产生强烈的相互吸引，出现相互爱抚、接吻、性交等满足性欲的性行为，但这些行为与他们所接受的传统教育和道德责任相违背，在内心可能会引发道德焦虑。

4. 开放的性观念与表现上“文饰性”的矛盾

随着对外开放的发展以及互联网的普及，国外一些“性开放”“试婚”等观念对大学生有着不可忽视的影响，现代大学生已经接受了较为开放的性观念，“男女授受不亲”和“贞操观”虽然对大学生还有影响，但传统道德观念淡化，已经不再具有很强的行为约束力。大学生所接受的教育使他们在性问题上的态度、情感和行为表现出拘谨、羞涩、保持沉默、故作严肃的“文饰性”的特点。大学生常常处于理智与感情矛盾的旋涡中，在理性认识上认为自身应该保持贞操或希望对方要遵守传统理论道德，但在爱的激情下，又不愿受传统观念束缚，压抑自己的性欲。

## 二、两性性心理的差异

心理学研究发现，男人和女人在心理各层面存在着显著不同：他们的基本价值观不同；他们的沟通方式不同；他们的想法和感觉不同；他们的认知和反应不同；他们对爱情的需求不同。因此，他们在看待同一问题时，常常是“公说公有理，婆说婆有理”，矛盾由此产生。男人错误地期待女人以男人的方式思考、沟通、反应；女人也错误地期待男人以女人的方式去感觉、沟通和反应。人们都忘了男人和女人应该是不同的，所以男人与女人的关系充满了不必要的摩擦和冲突。而心理学研究同时发现，清楚地认识和尊重这种差异，与异性相处时，可以大大减少困惑，消除不必要的误会，避免两性交往中强人所难的举动。

1. 情绪需求差异

男性和女性有不同的情绪需求，如果错误地认为对方的需求和渴望是与自己一致的，由此导致的结果就是双方都没有满足感。有研究表明，女性需要得到的是：照顾、了解、尊重、专一、肯定和保证；而男性需要得到的是：信任、接纳、欣赏、羡慕、认可和鼓励。情绪需求的性别差异如表 12-1 所示。

表 12-1　情绪需求的性别差异

| 男生的情绪需求 | 女生的情绪需求 |
|---|---|
| 一、能力被肯定：我是否让人瞧得起 | 一、时常被关怀：虽是日常的唠叨，请耐心倾听 |
| 二、才华被欣赏：也许他有些嗜好和才华与其工作完全无干，但你仍需学会喜爱和尊重 | 二、再三被肯定：她可能一而再、再而三地询问你是否爱她。其实她只是需要再三地被肯定，你需要给她信心 |
| 三、努力被感激：他对你以及对这段感情所做的努力需要被感激 | 三、想法被尊重：在分享情绪种种时增进彼此感情 |

在恋爱中，男生要在细节上多关心女生一点，在身体上嘘寒问暖，在心理上关心她的情绪变化；女生要多给予男生认可和肯定，肯定他对于学习、生活的用心和努力，也认可他对自己的一些关心和照顾，即使你觉得还不是那么到位。

2. 情感表达上的差异

向他人袒露自己的信息、感受时，男性和女性是会用不同的语言和方式的，如果不了解这些用语的真正含义，就会产生误会。女性在表露时多使用感情色彩浓的语句，用绝对性的语句，身体语言多。在表露方式上，男性往往很少表露或是直接表露，而女性则比较含蓄，多采用非直接的方式，希望男性能猜透她的心思，她们认为直接表露出来就没有意思了。很多男性此时就会显得束手无策，女性则会觉得扫兴、懊恼。

在恋爱中，女生大可不必因为男生猜不到自己的心思而生气，甚至觉得他不爱自己，要学着向他表达自己的想法，久而久之，他也会更加了解你的心思；有些男生习惯于不表达自己的感受，尤其是负面情绪，女生可以更主动地关心他一些。分享积极情绪，分担消极情绪，两个人的关系会更加亲密。

3. 性方面的差异

和性生理方面差异一样，男女生在性心理上的差异也是较大的。例如，在追求异性的情感特点方面，男生表现得外露热烈、简单粗犷。女生对异性的爱慕情感则表现得含蓄、娇媚甚至被动。再如相比于视觉刺激，女生更容易在触觉刺激下引起性兴奋，而男生的性冲动与相关视觉刺激有关。男生对于性行为更为开放，女生更为内敛，而且男生在推进性关系的发展中更为主动，常常起主导作用，女生则更为被动。

在咨询室中遇到一些女孩子会提到“他会提出性的要求，我会很怀疑他是爱我，还是只是想满足自己，感觉还没到那个时候”，对此有些男生会觉得“你已经是我女朋友了，这不是很正常的吗？你不同意，难道不爱我？”这也是男女生之间存在的不同，女生从爱到性还有一段不近的距离，而男生似乎更倾向于确定了恋爱关系就可以得到一切，而且有些女生会因男生的要求而怀疑他的感情，有些男生会因女生的拒绝而怀疑她的感情。

## 第三节 大学生性心理困惑及应对

### 一、性认知偏差

不少大学生对“性”持有不正确的认识，视性是下流的、肮脏的、见不得人的、难以启齿的等。表现出与年龄不相吻合的性“纯洁”，他们把性欲与爱情完全割裂开来。这种性认知往往会导致性情感、性态度的过敏、禁忌、矛盾、冲突。这种性认知、性情感、性态度的偏差，既是一种不健康性心理的表现，也是引起一系列性心理障碍的重要因素。

也有极少数的人过于强调性的生物性，信奉“性自由”“性解放”，从而在行为上随便、放纵，甚至不择手段地去获得性的满足。

首先需要改变对性的不良认知，建立对性的正确认识：要认识到性具有自然性即生物性，是人性的重要表现，是美好的、神圣的；其次要了解性具有社会性，受社会道德、法律、责任的制约，性是自然属性和社会属性的统一体；最后大学生要多学习，了解性生理、性心理的相关知识，了解大学生自身成长、成熟的规律。

## 二、性体像困扰

【案例】

小丽，女，19 岁，某系二年级学生。小丽有胖胖的身材，一张苹果脸，给人的印象很甜美。可咨询员仔细看的时候发现，小丽的脸色很苍白，眼大无神，无精打采。小丽坐下不久就开始向咨询员说，自己太胖了，正在减肥，但发现自己承受不了，很想停下来，可不甘心，很矛盾。小丽自述从小就是一个胖姑娘，小时候大家都说她很可爱，所以她一直没把体形问题当作自己的一个困扰。可去年，小丽喜欢上了班上一个男生，可这个男生不喜欢她。后来小丽从另一个学生口中得知，这个男生喜欢苗条的女生。小丽听了很在意，下决心节食减肥。过了一段时间，有一点效果，但身体健康状况却变差了。

案例分析：

随着生理发育的不断成熟，一些大学生出现了对自己形体的不安，这集中表现在与自己性别相关的形体特征上。例如，男生希望自己魁梧高大，女生希望自己苗条漂亮。如果男生觉得自己矮小、瘦弱，则会感到自卑。而女生觉得自己长相平平，过于肥胖，也会感到苦恼。2012 年一项对近 3000 名大学生的调查发现，有 28.7%的学生对于自己的性发育不是很满意。男生主要在于担心自己性能力而自信心不足，女生则因自己乳房过小或体态不佳缺少信心。有些男生认为阴茎较小意味着性能力较差，有些女生认为乳房小会缺少魅力，实际上并非如此。只要心意相通，且经过正常的磨合期，都可以享受很好的性关系；女孩子的魅力更取决于性格、学识等多种因素。本案例中的小丽就属于此类性体像焦虑。

要相信绝对不能由某一特征来定义一个人，每个人都是独一无二的整体，都有自己的魅力所在，你必然有自己的光芒。

## 三、性冲动困扰

在咨询室里、网络论坛上都经常遇到一些问题“我总是忍不住自慰，感觉自己很下流，怕别人知道会瞧不起我”“自慰会伤害身体吗？”“我怎么总是想那些东西呢？有时候还会想施虐受虐的场景，我是不是不正常了？”“有时候会看小黄片，这是不是不太好啊？”“我是女生，有自慰行为，感觉很羞耻，自慰不是男生才做的事吗”……

某调查显示，53.9%的大学生存在手淫行为，70.5%的大学生认为手淫是可以接受的，是正常的生理需求和宣泄性欲的行为，但也有 29.5%的大学生对手淫存在不正确的认识，认为是下流、可耻和不道德的。

一方面，性是这个年龄的自然冲动；另一方面，有些大学生对性冲动持否定、批判的态度，这就形成了矛盾，使他们不安、困惑。余华的《在细雨中呼喊》对这一矛盾描写得十分形象，14 岁的孙光林无意间发现了手淫带来的快感，当然他仍不清楚这种行为叫手淫，在晚上他“一次次不由自主地重复了这欢乐的颤抖”，然而清晨一踏上上学之路，“沉重的枷锁也就同时来到。我走近学校时，看到那些衣着整洁的女同学不由面红耳赤。她们的欢声笑语在阳光下所展示的健康生活，在那时让我感到前所未有的美好，自身的肮脏激起了我对自己的愤恨。最使我难受的是她们目光里的笑意偶尔掠过我的眼睛，我除了胆战心惊，已经无权享受被女孩目光照耀时的幸福与激动”。于是，“我的生命在白昼和黑夜展开了两个部分。白天我对自己无情的折磨显得那么正直勇敢，可黑夜一旦来到我的意志就不堪一击了。我投入欲望怀抱的迅速连我自己都大吃一惊。那些日子里我的心灵饱受煎熬，我时常明显地感到自己被撕成了两半，我的两个部分如同一对敌人一样怒目相视”。

实际上，性冲动是男女大学生生理、心理的正常反应，它是在性激素作用和外界刺激下产生的，并不是不纯洁、不道德或可耻的。青春期随着性生理的发育成熟，必然会产生性冲动和性要求，出现性意识、性幻想，处于性憧憬和性饥饿状态，而一般要等七八年甚至更长的时间才能通过婚姻满足性要求。但是这段时间的性能量却是一生中最高的，所以必然需要宣泄。

常见的满足性冲动的行为有手淫、性幻想、看“小电影”，另外还有一种“自己无法完成的”，即发生狭义上的性关系，在大学生群体中较多提及的即婚前性行为。由于婚前性行为并不同于手淫、性幻想等以“自给自足”的方式获得性冲动的满足，它还涉及两性关系、自我价值感等深刻的内容，还可能存在怀孕等风险，因此单独讨论。

### （一）手淫、性幻想

1. 手淫

一名大学男生自述：“小学时趴在地上写作业，身体的重压触动了自己的那玩意儿，产生了快感。久而久之养成了习惯，初中后才知道这叫手淫，对身体有害，但我改不了。随着年龄增长和身体的成熟，在手淫时那里第一次流出了黏液，我的确吓坏了，以为是血，后来一看是乳灰色，是淋巴液？后来才知道是精液。慢慢地，我的阴毛长出来了，但我以为是手淫的恶果，于是洗澡前总是把它们剪去，以免爸爸发现我有过手淫。不知什么时候又突然发现自己的阴茎短小而且睾丸一大一小，更认为是手淫所致，每次洗澡时总是那么不自然和脸红，怀疑别人总在注视我那过小的阴茎和一大一小的睾丸。从此我不能在有人在场的情况下站着小便，即使公厕里无人，我也要侧耳旁听，一旦有风吹草动，尿就会被吓得憋了回去，大有‘惊弓之鸟’的感觉，不得不假装大便蹲下去继续排尿。有时我拼命喝水，或早早赶到学校以提前解小便，或下学后飞跑回家再小便。由于满脑子都是自卑和内疚，我几乎快崩溃了。但如果确实无人，我解小便还是很正常的。我日益变得孤僻，没有朋友，不敢接触异性，只能把性的向往保留在幻想和手淫之中。我渴望阳光雨露，渴望友情和爱情，可是我怎么才能摆脱手淫给我带来的阴影呢？”

手淫是指用手或者辅助工具刺激性器官，以获得性快感的行为。手淫是个体性发展过程中普遍存在的现象，不能视为异常的行为，与道德无关，更不能说是不健康的。现代研究认为合理手淫不仅不影响健康，并且是解决性冲动的一个合理途径。著名德国医生葛里曾根据他多年的临床经验提出“手淫所引致的害处，并非由于手淫本身直接造成的，而是在手淫后所产生的一种恐惧心理反应”。但如果过度沉溺于手淫，把手淫当作解除内心焦虑和不快的手段则是不妥的，它会影响身心健康，让人常常处于愧疚、自责感等消极心理以及失去意志力与控制力的危险当中。用自慰带来的快感来排解坏心情是对现实的一种逃避，此时自慰带来的是未经艰苦创造就能获得的快乐，是一种低水平的快乐。另外，何为过度、何为适度呢？这也要因人而异。一个主观感觉上的衡量标准：当你在头天晚上自慰后，第二天醒来，能够精神良好，工作、学习均能正常而有效地进行，便是可以的；反之，如果感到疲乏无力，注意力不易集中，则表示有些过度了。

如果被过度的手淫所困扰，如何矫正呢？

（1）增强自制力，减少手淫的次数；但并不完全禁止它，以一个适当的频率、用这种方式满足自己的性欲。不要再为此感到自责或不安了。

（2）加强体育锻炼，增强体质，在运动中磨炼意志，释放生命能量。

（3）注意性器官的清洁卫生，经常用温水清洗，避免因局部炎症等病变的刺激导致性器官充血而诱发的性冲动。

（4）多参加有意义的休闲活动，丰富生活内容，从事艺术欣赏或创作活动，陶冶情操。

（5）主动减少来自外界的性刺激，如避免穿紧身裤，被子不宜过厚、过重；将电脑、手机中的色情视频删掉，使自己不能轻易接触到它们，等等。

2. 性幻想

性幻想通常表现为在某特定因素诱导下，“自编”“自导”“自演”与异性交往内容有关的联想。性幻想可导致生理上的兴奋、性器官的充血，也可偶尔出现性高潮。性幻想是性冲动的宣泄形式之一，属于正常的心理现象和生理现象。

那么，如何对待性幻想带来的困惑？

（1）保持你的性幻想能力，你不必为那些幻想中的场景或画面感到羞愧，因为思想无罪。

（2）实际上，在性幻想中，即使存在暴力与性爱的双重因素，也并非是不可取的。因为性幻想的目的与功用就在于帮助幻想者达到性高潮，性幻想的内容有无限的可能。

（3）假若一个人的性幻想困扰了他的日常生活，如对正常的性爱不感兴趣，感到很痛苦；又如一闲下来就想那方面的事，脑海中充斥了那些念头或画面——那么它的确需要引起注意、加以调节了。

（4）让自己认识到：那些暴力的、极具刺激的性行为，如果在现实生活中付诸实践，其结果常常让人失望。

### （二）婚前性行为

1. 如何看待婚前性行为

随着恋爱关系的发展，双方在性方面的接触也会逐渐增多，难免从牵手、拥抱发展到考虑是否发生性关系。而且现在社会似乎比以往更加开放，大学生对婚前性行为的态度也变得更加开放。在一项调查中，当问及“如何看待婚前性行为”时，选择“情到浓时就是很自然的事”的占34.2%，选择“不反对，但自己不会这样做”的占37.5%，选择“关键看是否对结果负责”的占23.2%。对在大学期间发生性行为的态度，60.1%的大学生表示“不反对，但也不支持”，选择“支持”的占19.7%。当问及“如果发现恋人曾与他人发生过性关系，你会怎样”的调查中，有20.7%学生表示“无法接受，会断绝来往”，48.5%的人选择“交往但心中有阴影”。

有些大学生对婚前性行为持比较极端的态度，有些人仍旧保持比较传统的观念，持有较强的贞操观，强烈反对婚前性行为，甚至认为发生婚前性行为的人都是不齿的；有些人对性十分开放，甚至有人会持“无性很丢人”的观点，如戏谑的称呼“老处女”“老处男”。极端的态度也容易带来一些困扰，如持绝对贞操观的女生在恋爱中面对男朋友的试探和要求，会有极强的负面情绪，可能会认为对方很无耻、过分，猜测“他是不是并非真的爱我”，可能会做出比较极端的反应，如直接断绝关系等；有些拥有很强贞操观的男生，会因处女情结而无法接受自己喜欢的人曾有过性行为，并为此纠结痛苦；对性太过开放的男生可能会在关系中比较随意，比较轻易地提出性要求。

另外，虽然很多大学生认为只要两情相悦和可以为自己负责就可以接受婚前性行为，但是未必真正了解婚前性行为及其后果，因此并不能很好地为自己负责。关于婚前性行为，需要了解一些事情。

（1）性，在更多时候意味着承诺、责任，在你未确定自己的肩膀能够承担足够的重量前，请慎重考虑此事。

（2）婚前性行为不受法律保护，男女双方之间没有夫妻之间的义务和责任。

（3）婚前性行为对女方伤害更大，可能会得妇科疾病及感染，甚至可能承担怀孕的后果，而怀孕和人流会带来很大的心理压力与身体上的伤害。

（4）我们所处的环境并非十分开放，婚前性行为还未得到广泛的认可，这可能会给自己带来一些压力。

（5）学会拒绝对方——不想的时候就不要勉强自己，同样也不要勉强对方，只有双方都主动热情地投入，这样的性才有活力。

2. 是否要进行婚前性行为

年轻的热恋中的情侣会纠结“是否进行婚前性行为”的问题，尤其是很多女生，一边是强大的爱的本能，一边是各种理智和道德，可能还夹杂着男朋友的渴望。那么到底如何做出选择？

最重要的或许不是“做或者不做”，而是如何选择和看待这个问题，是我们对自己的责任问题。如果你选择了婚前性行为，你是否可以为自己的选择负责？可以思考一些问题：我是出于真的爱他才做出的这个选择吗？他是真的爱我吗？我是心甘情愿的吗？我们的关系稳定吗？如果以后分手了，我会对自己今天的选择感到后悔，甚至怨天尤人吗？如果分手了，我会因此怀疑爱，影响以后的恋爱和婚姻吗？

有些女生认为“爱就要付出”，因此自己不愿意却又不善于、不忍心拒绝男朋友的要求。然而，在恋爱中，双方的需求同样重要，以牺牲一方的需要来满足另一方的需要是不可取的。牺牲的一方会因此委屈，被付出的那一方又未必了解情况，会看不到这种牺牲和委屈。久而久之，关系必然会出现问题。女生要尊重自己的意愿，并试着真诚地表达自己的想法，让对方了解自己的心思。

有些女生会想要“用性留住爱”，然而这种选择很难换来真正的爱情。有些男生未必会因此选择维持这段关系；即使有些男生出于内疚、责任等选择维持关系，这段关系也会存在一些问题，这种不得已会使男生产生不满和无奈，这些情绪都会影响双方的关系。

总而言之，请呵护好自己，不仅仅在身体上，也在心灵上。

3. 如何在婚前性行为中保护自己

如果建立了稳定的恋爱关系，又没对抗过青春的荷尔蒙，我们应该学会有效地避孕，以下科普一些避孕的小知识。

（1）不要认为第一次不会怀孕。

（2）安全期并非绝对安全。

（3）避孕药不是灵丹妙药，也不是救命稻草，珍爱生命，慎用避孕药。

（4）目前的医学水平下，任何种类的口服避孕药都有副作用。

（5）安全套是安全有效的避孕方式，同时可以有效预防性病和艾滋病。

（6）安全套可以在大型超市、药店买到，一定要使用质量好的安全套，不要图便宜买来劣质产品。

（7）男生不要说戴安全套就像穿雨衣洗澡，要记住，长期让女生吃避孕药就是让女生自残身体。

（8）体外射精很不安全，在性生活中也会有少量精液流出，并且，男性到达高潮时不容易控制动作，所以不要存有侥幸心理。

如果万一不幸怀孕，应该及时辨别出自己怀孕，并采取安全、理智的解决措施。

关于是否怀孕：

（1）如果在性行为后，月经逾期未至，请立即用早孕试纸检查或直接去医院。

（2）对于月经规律的女性，偶尔一次的月经推迟或提前 7 天之内，都很正常，但这个推迟一般不会超过 14 天。

（3）如果月经推迟 14 天没有来，无论试纸测验检测结果如何，都请到医院进行系统检查，避免出现意外情况。

关于流产：

（1）无论是人流还是药流，从某种意义上说，都是对女性身心健康的摧残。性行为之前，仔细想想是否应该避孕，而不是想着怎么更快乐。女生一定要保护好自己，要有自己的底线。毕竟那是一条生命，想想这条生命的未来和自己的未来。男生也要对女生、对这条生命负起责任。

（2）人流术要在怀孕 14 周内进行；如超过 14 周，只能做更痛苦的引产术。

（3）药流要在妊娠 49 天以内进行；药流可能造成流不净的情况，那样还需要进行痛苦的刮宫术（尽量采取无痛人流，切不可自行药物流产）。

（4）多次流产（无论人流还是药流）会使子宫壁变薄，造成不孕或习惯性流产。

（5）流产后，一般 30～40 天恢复月经；流产后，1 个月内严禁性生活；流产后应遵医嘱按时去医院复查。

（6）一定要去正规医院。

### （三）女生的自我保护

很多单纯的女生缺少自我保护的意识，有时会让自己处于危险之中。简单提几点自我保护的建议。

（1）要有安全意识，你可以对人性充满信任，但是不要忘记这个世界上依然有很多灰暗和危险。

（2）不要把自己置于危险之中，如搭黑车、晚上一个人出门、一个人约见网友、去偏僻的地方等。

（3）学会识别生活中的性骚扰，不管是来自陌生人、同学还是老师，并学会抵抗（机智拒绝、收集证据、寻求他人保护等）。

（4）即使是在恋爱关系中，也要有自我保护的意识。发生性行为之前，对自己不想要的性行为勇敢说“不”；发生性行为之后，进行安全性行为。

（5）如果意外怀孕，不要因为羞怯、自责而不告诉父母，不要擅自采用药流和到小诊所做人流，对身体伤害极大，甚至会付出生命的代价。

性是我们不得不面对的话题，希望大学生们可以不为这些问题所折磨，多一些了解，多一些思考，认真对待，恰当选择，现在正视它，未来享受它，让它如其所是地展现它本应有的美好和魅力。它就是这样一种存在，是天使还是恶魔，全在我们自己。

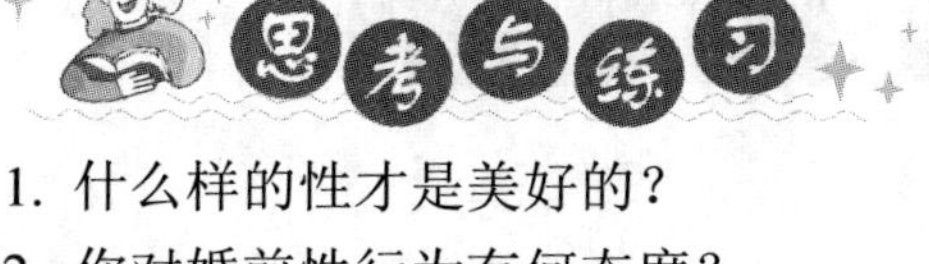


1. 什么样的性才是美好的？
2. 你对婚前性行为有何态度？
3. 如何拒绝对方的性要求？

# 第十三章　大学生压力管理与挫折应对

## 你的学习目标

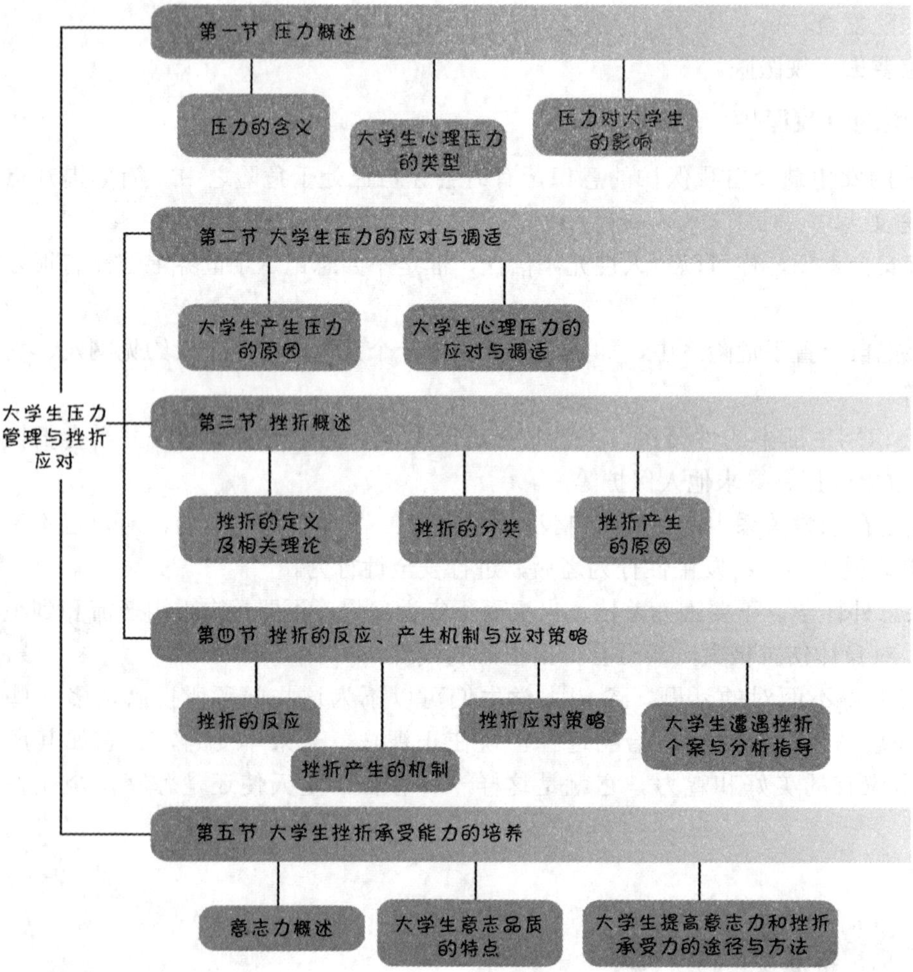


## 本章导航

现代社会的高速发展与繁荣对个人提出了更高的要求，不仅要求我们具备良好的知识和技能背景，还需要我们具有良好的心理素质应对个体成长发展中碰到的各种问题。在现实中，我们看到一部分大学毕业生由于意志薄弱、耐挫力弱、缺乏自信心、依赖性强等心理素质弱点而不能更好地适应社会进步和发展。在大学里，我们看到有些学生因考试失败或恋爱受挫而产生轻生念头或自杀行为；有些学生因为人际关系受挫而逃避群体、自我封闭；有些学生因为求职受挫而放弃自我、放弃社会。中国有句俗话："人生不如意事十有八九。"在成长的过程中，挫折不可避免，但如何面对挫折，如何解决因挫折而带来的各种问题，培养良好的意志品质，对大学生而言，是非常重要的一课。

## 第一节 压力概述

### 一、压力的含义

压力即心理压力，也称精神压力，压力是压力源和压力反应共同构成的一种认知与行为体验。人的内心冲突及与之相伴随的情绪体验是心理学意义上的压力。从心理学角度看，压力是外部事件引发的一种内心体验。在现代生活中，每个人都有所体验，心理压力总的来说有生物性、精神性和社会环境性三个压力源。

（1）生物性压力源：躯体创伤或疾病、饥饿、性剥夺、睡眠剥夺、噪声、气温变化。

（2）精神性压力源：错误的认知结构、个体不良经验、道德冲突、不良个性心理特点。

（3）社会环境性压力源：分为如下两类，第一类是纯社会性的社会环境性压力源，如重大社会变革，重要人际关系破裂（失恋、离婚），家庭长期冲突、战争、被监禁等；第二类是由自身状况（如个人精神障碍、传染病等）造成的人际适应问题（如恐人症、社会交往不良）等社会环境性压力源。

### 二、大学生心理压力的类型

大学生在校学习期间承受压力是不可避免的。并且，绝大多数的大学生承受着较大的心理压力。大学生面临的心理压力主要表现在以下几方面。

1. 学习压力

学习压力是大学生面临的最主要的压力之一。学习一直是学生的主要任务，到了大学也不例外。在心理层面上，学习有关一个学生的自信、自我满意的水平；在现实层面上，学习有关奖学金、保研、就业等问题。因此，对一个学生而言，学习有其很重要的意义。常见的情况有：①学习方法不当，学习效果不佳；②以前在班级是佼佼者，但是到了大学发现"牛人"很多；③厌烦学习，或对所学专业不感兴趣，但是又不得不学习；④考试焦虑；⑤挂科及其影响。

2. 就业压力

高校扩招和其他现实层面的原因，给高校学生带来了就业的心理压力，并且随着年级的增长，这种压力会与日俱增。可以说，许多大学生对市场调节、双向选择、自主择业就业的分配方式还未适应，他们普遍担心毕业时找不到理想的工作。也有的学生担心自己不能找到与专业对口的工作，从而使大学几年的学习时间白白浪费。尤其是冷门专业的学生，社会需求量相对较小，因此，就业压力会更大。相当多的大学生选择报考研究生，他们因为一时找不到理想的工作而选择继续求学，以暂时回避现状。与男生相比，女大学生的就业心理压力普遍更重，这是由于社会上传统观念的影响以及女大学生就业时常常遭到用人单位冷遇的现状，所以许多女大学生从进入大学就产生了巨大的心理压力。

3. 人际交往压力

由于大学生来自不同的地域，不同的生活习惯、性格特征、个人爱好、家庭背景等使大学生的人际关系变得很复杂。同时，一些大学生成绩虽然优异，但因从小缺乏人际交往教育，在交往认知、交往知识和技能方面存在着明显的不足，以至于不能妥善地处理人际交往中的冲突。另外，随着市场经济文化对大学校园的冲击，大学生方方面面竞争加剧，原本单纯的同学关系变得非常微妙，因此，不少大学生为人际关系而苦恼。

4. 生活适应压力

在生活上，有些大学生从小娇生惯养，从未离开过父母的照顾，对于诸如打扫卫生、洗衣服等一类的日常小事都无法适应。另外一些学校的生活条件不能满足大学生的生活要求，譬如食堂饭菜质量太差，学生宿舍拥挤、吵闹，这些方面也常常导致远离父母过完全独立生活的大学生产生极大的心理压力，影响其正常发展。

5. 经济压力

大学生的经济压力主要表现在高额的学费常常使一些条件不太好的家庭不堪重负，加上不断增多的日常生活费用，一些家庭甚至负债累累。对此，大部分学生虽然已经步入了大学校门，但会对此感到内心不安。也有这样一种情况：有的学生自身经济条件不好，面对大学里经济条件优越的学生就会产生心理落差。

6. 身心因素压力

大学生身体方面的压力主要有：一些学生身体健康状况不佳，缺乏维持正常学习的旺盛精力；一些学生对自己的相貌、身高、体型不满意，感到忧心忡忡等。大学生心理方面的压力表现为：过分争强好胜的人格因素使一些大学生常感到身心疲惫；有的大学生心理素质太差，脆弱的心理承受能力使其在困难面前产生较大的压力反应；也有一些大学生是由于自我概念不良，导致自卑、行为退缩；较多的大学生的心理压力源于时常出现的心理冲突，譬如理想与现实的冲突、独立与依赖的冲突、闭锁与开放的冲突。冲突越复杂，心理压力就越大。另外，近年来，大学生谈恋爱已经很普遍，失恋、暗恋等也会给大学生造成精神打击，引发心理危机。

## 三、压力对大学生的影响

当大学生面临心理压力时会产生一系列心理、生理、行为上的反应。这些反应在一定程度上是有机体主动适应环境变化的需要，它能够唤起和激发个体的潜能，增强心理承受和抵御压力的能力。但是如果压力引起的身心反应过于强烈和持久，超过了个体自身的调节能力和控制能力，就会大大消耗体内的能量，使个体的免疫机能下降，从而影响机体组织器官的正常功能，并由此可能导致大学生生理、心理功能紊乱而致病。具体来说，大学生面对压力时会有以下三方面的压力反应。

1. 心理反应——心理上的紧张

在压力状态中，大学生会产生心理上的紧张。一般情况下，心理上的紧张又具体表现为：警觉、注意力集中、思维敏捷、情绪适度唤起等，这些都是适度的反应，有助于个体适应环境。但是当压力超过一定限度时，由于持续的心理紧张，大学生也会表现出过度的心理反应。如急躁、情绪不稳、抑郁、焦虑、多疑、愤怒不安、恐惧、沮丧、失望、消沉、空虚、无聊、感到生活没有意义、注意力不集中、思维混乱、自我防御心理增强等。

2. 生理反应——生理上的紧张

在压力状态下，大学生不仅会表现出心理上的紧张，同时会产生生理上的紧张，且彼此相互作用、相互影响。一般情况下，心理上的紧张具有隐蔽性，是别人感觉不到的。但是，生理上的紧张则表现得较为直观，很容易被他人察觉到。在压力状态下，大学生生理上的紧张主要表现为中枢神经、内分泌系统和免疫系统三方面的变化。如心率加快、心肌收缩加强、血压升高、呼吸急促、各种激素分泌增加、消化道蠕动减少。这些生理反应在短期内调动了机体的潜在能量，提高了大学生对外界刺激的感受性和适应性，从而有效地应付外界环境条件的变化，但过度的压力会使人肌肉高度紧张、头痛等。

3. 行为反应——行为上的紊乱

在心理压力状态下，大学生的行为反应有两种：一种是直接行为反应，指面临紧张刺激时，为了消除刺激源而做出的反应，如因学业受挫而发奋图强或自暴自弃；另一种是间接行为反应，指为了减少或暂时消除与压力有关的苦恼，而采取的使自己暂时缓解紧张状态的行为。随着压力的持续，个体在上述两种行为反应中均会有过度的表现。如行为退缩、消极、被动，行动减少、无所适从，失去对生活目的和意义的追求，行为失控、不断发脾气、与人冲突不断、自我防御行为增多等。

总之，压力对大学生的影响是双重的，既有其积极的作用，又有其消极的作用。

首先，压力可以促使大学生警醒，增强其适应性。一般而言，压力引起的紧张反应可以提高大学生对环境的警觉水平，使其注意力集中，思维敏捷，情绪适度，从而促使大学生适应环境变化的需要，增强其对环境的适应性。其次，压力可以促进大学生的发展和提高。因为压力是我们生活中的一部分，当大学生面对一定的心理压力时，必须积极努力地去摆脱压力，改变现存的压力环境。因此，可以说，一定的压力是促使大学生积极进取、不断发展和提高的重要动力。生活中如果没有压力，大学生也就缺少了发展的动力，因此要不断增强大学生抵抗压力的能力。最后，压力有助于大学生之间建立良好的亲密关系。研究表明，压力情境下，人与人之间表现出更多的互相关心、互相帮助、互相支持，从而有利于彼此维持一种比较接近的良好关系。压力促进了群体的结合，极大地增进了群体的凝聚力。因此，无论从大学生个体的角度还是从社会维持与发展来看，压力都具有重要作用。

但当压力超过一定限度时，过度的压力反应或长期压力反应的累积，对大学生的身心健康具有一定的破坏作用。研究发现，长期处在压力情境下的大学生，心理健康水平会降低，严重的会出现心理障碍。譬如，情绪持续低落，兴趣丧失，反应迟钝，对自己的进步、人生的价值漠然置之，麻木不仁，看破“红尘”。这些大学生与人交往过程中，常表现出紧张，动作不自然，思维不清，脾气古怪，讨厌别人；或孤立自己，怀疑自己的能力，轻视自己，自责，自信心降低，夸大自己的失败，甚至导致彻底的自我否定，并引发自伤、自毁或伤害别人等行为，破坏大学生的生理健康。在长期的心理压力下，人的免疫功能也会大大下降，患病的可能性增加，有可能患如心脏病、消化性溃疡、紧张性头痛、偏头痛、神经衰弱、肌肉痉挛等疾病，严重危害大学生的身体健康。大学生长期处于压力状态下，还容易养成消极的生活习惯，如通过吸烟降低紧张度，通过酗酒、贪吃、过度工作来消极回避紧张状况，故学会对压力进行调适和管理，使自己处在合适的压力水平下尤为重要。

## 第二节 大学生压力的应对与调适

### 一、大学生产生压力的原因

大学生恰好处在心理、生理发展的关键时期，这样一批青年学生聚集在一起会产生许多问题，尤其是大学一年级的新生，远离自己所熟悉的环境，来到一个陌生的地方，难免会出现心理不适应的问题，如果不能及时发现和解决，容易产生心理疾病，影响他们正常的学习和生活。

1. 原有优越感消失，表现欲受挫

大学新生在高中时都是比较优秀的学生，普遍受到老师的器重，在班集体里有强烈的表现欲望；同时，他们在家中也是父母倍加呵护的骄子，家长们望子成龙、望女成凤的迫切愿望，使之成为家庭成员中众人关注的焦点。特别是能考上大学的这一部分青年学生更是有自身无以言表的优越感。而在大学里，人才济济、竞争激烈，大学新生突然又远离父母的呵护，所有的生活问题都要自己来解决，自我优越感消失了，善于表现的欲望受到抑制。

2. 不适应大学的教学方式

在中学阶段，更多的是教师教什么，学生就学什么，学习过程是被动的。到了大学，教师主要是传授知识，课堂信息容量大，进度快，大部分课程不再安排辅导，教师也很少进行学习方法的指导，学习过程是主动的。因此，为数不少的大学新生对大学的学习生活迟迟不能适应，不知道学习的主动权掌握在自己手里，这就导致他们学习效果不佳，从而压力感、危机感及失落感油然而生。

3. 现实与理想大学的反差使之茫然

刚入学的大学新生一般来说都是对大学生活充满了许多幻想。大学是他们心目中的理想殿堂，是他们奋斗的驿站，应该充满诗情画意。可是，当他们步入大学校园后，发现自己所身处的大学并非想象的那般好，还有许多不如意之处，因此感到迷茫、苦闷，产生失落感。

4. 贫富差别对自尊心的伤害

我国城乡之间还存在着一定的差别，特别是一些经济欠发达地区、边远山区的孩子考入大学后，很多家庭难以承担学生的高等教育费用。这些学生，跟其他人在生活习惯、作风、爱好、卫生状况、穿戴、花销等方面存在差异。有的城市来的学生瞧不起来自农村的学生，冷嘲热讽，甚至孤立他们，从而导致一部分贫困大学新生产生自卑心理。

## 二、大学生心理压力的应对与调适

对于大学生心理压力的应对与调适，通常可以采用以下方法。

1. 正确认识和勇敢面对压力

大学生对压力要有一个正确的态度，这是调适的关键一步。首先，要认识到压力的不可避免性，并坦然接受它。压力是生活中必不可少的一个组成部分，是我们生活的伴侣，尤其是在个体成长的路途中，压力更是普遍存在。其次，要认识到压力作用的双重性。压力及其反应并不全是“有百害而无一利的”，适度的压力有助于发挥人的潜能。因此，每一个大学生都应该了解自己在压力情境下的应对方式，并向他人学习有效处理压力的策略。当心理压力出现时，勇敢地正视它，从而使自己在战胜一个个压力的过程中，积累经验，不断强大。

2. 寻求社会支持

人类天生就是社会性动物，任何人都不能离开他人而生存。人与人之间是需要互相关心、互相帮助、互相爱护的，这是一种社会支持，它可以调适个体的压力反应。

社会支持包括家庭、朋友、同学、社会组织、学生社团、老师等。在一般的生活状态下，这些社会支持能够满足他们安全、自尊、归属感的需要。当大学生面对心理压力时，可以找一位朋友或亲人诉说倾吐，从而寻求他们的支持。既可以是感情上的支持，如同情、理解、照顾，也可以是物质上的支持，包括给予金钱或其他物质上的帮助，还可以是信息上的支持，主要指别人给予的忠告和指导，这一切对减轻心理压力十分重要。除亲人、朋友的支持外，大学生心理健康教育中心也是一个有效的求助途径。

3. 学会放松自己

大学生面对心理压力最常见的表现是心理和肌肉的紧张。因此，调适压力的一个重要策略就是要学会放松自己，让自己的身体或心理由紧张状态转向松弛，从而逐渐消除压力。常用的放松方法有跑步、游泳、做操、散步、听音乐等。当压力事件不断涌现时，持续数分钟的放松，对缓解压力的作用相当显著。另外，还可以学习一些放松的技术，这是一种通过机体主动放松来增强自我控制能力的方法，它可以降低机体唤醒水平，增强适应能力，调节因压力反应而造成的心理、生理功能紊乱。自我放松的应对技术有很多，如深度呼吸训练、肌肉放松训练、静坐训练、冥想训练、系统脱敏训练等。

4. 丰富课余生活

大学生的课余生活占大学生活的四分之一，健康的课余生活可以愉悦身心，获得朋友，增进友谊，减少因压力导致的紧张感。课余生活种类很多，如阅读书籍，参加各种学术活动，参加志愿者服务等。丰富的课余生活既锻炼了能力，拓宽了知识面，又在一定程度上增强了个体应对压力的信心和勇气。尤其是要多参加体育锻炼活动，体育锻炼可以使大学生身体健壮、精力充沛，应对能力增强，因此，体育锻炼可以明显地减轻压力。并且由于体育锻炼使个体暂时与压力情境分离，这就给大学生提供了一个调整的机会，可以增进他们对问题的反思，从而寻求解决问题的最佳策略。但体育锻炼要适度，过度的体育锻炼不但不会减轻心理压力，其本身也会成为新的压力源。

除学生个人的努力外，高校班主任和辅导员要具有必要的心理咨询知识，扮演一定的心理咨询员角色，而不仅仅是扮演学校权威的代言人和思想政治工作者的角色，要把自己定位为学生的朋友，尊重学生、信任学生，并随时敏锐地发现面对心理压力的学生，与他们一起共同分析遇到的困难，并提出一些具有针对性和指导性的建议，从而协助他们缓解、调适心理压力，实现健康成长。

大学生是社会的一个特殊群体，是祖国未来的希望，肩负着祖国发展的重任，因此要密切关注大学生，及时解决大学生群体面临的各种问题，缓解大学生心理压力，使大学生健康、快乐成长。

# 第三节 挫折概述

【案例】

小林是某大学三年级学生，在英语四级考试失利、恋爱受挫的双重打击下，内心十分痛苦。小林情绪波动很大，开始整日以酒精麻醉自己，几乎天天旷课，拒绝与他人交往，不接听任何人的电话，当酒精失去作用的时候他又不断以各种消极方式回避内心的冲突与压力。时间一天天过去，小林逐渐失去生活的目标，也打不起精神从原来失利的阴影中摆脱出来。

案例分析：

该案例中，小林的情况可能我们每一位大学生在大学生活中都会经历，大学生活中的挫折各种各样，面对挫折，每个人选择的态度和行为方式也不一样。有些人能从挫折中走出来，总结经验和教训；有些人在面对挫折的过程中，一方面过度夸大挫折对自己的影响，另一方面以一味回避的方式面对挫折带来的压力，最后让挫折打败了自己。由此可见，面对挫折应采取何种态度对大学生至关重要，这同时会影响到大学生对未来的决策。

## 一、挫折的定义及相关理论

### （一）什么是挫折

挫折广泛存在于每个人的生活中，贯穿于人的一生，遍布于生活的方方面面。挫折既是客观的，也是主观的。挫折对人的影响并不取决于挫折本身，而是取决于人对挫折的评价态度，正确把握挫折的实质，是提高挫折调适能力的基础和要求。

个人在实现目标的过程中，动机性行为会有不同的结果：一是无须特别努力即可达到目标，需要很容易得到满足；二是遇到干扰和障碍，但经过努力或采取某种方法也可达到目标；三是遇到了干扰和障碍使目标不能达到，需要得不到满足，因而产生种种不安和焦虑情绪。在心理学上，把个人遇到的第三种情况称为挫折。所谓挫折，是指人们为实现目标而采取的行动遭遇到无法逾越的困难阻碍时，所产生的一种紧张的情绪反应、情绪体验。它是一种消极的心理状态。挫折的产生一般有下列五个条件。

(1) 有行为动机和明确的行动目标。例如，大学生为取得奖学金，争取各门功课的好成绩，或者刻苦学习，争取考上研究生。

(2) 有满足动机和达到目标的手段或行动。例如，大学生通过刻苦学习，排除其他干扰和影响，争取达到优良成绩。

(3) 有挫折的情境发生。如果动机和目标能顺利获得满足或实现，就无所谓挫折。如果在实际生活中，虽然实现目标过程中受到阻碍，但通过改变行为，绕过阻碍达到目标，或阻碍虽不能克服但能及时改变目标与行动方向，也不会产生挫折情况。只有在实现目标的道路上遇到阻碍而又不能克服与超越时，才构成挫折情境。例如，某大学生要求自己必须在评优时获得一等奖学金，但没有评上，这样就形成了他的挫折情境。但如果这个大学生仅把评一等奖学金作为一种尝试，即使没有评上，也不构成挫折情境。

（4）人们在实现目标的行为受到阻碍时产生挫折，行为主体必须对此有知觉。如果客观阻碍存在，但人们主观上并无知觉，就不会构成挫折情境。例如，同是考试考砸了，有人满不在乎，有人捶胸顿足。

（5）人们有对挫折的知觉与体验而产生的紧张状态和情绪反应。具体来说，行为主体在受挫折后往往有焦虑、失眠、恐惧、愤怒、自卑、自疑、往坏处想，甚至有“快要发疯”的紧张情绪体验。

挫折有两个方面的含义：其一是挫折情境，是指阻碍目标实现的种种主客观因素；其二是挫折反应，是指某种阻碍和干扰致使需要不能满足而产生的愤怒、恐惧、不安等情绪反应。个体在受到挫折时，挫折情境和挫折反应总是密切联系在一起的。

### （二）大学生对挫折含义的理解

对不同的人来说，挫折的意味是不同的，或大或小，如求职中的不顺、工作上的不适、学习中的困难，或生活中的不如意，都会成为挫折。因个体的不同，挫折被赋予不同的内容。

张某与车某在对大学生的挫折心理研究中曾采用开放式问卷和个案访谈的方法，发现大学生对挫折含义的描述的差异，现列举其中 11 种含义。

（1）挫折是指遇到与自己的愿望相反或者是不相符的事实，是检验一个人意志是否坚定的标准之一。

（2）挫折是指与预定的目的或意向相违背，或者是出于某种客观原因而使一个人没能完成任务、受到打击，从而在心理上产生压抑的现象。

（3）挫折是指生活、工作、学习中遇到不如意的事，从而导致心理上的失望感、自卑感等心理现象的总和。

（4）挫折是指在完成自己所期望的、理想的目标过程中，遇到了麻烦、困难以及心理压力，或并未能实现自己所期望的目标，即事与愿违。

（5）挫折是一个很广泛的概念，有大挫折、小挫折，轻挫折、重挫折，但其主要是指对人的心理上所造成的严重性的打击与磨难，它可以使坚强的人更坚强，使脆弱的人更脆弱。

（6）挫折是指在前进道路上遇到与自己的目的相反而又出乎意料的打击、失败。例如，很努力学习却没能升入理想的学校；已经选定了目标却由于非常实际的原因被迫放弃；感情上一心一意付出，但出于现实原因被迫分离；等等。

（7）概括地说，挫折就是自己的行为、言语不被别人接受时，自己从内心中产生的一种被否定感，从而导致自己的心理受到不同程度的打击。

（8）挫折主要是自己的主观愿望、动机与客观条件未能达成一致，没有取得预定的结果，总的来说即个人欲望得不到满足。从表面上讲好像挫折是指客观条件，环境上出现的不如意、障碍等。当一个人心情好的时候，哪怕是遇到大麻烦，也会乐观面对；而当心情不好时，就会迷茫、悲观，尽管客观条件已经很好。

（9）挫折就是当自己有一个目标且努力过后，仍未达到目标，这时就算是遇到了挫折；如果自己虽有目标，仍坐享其成，即使失败了，也不算是挫折。

（10）挫折就是指遇到自己无能为力但已发生的事情，且给自己精神上、肉体上以沉重打击的事情，或者必须要自己拼命去努力才能挽回的事情。

（11）挫折是指自己预定的目标受到外来的阻力或因自身能力欠缺而没有达到时的一种消极心理状态。

## （三）关于挫折的学说

### 1. 挫折的非认知理论

（1）挫折的本能论。麦独孤（W. McDougall）认为，人在社会行为中遭受挫折而产生的情绪以及由此而引发的各种各样的挫折行为反应，都是本能冲动的结果。弗洛伊德认为，一切精神疾病的根源也就在于心理性欲（或力比多）受到压抑或阻碍，即挫折；神经症的驱动力量的根本性质是本能，目标在于获得满足和避免挫折。

（2）挫折的行为理论。20 世纪 50 年代，美国心理学家阿姆塞尔（A. Amsel）提出了“挫折—奋进”理论，该理论从操作的性质上给挫折下定义，提出挫折是当前有机体在先体验到奖赏又体验到无奖赏时所出现的情况。该理论认为，人在受挫后，可能出现努力奋进的情况。

（3）挫折的需要理论。勒温（Kurt Lewin）等认为，当个体的需要得不到满足时，就会产生挫折体验；荣格（C. G. Jung）认为，当一个人的自我实现不能满足时，就会产生挫折感；马斯洛（A. H. Maslow）和罗杰斯（C. R. Rogers）从心理治疗的临床实践出发，提出了“自我实现”的需要受到压抑是挫折产生的根源。

### 2. 挫折的认知理论

挫折的认知理论认为，人在遭受挫折之后，是否会产生挫折感、强度如何，主要取决于人们对挫折及其意义的认识、评价和理解，即对挫折的认知。由于人对挫折的认知不同，同样的挫折情绪对不同的人来说，就可能产生完全不同的挫折反应。因此，改变认知过程，就有助于增强人对挫折的适应能力，消除挫折对人带来的不良影响。美国临床心理学家艾利斯（Albert Ellis，1913～2007）在 20 世纪 50 年代提出的挫折的 ABC 理论就是这一理论的典型代表。

挫折的 ABC 理论是美国临床心理学家艾利斯在 20 世纪 50 年代创立合理情绪疗法（rational emotive therapy，RET）时提出来的。

艾利斯认为，在人们情绪产生的过程中有三个重要的因素：诱发情绪发生的事件，人们对诱发事件所持的相应的信念、态度和解释，以及由此引发的人们的情绪和行为的结果。情绪并非是由诱发事件直接引起的，而是通过人们对这一诱发事件的解释和评价引起的，即并非是事件引起了情绪，而是人们对事件的认识引起了情绪。ABC 理论如图 13-1 所示。

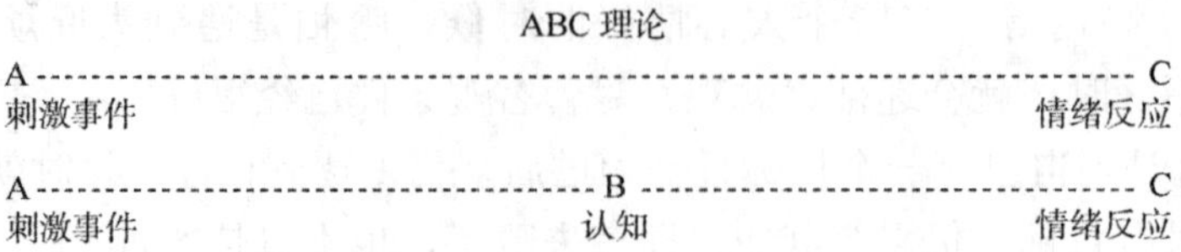


图 13-1　ABC 理论

A 代表发生的与自己有关的事件，是既成的事实，它可能是既成的客观事实（如电脑出现故障），别人的态度或行为（如别人与自己意见不一致），别人与自己关系的改变（如失恋），自己行为的后果（如竞选失败），等等。C 代表个人对事件的情绪反应后果，个人对事件的情绪反应，可能是正面的（如喜欢），也可能是负面的（如焦虑），可能是适当的（如喜忧如常），也可能是不适当的（喜忧无常）。如图 13-1 所示，无论个人情绪反应后果是什么样子，均非由事件本身引起的，而是由个人对既成事实所产生的信念 B 引起的。ABC 理论指出，诱发性事件 A 只是引起情绪行为反应的间接原因，而人们对诱发性事件所持的信念、看法、解释 B 才是引起人的情绪及行为反应的更直接的原因。艾利斯认为，一个人之所以情绪困扰或心理异常，主要原因不在于外在世界，而在于他自己如何去面对外在世界，即心理异常的形成是个人的责任。

例如，事件：邀请某人吃饭遭到拒绝。

想法 A：“别人看不起我，也不相信我。”“这不像话，我不能忍受别人的拒绝。”“我以后不想也没有信心再邀请别人吃饭了。”

相应的后果 A：产生抑郁、自卑等消极情绪。

想法 B：“他也许真的很忙，或者有其他不便启齿的理由，我不能让别人勉为其难。”“这有什么关系？再找其他朋友就是了。”

相应的后果 B：原先的消极情绪就会慢慢减弱以致消除。

在上述案例中，人们的情绪及行为反应与人们对事物的想法、看法和信念有关。前者被称为非理性信念，后者被称为理性信念，理性信念会引起人们对事物的适当的情绪反应；而非理性信念则相反，会导致不适当的情绪和行为反应，当人们坚持某些非理性信念，长期处于不良的情绪状态之中时，最终将会导致情绪障碍的产生。

艾利斯认为，人的非理性信念往往具有三个特征：①绝对化的要求，指人们以自己的意愿为出发点，对某一事物怀有认为其必定会发生或不会发生的信念。怀有这种信念的人，在挫折面前往往缺乏心理准备，因而造成不适当的情绪反应。②过分概括化，指以偏概全，是以一概十的不合理思维方式的表现。一方面是人们对其自身的不合理的评价，如一遇挫折便概括为自己“没用”，是“失败者”；另一方面是对他人的不合理评价。③糟糕透顶，这种不合理的信念认为，某一事件发生了，必定会非常可怕、非常糟糕、非常不幸。这种信念会导致个体陷入严重不良的情绪体验之中而难以自拔。艾利斯认为，人生来就具有以理性信念对抗非理性信念的潜能，但又常常被非理性信念所干扰。

有些人之所以形成压抑、悲观、敌对、焦虑和忧郁等心理异常现象，是因为当事人对自己生活经验的非理性解释。人们如果能主动调整自己的看法和态度，就可调整自己的情绪，变消极为积极，就可解除苦恼和郁闷。而合理情绪疗法也就是指导求助者将情绪理性化，在面对任何事件时，学习给予合理的解释，以合理的思维方式代替不合理的思维方式，从而最大限度地减少因挫折的不合理信念而产生的不良情绪反应，以及情绪困扰所带给人的不良影响。情绪调节的 ABCDE 技术如图 13-2 所示。

| A | B | C | D | E |
| --- | --- | --- | --- | --- |
| 刺激事件 | 认知 | 情绪反应 | 辩论 | 新的情绪行为 |

图 13-2　情绪调节的 ABCDE 技术

理性情绪理论的应用步骤：①将引发不良情绪的事件和认识一一列出；②找出引发不良情绪的非理性观念；③通过对非理性观念的认识和纠正，找出合理的观念；④通过建立合理的信念，最后达到情绪感受的改变。

挫折认知理论强调认知在发生挫折时对行为反应的制约作用，并将这一理论具体运用于心理咨询和心理治疗，这在挫折理论研究和实际应用上都具有进步意义，是值得重视的挫折理论。因此，调整人的意识过程，尤其是调整认知结构、改变认知过程、健全自我意识，有助于增强人对挫折的适应能力，消除挫折对人的不良影响。

## 二、挫折的分类

人生不同的阶段，不同的情境，遇到的挫折有所不同。在大学阶段，大学生遇到的挫折可分为以下几类。

### （一）学习挫折

学习挫折即在学习中遇到挫折。学习受挫普遍存在于大学生中，几乎每个学生都会在学习上遇到挫折。在这样竞争激烈的社会环境中，大学生为了能在走出校园后有很强的竞争力，当其步入大学后会在学习上下很大的工夫，制定一些目标，但由于各种原因，其在达到目标的过程中受到阻碍，即学习受挫。学习受挫的原因有很多，主要有：学习环境的不适应；学习方法不当，没取得好的成绩；不喜爱自己的专业。

### （二）人际交往挫折

人生发展的实践表明，人际关系在走向事业成功的道路上，有巨大影响。特别是在现代社会里，必须有和谐的人际关系、团队精神才能把事情做好。一般来说，人们更倾向于接近那些愿意接近自己的人，这是一种情感的回报。尤其是那些对自我评价不高、自信心低落遭受挫折的人，一旦得到别人的喜欢、赞赏和肯定，他们就会用强烈的感情加以回报。在人际交往中，一些不利因素会引起人际交往受挫，如语言差异、年龄差异、偏见（包括地区偏见、性别偏见等）、认知差异等。

大学生的人际交往主要包括同学之间的交往、师生之间的交往，看似简单，实则会遇到很多困难和挫折。原因包括不善于沟通（孤傲）、性格内向、同学之间各方面的差异。

**（三）恋爱挫折**

进入大学，一些学生会选择开始一段恋爱关系，大学生恋爱在当今社会上已是一个较普遍的现象。校园爱情虽然美好浪漫，但也让许多大学生经受了挫折，轻度受挫会影响其正常的生活和学习；严重受挫，可能会使大学生萎靡不振，甚至自杀。恋爱受挫的原因主要包括：理想与现实不统一，对恋人期望过高；恋人之间有冲突；暗恋；分手；等等。

**（四）家庭挫折**

统计显示，有 56%的大学生经受过家庭挫折，主要原因有家人生病、死亡，与父母难沟通，经济条件差，父母离异等。大学的心理咨询也发现大学生的很多问题，比如表达情绪上的困难、难以进入亲密关系等都与家庭有关。

**（五）健康挫折**

健康的身体是人们活动的基础，但“金无足赤，人无完人”，大学生难免会遭受身体有疾病和生理有不足的情况。面对健康挫折，大学生应加强锻炼，主动寻求帮助，积极应对。

## 三、挫折产生的原因

挫折产生的原因是多方面的，概括起来可以分为内在原因和外在原因两个方面。

**（一）外在原因**

外在原因包括自然、社会、家庭、学校等因素，通常难以控制。

**（二）内在因素**

内在原因主要指个人身体和心理因素。内在原因多数是可以控制的，所以要战胜挫折，首先要寻求自身的改变，当然也要学会去寻求帮助。

# 第四节 挫折的反应、产生机制与应对策略

## 一、挫折的反应

一个人在遭受挫折后，无论挫折情境是客观因素造成的还是主观因素造成的，都会给其生理、心理与行为带来一系列影响，其中对心理的影响最为明显。挫折常会使

人处于紧张状态，一般表现为情绪激动、焦虑、不安等。

受挫后的紧张心理几乎是人人都有的本能反应，然而，不同个体所表现的程度大小不一样，紧张心理超过一定限度，就会带来各种消极情绪，如愤怒、憎恨、恐惧、失望、痛苦、烦躁和过分焦虑等。如果这种消极情绪状态的强度过大或时间过长，往往会直接危害人的身心健康，使心理活动失去平衡，容易使人出现意识范围狭窄、判断力减弱、自制力丧失等不良现象，从而严重影响个人的正常行为，有可能使一些人做出违背常理的举动，或陷入挫折的痛苦中不能自拔。挫折引起的紧张状态并不一定是消极的，适度的紧张往往会产生积极的效果，如注意力集中、思维活跃、效率提高、情绪适度唤起等，从而为战胜挫折、排除或绕过障碍提供有利的心理条件。

### （一）适度紧张的心理反应意义

1. 有助于认清现实、考虑对策

挫折后的适度紧张状态，有助于人们认真理解挫折情境，分析造成挫折的各种因素，积极思考解决问题的办法，使自己尽快走出挫折。例如，考试失利对心理造成的适度压力，会提醒大学生正视学习状况，积极排除影响学习的不利因素，更自觉、更主动地探求提高学习效率的办法。相反，如果没有挫折，就没有挫折带来的压力，大家不一定会认真地、有意识地思考这些问题，不一定有改变现状的动力。

2. 有助于分析动机、修正目标

有些大学生遭受挫折的原因可能存在于动机和目标本身。例如，一个学习成绩平平的学生，却想“一口吃成一个胖子”，期望通过短时间的努力而成为班里的学习尖子，结果自然会令他失望。如果受挫后的紧张心理是适度的，那么他会对自己的行为动机进行认真的分析，重新认识预定目标的可行性，从而在对自己做出更客观、更切实际的评价的基础上修正目标，并一步一个脚印地接近目标。

3. 有助于调动潜能、激活思维

当人处于挫折后的紧张状态时，原有的心身平衡被打破了，为此，人会想方设法去排除障碍、消除紧张，达到新的平衡。研究发现，当处在适度紧张时，人的身心处于一种积极活跃的竞技状态，会有一种挑战、刺激、兴奋感，这种状态往往最能调动一个人的知识和技能，最有利于潜力的开发。

### （二）消极反应

虽然挫折后的适度紧张是有利的，但过度紧张则是有害的，它不仅会影响正常思维、判断，降低活动效率，而且会损害人的身心健康。当人们讲挫折的弊端时，一般都是指挫折引起的不良身心反应。具体表现在以下几方面。

1. 攻击

大学生受到挫折时，常常产生愤怒的情绪，进而诱发攻击行为，特别是在挫折严重的情况下，大学生往往受情绪的支配，缺乏理智分析，做出一些不顾后果的行为。攻击也是常见的挫折反应，其形式有两种：一种是直接攻击，即受挫后将愤怒的情绪直接导向造成该挫折的人或物，表现为对人讥讽、谩骂或拳脚相加，损坏物品等形式；直接攻击行为较容易发生在那些自我感觉良好、自我评价偏高或鲁莽、好冲动、较缺乏生活经验的大学生身上。例如，因受到批评而顶撞老师；因某个同学阻止自己买饭插队而对其恶语中伤甚至大打出手。另一种是转向攻击，即不直接攻击造成挫折的对象，而是把攻击转向自己或其他无关的人和物。转向攻击行为中的自我攻击，常发生在那些自信心较弱，情绪较悲观，经常压抑自我的学生身上，他们往往会在受挫后陷入自责或惩罚自己（如把自己关起来、不吃饭、不睡觉等），严重的可引起心理障碍，甚至自杀；而那些把攻击转向次要或无关人和物的学生，常常是因为觉察到不可能或不应该直接攻击引起挫折的对象，或找不到明显的攻击对象，于是便寻找"替罪羊"，如有的学生因与寝室同学发生矛盾而迁怒于周围其他同学，有的毕业生因求职过程不顺利而损毁学校财物，等等。

2. 冷漠

冷漠是指个体受挫以后表现出的对挫折情绪漠不关心或无动于衷的态度，这是一种比攻击更为复杂的反应。有人认为，如果受挫折后采用攻击方式，遭受更大的挫折就可能采取逃避方式，如不能逃避，就只能以冷漠的方式反应。冷漠并非不包含愤怒情绪的成分，只是个人把愤怒暂时压抑。冷漠反应多在以下情况出现：一是长期遭受挫折而不能摆脱；二是处境艰险，无助无望；三是心理上恐惧不安和生理上痛苦难忍；四是进退两难，攻击与退缩之间矛盾冲突激烈。

3. 固执

固执是指个体遭受挫折后，听不进批评或劝导、看不清挫折实质而一意孤行，重复某种行为，其结果往往使个体失去改变困境的机会，在挫折中越陷越深。固执行为往往是不自觉的，具有强制性的特点，如有的大学生因学习成绩滑坡而秉烛夜读，其实效率并不高，而且影响白天的学习，于是再熬夜加班，如此恶性循环。大学生明知这种做法不好，但仍固执地这样做。

4. 倒退

倒退亦称倒退回归、退化，是指一个人受到挫折时不由自主地表现出一些与年龄、身份极不相符的幼稚行为。这是一种不成熟的现象。例如，因考试不及格而到老师面前哭哭啼啼、苦苦哀求；面临考试压力时，千方百计躲进医院，逃避考试。又如，有的大学生受到批评之后，蒙头大睡，闹情绪，甚至无理取闹；某些学生干部受到挫折后不愿承担责任，不能区分合理与不合理的意见等，这些都属于退化行为。倒退的另一种表现是受暗示性。受暗示性通常表现为个人在受挫折后盲目地相信别人，盲目地执行某个人的指示。大学生中因遇挫而倒退的行为虽不多见，但有这种行为表现时常常会使人啼笑皆非，也有损自己在他人心目中的形象。

5. 焦虑

焦虑是遭受挫折后最常见的一种心理反应。如前所述，适度焦虑对提高效率、激发潜能有一定的积极作用。然而，过度的焦虑是有害的，严重的会导致心理疾病，发展成焦虑症。人际交往和学习上的挫折常常是引起大学生焦虑的主要原因。由人际关系不良所导致的过度焦虑，使一些大学生不能适应集体生活，内心常处于渴望理解与自我封闭的矛盾之中，对自己的交际能力做否定评价，并时常会因一两件小事而加重挫折感；学习上的过度焦虑则更会抑制思维，分散注意力，影响正常的学习活动，招致更大的挫折。

6. 幻想

大学生在受挫折以后幻想增多，常常在想象中以非现实的方式试图达到目标，甚至以昼梦的形式在幻想世界中实现自己受阻的目标，从而在某种程度上缓解焦虑，如有些大学生受挫折后，为受阻的活动设计了一个非常完美的结果，沉浸在对完美结果的想象中，消耗时间和精力。

7. 感受性降低，知觉范围缩小

感受性是对客观刺激物的感觉能力。遭到挫折时由于受焦虑等不愉快情绪状态的影响，大学生的感受性会下降，知觉范围缩小，出现动作缓慢、反应迟钝的现象，如有的大学生受挫折后在寝室内长时间发呆，对别人的呼唤充耳不闻，有人进到房间也觉察不到，甚至对身边同学的嬉戏也视而不见，干什么事都心事重重、心不在焉；有的则无目的地行走，路面上的水坑、石头也注意不到；有的因为心情不好，不分时间场合，说一些过分的话，与同学发生口角，造成误会，使得同学关系不融洽；有的对别的事反应迟钝，而对涉及自身的事情特别敏感，总是怀疑别人在议论自己或嘲讽自己。

8. 抑郁、悲观失望

挫折带来的是痛苦、不愉快的体验，受挫折后大学生往往会产生抑郁情绪，整天闷闷不乐，唉声叹气，甚至会导致悲观失望。挫折导致大学生丧失自信心、自尊心，认为自己不如他人，怀疑别人看不起自己，进而感到自己的命运不好，前途渺茫，对以后的活动缺乏信心与勇气，甚至感到绝望。

以上这些挫折反应是人们遭受挫折后较直接、不由自主的反应，是个体对挫折的一种本能的对抗，它们虽然可以降低挫折的直接打击，缓解受挫折后的心理压力，但却无助于解决根本问题或改变挫折情绪，反而会降低个体对挫折情境的认知能力，妨碍个体及时应对挫折，因而常常是消极的。

### （三）积极反应

在追求目标实现的过程中，行为受挫、遇到障碍和干扰时，有的大学生能够审时度势，采取积极进取的态度和反应对待挫折，我们称之为积极反应，具体表现为以下几个方面。

1. 坚持目标，继续努力

当个体受挫后，通过分析发现自己追求的目标是现实的，那么即使是暂时遇到了挫折也应克服各种困难，找出排除障碍的方法，毫不动摇地朝既定目标迈进，最终实现目标，如有的学生大学英语四级考试失利后，积极寻找自己考试中的弱项，调整学习方法和不同内容的学习时间，弥补弱项，最终顺利地通过了考试。

2. 调整目标，不断努力

如果追求的目标难度大，自己的抱负也大，产生了主观期望和客观现实的落差，使目标无法实现，便应采取修改或简化目标的方式。有人曾经说过“理想过于远大等于没有理想”，对目标来说也是一样，过于远大的目标等于没有目标。在具体实施过程中，我们需要不断设定一些小的目标并不断调整，在不断取得小成就的基础上取得更大的成就。

3. 转移或深化目标

行为受挫，目标没能达到，即将原有目标转移到其他目标或升华到更高方向，如恋爱受挫，便转向努力学习，积极参加社会活动。

**【案例】**

小丽是某系大学二年级的学生，与男友分手后，度过一段情绪低落的时间后，小丽便将注意力转移到自己的兴趣——国标舞上。她一方面通过跳舞不断地调节自己的情绪，让自己身心得到放松；另一方面，花费更多的时间在舞蹈上，让她在大学生国标舞比赛中取得了优异的成绩。小丽的经历应验了一句话：“塞翁失马，焉知非福。”

## 二、挫折产生的机制

挫折的产生与以下五个方面有关：一是需要和由此产生的动机；二是在动机驱使下有目的的行为；三是挫折情况，它是使需要不能得到满足或目标不能实现的内在障碍或干扰的情境状态、情境条件，可能是实际存在的，也可能是在当事人想象中存在的；四是挫折认知，它是对挫折情境的知觉、认识和评价，既可以是对实际遇到的挫折情境的认知，也可以是对想象中可能出现的挫折情境的认知；五是挫折反应，它是因受到挫折而产生的情绪和行为反应。

在以上五个方面中，挫折认知是产生挫折最重要的因素，因为只有在挫折情境被知觉后人们才会产生挫折感；否则，即使挫折情境实际存在，只要不被知觉，人们也不会有挫折感。所以，挫折感的实质是当事人的一种主观感受，当事人是否有挫折感和挫折反应的强弱，主要取决于当事人对挫折情境以及对自己的动机、目标与结果之间关系的知觉、认识和评价。对不同的人来说，需要和动机的强度、对实现目标的评价标准、对自我的预期以及对挫折的归因等都不尽相同，所以，即使面对同样的挫折情境，不同的人也会产生不同的挫折反应。例如，同样是考试不及格，有的学生痛不欲生，有的学生懊悔不已，有的学生则不以为意，这就是因为他们对考试不及格这一挫折情境的认知不同。通过图 13-3，可以进一步认识挫折产生的机制。

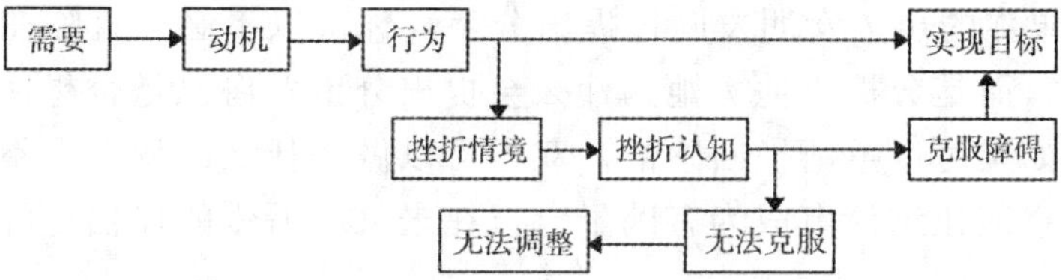


图 13-3 挫折产生的机制

由于当事人对挫折及其意义的认识和评价受其本人的信念、判断、价值观念等认知因素的影响，所以，当事人在以往社会生活中所形成的固有的认知结构对挫折的产生以及挫折反应的强度具有重要作用，特别是在人们的认知结构中常常存在一些不合理的信念，这些不合理信念将会导致不适应、不适度的情绪和行为反应。

## 三、挫折应对策略

### （一）应对的概念及分类

应对是控制困难的局面，努力解决生活难题和寻求控制并减轻压力的过程。

有些应对方式可以有效地帮人度过生活和心理危机，但是有些应对方式却显得不是那么有效。除了自我控制能力、拥有的资源等个体差异外，应对的方式和风格也很重要，不同的应对方式会有不同的效果。

对研究应对的心理学家来说，有两种应对策略的分类方法很有影响力，以下对这两种应对策略进行介绍。

1. 问题导向和情绪导向的应对策略

问题导向和情绪导向的应对策略是由查理德· 拉扎勒斯（Richard Lazzarus）提出的。问题导向的应对策略是直接面对问题，并努力解决问题。例如，某学生打算出国留学，但是英语不佳，因此制订好学习英语的计划，刻苦练习。有研究发现问题导向的应对策略更有利于遭遇创伤和不幸后朝着积极的方向变化。情绪导向的应对策略是以情绪的方式来应对压力，尤其是使用某些防御机制的反应（防御机制的内容详见于下文）。情绪导向的应对策略包括逃避问题，对发生的事情寻求合理化解释，否认事实等。如某学生明明想出国，但是英语不佳，便劝自己“出国没什么意思”“出国并不一定能有所成就”等。有些时候，情绪导向的应对策略是适用的，例如，当一个人面对亲人去世的悲痛事实时，对事实努力采取否认态度就是一种用来处理强烈的负面情绪的保护机制。但是，一直使用情绪导向的应对策略无助于我们面对和解决问题，会阻碍我们更好地适应生活和发展自我。因此，两种方法应当使用有度，有意地觉察自己的应对方式，分析自己习惯于如何应对，应对的效果如何，并尝试着对效果不佳的应对策略进行调整。

2. 积极认知、积极行为和逃避的应对策略

积极认知策略是指当个体遇到压力时，对现状进行积极思考并努力使调节更加有效。例如，如果你的男 / 女朋友向你提出分手，你可以不必一直陷在不解、愤怒、伤心等情绪里，而是分析“他 / 她为什么会提出分手？自己是否想挽回？可以用什么方法挽回？如果可以重新挽回感情，双方可以做些什么改变？”不管双方是否还会在一起，有意地让这件事成为有助于自己在未来与所爱的伴侣更好地建立亲密关系的经历。

积极行为策略是指个体采用一些行动来改善他们的处境的策略。例如，在上述的例子中，当事人采取向朋友或长辈寻求建议、到心理咨询中心寻找更好的方法等行动。有时候，我们会同时面临多种压力，多种压力的交织会让我们更加无法面对。这个时候比较好的一种积极行为策略是尽量去除其中一种压力。例如，同时面临经济压力、人际压力和课程太多的学业压力，可以尝试着减少课程量以减轻学业压力。类似的，有人面临即将到来的考研，以及和朋友的疏离带来的苦恼，可以选择先准备相对紧急的考研，而暂时放弃思考人际关系的困惑。

逃避策略是回避所面临的压力处境的一种反应。在上述积极认知策略的例子中，你可能不会考虑如何更好地理解和处理分手的问题，也不会去寻找更好的经营恋爱的方法。你或许会冷漠地同意分手，或许会因此借酒消愁。

积极的认知和积极的行为应对策略在情绪-问题导向分类中属于问题导向，而逃避策略属于情绪导向。表 13-1 显示了积极认知、积极行为和逃避应对策略的例子。

**表 13-1 积极认知、积极行为和逃避应对策略的相关例子**

| 分类 | 例子 |
|---|---|
| 积极认知策略 | 做最坏的打算；努力去看事物积极的一面；考虑多种解决问题的方法；利用过去的经验；尝试从困境中退出来，更加客观地看待它；对自己讲一些能让自己感觉好的事情；接受现实…… |
| 积极行为策略 | 与家人、朋友讨论遇到的问题以得到支持和帮助；投入到其他事情中；做出行动计划并实施；努力更多地了解目前的问题…… |
| 逃避策略 | 发泄到其他人身上；封闭自己，一个人承担；不接受现实；酗酒；暴饮暴食…… |

应对策略也没有绝对的好坏之分，它与人所处的环境以及具体的经历等都有关系。应对策略是否有效，要放在它们发生的具体情境中来判断。当一个人连续遭受重大挫折，否定和逃避可以成为一种盔甲。一味地追求问题导向的应对策略、积极的认知策略和积极的行为策略也可能使人忽视自己的内心感受。有些人或许会在一段时间内选择情绪导向的应对策略，之后转为问题导向的应对策略。因此，灵活地使用应对策略很重要。

## （二）常见的应对策略

研究者提出了一些具体的应对策略，或许可以帮助我们调整自己的态度或采取一些行动，更加有效地应对压力。

1. 乐观积极地思考

积极地思考并避免消极的想法，几乎是在任何条件下设法应对压力的好策略。因为积极的情绪能够有效提高我们处理事情的能力并且增强我们的自信心。尝试积极的自我对话、进行积极的自我幻想、建立乐观的态度。

2. 增强自我控制力

增加对自我的控制可以帮助我们克服压力、解决问题。首先，有意进行内部归因。例如，有些学生考试失利，习惯于进行外在归因，如认为老师教课水平差、考核不公正，试题出得不好等。这种归因方式不利于正面面对问题。另外，增加延迟满足的能力，即学会不即刻满足自己的一些欲望。不能延迟满足常常是自我控制的大敌，如一个周日的上午，你憧憬着过一个与书相伴的安静而充实的上午，然而却在点开淘宝之后一发不可收拾，上午过去之后又忍不住懊悔。有一些事情有碍于我们去做计划中的事情，却又有十足的吸引力。手机和网络更是增加了这些障碍。一局吃鸡、又提示更新的朋友圈、刷不完的抖音，这些东西都可以让我们迅速得到快感和满足。学会延迟满足这些欲望，可以增强我们对自己的控制感。

可以按照以下三个步骤进行自我控制。①首先，对想控制的问题设定明确的目标。如“不在手机上浪费太多时间”的目标可以具体为“只在午饭后半个小时刷朋友圈刷微博”“上课时间不碰手机”“晚上八点到九点看书，期间不碰手机”。②为改变做出承诺。为自己想要进行的事情做出一些承诺，并忠实于自己的诺言。如向朋友承诺、请其监督，对自己有奖惩（如果做到了，送自己一份礼物），给自己写个承诺书增加仪式感……总之，让这个目标和计划是认真的，而不是可以随时定随时丢的。③记录自己实践的具体情况。给自己做一个记录，记录具体的情况。如果没能实现，分析原因，找出对策；如果实现了，给予自己一些正反馈，增加继续下去的信心。

3. 寻求社会支持

社会支持是指来自一个人所爱的或者所在乎、尊敬和重视的他人的信息和反馈，它是交流和相互支撑的体系的一部分。人是社会性的存在，每个人都不可能独立存在。当遇到压力时，积极地寻找朋友、亲人等身边人的帮助，这有助于我们渡过难关。他们或许可以提供一些切实的帮助，也可以给我们提供更多的方法，并且可以给我们情感支持。“有我在”常常可以安抚人心，让人有勇气去面对问题。

4. 运用前摄式应对

对于潜在的压力源（即未来将面对的压力源）的提前应对被称为前摄式应对。前摄式应对可以在压力事件发生前消除、弥补或减少其可能带来的影响。例如，为了未来的某个重要考试认真准备，为了预防身体出现问题而坚持锻炼等。这种应对方式是以未来为导向的，涉及我们的一些目标。是否要进行前摄式应对，取决于我们对未来压力事件的评估，例如，如果某个考试对你而言非常重要，你不太能接受这个考试的失利，为了降低失败的可能性，你可能会很认真地提前准备。有意地进行前摄式应对，可以帮助我们未雨绸缪，降低未来的压力。“未来想象”的研究发现，未来想象，即想象目标达成的愉快、满足等感受和场景可以让我们心情愉快，但是想象实现目标的过程中可能遇到的问题及其可能的解决方法，可以帮助我们增加控制感，更好地去达成目标。因此，对于未来要发生的压力事件，不妨多想想这个过程中可以遇到什么，并且提前想出应对策略，并付诸实践。

5. 参加愉快的活动

当遇到压力时，一直沉浸在糟糕的情绪中，可能会让心情更加糟糕，让人看不到希望。参加一些自己感兴趣的、可以让人开心起来的活动，如和朋友去酒吧喝酒谈心、看一场电影、骑车出去转转、到小吃街吃吃喝喝、来一场周末旅行……这些都有可能让人心情愉快，而积极的情绪会增加我们的抗压能力，并帮助我们的思维积极起来，增加克服困难的决心。

## （三）关于自我防御机制

1. 自我防御机制的定义

自我防御机制（mental defense mechanism）是指个体处在挫折与冲突的紧张情境时，在其内部心理活动中具有自觉或不自觉的解脱烦恼、减轻内心不安，以恢复情绪平衡与稳定的一种适应性倾向。最初，这是弗洛伊德精神分析学说的基本概念之一。弗洛伊德认为，防御机制是在潜意识中进行的，尽管人们完全可能意识不到且加以运用，但这已经是继发性的，因而是不大重要的。但是，目前自我防御机制已得到人们的普遍认可，因为实际上在任何人的心理活动中，都可以见到防御机制的存在。在生活过程中，人们生理的、心理的需要与欲望不可能都得到满足，或多或少总会遇到挫折或动机的矛盾冲突，从而产生情绪上的焦虑和紧张、愤怒和不安。一般来说，在这种情况下，人们或者用积极态度和方法去面对现实的矛盾，设法求得解决；或者采取消极的态度与方法，企图回避矛盾，以摆脱困境。

从心理学的观点来看，在人们所有的精神生活中，存在一种倾向，即自觉地或不自觉地把主体与客观现实之间所发生的问题，用自己较能接受的方式加以解释和处理，而不至于引起太大的痛苦和不安。这种反应形式便是自我防御机制。

自我防御机制在现实生活中是一种相当普遍的心理现象，如有的人受到别人的欺辱无力反抗时，常常自我解嘲地说些“虎落平阳被犬欺”“脱毛凤凰不如鸡”的话语，这是由于自尊心受到了伤害，受人敬重的动机和欲望受到了挫折，于是在内心就把现实改变一下，把别人看作“犬”“鸡”，而自己则是“虎”“凤凰”，也就是说在现实情境中是受欺辱的弱者，在精神上则成为“优胜者”，这样就可在自己的内心解脱现实中所遇到的不安和痛苦，暂时获得安慰，以补偿自己心理上的不平衡。阿 Q 的“精神胜利法”可以说是类似的自我防御机制的一种典型例子。

从自我防御机制本身来说，并不能认为其是异常或病态的，但如果在日常生活中运用不当或过分，从而影响了个人对周围社会环境的适应，就会影响一个人的发展，甚至导致心理问题。例如，上面的例子如果表现太过分了，轻则无法认识到自己存在的一些问题，重则有自恋型人格的倾向，无法处理好与他人的关系。

一般认为，自我防御机制的运用有两种作用。一方面是积极的作用，即暂时解除痛苦和不安。另一方面是消极作用，即这种自我防御机制只不过是一种“自我欺骗”，因为现实存在的问题并没有真正解决，因此，它只能起到一种使人逃避现实的消极作用。有时，这种自我防御机制的消极作用反而会使现实问题复杂化，甚至会使人陷入更大的挫折或冲突的情境之中。

2. 自我防御机制的表现形式

1）升华

升华是个体在现实或臆想中的挫折面前，将与之相应的动机、欲望和心理能量转向较高境界的目标，以正当方式取得受社会褒奖的精神或物质成果。这样一来，原来的受挫情绪得以宣泄，而且取得他人或社会的赞誉与奖赏、个人思想或事业的进步与成功。“宝剑锋从磨砺出，梅花香自苦寒来”。人对心理危机的升华，既是对危机的超越，又是对机遇的把握。例如，中国科学院院士、清华大学教授施一公在大三时遭遇父亲离世，悲愤伤心之后决心改变社会。

**【案例】**

1987 年 9 月 21 日，父亲被疲劳驾驶的出租车在自行车道上撞倒，当司机把我父亲送到医院的时候，他还处于昏迷状态，但血压和心跳等生命体征都还正常。但是，医院急救室的那位医生告诉肇事司机，必须先交付500元押金，然后才能救人。四个半小时之后，待司机筹了500块钱回来的时候，我父亲已经测不出血压，也没有心跳了。我最敬爱的父亲在医院的急救室里躺了整整四个半小时，没有得到任何救治，没有留下一句遗言，也再没有睁开眼睛看他儿子一眼，就离开了这个世界。这个事故对于还在上大学三年级的我打击太大了，我无法承受突然失去父亲的痛苦。自己的世界倾覆、价值观崩溃了，之后一年多的时间里常常夜不能寐，凌晨三四点跑到空旷的圆明园内一个人抒发心中的悲愤。直到今天，夜深人静时我还是常常想起亲爱的父亲，也抑制不住对父亲深深的思念。当时这件事让我对社会的看法产生了根本的变化，我曾经怨恨过，曾经想报复这家医院和那位见死不救的急救室当值医生。医护人员的天职不是救死扶伤吗？为什么见死不救？不救救我的父亲？！

但是，我后来逐渐想通了：这样的悲剧不止我一个家庭。中国这么大的国家，这么多人，每天，不知道有多少人、多少家庭在经历着像我父亲一样生离死别的人为悲剧。父亲活着的时候，总是在不遗余力地帮助着邻里乡亲和周边许许多多没有那么幸运的人们，以自己的善良付出给这个世界带来温暖和关爱。子承父志，如果我真的有抱负、真的敢担当，那就应该去用自己的行动来改变社会，让这样的悲剧不再发生，让更多的人过上好日子。我开始反思，也开始成熟。

（资料来源：施一公.父亲是我最崇拜的人. http://news.sciencenet.cn/htmlnews/2015/3/314209.shtm，2015-03-03.）

别林斯基有句名言：“不幸是一所最好的大学。”我们推崇升华作用这一心理防御机制，就在于看到了升华过程中消极情绪变为积极动力的良性转化、圆满结局修补心灵创伤的不留痕迹。

2）补偿

补偿是当事人在受到某一方面的挫折或认为必定会遭受挫折之后，转而将心理活动的目标转向其他方面，以弥补因失败而导致的自尊心、自信心丧失的一种心理防御机制。

如一位失恋的大学生将原先花前月下的时光用以培养业余特长，生活充实，痛苦经历淡忘，同时利用业余特长参加学校比赛并获得了奖励，可谓“失之东隅，收之桑榆”。

对那些幸运的弃儿而言，“石压笋斜出，悬崖草倒生”。生活的不幸和失意反而会造就令人叹为观止的奇才异能者。但是补偿补什么、怎么补的问题很重要，否则就会于事无补。而且，心理挫折并不因为补偿作用而消失，它还会在先前受挫的类似问题面前再度出现。

3）认同

认同是指一个人在受到挫折后，效仿他人获得成功的经验和方法，使自己的思想、目标和言行更适应环境的要求；或者将自己与所崇拜的人视为一体，以提高自己的信心、声望、地位，从而减轻挫折感。

4）文饰

文饰是指为了减少与免除挫折造成的难堪和痛苦、维护自己的面子，而寻找种种理由和借口为自己文过饰非的现象，我们称为“阿 Q 精神”。这是人们最习惯采用的心理防御机制，表现为四种典型的变式：①酸葡萄效应。这是一种追求的目标（现实的或预期的）不能实现时，为了缓解心理压力而将原来的目标贬低得一分不值的做法。②甜柠檬效应。这是一种回避原先追求的目标，百般强调到手结果的做法。③外部归因。这是一种将失败的原因全部归结为外界以摆脱内疚之情的做法，如受到别人的挤兑以一句“虎落平阳被犬欺，脱毛凤凰不如鸡”了事。④效尤现象。这是一种把其他人的错误行为作为自己失当行为的遮羞布的做法。

文饰作为一种自我解嘲的心理防御机制，用以处理一些游戏式活动中的挫折是可取的。若在事关学业、前途、名誉、责任等问题上也一概文饰一番了事，嘴上讲得冠冕堂皇，心中仍是阴云不散，就会变成典型的自欺欺人。

5）压抑

压抑是指人们在受到挫折后，把意识所不能接受的、使人感到困扰或痛苦的思想、欲望或体验压抑到潜意识中，不再想起，不去回忆，主动遗忘，以保持内心的安宁，使自己避免痛苦。

6）投射

投射是指把自己的心态、动机、过失责任转嫁到别人身上，说别人有这样的心态、动机、过失责任，以此来减轻内心的窘迫和惭愧之情。一句“以小人之心，度君子之腹”将其概括得淋漓尽致。

与其他心理防御机制有所不同，投射作用常常是在无意识之中将自己深层次的心理问题排除出意识范围，并且无中生有地强加在他人头上，如一个自私、刻薄的人往往并不会感觉到自己人格的缺陷，这会让他自己也厌恶自己，引发自我人格的分裂。于是，他会转而认为其他人都不同程度地存在自私、刻薄的毛病。这样一来，自己的待人方式就没有了难堪、内疚可言，反而成为“以其人之道还治其人之身”的坦然之举。这一切一般会在无意识中完成，自己可能浑然不觉。

毫无疑问，投射作用是一种有害无益的心理防御机制，是更好地了解自己、完成良好人格构建的大敌。大学生应该有足够的智慧和意志，消除投射作用的影响。

7）反向

反向是指当事人为了隐瞒不可告人的动机，或者避免预期中的失败而将真实的心理严加内控，给人一副完全相反的心理假象，如一位向往与异性交往的大学生可能会因为自己太不自信而夸张地表示自己对异性的厌恶和回避。

反向作用表明了当事人的心理欠坦诚、个性太内向、自信显不足。

8）幻想

幻想是指当一个人的动机或欲望受到阻碍、无法实现时，以想象的方式使自己从现实中脱离出来，在空想中获得内心动机或欲望的满足。

9）否定

否定是指当事人对已发生的令人痛苦的事实加以“否定”，就当没有发生过，以回避客观现实的心理打击，人们戏称为“鸵鸟策略”。这是一种十分简单和本能的心理防御机制，多发生在儿童和老年人身上。大学生以否定作用作为心理防御方式的情况往往发生在心理特别脆弱、长期遭受心理挫折、挫折事件十分严重的少数人身上，如一位学业已荒废的大学生毫不顾及这样的后果，依然照吃照玩、自得其乐。

一时的否定的确可以帮助我们缓解压力，保护我们不至于被击垮，可以留出更多的时间来做好准备。但是，长期的否定是不可取的，它会让我们无法面对真正的问题，无法更好地适应现实生活，甚至产生妄想的症状。如网剧《心理罪》中，主角方木的女朋友陈希早已被人杀害，但是方木无法接受这个现实，一直认为陈希还在自己身边，还会幻想和她一起吃饭、讲话。

10）退化

退化是指当事人在遭受挫折打击后，心理行为水平倒退到从前的阶段上去，在幼稚状态下宣泄悲伤与愤怒的情绪、袒露内心的真情与向往、回避自己的过失与责任的心理防御机制。

11）转移

转移是指将在一种情境下是危险的情感或行为，不自觉地转移到另一种较为安全的情境下释放出来，如在工作中受到领导的批评，心中恼怒又不敢对领导发作出来，于是回到家就冲着孩子发火。

### 3. 挫折防御机制的合理运用

我们这样看待心理防御机制：心理防御机制是一柄双刃剑，既可能割断人的理智之纤，使人生的航船随波逐流乃至沉没汪洋，也可能成为所向披靡的利剑，杀出一条与多难人生抗争的路，走向辉煌。当遭受心理挫折时，挫折防御机制能够及时有效地缓冲挫折情境对心理健康的侵害，可以为理智地解决问题赢得时机。大学生中许多偏激行为的发生大都是挫折突如其来时情绪失控的结果。人们形象地称心理防御机制为心理健康的“止血剂”“镇痛药”。但是，凡事都通过心理防御机制来应付一番，永远也学不到科学解决问题的知识和智慧。

合理运用挫折防御机制可以有效地缓解情绪上的痛苦，提高对挫折的承受能力，为人们最终战胜挫折提供条件，特别是积极的挫折防御机制，还可以促使人们面对现实，积极进取，战胜挫折，获得进一步的发展。在上述各种挫折防御机制中，升华最具有积极性和建设性，补偿、认同等挫折防御机制在很大程度上也具有积极意义。而文饰、反向等具有掩饰性，压抑、幻想、否定、退化等具有逃避性，转移、投射等具有攻击性，在某种程度上都不利于提高人们对挫折的适应能力。因此，挫折防御机制虽然在一定程度上能够帮助人们保持个人自尊，逃避或减轻焦虑情绪，缓解心理压力，但如果挫折防御机制使用过度，或使用不当，不仅减轻不了紧张和焦虑的程度，反而可能破坏心理活动的平衡，妨碍个人的社会适应，甚至还可能造成心理异常和行为偏差。

## 四、大学生遭遇挫折个案与分析指导

### （一）适应型挫折

**【案例】**

林某，男，20 岁，大学一年级学生。自从入校后，就一直沉默寡言，从不与周围同学交流，经常旷课，辅导员老师叫他去上课，他以“没劲”、身体不舒服为由拒绝。在与咨询老师交流的过程中，林某讲述了他考入 B 类学校之后的心理感受，总觉得没脸见人，昔日的同学大部分都进入了 A 类学校，现在连同学聚会都成了一种负担，不想参加。来了学校之后，对学校诸多地方自己都很不满意，如网速太慢、食堂的饭太难吃、宿舍条件差、周围的同学素质不高等。因此，他越来越觉得生活和学习没意思，甚至产生了退学的想法。

**案例分析：**

案例中林某遇到的情况在很多 B 类学校的新生中屡见不鲜，这些学生对学校总体看法比较负面，更多的时候将学校冠以 B 类的帽子，事事加以苛求，很难客观、正确地分析周围环境，不能主动适应环境。在咨询师的帮助下，林某意识到大学是人生成长的关键时期，在这里，应学会对人、对事、对环境进行客观评价。人永远不能要求环境适应自己，而只能在积极的看法中去适应环境，并在环境中找到于自己有利的加以利用，努力去认识新环境，适应新生活，确立新目标，塑造新自我。

对新生适应环境有以下几点建议。

（1）了解大学校园里积极的事物和环境，充分地了解本专业的前景，怀着对明天的希望，以愉悦的心情融入大学新生活中去。

（2）在学习上，认识目前所学专业的性质、意义，从社会的发展、人才的竞争角度来认真思考自己的学习任务，根据自身的情况和专业的特点制订新的目标和计划，按照新的目标和计划展开自己的学习生活。

（3）在人际交往上，学会和身边的同学交朋友，扩大交往的圈子，认识新朋友，让自己被人了解、理解，同时也努力去认识和理解他人，与新朋友一起分享大学生活中的喜怒哀乐。

（4）积极参加班集体组织的各种活动，如学习经验交流会、扫盲舞会、知识竞赛、文娱表演及各种节日的庆祝活动等，通过这些活动发挥自己的长处，积极在集体活动中认识他人和结识新朋友，交流思想，增进友谊。

### （二）学习型挫折

**【案例】**

张某，女，20 岁，大学二年级学生。在心理咨询室自诉：我最近睡眠质量很差，常失眠、多梦，头痛，上课不能集中注意力，总是走神，情绪波动较大，心里觉得烦躁。咨询师问其原因时，她说她进入大学后平时一直很努力学习，可是成绩还是很一般，大学一年级时还有两门课挂科，最近马上又要开始期末考试了，感到压力很大，担心自己考不好；特别是想到每年父母交很多的学费，如果考试成绩不能令父母满意的话，心里觉得很对不起他们，也很内疚；因此，越这样想，心里越着急，越想努力学习，但学习效率很低。尤其是每天晚上睡觉时总是想这些事，难以入睡。

**案例分析：**

存在学习问题的大学生，往往是不能适应大学的学习方法。大学学习最重视培养人的思考的习惯、发现问题与解决问题的能力，重在过程培养。许多大学生不十分清楚大学的学习目的、教学内容、教学形式等方面与高中教学的差别，仍以高中的学习方法来进行大学课程的学习。其实，进入大学后，我们需要更多地适应大学的学习方式与学习方法，并对自己以往的学习方法加以调整，多与老师、同学沟通，尝试新的学习方法，提高学习效率。

### （三）交往型挫折

**【案例】**

王某，女，20 岁，大学一年级学生。在心理咨询室自诉：“我最近一个月经常感到焦虑，周围的同学都不怎么理我，宿舍的同学也不喜欢与我交流，有什么活动也不叫上我，我觉得被人排斥。我很渴望与人交往，有好朋友，但每次都遭受挫折。我觉得自己十分孤独，也没有心思学习，总想回家。”在交流过程中，咨询师发现，她在诉说过程中注重自己的感受与体验，但很少从他人角度去考虑问题，在与人交往中时常以自己的标准去要求他人，但并不顾及他人感受，因此在人际交往中屡屡受挫。

案例分析：

大学生人际关系处理是生活中非常关键的一个环节，如果人际关系失调，会引起一系列不良情绪，严重的会在行为上表现为自我封闭、逃避现实、玩世不恭等。大学生在交往中都喜欢诚实、热情、友好、宽容及善解人意的人，而讨厌自私、自我中心、冷漠的人。但有些学生习惯于以自我为中心，难以设身处地为别人着想，不能容忍他人，过分苛求他人。以这样的心态开展人际交往，挫折当然会随之而来。所以“希望别人怎样对你，就那样去对待别人”，这是人际交往的黄金规则，但在日常生活中，许多大学生将之用反了，要求他人以自己希望的方式对待自己，而很少去顾虑他人感受。如果想获得良好的人际关系，并在人际交往中感受到快乐，千万不要忘记以下成功交际的六要和六不要。

（1）要牢记别人的恩惠，不要显露有恩于人。

（2）说话要有分寸、有条理，不要背后议论人。

（3）要理解、宽容别人，不要说穿别人的秘密。

（4）要助人为乐，不要无把握地许诺。

（5）言论要乐观进取，不要悲观厌世。

（6）要以服务为目的，不要以自我为中心。

### （四）恋爱型挫折

【案例】

张某，男，21 岁，大学二年级学生。在心理咨询室自诉：最近与女友分手了，分手理由是女友认为二人性格不合，沟通不畅。但张某却还沉浸在爱情的甜蜜中，这突如其来的分手让他不知所措，非常彷徨、茫然。之后，张某不断地骚扰前女友，表明他还爱着她，希望能复合，给其前女友造成了很大的困扰和不便。在与咨询师交流的过程中，张某诉说了自己彷徨的心情，觉得恋爱是自己生活的全部，不希望失去这个女孩，所以表现得比较过激。

案例分析：

情感问题已经成为困扰大学生的首要心理问题。当遇到失恋困扰时，我们倾吐出郁积的情绪挫折会缓解积蓄的心理紧张。当然，也可适当应用心理保护机制，产生代偿迁移效应。所谓代偿迁移，指青年把失恋或单相思造成的心理紧张迁移到其他方面来缓解这种心理紧张。

代偿迁移的方法有：①确立“天涯何处无芳草”的信念。这是一种心理保护方式。失恋者要认识到好的异性在各个阶层、各个地方都存在。时刻向自己重复这个信念（可以通过口头）就会在一段时间后使自己相信它。既然好的异性到处有，我就没必要纠缠在一个人身上不放。②“酸葡萄”与“甜柠檬”效应。酸葡萄效应指失恋或单恋者为了缓解内心痛苦，像《伊索寓言》里的狐狸那样说“葡萄是酸的”。指出以前恋人的一些缺点，有助于打破理想化倾向。“甜柠檬”效应则是罗列自己的各项优点，找出自己的美好之处以恢复自信，减轻痛苦。③环境迁移。不要再过多涉足以前常与恋人待在一起的环境，睹物思人会使人更加悲伤。而时过境迁，痛苦就会慢慢淡去。④升华。恋爱的挫折可以化为一种动力。当为了减轻心理紧张而把热情投入到学习中时，这种紧张会慢慢地释放，变成学习的助力。当爱情受挫后，可用理智来驾驭感情，通过增强理智，分析原因，总结经验教训，寻找解决问题的方法和途径，在新的追求中确认和实现自己的价值，从而提高自己的心理承受能力和思想水平。也可通过适当的情绪调节、宣泄和转移来减轻痛苦。人对失恋的应对方式反映了一个人的心理成熟水平和恋爱观。理智地从失恋中解脱出来，往往会使自己变得成熟起来。

#### （五）就业型挫折

**【案例】**

大学生杨某说：“转眼就要毕业了，我很担心自己的工作。我平时成绩不是很好，又没有什么‘关系’，找不到一份好一点的工作，对辛辛苦苦供自己念大学的父母来说，有点残忍。自从开始找工作后，我就很茫然，看着同学们都在忙着写自荐材料，联系单位，我都不知道自己到底该干什么，课也不想上，没事的时候就在街上瞎逛，走在路上也总是一副失魂落魄的样子。我知道自己现在的状态很不好，可是又实在没有办法。”

**案例分析：**

大学生在接受几年的高等教育之后，即将步入社会，一方面踌躇满志、跃跃欲试，另一方面心怀忐忑、迷茫徘徊。现在的就业形势并不乐观，刚毕业的大学生也难免遭遇挫折，一时失落很正常，但是也要尝试着自我调整：①遭遇挫折并不意味着自己很糟糕；②尝试分析此次求职经历，总结经验；③如果找到了一份自己并不是很满意的工作，不必觉得“以后就这样了”，认真地投入到当下的工作中，积蓄能量，保持自信。

## 第五节　大学生挫折承受能力的培养

人们在实现自己所追求的目标过程中，不可能不遇到困难，也常常会遭受挫折。从某种意义上讲，人的一生就是不断战胜困难、化解挫折从而获得发展的过程。困难和挫折对于人们来说，既是一种危机，也是一种挑战。

所谓把握机会，就是突破困境，战胜挫折，不断促使目标的实现。而人们要想抓住机遇和把握住机会，除了具有较强的挫折承受力，还必须具有坚强的意志。如果没有意志力，人们不能克服困难，战胜挫折，也不可能实现既定目标。

### 一、意志力概述

#### （一）意志与意志力

意志是指人自觉地确定目标，并根据目标调节、支配自身的行动，克服困难，去实现预定目标的心理过程。意志是人的意识能动性的集中体现，是人类特有的心理现象。意志是在人主动变革现实的行动中表现出来的，对人的心理状态和外在行为有发动、支持、制止和改变控制、调节的作用。

意志过程包括两个阶段：一是制订行动计划的阶段，这一阶段表现为动机的取舍和调整，克服动机冲突，确定行动目标，选择有效的方法和策略，制订切实可行的行动计划；二是执行决策计划阶段，这一阶段表现为克服内外困难，冲破重重阻力，执行决定，并根据失败、挫折不断总结经验教训，调整计划，支持行动，最终实现计划，达到目标。

意志一定表现在动机冲突之中，以高级动机战胜低级动机是意志坚强的表现。意志主要表现在克服内心障碍上，能否克服内部障碍而实现目标是意志是否坚强的表现。

意志力是指人们为达到既定目标而自觉努力的程度或坚强的意志品质。意志品质是一个人在生活中形成的比较稳定的意志特征，是个性的重要组成部分。人的意志力不是与生俱来的，而是在社会实践活动中逐渐培养和锻炼出来的。

### （二）意志力与挫折承受力的关系

在遇到挫折时，意志力强的人能够自觉控制和调节自己的心理与行为，面对现实，找出失败的原因，施展所有本领来应对困难，善始善终地将计划执行到底，直至目标实现。意志力强的人对挫折的适应能力、承受能力都较强，并能将挫折进一步转化为促进目标实现的积极因素，增强自信心。意志力弱的人往往缺少信心和主见，对自我的控制和约束力较差。在遇到挫折时，容易改变行为的方向，容易回避现实，采取消极的应对方式。其结果不仅严重影响既定目标的实现，同时还进一步降低自信心，降低对挫折的承受能力和适应能力，甚至出现意志消沉的情况和精神障碍。

### （三）意志的过程

意志行动是一个复杂的自觉行动过程，其发生、发展和完成的历程，可以分为两个阶段：采取决定阶段和执行决定阶段。

#### 1. 采取决定阶段

采取决定阶段是意志行动的开始阶段，它决定意志行动的动因，一般要经过确定目的和动机斗争、拟订计划等环节。

1）确定目的和动机斗争

人的行动总是由一定的动机引起的，并指向一定的目的。动机是人们活动的推动者，是激励人们行动以达到目的的心理原因。而目的则是动机所指向的对象，是指在行动中所要获得的结果。活动动机是在需要的基础上所产生的。由于人的需要是各式各样和不断发展的，所以在同一时间内，往往存在着几种甚至是彼此冲突的动机。在意志行动的初期，人的动机是多种多样的，有高级与低级、正确与不正确、深远和浅近、原则与非原则的动机等，各种动机互相斗争，这就是所谓的“思想斗争”。人们在动机斗争过程中，权衡各种动机的轻重缓急，反复比较各种动机的利弊得失，评定其价值。这种动机斗争有时是非常激烈的。当某种动机通过斗争居于支配行动的主导地位（使动机单一化）时，目的也就可能确定下来了，这样斗争才告结束。个人的兴趣、理想和世界观对动机斗争的成败起着重要的作用，如报考大学时，可能出现：一方面认识到当教师是培养社会主义现代化建设人才的需要；另一方面又认为教师辛苦、待遇差。在这两种看法的矛盾斗争中，个人的兴趣、理想和世界观对最后的结果起着决定作用。

经过动机斗争，解决了内心矛盾，行动的目的就可以确定下来。但是在行动中往往还会存在不能同时实现的目的，如过于遥远的目的容易使人懈怠。所以，人们必须根据实际情况，对目的做远近主次的安排。目的的社会意义越大、越明确，对人的鼓舞和鞭策就越大，为达到目的而引起的意志力也就越大。

2）拟订计划

经过动机斗争、确定目的之后，需要选择达到目的的行动方式和方法。有时只要目的一提出，行动方式和方法便确定了。在更多的情况下，达到目的的方式、方法不止有一种，这就必须在拟订计划时进行选择。在选择之前先要收集资料，比较各种方式方法的优劣，然后才能很快做出决策，这时内心犹豫不决，产生动机斗争。因此，下决心拟订符合实际、切实可行和符合自己愿望的行动计划，并且对计划充满信心，必须要做一定的意志努力。

2. 执行决定阶段

执行决定阶段是意志行动的完成阶段，使拟订的计划付诸实施，从而完成既定的目的。执行决定是意志行动的重要环节。因此，即使有美好的行动目的、高尚的动机、完善的计划，如果不付诸实际行动，所有的一切就失去意义，也就谈不上意志行动的完成。

从做出决定到执行决定，由于客观条件的限制，过渡的时间长短有所不同。有时在做出决定之后，立即可以过渡到决定阶段，动机斗争、新的目的、新的方式和方法、新的情况和问题以及个人特点等，都可能妨碍贯彻到底的意志行动，因此必须克服种种困难，才能完成意志行动。

在克服困难的同时，还要根据意志行动中反馈的新情况，修正原先的行动方案，放弃不符合实际情况的决定，以更好地达到目标。

## 二、大学生意志品质的特点

### （一）大学生意志品质特点

大学生的意志品质已呈现出较高的水平，但发展不平衡。从总体说，呈现出以下特点。

1. 自觉性有很大提高但惰性不同程度地存在

随着身心发展、自我意识的增强，大学生行为的目的性、自觉性有了较明显的提高，大多数大学生在多数情况下都能自觉地提出自己的行动目标，制订学习、生活计划，并努力朝既定目标行动。但惰性在相当一部分大学生身上仍旧存在，离开了父母的督促和中学老师的严格管理，有的同学放松了自我要求，学习上消极应付，得过且过，能拖则拖，实在不能拖就敷衍了事。

2. 理智感大大增强但自制力仍显薄弱

知识和经验的增长，丰富了大学生的理智感，他们已能较理性地思考和行动，努力地克制自己的冲动，但仍有不少大学生常常为自己的自制力弱而深感苦恼。他们感到自己常容易受内在情绪和外界环境的干扰。自己想做的事做不到，订下的计划往往不能完成，难以控制强烈的情绪。

3. 有勇敢精神但毅力相对不足

大学生血气方刚，富有正义感，敢想敢说敢做，内心充满了为真理赴汤蹈火甚至牺牲自己的大无畏气概。他们积极地模仿英雄人物，表现自己的勇敢坚强。然而，比起勇敢精神，他们的毅力则显不足，他们的热情与勇气缺乏韧性，持久力不够，容易随时间推移和困难增多而失去信心、虎头蛇尾。

4. 独立性明显提高但伴有依赖性、逆反性

一方面，大学生有强烈的独立欲望，大学生活为他们的独立创造了条件。他们希望自强独立，成为一个有独立见解、能决定自己命运的人；但另一方面，又明显地感觉到自己难以独立，经济上无收入，心理上没完全成熟，社会地位还未确立。有不少大学生仍处在家长的遥控之下，依赖性依然较强。在独立性增强的同时，一些大学生还表现出对传统、长辈等的逆反心理。

5. 果断性增强但带有冲动性

由于独立性的提高、能力的增长，多数大学生的果断品质有较大发展，他们希望自己选择，自己对自己负责，因而一般情况下，他们喜欢自己做决定，采取行动，表现得自信、果断。但有时这种果断带有轻率、冲动的特点，情绪色彩较重，容易事后后悔。

总的来说，大学生的意志品质与中学生相比有明显的提高，主要的意志品质特征在多数大学生身上已基本形成，并逐渐趋于成熟。但大学生意志品质的发展呈现出差异性、不平衡性。有的大学生发展得较好，已表现出很强的意志力，有的则较弱。就意志的总体水平而言，高年级比低年级好，男大学生比女大学生好。

就某一个体而言，其意志品质的一些方面也存在差异，并且在不同情境下也会有不同的意志。比如有些学生在认真学习上的意志力水平高，但在克服生活习惯上的弱点时，则决心不大，自制力不强；在克服物质困难和肉体痛苦时意志力水平较高，但在克服情绪波动和抵抗精神压力方面，则显得意志力水平较低。此外，如果意志行为是本人感兴趣的、主动选择的、愿意承担责任的，或者本人意识到具有重要意义的、目标明确的、可能在不太长的时间内见到效果的，以及心境良好时，那么意志力水平就显得较高；反之，就容易意志力不足。因此，尽管大学生的意志品质正在逐渐趋于成熟、稳定，但仍然会随个体的内外条件而起伏波动，这也是大学生意志品质的一大特点。

如上所述，大学生的意志品质中既有坚强、健康的方面，也有软弱、不健康的方面。就某一意志品质而言，多数大学生往往处于优劣之间的连续线上的某一点，既不是绝对的好，也不是绝对的差，而且常常会处在意志的冲突、选择中。冲突的结果有两种，若优良品质占优势，则有利于巩固、发展意志品质；反之则会阻碍和破坏意志的发展。因而，加强意志的调节是非常必要的。

### （二）不良意志品质

良好的意志品质有助于大学生的心理健康，使其获得成功；反之，不良的意志品质会影响人的活动效率，阻碍其获得成功，影响人的生活态度和对自我的评价。严重的意志缺陷既是心理不健康的表现，也会引起各种心理障碍。

不良的意志品质对大学生心理的消极影响主要通过两条途径起作用：一是某些不良意志品质直接发展，逐步定型，从而形成不良的心理状态和人格缺陷，严重的甚至会发展成病态人格；二是某些不良的意志品质影响人的行为，导致某些不良后果，这种不良后果进而影响到人的心理活动（如认知或情绪活动），间接地使大学生产生不健康的心理反应。

#### 1. 冲动性

冲动性的表现之一是鲁莽、草率从事。这种人在矛盾情境下往往害怕思索，盲目武断。尽管决断迅速，却缺乏充分根据，有时甚至凭一时冲动而做出比较重要的决策，冷静之后又感觉不妥而后悔不已。所以这种冲动性的决断是失败多于成功，并易导致自信不足，自怨自艾。

冲动性的另一表现是自私任性。这种人急于享乐，无意延缓，无法忍受焦虑不安。从心理防御机制上看，其冲动行为是一种对焦虑不安的防卫反应。自私任性发展到极端，其行事容易与外界和社会发生冲突，甚至危害他人和社会。他们常责怪甚至敌视他人，把过失归罪于别人，从不承认自己有错。

冲动性特征在大学生中表现最多的形式是感情用事，不考虑方式方法，不考虑后果，如盛怒之下的打人、冲动式的斗殴或毁坏物品，更多的则是语言、动作上对他人的伤害，或者在感情冲动之下匆忙许诺、做出决定，冷静之后则感到不应该、不值得，然而却往往已经做了伤害他人的事情，或造成了麻烦，留下了隐患，有时甚至遗憾终生。

由于大学生的情绪具有冲动色彩，因而比较容易感情用事，对此若不加控制、调节，就容易形成一种不良的意志品质。因而大学生需要加强自我监督、自我批评、自我控制，凡事多思考。大学生对行为的后果要有预见性，尤其是情绪冲动时，尽量少做决策，少采取行动，同时注意提高耐挫力。

#### 2. 缺乏恒心

有的大学生立下决心，每天早起跑步、背外语单词，可坚持了两三天之后，就不了了之；有的大学生想练习书法、弹琴，然而常常“三天打鱼，两天晒网”，这样的事在大学生中比比皆是。心中想干某件事，可干了没几天就半途而废。如此“虎头蛇尾”或“雷声大，雨点小”，是不少大学生自责、自卑的重要原因之一。

由于缺乏恒心，许多有价值的计划、行动会半途而废、功亏一篑。一个人的成功是始终不懈努力进取的结果，“冰冻三尺，非一日之寒”。大学生能否在大学期间学好功课、全面发展以及走向社会后能否成功，与大学生是否有持之以恒的意志品质密切相关。

培养恒心要做到：①有明确的目标指导。目标越有价值，越明确具体，人就越容易为此做出艰苦的努力。当某一个具体的行动目标与远大的理想结合在一起时，就会产生动力和勇气，增强行动的自觉性和主动性。②有信心。因为信心能使人在遇到困难、曲折时不退缩，相信自己能做到、做好。缺乏恒心往往与不自信有关。③制订切实可行的行动计划。有些人之所以行动几日便不了了之，与目标定得太高、计划难以实现有关，期望过大，容易引起挫折。有些大学生订计划每天早晨5点起床，跑步锻炼1小时，之后背100个外语单词，几天之后，由于难以达到，失去信心，干脆又睡懒觉。④克服懒散。懒散是缺乏恒心的结果；反过来，懒散又加剧缺乏恒心这一特征。⑤培养兴趣。如果一个人对某件事有兴趣，他就会心甘情愿地去做。⑥从小事做起，不原谅自己。常有些人以各种理由来为自己缺乏恒心的行为找借口。要培养恒心，就不能轻易原谅自己、找借口。⑦加强督促。制订明确、具体、可行的计划，便于检查，是一种自我督促。把自己的计划挂在床头，贴在桌上，或告诉好友、同学，也是一种督促。与同伴一起实施行动计划，可互相鼓励、督促，提高持久性。此外，用座右铭、格言提醒和激励自己，也是一种有效的督促。例如，毛泽东年轻时有一句座右铭：“贵有恒，何必三更眠五更起；最无益，只怕一日曝十日寒。”

## 三、大学生提高意志力和挫折承受力的途径与方法

大学生大多数刚刚从父母的庇护下走出家门，社会实践少，经受的挫折不多，意志品质的锻炼和培养普遍不足，主要表现为意志品质的发展不充分、处理动机冲突的能力不强、目标调整能力差、缺乏韧性及恒心与毅力、容易受外界影响等。所以，大学生要想获得发展，实现自己的远大理想和奋斗目标，就必须在实践中不断磨炼自己，努力提高自己的挫折承受力和意志力。

### （一）树立正确的挫折观

提高挫折承受力，首先要对挫折有一个正确的认识。挫折是普遍存在的，随时随地都可能发生，挫折是人们生活的组成部分，是客观存在的。因此，大学生应做好充分的心理准备面对挫折，这样一旦遇到挫折，就不会惊慌失措，痛苦绝望，而能够正视现实，敢于面对挫折的挑战。同时，也应该看到，挫折并不是时时发生的，生活中也有很多快乐、幸运和幸福的事情。所以，大学生在遇到挫折时，不应始终停留在因挫折产生的不良情绪之中，而应尽快从情感的痛苦中解脱出来，以理智面对挫折。

### （二）积极投身实践活动，不断磨炼自己和积累经验

挫折具有两面性，既具有给人打击、使人痛苦的消极一面，也具有使人奋进成熟、从中得到锻炼的积极一面。生活中的挫折和磨难并不都是坏事。平静、安逸、舒适的生活，往往使人安于现状和享受；挫折和磨难却使人受到磨炼与考验，变得更加成熟和坚强。因此，大学生应积极投身实践活动，在实践中不断磨炼自己，提高自己的意志力，培养坚强的意志品质。在实践过程中，不要惧怕失败，要善于从失败中总结经验教训，化消极因素为积极因素，使挫折向积极方向转化，不断提高自己解决困难、战胜挫折的能力。在总结经验教训时，应着重考虑确定的奋斗目标是否恰当、实施的途径和方法是否正确、造成挫折的原因来自何处、转败为胜的办法在哪里。

### （三）学习和掌握一些自我心理调适方法，主动寻求社会支持和心理咨询的帮助

学习和掌握一些自我心理调适方法可以有效地化解因挫折而产生的焦虑、紧张等不良情绪，从而提高挫折承受力。常用的自我心理调适方法有自我暗示法、放松调节法、想象脱敏法、想象调节法和呼吸调节法等。

提高挫折的承受力，还应建立和谐的人际关系，营造自己的情感社会支持系统。当人遇到挫折时，一般都伴有强烈的情绪反应，处于焦虑和痛苦之中。这时，如果有几个亲友给予安慰、关心、支持、鼓励和信任，将有效地缓解心理压力和降低情绪反应，从而增强对挫折的承受力。所以，大学生在遇到挫折时，不应将自己封闭起来，而应尽快与自己的好朋友和家人进行沟通，寻求他们的支持和帮助。

当一个人受到挫折、陷入不良情绪中不能自拔时，还可以寻求心理咨询师的疏导和帮助。通过心理咨询，受挫者可在心理咨询师的引导下，校正主观认识，发挥内在潜力，消除心理障碍，明确前进方向，化解不良情绪和行为反应，最终获得心理上的成长，提高挫折承受力。

一、心理测验：意志力测试

下面是意志力自测题，可按下列情况回答：A 很符合自己的情况，B 比较符合自己的情况，C 介于符合与不符合之间，D 不大符合自己的情况，E 很不符合自己的情况。

（1）我很喜爱长跑、长途旅行、爬山等体育运动，但并不是我的身体条件适合这些项目，而是因为它们能使我更有毅力。

（2）我给自己订的计划常常因为主观原因不能如期完成。

（3）如果没有特殊原因，我每天能按时起床，不睡懒觉。

(4) 订计划应有一定灵活性，如完成计划有困难，随时可以改变或撤销它。

(5) 在学习和娱乐发生冲突的时候，哪怕这种娱乐很有吸引力，我也会马上决定去学习。

(6) 学习或工作遇到困难时，最好的办法是立即向师长、朋友、同学求援。

(7) 在练长跑遇到生理反应，觉得跑不动时，我常常咬紧牙关，坚持到底。

(8) 我常因读一本引人入胜的小说而不能按时睡觉。

(9) 我在做一件应该做的事之前，能常想到做与不做的好坏结果，而有目的地去做。

(10) 如果我对一件事不感兴趣，那么不管它是什么事，我的积极性都不高。

(11) 当我同时面临一件该做的事和一件不该做却吸引着我的事时，我常常经过激烈的思想斗争。

(12) 有时我躺在床上，下决心第二天要干一件重要事情，如突击学一下外语，但到第二天，这种劲头又消失了。

(13) 我能长时间做一件重要但枯燥无味的事情。

(14) 生活中遇到复杂情况时，我常常优柔寡断，举棋不定。

(15) 做一件事情之前，我首先想到的是它的重要性，其次才想它是否使我感兴趣。

(16) 我遇到困难情况时，常常期望别人帮我拿主意。

(17) 我决定做一件事时，常常说干就干，决不拖延或让它落空。

(18) 在和别人争吵时，虽然明知不对，我却忍不住说一些过头话，甚至还要骂几句。

(19) 我希望做一个坚强的、有毅力的人，因为我深信"有志者事竟成"。

(20) 我相信机遇，好多事实证明，机遇的作用有时大大超过人的努力。

评分原则：

凡奇数号题，A、B、C、D、E依次为5分、4分、3分、2分、1分；凡偶数号题，A、B、C、D、E依次为1分、2分、3分、4分、5分。

20道题目的总得分，如果在:

81—100分——意志很坚强;

61—80分——意志比较坚强;

41—60分——意志一般;

21—40分——意志比较薄弱;

21分以下——意志很弱。

二、思考题

(1) 结合自己的学习与生活计划，谈谈如何确定具体有效可行的目标，并在实施目标的过程中不断增强自我的意志力。

(2) 挫折的防御方式有哪些？谈谈如何合理利用挫折的防御机制。

# 第十四章　大学生生涯规划与发展

## 你的学习目标

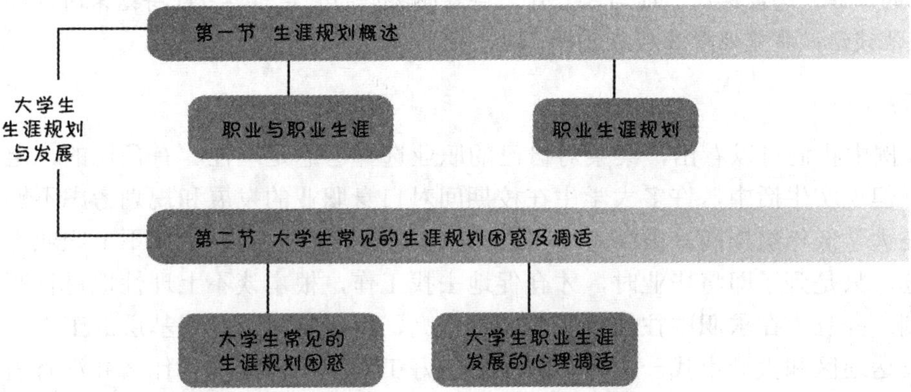


## 本章导航

职业生涯规划和就业是大学生所关注的重要问题，有关职业选择的种种问题也成为引发大学生心理困扰的重要原因。择业是每一个大学生面临的共同课题，从一定意义上讲，大学生择业是否合理，不仅影响其专业知识的发挥乃至日后事业基础的奠定，同时也是人生历程的一个重要转折。当然，在择业的过程中，每一个大学生不可避免地会遇到各种外在的客观障碍和自己内在的择业心理问题。如何为顺利就业做好心理准备、怎样正确看待自己、如何选择职业、如何调适自己的就业心态等问题，不仅影响大学生将来的职业定位和职业生涯的发展，而且会影响他们的心理健康状态。本章将就大学生职业生涯规划和就业中常见的心理问题及调适、大学生职业选择中的心理准备与教育问题加以探讨。

## 第一节　生涯规划概述

【案例】

梁某，男，大学四年级学生，出生在一个偏远的山区小镇，从小向往能到大城市读大学，毕业后能在大城市找到一份理想的工作，安家立业。由于心怀理想，他学习非常勤奋，功夫不负有心人，他终于考取广州某所高校。入校后不久，他就开始考虑今后就业方向和职业发展问题，并找老师探讨相关问题，在网络上查阅有关资料。大学二年级和大学三年级期间，有些课程涉及职业生涯规划，使他对自己职业定位和未来职业的发展方向有了更明确的认识，他结合自己的专业和自身的特点，大量收集市场人才需求信息，同时有针对性地参加社会实践活动，充分利用寒暑假时间在广州打工，深入了解社会。在综合多方面的情况后，他认识到广州市人才竞争十分激烈，用人单位对人才的可挑选空间较大，用人标准较高，高学历的毕业生很多，他认为自己只是本科毕业，所学专业又不是热门专业，更适合先把职业地点选择在广州周边的中小城市、中小企业，并先从事最基层的工作岗位。因此，在大学四年级实习时，他在距离广州一小时车程的一个城市的中小企业找了一份实习工作。实习期间，他虚心好学、不怕苦累，总是额外做些其他的工作，态度谦虚，能与人合作，得到同事们的肯定。实习即将结束时，部门主管亲自找他谈话，希望他毕业后能选择在这个企业工作。

**案例分析：**

从这个案例中我们可以看出，梁某对自己的职业选择考虑是理性、有预期的，定位非常准确。但现实生活中，许多大学生在校期间对自身职业的发展和规划考虑不够充分，尤其在大学低年级期间，很少考虑自己未来职业的发展问题，更谈不上职业生涯的合理规划，只是到了即将毕业时，才仓促地去找工作，根本谈不上理性地进行职业选择和规划。并且，在求职中往往对职业定位过高，不愿从事一线或基层的工作，希望在经济发达地区和大城市找一份好工作，而对好工作的具体标准是什么并没有清晰的认识，只看重工资待遇高、工作条件好、工作岗位不辛苦等。因此，他们往往很难找到自己满意的工作，产生择业的心理挫折感，并引发不同程度的心理问题，影响到心理的健康发展。

“职业”一词的英文表示为 vocation，它是由拉丁文衍生出来的，意思是“生命的呼唤”，可见职业对一个人是十分重要的。职业的选择与规划是每一个大学生所面临的重大人生课题，也是今后事业发展的起点，并关系到个体一生的发展。

## 一、职业与职业生涯

### （一）职业

职业是指在业人员所从事有偿工作的种类，是有劳动能力的人为获得物质生活资料、发挥个人能力并为社会做贡献的持续性活动。职业的种类、内涵、功能与社会生产力发展水平的状况有密切关系，整个社会的协调运转与持续发展，依托于所有职业岗位的有效运转和所有在岗人员在时间、智慧、精神、才能与体能上的付出。

职业具有以下三方面特性。

（1）社会特性。每一个社会成员都需要在充分了解各种职业的特性和需求的基础上，根据自己的个性特征和才能来选择职业。此外，职业的类别决定人所担任的特定的社会角色及形成的行为模式。职业环境和职业中的个人等级是人社会地位的象征。

（2）经济特性。职业是个人获得经济收入的主要手段，也是个人生存和维持家庭的物质基础。劳动者在承担职业岗位职责并完成工作任务后，可以获取报酬。人们一般追求高收入的职业，这也成为一般的择业标准。

（3）技术特性。任何一个职业，对从业人员都有相应的职责要求，包括职业道德、责任义务及相应的职业能力与技术水平。例如，很多职业对学历证书、职业资格证书、专业技术考核证书、上岗合格培训证书等有具体规定，有明确的从业标尺。

### （二）职业生涯

职业生涯来源于英文的“career”一词，指一个人终身职业经历的总和。职业生涯是一个发展性的概念。一个人的一生，按生命成长可以划分为不同的阶段。工作是人生存、发展的前提条件。为了从事一定的工作，就需要接受培养一定工作能力的职业教育。其实，人的一生中，大部分时间都与职业有关：或者是处于职业培养阶段；或者是处于职业选择阶段；或者是处于就业阶段；或者已经结束了职业劳动，但其中有些人仍然在社会上继续一定的职业劳动阶段。这样，从职业学习到职业劳动结束这一人生的旅程就是一个人的职业生涯。职业生涯不仅包括过去、现在和未来那些可以实际观察到的职业发展过程，而且包括个人对职业生涯发展的见解和期望。具体地说，就是以个体心理开发、生理开发、智力开发、技能开发、伦理开发等人的潜能开发为基础，以工作内容的确定性和变化性、工作业绩的评价、工资待遇、职务职称的变动为标志，以满足需求为目标的工作经历和内心体验的经历。

职业生涯的成功是一个漫长的过程，而成功的职业发展源自成功的职业生涯规划。

### （三）职业生涯理论中的心理因素

大学生在选择职业的时候会涉及很多心理现象和心理问题，对于如何选择自己的职业，国外产生了很多相关的职业心理理论，这些理论可分为三种价值取向：一是重视从个体发展角度来说明的个人价值取向，如特性因素理论、人格类型理论和需要理论；二是注重研究作用于个人职业和职业发展的社会环境因素的社会取向，如社会学理论；三是综合取向，把职业选择与职业发展看作个人因素和家庭、社会环境因素交互作用的结果，如“行为论”。

1. 金斯伯格的职业选择阶段理论

美国著名职业指导专家金斯伯格，对职业生涯的发展进行过长期研究，对指导人们的职业实践产生了广泛影响。金斯伯格的职业发展理论分为幻想期、尝试期和实现期。

（1）幻想期（出生～11 岁）。儿童对大千世界，特别是对他们所看到或接触到的各类职业工作者充满了新奇。该时期职业需求的特点是，单纯凭自己的兴趣爱好，不考虑自身的条件、能力水平和社会需要与机遇，完全处于幻想之中。

（2）尝试期（11～17 岁）。这是由少年儿童向青年过渡的时期。具体划分为四个阶段，即兴趣阶段、能力阶段、价值阶段和转移阶段。这一时期，人的心理和生理在迅速成长、发育和变化，有了独立的意识，价值观念开始形成，知识和能力显著增长与增强，初步懂得社会生产和生活的经验。在职业需求上呈现出的特点如下：有职业兴趣，对职业有更深层次的探索，更多地和客观地审视自身各方面的条件与能力；开始注意职业角色的社会地位、社会意义，以及社会对该职业的需要。

（3）实现期（17 岁以后）。这一时期又分为试探、具体化和专门化三个阶段。青年即将步入社会劳动，能够客观地把自己的职业愿望或要求同自己的主观条件、专业方向、能力，以及社会现实的职业需要紧密联系和协调起来，寻找适合自己的职业角色。他们对所希求的职业不再模糊不清，已有具体的、现实的职业目标，表现出的最大特点是客观性、现实性，讲求实际。

金斯伯格的职业发展论，展示了从幼年到青年期个体职业心理发展的生动图景，表明早期职业心理的发展对人生职业选择有着重大的影响。

2. 霍兰德职业选择理论

美国心理学教授约翰・霍兰德于 1971 年提出职业性向理论，该理论源于人格心理学的概念和大量职业咨询的实践研究，是从整个人格角度考查职业的选择问题。

约翰・霍兰德认为，人的职业选择是其人格的反应。在同等条件下，人和环境的适配性或一致性将增加个体的工作满意度、职业稳定性和职业成就感。霍兰德的理论基础主要由四个基本假设构成：①大多数人的人格特质可以归纳为现实型、研究型、艺术型、社会型、管理型、常规型六种类型；②工作环境也可分为现实型、研究型、艺术型、社会型、管理型、常规型六种类型；③尽量寻找那些能运用自己的技术、体现自己的价值和能在其中扮演令自己愉快角色的职业。④一个人的行为表现是职业环境类型和人格类型的相互作用的结果。

1969 年，霍兰德用一个六边形的六个角分别代表人的六种人格类型（图 14-1）。相邻的两个维度各种特征相近，相关程度高，距离越远，两个维度之间的差异越大，相关程度越低。与此相对应，世界的职业种类也可以划分为六种基本类型。人们应该从事与其个性类型相一致的职业，这样才能充分应用个人的技术与能力，体现出一个人的最大价值。不过，需要注意的是，每个人都是复杂的生命个体，一个人不可能完全属于一种类型，更多的是同时具有两种或者两种以上类型的特征，但是，总会有一种或者两种类型特征比较突出。当一个人总体上表现出比较突出的类型时，就可以选择与之相对应的职业。

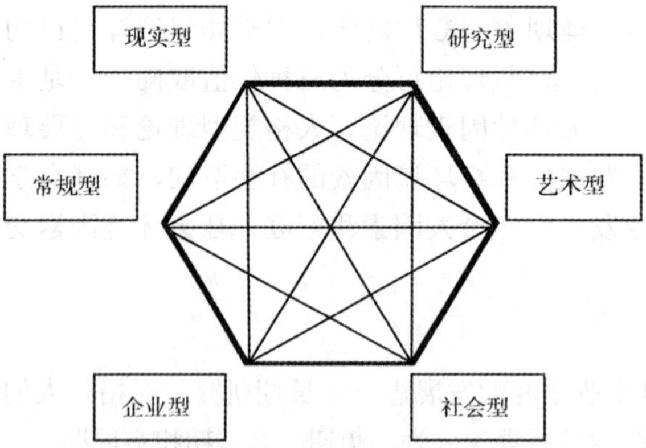


图 14-1 霍兰德环形结构模型

3. 塞普尔的职业生涯发展理论

塞普尔是美国另一位有代表性的职业学家，他把人的职业发展划分为五个大的阶段。

（1）成长期（出生～14 岁）。这一时期个体经历对职业从好奇、幻想到兴趣，到有意识地培养职业能力的逐步成长过程。塞普尔将这一阶段具体分为三个成长期：①幻想阶段（10 岁之前）。儿童从外界感知到许多职业，对自己觉得好玩和喜爱的职业充满幻想，并通过角色游戏进行模仿，实现自己对职业角色的认同。②兴趣阶段（11～12 岁）。以兴趣为中心，理解、评价职业，开始做职业选择。③能力阶段（13～14 岁）。开始考虑自身条件与喜爱的职业是否相符，开始关注并有意识地发展能力。

（2）探索期（15～24 岁）。这是青年择业、初就业时期。青年力图更多地了解自我，并做出尝试性的职业决策，同时通过经验的积累，不断改变自己的职业期望，这一阶段也可分为三个时期：①试验阶段（15～17 岁）。个体通过想象、讨论、观察、社会实践等活动开始综合认识和考虑自己的兴趣、能力与职业社会价值、就业机会，开始进行择业尝试。②过渡阶段（18～21 岁）。查看劳动力市场，或者进行专门的职业培训，从过去的理想进入当前的现实，并对自己的职业期望进行现实性调整。③尝试阶段（22～24 岁）。选定工作领域，开始从事某种职业。

（3）建立期（25～44 岁）。这一时期为建立稳定职业阶段，可分为两个时期：①尝试阶段（25～30 岁）。个人对初就业选定的职业不满意，一直不能适应，就再选择、变换职业工作。变换次数各人不等，也可能满意初选职业而无变换。②稳定阶段（31～44 岁）。个体已经适应了整个职业生活环境，明确了自己在职业岗位中的责任和权利，能顺利、成功解决职业中的各种问题，开始在职业体会中有满意感和成就感，最终确定职业为自己的终身职业。

（4）保持期（45～59 岁）。在这一时期，个体一般达到常言所说的“功成名就”情景，已不再考虑变换职业工作，只力求维持已取得的成就和社会地位。

（5）衰退期（60 岁以上）。在这一时期，由于个体健康状况和工作能力逐步衰退，即将退出工作，结束职业生涯，考虑退休后的生活安排。

## 二、职业生涯规划

### （一）职业生涯规划的含义

职业生涯规划是指个人结合自身情况、眼前机遇和制约因素，为自己确立职业方向，制订教育计划、发展计划，为实现职业生涯目标而确定行动的时间和行动的方案。职业生涯规划不只是协助个人按自己的资历条件找一份工作，更重要的是尽可能地规划未来职业发展历程，考虑个人的价值、智力、兴趣及助力和阻力，进一步详细估量内外环境的优势和限制，设计合理可行的职业生涯发展方向。

职业生涯规划具有以下三个特征。

#### 1. 发展的动力源泉在于自身

职业生涯的规划是一个系统化工程，主要取决于两个方面：一是社会发展的客观需求，特别是职业的现实要求；二是大学生或当事人自身的实际情况，这起主要作用。当然，家庭、企业、社会环境对个体职业生涯的影响也是不容忽视的。

2. 个性化特征

一个人的职业生涯是一个漫长的过程，也许一生只从事一种职业，也许一生会从事多种职业，但每个人都希望找到一种相对稳定、适合自己的职业。如何选择和规划自己的职业生涯，往往受到学识、爱好、机遇、工作环境等主客观条件的制约。职业生涯规划不是社会或学校强加在个人身上的实施方案，而是在当事人内心动力的驱使下，结合社会职业的要求和社会发展的利益，依据现实条件和机会所制订的个人发展方案。

3. 心理合同性质

心理合同的最大作用是激励。社会或学校向个人提供发展的机会与信息以及具体的帮助，引导个人做出与社会发展目标相适应的职业生涯规划，但不能代替个人做规划。个人自己订下的目标、计划及对自己的约束是心理性的，而非强制性的，心理合同是个体职业生涯可持续发展的核心动力。

### （二）职业生涯规划的目的和意义

职业规划的目的就是帮助个人真正了解自己，并详细估量自身内在能力和外部环境的优势条件与限制因素。在“衡外情，量己力”的情形下，真正了解自己的特长和爱好，筹划未来，为自己选择一条真正适合的职业发展道路，规划出合理且可行的职业生涯发展方向，以实现个人目标。对于每一位在校大学生而言，无论考研还是就业，都需要从一年级开始就学会认清自己，明确自己的发展方向及目标，建构合理的知识结构，并在大学四年中不断督促自己、提升自己，挖掘自己的潜力，不断挑战自我、超越自我，为走向社会打下坚实的基础，而不是到快毕业时才考虑自己究竟想干什么。

职业生涯设计的意义在于：①以已有的成就为基础，确立人生的方向，提供奋斗的策略；②突破并塑造清新充实的自我；③准确评价个人特点和强项；④评估个人目标和现状的差距；⑤准确定位职业方向；⑥重新认识自身的价值并使其增值；⑦发现新的职业机遇；⑧增强职业竞争力；⑨将个人、事业与家庭联系起来。

### （三）职业生涯规划的步骤

1. 明确生活的目的与工作的志向

职业生涯规划，首先要考虑的不是如何找工作，而是考虑生活的目的和意义，因为生活的目的和职业的发展是紧密相关的。思考生活的目的和意义需要明确三个问题：一是自己活着是为什么；二是人生追求是什么；三是工作的志向是什么。工作的志向是事业成功的基本前提，没有志向，事业的成功也就无从谈起。立志是人生的起跑点，它也可以成为追求成功的驱动力。因此，明确生活的目的和工作的志向，是制订职业生涯规划的关键。

2. 职业生涯机会的评估

职业生涯机会的评估，主要是评估各种环境因素对自己职业生涯发展的影响。每一个人都处在一定的环境之中，这是个体赖以生存与成长的基础，它会对个人的发展产生重大的影响。所以，个体在制订职业生涯规划时，要充分分析环境的特点、环境发展变化的情况、自己与环境的关系、自己在环境中的地位、环境对自己有利与不利的条件等，只有对这些环境进行理性分析，才能在复杂的环境中趋利避害，使个人的职业生涯规划具有实际意义。

因此，个体只有全面和正确认识自身的条件与相关环境，并以此作为制订职业生涯目标及策略的基础，其确立的职业生涯规划才是合理和可行的。

3. 职业选择及择业自我评估

自我评估是对自己做全面分析。自我评估的目的，是认识自己、了解自己。唯有如此，才能对自己的职业做出正确的选择，才能选定适合自己发展的职业生涯路线。通常，评估的内容包括自己的兴趣、特长、性格、学识、技能、智商、情商、思维方式、思维方法、道德水准及社会中的自我等。职业选择就是通过自我评估，对自己的职业做出选择。

4. 确定职业生涯路线

通常，职业生涯路线的选择需考虑以下三个问题：我想往哪一条路线发展？我能往哪一条路线发展？我可以往哪一条路线发展？对这三个问题进行综合分析，便可以确定自己的最佳职业生涯路线。当然，职业生涯路线也可能出现交叉与转换，这可根据自身的情况与处境决定。在职业选择及职业生涯路线确定后，个人对自己的人生目标做出抉择。确定职业生涯的目标，是职业生涯规划的核心。目标分为短期（1～2年）、中期（3～5年）和长期（5～10年）。

5. 制订行动计划与措施——关键环节

在确定职业生涯目标后，行动便成了关键环节。制订行动计划是指制订落实目标的具体措施，主要包括工作、训练、教育、学习等方面的措施。例如，在职业素质方面，个人计划学习哪些知识、掌握哪些技能、开发哪些潜能等。行动计划由长期和短期两部分组成。长期计划就像人生目标。它的实现有众多不确定因素，我们有必要根据自身实际和社会发展趋势，不断地设定新的短期可操作的目标。

6. 评估与修订

俗话说“计划赶不上变化”，影响职业生涯规划的因素有很多，有的变化因素难以预测。人是善变的，环境也是多变的。因此，职业生涯规划是可变的、弹性的、务实的，它是一个终生的过程。人在一生中的不同阶段，看待自己、看待社会、看待成功的观点都是不同的，因此，职业规划也相应地要具有可变性。在这种情况下，要使职业生涯规划行之有效，就必须时时审视内外环境的变化，不断对自己的职业生涯规划进行评估和修订，并调整自己的前进步伐。对其修改的内容包括职业的重新选择、生涯路线的选择、人生目标的修正、实施措施与计划的变更等。

# 第二节 大学生常见的生涯规划困惑及调适

## 一、大学生常见的生涯规划困惑

大学生正处于职业生涯探索期和建立期的转换阶段，其职业生涯发展的主要任务是完成学业，做出具体的职业选择并走上职业岗位。在这一过程中，选择职业是大学生步入社会的前奏，也是人生旅途上从学生到工作人员的一次重大转折。面对机遇与挑战，面对人才市场的激烈竞争，部分大学生的择业观念与择业行为存在诸多不可忽视的误区。

### （一）狭隘的成就意识

心理学研究表明，任何人都有显性的和潜在的成就欲望。大学生作为青年一代中优秀的群体，都会将成就一番事业作为自己追求的人生目标。但是，部分大学生择业观念不正确，成就意识比较狭隘，认为只有“声名鹊起”才算是取得了职业成就，如认为学社会学就应该成为费孝通，学数学就应该成为华罗庚。也有不少大学生梦想成为企业家或大经理、大老板，要走商业巨子之路，即使低调一点的也倾向于把职业发展目标定位为中级、高级管理人员；只有少数大学生把自己的发展目标定位于一般基层工作人员，愿意做平凡、务实的工作。其实，职业成就的概念是十分广泛的，一个人在自己的工作领域创造性地完成或出色地完成工作任务，就表明其已取得成就。

### （二）急功近利的职业价值观

价值观是指人们认识和评价客观事物与现象对自身或社会的重要性时所持有的内部标准。价值观在职业选择上的体现，就是职业价值观。它是人们对待职业的一种信念和态度，或者是在职业生活中表现出来的一种价值取向。人们在选择职业时，往往受职业价值观的影响。部分大学生也会受社会世俗观念的影响，在择业的价值取向上表现出急功近利的特点，经济利益观念过度膨胀，这种高期望驱使他们总是向往高薪水、高职位、高起点，渴求高物质回报，并一厢情愿地对用人单位提出种种要求，将自己就业的标准定得很高，即使找不到合适的单位也不肯降低就业期望值。

### （三）求全求稳的心态

求职一次到位的传统观念在不少大学生思想中根深蒂固。一些大学生仍然喜欢稳定、清闲、福利保障好的单位，希望一次就能选定理想的职业，而不愿意选择有风险、有挑战性的职业，更不敢去创业。求全求稳的心态表现为在择业时求稳，不敢冒风险；求全，对职业和工作岗位慎重挑选并且要求十全十美。其结果可能会使大学生丧失许多就业和发展机会。例如，有的大学生由于对原来所学专业存在思维定式，以过去职业门类的老观念解决择业问题，从而影响了对新职业的选择，甚至失去了一些可供他们就业和发展的机会。有的大学生受传统的“一业定终身”观念影响，对择业和就业特别慎重，思前想后，不敢冒险，慎重过头。有的出于求全的心态，对未来职业利弊的权衡过于挑剔，这山望着那山高，犹豫不决，最终亦将影响择业的成功。

## （四）大学生就业人格缺陷

1. 自我同一性混乱

许多大学生尚未达成自我同一性，对自己的职业目标、需要、价值观及自身特点等没有明确的认识。在就业时不能正视自己的能力、素质和择业的客观环境，不能对自己有一个客观、清醒、全面的评价。因此，在面临职业选择时犹豫不决、反复无常、见异思迁、躁动不安，不能主动、独立地获取职业消息、筛选目标、规划职业生涯，也不能解决就业中的问题，做出正确的决策。自我同一性混乱在就业中的两个突出表现就是盲目从众与依赖。盲目从众是指在求职中不考虑自己的兴趣、专业等特点，盲目听从或跟随别人的意见以及盲目寻求热门职业的现象。持有这种心理的毕业生往往脱离自己的实际状况，跟在别人的后面走。依赖是指在就业中不愿意承担责任，缺乏独立意识，没有个人独立的决策能力，没有进取精神，只是依赖父母或老师、学校，甚至只等职业送上门而不去积极争取。

2. 就业挫折承受力差

不少大学生在求职时只想成功，一旦遭受挫折就像泄气的皮球，一蹶不振，陷入苦闷、焦虑、失望的情绪之中不能自拔。他们对求职中的挫折既缺乏估计也缺乏承受能力，不能很好地调节自己的心态，也不会通过总结求职中的经验教训来获得下一次的成功。自主择业给大学生提供了就业的自由及通过竞争获得理想职业的机会，应该说这也是大多数学生所期望与认可的。但当大学生真正面对激烈的竞争环境时，有许多人缺乏信心、缺乏勇气，求职时不敢大胆自荐，结果是有压力没有勇气，不能真正向用人单位展现自己的竞争实力，错过机会，在竞争中陷入不战自败的境地。

3. 自卑与自大

一些大学生在求职中常会产生自卑心理，对自己评价偏低，他们总是认为自己的水平比别人差，单位要求很高，自己肯定达不到要求等。就业中的自卑一般产生于以下一些情况：首先是一些冷门专业的大学生看到就业市场需要自己专业的单位少、待遇差或在求职中遭冷遇；其次是一些性格比较内向、不善言辞的大学生看到其他应聘者口若悬河，自己什么也说不出来；再次是一些在校成绩与表现一般的大学生看到别人的自荐书上奖励、成果一大堆，自己什么也没有；最后是一些女大学生在就业时遭受到用人单位的歧视。总之，自卑的大学生不敢正视现实，对自己的长处估计不够，怀疑自己的能力，不善于发现适合自己的职业岗位，并在对自己的抱怨、贬低中失去求职的勇气。自卑心理表现为对自己的能力评价过低，看不起自己。这一消极的心理在不少毕业生身上存在，严重影响他们求职与择业。

自卑的反面是自大，而且两者有时会相互转化。一些专业较好、就业资本较雄厚的大学生容易从自信变为自负。还有一些大学生脱离实际地自大，他们既缺乏对自己的客观认识，也缺乏对就业市场、职业生活的了解，一切都凭自己的主观想象，如有的大学生自以为经过大学几年的学习和锻炼已经满腹经纶，任何工作都可以出色完成，在求职中自觉高人一等、自命不凡、四处吹嘘，一旦出现变故则容易自卑、自责、一蹶不振。

自卑与自大是大学生身上常见的人格缺陷，在就业中的表现都是对自己缺乏一个客观的评价，同时对职业缺乏深入的认识。在就业中，自卑与自大常存在交织的现象，如一些大学生在求职比较顺利时容易自大，一旦出现挫折就自卑；一些大学生虽然对自身条件比较自卑，但是真正遇到用人单位时又表现为自大，要价很高。

4. 偏执与人际交往障碍

大学生就业中的偏执心理有不同的表现。首先是追求公平的偏执。大学生要求公平的竞争环境，对一些不良的社会风气感到气愤是正常的，但有一些大学生表现为对公平的过分偏执，在遇到就业挫折时容易出现各种不满心理，将自己求职中的一切问题归结于就业市场不公平，以至于让自己在整个求职过程都有心理阴影。其次是高择业标准的偏执。大多数大学生能通过在就业市场的体验，客观地认识和接受就业现状并调整自己的择业标准，但仍有部分大学生固执己见，偏执地坚持自己原来的择业标准，甚至宁愿不就业也不改变。最后是对专业对口的偏执。一些大学生在就业时过分追求专业对口，不顾社会需要，无视专业的伸缩性、适应性，只要是与专业有一定出入的工作就不问津，只要是不能干本专业就不签约。这样就人为地减少了自己就业的机会。

有些大学生缺乏基本的人际交往能力，如有的人在求职过程中过于懦弱、紧张，不敢在用人单位面前表现自己，甚至连面试也不敢去，一开口就面红耳赤、语无伦次。还有的人在求职中不会察言观色，不懂得照顾别人的感受，不懂人际交往的礼貌礼仪，缺乏随机应变的人际交往技能。

5. 过度焦虑与抑郁

就业时许多大学生既希望谋求到理想的职业，又担心被用人单位拒之门外，还担心自己在择业上的失误造成终生遗憾，并对未来的职业生活感到心中无底。其实，在就业过程中存在一定焦虑是正常的，但一些大学生焦虑过度，整天忧心忡忡，在就业时显得过于急躁，整个就业期情绪始终处于亢奋状态，常常心急如焚、四面出击、东奔西跑，希望尽快找到合适的工作，却又缺乏对就业形势的冷静观察与对自我求职的理性思考，以至于造成精神上的紧张不宁、烦躁不安；还有一些大学生在择业中受到挫折后感到无能为力、失去信心，表现为失落抑郁、不思进取、情绪低落，他们常常会放弃一切积极的求职努力，听天由命，严重时还会对外界的环境漠然置之，减少人际交往，对一切都无所谓，进而导致抑郁症的产生。

## 二、大学生职业生涯发展的心理调适

就业与职业生涯发展本身就是大学生认识和适应社会的一个过程，在求职中遇到困难，甚至经历挫折才成功是正常的；在就业中遇到许多心理冲突、困惑，产生一些不良情绪也是正常的。因此，在就业与职业发展中只有学会调整自己的心态，才能使自己从容、冷静地面对就业与职业发展这一人生重大课题，并做出正确、明智的选择。

### （一）树立职业的长远意识，调整择业的价值取向

总的来说，大学生的职业价值观与其具体的择业行为之间是一致的，但也存在一些矛盾之处。造成这些矛盾的根源在于，大学生的各种具体的择业行为很容易受眼前利益所驱动，而忽视职业的深层价值。他们一方面看重成就、生活方式、独立性等职业价值；另一方面又似乎主要为经济利益所驱动，这实际上是缺乏远见的表现。对于现代社会人来说，职业对个体的意义已经远不是谋生那么简单，职业可以满足人们从低层次到高层次的多方面的需要。有学者（顾雪英，2001）对职业价值结构进行了初步研究，发现了交往、义利、挑战、环境、权利、成就、创造、求新、归属、责任、自认 11 个类别的因子。因此，职业的价值是丰富的，我们要充分认识到职业对个体发展、社会进步所起的重要作用，在择业时不能只考虑工作的经济收入、工作条件、地点等因素，更要考虑职业对自我一生发展的影响与作用，应看重职业能否帮助实现自我价值。因此，就业与自我职业的未来发展有密切的关系，在考察社会需要的基础上，要树立只有重视自我职业发展才能带来事业成功的职业价值观。

### （二）学会自我管理与时间管理

大学生活既是成长道路上的新起点，又是人生道路上的重大转折点。从中学到大学，生活环境、学习内容、理想目标、兴趣爱好、人际关系等方面都发生了很大的变化，大学生要正确认识新生活新变化，从心理上适应这些变化，为顺利度过大学生活打下良好基础。

首先，学会理智消费。作为大学生，应该认识到，在自己的求学、生活中，父母已经花费了大量的金钱和精力，这是父母对自己的爱，应该珍惜。不要走入以下消费误区：追求名牌、追求时尚、过早地受不良社会风气的影响。在保证自己有足够的生活、学习条件之后，大学生应该具有勤俭节约的美德，自己节省一点，父母的负担就可以减轻一点。

其次，学会有效时间管理。大学阶段是人生美好的阶段，是从学生过渡到成人的关键阶段。进入校园，学生有着充足的课余时间，如何做好有效时间管理，成为一个大学生是否成功的关键因素。时间的一维性决定了时间的珍贵，因为它是一种不可再生的资源，过去了就不可能再挽回；时间的有限性和无限性又决定了无数种可能性。

美国著名的管理学大师史蒂芬·柯维把工作按照重要和紧急两个维度划分成四个类型，即“四象限”（如图 14-2）。在职业生涯规划中最重要的是理解并厘清学习、生活中重要且紧急的事情应当立即去做；紧急但不重要的事情是在优先考虑了重要事情之后再去考虑的，或者委托别人去做，因为不是所有紧急的事情都是重要的事情，要对之加以评估和选择；既不紧急也不重要的事情要么不做，要么等有闲情的时候再说；而重要但不紧急的事情则是根据自己的意愿和价值组织这类活动，要当成紧急的事情去做，前提是没有重要且紧急的事情所带来的压力，但不要拖延。在这四类事情

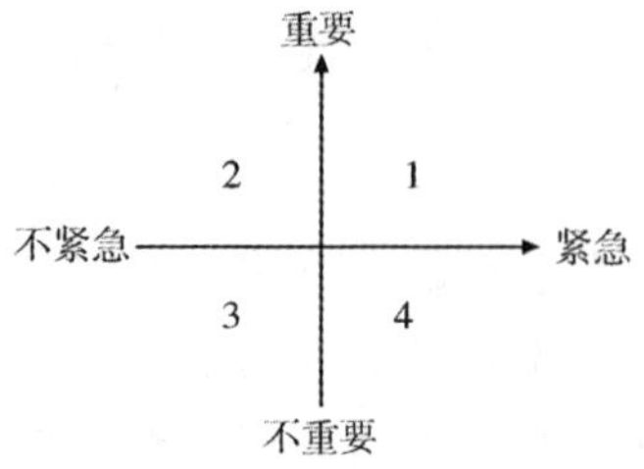


图 14-2　四象限

中，柯维提出要把主要的精力和时间集中放在处理和践行重要但不紧急的事情上。关于四象限法则中的时间分配，柯维也提出了自己的观点。他认为，重要但不紧急的事情应该占到 50%～60%，而不重要且不紧急的事情应在 1%以下。

职业生涯规划中有效的时间管理有助于增强大学生的时间观念，树立正确的时间观念不仅有利于大学生树立正确的人生观、世界观和价值观，更有利于大学生管理好自己每一天的生活；职业生涯规划中有效的时间管理可以帮助大学生树立明确的目标，大学生处在学习文化知识、塑造健康性格、促进人生发展的关键时期，拥有正确的时间观念有利于大学生树立明确的目标；职业生涯规划中有效的时间管理可以帮助大学生制订合理的行动计划。当一个人拥有正确的时间观念、树立具体、切实可行的目标时，行动是又一重要的环节；职业生涯规划中有效的时间管理教育可以提高大学生的综合素质，提升大学生的职业竞争力。为大学生在发展过程中综合素质及职业能力制造机会，使其成为他们在社会中参与竞争的强有力的手段。只有让大学生明确时间管理的重要性，掌握管理时间的技巧和方法，他们才能在大学阶段充实锻炼自己，更切合实际地寻找适合自己的未来，这也是职业生涯规划中有效时间管理的目的所在。

### （三）珍惜机遇、接纳自我的职业选择

首先，每一个大学生应有一个清醒的自我职业方向的认识，勤奋自强，积极参与竞争和社会实践活动，建立自己深厚的知识储备，不断提高个人的专业技能，构建相对合理的未来职业发展必备的知识和技能体系，为自己的职业选择创造契机。

其次，要正确认识和悦纳自我的职业期待。大学生就业中的许多心理困扰都与大学生不能正确认识和悦纳自我有关，因此，正确认识自我的职业心理特点并悦纳自我是调节就业心理的重要途径，并可以帮助自己找到适合自己的职业方向。

### （四）提高心理承受力，促进人格完善

在人生的旅途中，失败是在所难免的，面对失败，一味自怨自艾是徒劳无益的，更重要的是调整自我心态，提高自己对各种突发事件的心理承受能力。事实上，只要付出足够的努力，就没有不能胜任的工作。在求职中遇到挫折是正常的，要用冷静和坦然的心态对待，客观地分析自己失败的原因，进行正确的归因。总之，要正确分析自己失败的原因，调整自己的求职策略，学会安慰自己，多一点耐心，用锲而不舍的进取精神、积极的态度、踏实的努力使个人所具有的潜在能力得以发展，以便在下次求职中获得成功。

大学生要学会自我心理调适，帮助自己在择业遇到困难、挫折和心理冲突时，有效地进行自我调控，化解困境，排除心理障碍，增强承受挫折的能力，及时调整自己的不良心态，顺利择业。

自我心理调适有以下几种主要途径。

（1）自我反省。知人为聪，知己为明；知人不易，知己更难。面对各种矛盾和冲突，首先要冷静思考，正确认识和评价自我。面对择业，除了客观分析就业环境外，更应当明确自己的定位，如自己的兴趣、性格、气质、能力适合什么等。在对自己有了充分认识后，理智、冷静地把主观愿望和客观条件结合起来，找到自我的恰当定位，才能使自己在择业过程中处于主动的位置。

（2）正视社会现实。人不可能脱离现实而独立存在。正视社会现实是大学生择业必备的健康心态之一。积极的心态是正视社会、适应社会，消极的心态是脱离社会、逃避现实。

（3）挑战自我，主动出击。有的大学生在求职过程中，顾虑重重，对自己的能力缺乏自信，不敢主动与用人单位联系，不敢独立进行求职活动。其实，每一个人都有很多潜能，尤其是年轻人，但有些人往往因为不自信而被自己忽略和否定。所以，欲求职业先挑战自我，勇于尝试，不求一次成功但求积累经验，迈出第一步就是求职成功的开始。

（4）转变非理性观念，调整情绪。设法将自己的非理性观念化为理性观念，可以最大限度地减少非理性观念给我们的情绪带来的不良影响。

（5）求助心理咨询。在择业过程中，毕业生可能会因各种原因而产生不良心理。在这种情况下，建议到心理咨询部门进行心理咨询与辅导，这能有效地调适不良的心理。

此外，通过对自己在就业中出现的种种不良心态的分析，可以发现平时不容易发现的一些人格缺陷。可以说这些人格缺陷是产生不良就业心理问题的根本原因，这就需要在求职过程中不断完善自己的人格，否则这些问题还会在今后的职业生涯中出现，并影响职业生涯的良性发展。健全人格是保障大学生就业心理健康的重要因素，拥有健全人格的大学生可以顺利解决在就业中遇到的各种心理问题，保持健康和理性的就业心态。但不健康的人格就容易导致心理困扰的出现，特别是在就业中遇到挫折的时候。一些大学生所存在的挫折耐受力低、缺乏自信、过于敏感、社会适应能力差、人际交往障碍、虚荣、贪图享受等人格缺陷会成为导致他们就业心理问题的重要原因。

## 思考与练习

**测测你的职业倾向**

下面这组测试题是心理学家精心设计的问题。你只要对每一道题选择“是”或“不是”，再看看后面的分析，就可以知道自己的职业倾向和潜力在哪一方面。这个测验的答案没有对与错之分，只是在看你的职业倾向。

（1）当你在看一本有关谋杀的小说时，常常在未看完之前便能猜出谁是凶手吗？

（2）你很少写错字、别字吗？

（3）你宁愿参加音乐会而不想待在家闲聊吗？

（4）墙上的画挂歪了，你会想扶正吗？

（5）你宁愿读一些散文或看小品而不想看小说吗？

（6）你常常记得自己看过或听过的事吗？

（7）你宁愿少做几件事，但一定要做好，而不愿意多做几件事而马马虎虎地完成吗？

（8）你喜欢打牌或下棋吗？

（9）你对钱的使用与预算均有控制吗？

（10）你喜欢分析能使钟表、开关、马达发生效用的原因吗？

（11）你喜欢改变一下日常生活中的一些习惯，使自己有一些充裕的时间吗？

（12）休闲时，你喜欢参加一些运动而不愿意看书吗？

（13）对你来说，数学难不难？

（14）你是否喜欢和比你年轻的人在一起？

（15）你能列出五个你认为够朋友的人吗？

（16）一般来说，对于你可办到的事，你是乐于帮助别人还是怕麻烦？

（17）你不喜欢太琐碎的工作吗？

（18）你看书看得快吗？

（19）你相信“小心谨慎，稳扎稳打”这句至理名言吗？

（20）你喜欢新朋友、新环境与新东西吗？

说明：前10题是第一组，后10题是第二组，分别统计一下第一组与第二组各有几个“是”的答案，然后比较这两组答案。

如果你第一组中的“是”比第二组中的多，那么表明你是个精细的人，适宜从事有耐心、谨慎、与研究相关的工作，如医生、律师、机械师、修理人员、工程师、技术人员、编辑、科研、哲学等。如果你第二组中的“是”比第一组中的多，那么表明你是一个广博的人，最大的长处是成功地和人交往，你喜欢有人来实现你的想法。适宜你的工作有人事、顾问、运动教练、司机、服务员、演员、推销员和广告宣传策划者等。如果两组中的“是”大致相等，就表明你不仅能处理琐碎的事，还能维持良好的人际关系。你适宜的工作有教师、护士、秘书、商人、美容师、艺术创作、培训师、图书管理人员和政治家等。

**请思考以下两个问题：**

（1）你的人格类型属于哪一类？是否与你所学或所希望从事的职业之间相适配？

（2）你是愿意改进自己的性格特点来适应你选择的职业，还是根据自己的性格特点为自己选择合适的职业呢？为什么？

# 第四篇
# 大学生生命教育篇

好的人生，是一种过程，而不是一种状态；它是一个方向，而不是终点。

——罗杰斯

# 第十五章　大学生生命教育

## 你的学习目标

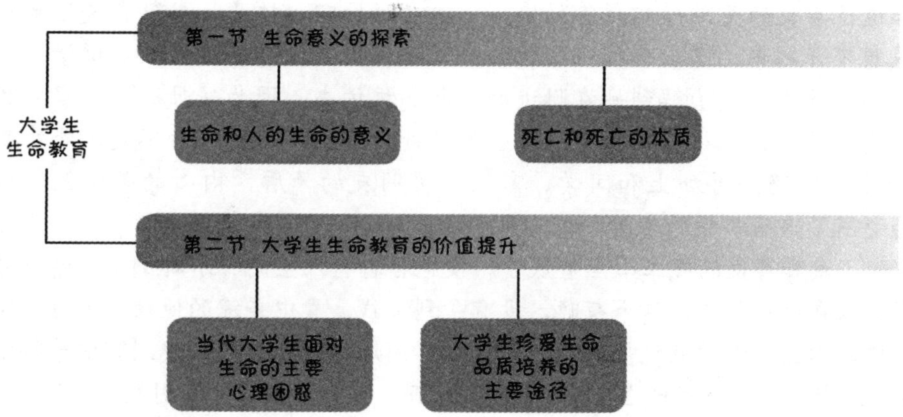


## 本章导航

罗曼·罗兰说：“世界上只有一种英雄主义，那就是了解生命而且热爱生命的人。”生命对于每个人而言是不可多得的奢侈品，面对生命、探索生命存在的真谛和意义，应对生命的种种境遇，化解生命中的危机，是生命必须承载的使命。中国新时代的大学生，正追随实现中国梦的伟大旋律，追寻着自己的人生梦想，接受生命意义的教育和探索，树立科学的生死观和生命价值观，维护生命安全，是培养大学生正视生命、尊重生命、珍爱生命的责任感的基础，是大学生热爱生活、憧憬美好未来、珍重人生、善待生命、幸福成长、尊重自我应具有的心理品质。

**【案例】**

**放弃生命你还有什么**

每个人都会遇到身处绝境的时候，祈愿我们都能遇到一个人，他轻轻地来到你身边，亲切地道一声：你听我说，兄弟……

每次路过长江大桥，尤其是深夜，便会想到那些视两岸万家灯火不见，绝望地跃入黑漆漆的江水中的人。如果在他内心挣扎的那一刻，在他爬上冰凉的桥栏后回望世界的那一刻，有人出现在他的面前，亲切地说一声：你听我说，兄弟……

大概是20年前吧，我曾亲眼看见一位年轻女子求死。那天夜里，已经是11点多钟了，我从江对岸父母家乘公共汽车回来，经过已不见行人的长江大桥。

车快驶过桥中央时，我忽然发现桥栏旁边有两人在奋力撕扯，隐约中看见其中一人竟站在桥栏外面，路边的一人好像在试图将那人往里拉！我大叫司机停车。司机没听清我叫什么，误以为我要中途下车，生气地将车门打开。当我冲下去的时候，汽车已呼啸着开走了。

跑到桥栏边才看清，两手反抓桥栏全身面对漆黑江面的是个姑娘，正隔着栏杆紧紧抓住她的是位年过五旬的民工模样的男人。见我赶来，男人顾不得解释什么，欣慰之情仿佛绝路之时见到了援兵。尽管添了一双手，可要将一个已翻过桥栏、一心寻死的人拉回来并非易事，于是我想到心理劝慰。我问男人是她什么人，他的回答出乎我的意料：与姑娘素昧平生，是在这座城市打工的民工。

我一边和这位善良的民工一起拉着姑娘，一边劝说她回心转意。我说我是记者，有什么冤屈或想不开的事，道出来也好帮你解决。还好，哭泣着的姑娘开口说话了。从她断断续续的讲述中，我了解到她在附近的一所高校读书，因为父母离异，家庭贫困，又和男朋友分手了，觉得自己很失败，一无是处，而且还被别人看不起，处处都受到明显不公平的待遇。再加上和同学、家人、男朋友的矛盾，内心的苦闷无处诉说，她再也忍受不了这深渊般的生活，想一死了之。

听了这些话，我和善良的民工心里有底了，便也各自将人生的苦水都倒了一遍。善良的民工远离家人在城市打工，这个夜晚，没有拿到工钱、囊中羞涩的他徒步走过空空荡荡的长江大桥，心里何尝没有绝望过，但看见两岸闪烁的万家灯火，想到家中等待他寄回生活费的妻儿老小，他告诫自己，寻啥也不能寻死，因为活下来才有明天。

他劝慰姑娘想想父母的养育之恩，我则给她讲了一个曾从大桥上跳下去的人的故事。他没有溺死，忽然又爆发出求生的愿望，在经过一场极其痛苦的挣扎后被人搭救上岸，为一念之差懊悔不已。

时间一分一秒地过去，我和善良的民工的胳膊也渐渐麻木，正当我们临近绝望的时候，姑娘哭着表示，想开了。那天夜里，我们在离桥头堡不远的十字街头找了一家旅社，给姑娘办好入住手续才放心离开。

过了几天，我收到了姑娘寄来的一封长信，她说，那天夜里她睡得特别安稳，早晨6点半，踏上了回学校的路，也踏上了生命的归程。回学校后她按照我们的建议和男朋友长谈了一次，两人关系得以改善。还在学校找到了一份兼职，还说，当她周末回家给母亲端上一盆热气腾腾的洗脚水时，母亲和她都哭了。

这件事过去很多年了，每当我路过灯火愈加绚丽的长江大桥，就会回想那个夜晚，那位善良的民工，还有那位姑娘。现在，她已经毕业工作，结婚生子了吧。

**案例分析：**

化绝望为希望，这是生命的机缘，朴实的民工用自己的善良和有力的双手拽住轻生姑娘的双臂，年轻的记者与善良的民工合力用心灵的智慧化解了绝望生命的危机，这是一次难能可贵的生命救助、令人欣慰的人生化解。

生命是上天赋予人们的不可多得的奢侈品，对于每个人来说都是唯一的、来之不易的，不可逆转。在长途跋涉的人生道路上，敬畏生命是人必需的一种情怀和信念，我们需要时时敬畏生命，才能保持生命的生机。人的生命的自然性包含从孕育、出生、成长、发展直至死亡的整个存在和活动过程，人的生命的终端是死，但人的生命的使命并不是死，而是在从生到死的过程中，不断去丰富生命的内涵，享受生命的发展过程，实现人生的自我价值和社会价值。因此，敬畏生命是善待生命、珍爱生命、呵护生命，化解生命中的危机，有序地追寻完成生命的使命。

有了生命，才有人生，人生旅程充满了奇幻和挑战，有了生命的存在，才有奇幻和挑战的机会，失去生命，生命的自然属性便荡然无存，生命的社会性也就无从实现。然而人生有山穷水尽、穷途末路的困境，也有柳暗花明、姹紫嫣红的绚丽，穷途末路需要披荆斩棘地化解能量，柳暗花明需要勤劳智慧地付出耕耘，绚丽风光需要心旷神怡的心境渲染。危机是危险与机遇共存的境遇，有的人面对危机，以珍重生命的能量，全力以赴，化险为夷，抓住机遇，赢得生存和发展的空间，增强了生命力的张力和弹性；有的人丧失天良，制造危机，伤害他人和社会，毁灭自己；有的人自怨自艾，“自造”危机，吞噬自己的生命。

因此，美好幸福的人生从珍爱自己的生命开始，在善待他人的生命中升华，在化解生命的困境中出彩。

# 第一节 生命意义的探索

## 一、生命和人的生命的意义

### （一）生命的内涵

（1）狭义的生命：是主要由核酸和蛋白质组成的具有不断自我更新能力的多分子体系的存在形式。

（2）广义的生命：是事物和生物体系统维持基本功能的自然属性的存在形式。广义的生命具备以下基本特征。

①生物体所具有的存在和活动的能力。②事物所具有的能够存在下去的性质。③参加某种活动的资格和能力。

例如，地球生命是指具有能量代谢功能，能回应刺激及进行繁殖的开放性系统。生命个体都要经历出生、成长和死亡。生命就是生长变化的物质系统，具有自行吐故纳新、精度复制、温和分裂等能力，不可逆转但总是持续不停地重复着或延续着这些能力的物质系统。

（3）人的生命：是指人从孕育、出生、成长、发展直至死亡的整个存在和活动过程。人是一种特殊的生命体，因为人是生物体中的高级动物，不仅有生物的机能特征，还具有其他任何一种生物体都不具备的社会特征和心理特征。

### （二）人的生命来之不易

人来到现实世界实属不易，必须经历三次幸运的优胜劣汰。幸运概率：1/600 亿。生命的产生是一个卵子和一个精子的结合。两亿个精子中只有一个精子可以与一个卵子结合。母亲从 15 岁到 50 岁总计产生约 450 个卵子，去掉结婚前 10 年，约产生 300 个卵子，每个卵子都有 2 亿个精子与它竞争结合，最终形成了受精卵，生命才开始孕育，接着是十月怀胎，后才有了人的诞生。人是由100万亿个细胞组成的，如果一秒钟数一个细胞，要317万年才能数完。我们都知道，众多生命构成了一个息息相关、共同存荣的生命大系统，而宇宙选择了生命，进而又选择了人。由此可见，人是宇宙物质发展的高级产物，也是高级、复杂且精巧的生命体。佛家有这样一种说法：每个人来到这个世上，都是一种机缘和造化。的确如此，每个人来到这个世界都不容易，人生有太多的东西等着我们去体验和创造，但前提是要拥有生命，所以每个人都该更加珍视自己宝贵又独特的生命。

### （三）人的生命的特点

#### 1. 生命的不可逆性

从胚胎起，生命便一直生长、发育，以迄衰亡。它绝不会“倒行逆施”，返老还童也绝非现实。人生是一个一去不返的过程，是没有回头路走的。

#### 2. 生命的不可再性

生命对任何人来说都只有一次，世间常说，“人死不得复生”，便道出了这个真理。而生命不可重来的局限性，不仅让我们懂得珍惜时间、珍爱生命，也更激励我们正确看待人生中的得失、成败，让生命更有意义。

#### 3. 生命的不可换性

生命为个体所私有，相互不得交换，彼此不可替代。而且生命只有一次，任何代价都换不来。

#### 4. 生命的唯一性

每个生命都是独特的，具有绝对的唯一性，没有人可以重复我们，我们也无法重复别人。你的生命就是世界独一无二的，别人无法取代的。人生多数的痛苦在于不接受自己。事实上，当正视自我的独一无二性并学会接受和悦纳自己时，会发现生命比你想象中的更美。它本就是唯一的。

#### 5. 生命的有限性

生命的有限性，是由生命的本质规定的，也许你的精神会得以传承，但肉体是没有永生的。而正因为生命的有限性，才使人不停地寻求生命的可能性、超越性和生命的意义性，追求对自身有限性的不断突破。

#### 6. 生命的整体性

生命作为一个系统，是由不同元素关联、共同成长所形成的统一体，各个组成部分离开了生命这个整体就失去了意义。所以各个组成部分相互影响、共同活动、共同发展，不能分离而单独存在，与整体协同发展。

7. 生命的创造性

创造力的体现，是生命自身遵循宇宙规律、合乎自身水平、利用宇宙赋予的诸多能力而展现出的自身实际作用。据科学家研究，人类现在只使用了大脑 1%～10%的功能，如果所有的潜能都被发掘的话，可以学 40 门外语、戴 12 顶博士帽、背一本厚厚的百科全书。

## （四）人的生命的特殊性结构

人的生命的结构由三个因素构成，即自然性（生物性）、心理性（精神性）和社会性。人与其他动物共有的属性是生命的生物性，此外人的生命还具有心理性发展以及人类与众生命不同的群体性心理发展过程——生命的社会性发展（图 15-1）。

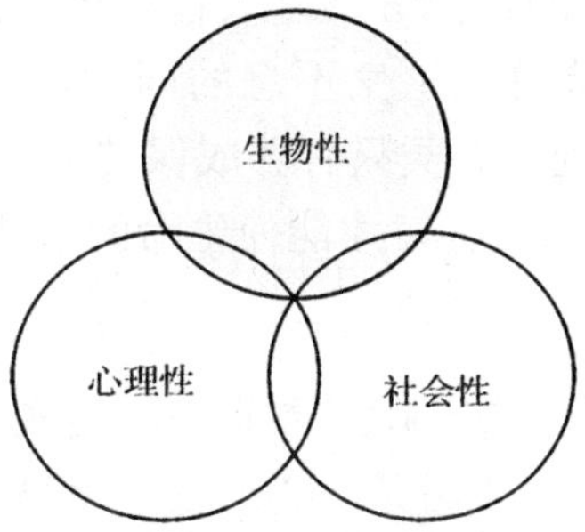


图 15-1 人的生命结构属性

1. 自然性（生物性）

生命的结构从生物性来看，就是细胞→组织→器官→系统→个体→种群和群落→生态系统→生物圈的一个系统结构。所以生命的生物性是具有繁殖能力的、不断成长的、不可逆的、新陈代谢的、有刺激与反应的特点。

2. 心理性（精神性）

墨子说："生，刑（形）与知处也。"意即生命乃形体与心理的合一：只有形体，没有精神，不能构成生命，反之亦然。说明人的生命是生物性与心理性的统一。而且任何人除了生物性的需求之外，还有心理性的需求。从心理性看，内含生命理智、生命情感、生命意志三个部分。这些心理性的"内部自我"的活动，建构了一个个独特的"自我"，让人类具有独立存在的意义，因为人不只是生物性的存在，还有一种生命意义的追求，一种最终的价值的追求，一种跟宇宙世界接触的追求。

3. 社会性

所谓"社会"，就是指生活在一个共同的地域中，说同一种语言，有共同的风俗习惯和文化传统的人类共同体，即一般所说的部落、部族和民族、阶级、国家等群体归属。按本质来说，人是社会关系、社会化的动物。从存在的第一天起，人类就必须共同地与自然力进行斗争，取得生活资料。

### （五）人生的使命

人生的使命即人的生命的意义，这是一个解构人类存在的目的与意义的哲学问题。人的生命结构影响人的生命的本质，决定了生命存在的使命。而纵观人的生命的历程，生命就是人活着的使命，即生的使命，也称人生的使命。我们发现有意义的人生使命是促进生命的成长、发展、完善，提升使命的价值，从此敬观生命，我们发现人的生命是“生”“心”“性”的统一体，人生的使命就是永无止境的“生”“心”“性”的修行。

1. 自然使命——养生

生命具有传承和延续的任务。人的生命是地球上珍贵的财富，世界因人的存在而变得恢宏生动和丰富精彩。对于每个人来说，生命都是珍贵的，人若丧失了生命，一切都无从谈起。但人类是自然界的一部分，是大自然进化的结果，人类和其他生命相互依存，人类在善待自我、保持自我生生不息的同时，必须尊重自然的规律，善待自然，与自然共生共存、和谐相处。人类只有养成保护自然环境、善待一切生命的思想意识和行为习惯，才能与自然和谐共存，才能使生命的自然性得以延续与发展。

2. 心理使命——净心

人无心则死，草无心还活，心若在，人就在，这是“自然心”的价值，是生命机体健康存在的标志，“自然心”要调养。心若在，梦就在，这是“意识心”，即“思悟心”，思维是人与其他动植物的最大区别，思维是人创造自我、创造人间奇迹的行为活动本源。“思悟心”，注重内心的丰富，包含对生命的思考、生命的觉醒和生命的调节。生命的思考，即生命存在的价值和意义，这既是思考悟道的开始，也是自我探索的支点。生命的觉醒，体现为生命存在的高层次的价值状，这种状便是建构起自己的心理活动机制和信仰体系，有自己人生探索的方向（知道自己要干什么、能干什么），追求人生价值目标（物质目标、精神目标）。

3. 社会使命（发展使命）——炼性

炼性，提升人的社会性，人要主动地弱化生命的自然性，强化生命的社会性，就是要有意识地、不断地完善自己的个性，使自己具有个性但不任性，多一些社会性，少一些动物性。生存是生命基本的存在，是人生其他一切价值的前提和基础，但是人如果是为存在而生存，那就等同于行尸走肉，仅仅有生命的自然价值，而无法点燃生命的社会价值。

人的生命的发展使命体现为自我价值与社会价值的有机统一。生命的社会使命体现为命的发展性和创造性（图 15-2）。

（1）自我价值：是社会对个体的有用价值，这是生命存在和成长的基础，生命的存在和成长，建立在个体对社会索取的基础上，也可以说体现为社会对个体的尊重与满足。

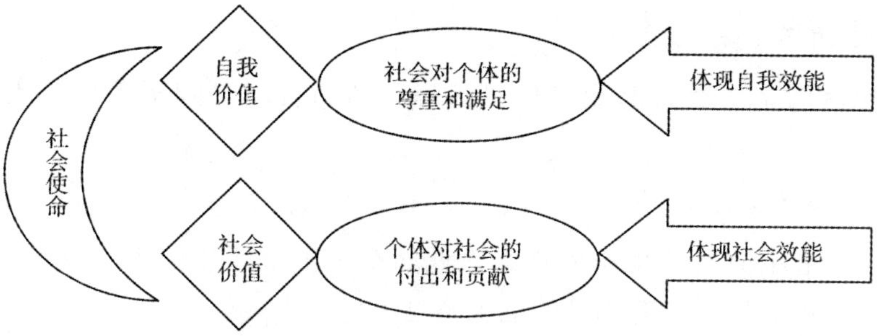


图 15-2　人的生命的社会使命

（2）社会价值：是个体对社会的使用价值，即个体对社会的付出和贡献，充分反映出生命的成长性、创造性和贡献性。如果生命停滞不前，永远只是向他人和社会索取，社会就会崩溃，尊重和满足就会变成无源之水。

社会对个体的尊重和满足建立在个体对社会的付出与贡献积累的基础上，如果没有个体贡献的积累，人类的生命就无法繁衍、家庭就无法延续、社会就无法发展。因此人的社会性要强调的是人的成长、发展和创造给予社会物质财富的丰富。

## 二、死亡和死亡的本质

### （一）死亡的内涵

狭义的死亡：指其一切生命特征的丧失且永久性的终止，变成无生命特征的物体。这是生物学意义上的死亡。

广义的死亡：有哲学内涵的死亡、心理学内涵的死亡、社会学内涵的死亡。

哲学内涵的死亡：指生命（或者事物件）系统所有的本来的维持其存在（存活）属性的丧失且不可逆转的永久性的终止。伊壁鸠鲁说："当我们存在时，死亡不存在；死亡存在时，我们已不存在了。"

心理学内涵的死亡：指个体心理活动的停止，没有感觉、没有意识。

社会学内涵的死亡：指个体社会活动、社会影响力和社会价值的消失，指人类有意义生命的消失。

人的死亡主要是狭义上的生物学上的死亡，人的精神存在一些超越生命体死亡的力量，普通人的精神一般被其周围较亲近的人所继承，因此精神并不会因生命体的消亡而完全消失。而杰出的人如思想家、哲学家、科学家、文学家、艺术家、战略家的精神，会作为人类知识体系的组成而存在。这种存活下来的精神被人类共享而传播，是一种公共财富。这是人类追求的另一个超越生命的力量，即灵魂与精神的影响力也许会永生。所以有诗说：有的人活着，他已经死了；有的人死了，他还活着……

### （二）死亡的特点

生物体的死亡是无法避免和抗拒的现象，它有其自身的特点。

1. 死亡的不可抗拒性

死亡来临时，所有人都无法自己选择。俗话说："阎王要你三更走，不敢留你到五更。"

2. 死亡的必然性

凡是生命都存在死亡的必然性。人偶然有了生命，却必然走向死亡。世界也是因为有了生与死的轮回，才有物种的生生不息。

3. 死亡的偶然性

人无法预测自己什么时候会面临死亡。例如，战争是一种死亡必然和偶然的矛盾体。所有参战人员都有面对死亡的必然性，却又总因为死亡的偶然性而产生一种安全的错觉。

**（三）死亡对生命的提示——提升生命质量**

德国生命哲学家齐美尔指出："我们如何理解生命？如何理解死亡？这是同一基本态度的两个方面。"史铁生说："一个人，出生了，这就不再是一个可以辩论的问题，而只是上帝交给他的一个事实；上帝在交给我们这件事实的时候，已经顺便保证了它的结果，所以死是一件不必急于求成的事，死是一个必然会降临的节日。"

不论我们怕不怕死亡，有一个事实是必须认识清楚的，那就是我们所追求的生活的价值和人生的意义，其实就是死亡所带来的。假如没有了死亡的存在，时间就没有了意义，人生也就索然无味。《西藏生死书》作者索甲仁波切说："只有当我们学会面对死亡，我们才能学会生命中重要的课题；生为一个人，在最深层的意义上，如何面对自己并与自我达成协议。"死亡的存在其实是在告诉我们：要努力用心地活着，让人生可以拥有更多珍贵的、深刻的价值。对生死的思考可以促使我们坦然面对死亡，增强对生命的警醒与觉察，重新体验与思考生命的意义，懂得珍爱生命，提高生命质量。

（1）生得有意义。人偶然有了生命，却必然迈向死亡，如何在这必死的人生中，找到活着的意义与目的？生命的意义究竟何在？弗兰克尔认为，生命的意义在每个人、每一天、每一刻都是不同的，所以重要的不是生命意义的普遍性，而是在特定时刻每个人特殊的生命意义。由于生命中的每一种情况对人来说都是一种挑战，因此人不应该问他（她）的生命意义是什么，而必须承认是生命向他（她）提出了问题，他（她）必须通过自己对生命的理解来回答生命的提问。可见，生命的答案终究必须自己去寻找。由外而内的答案如果不能与由内而外的生命经验相呼应，就终究无法理解生命的真正意义。所以，人生是一种历程，要去觉察、去尝试、去体验。一个人如果没有找到自己生命的意义，将是十分可悲和危险的。因为当人在探索生命意义的过程中遭受挫折时，他就可能被生存的空虚感所笼罩，转而寻求享乐或金钱作为补偿。生存意义的虚无感、挫折感和价值观的矛盾往往会导致某些心理疾病，这也是自杀的主要原因之一。自杀者缺乏对生存的重要信仰和价值的认识，当遇到较大压力时，往往会放弃解决问题的努力和尝试，而选择轻生。生活中，很多人就像自己将永远活着一样去思考问题和处理问题，而这样的生活和生命必然是贫乏的、缺乏自省的、缺乏深度的。讨论死亡，关键不在于死亡本身，而是如何更好地活。法国思想家蒙田说："我眼看生命的时光无多，我就愈想增加生命的力量，我想靠迅速抓紧时间，去留住稍纵即逝的日子；我想凭时间的有效利用去弥补匆匆流逝的光阴。剩下的生命愈是短暂，我愈要使之过得丰盈饱满。"要活出生命的意义，最好的办法就是善用你所能拥有的时间，让生命随时处在尽力、尽心的状态，那么即使有限的客观生命会必然消逝，掌握主观生命的我们也将毫无遗憾。

(2)活得更精彩。法国思想家蒙田说："我们的生命来自自然的恩赐，它是优越无比的，如果我们觉得不堪生之重压或是白白虚度此生，那也只能怪我们自己。"人是有价值感、有意义感的生命存在，我们要面对的问题不是我们可以活多久，而是我们活着的时候能展现多少价值，能有多少意义。既然我们不知道自己可以活多久，不知道死亡何时会来，那么我们唯一能做的就是把握每一个现在，为生命创造不同凡响的价值。只有把握住当下的时间，才有可能主动地规划未来。许多人用有限的生命成就了永恒的价值，足以证明，人是可以超越死亡的。只要认识到，死亡对生命的意义不是毁灭，而是一种深刻的督促，督促你认真看待自己的生命，督促你活出生命的精彩，那么死亡就在我们踏踏实实的生活中被我们超越了。掌握生死智慧，才可能在根本上把握成功。

## 第二节　大学生生命教育的价值提升

### 一、当代大学生面对生命的主要心理困惑

人居于世间，面临无穷尽的生存挑战，相应地也会衍生无穷尽的生命困惑，这是一个"可以近乎无限罗列的复杂问题域"。随着大学的扩招，中国高等教育从精英教育走向大众教育，能够接受高等教育的大学生群体在不断壮大，面对成长的挑战、就业的压力，部分大学生出现了一些不能忽视的心理困扰，河南大学的张春霞老师认为主要表现在以下三方面。

#### （一）生命意义感的缺失

德国历史和文化哲学家同时也是生命哲学奠基人的狄尔泰认为，意义就是生命的体验，是生命的本质力量在克服一切障碍、创造个人世界中的自我肯定和自我确证。寻找生命的价值和意义是人与动物最大的区别。大学生生命意义感的缺失主要表现在两个方面。

第一，现代人在物质、精神生活获得极大提升的同时，也承受着前所未有的压力和重负。在市场经济为主导的社会生活中，物质条件成为衡量人生成败得失的主要标准。世俗化的社会风气也直接影响大学生群体的价值导向，导致部分大学生人生目标

的功利化，这与大学课堂中理想化、崇高化的价值观教育产生了持续的冲突和悖离。部分大学生在“义”与“利”、“是”与“非”、“公”与“私”等选择面前无所适从，逐步陷入价值观的混乱与迷失之中，生命意义感被削弱、流散。

第二，处于转型期的中国社会，大学生群体的价值取向日益分散、多元、剧变，其肩负的学业、就业及日常生活压力也越来越重。面对理想与现实的冲突和碰撞，部分大学生没能从生命层面上建构自我的价值世界，不可避免地产生焦虑、恐慌、迷惘、不安等情绪，进而出现失落、消沉、无聊、虚无等精神状态，更有甚者产生“轻生”的念头，最终造成无可挽回的生命遗憾。

### （二）生命目标的失落

目标具有方向性和目的性，是生活的动力。人作为具有自我意识的主体，生命目标是其生命的目的性的价值尺度和价值体现，具有引领方向、激励追求的重要作用。对于大学生而言，生活的无目的性或目的混乱使其生命目标濒于失落，而生命目标的失落使其生命困惑进一步加剧。

第一，生命目标的失落使大学生失去了自主选择、独立判断的精神自由。当部分大学生单纯追求和满足于物质的获得，将生命目标置于有限的存在中而丧失精神层面的判断力、选择力和评判力时，其生命的困惑势必加剧。诚如美国心理学家弗洛姆所言：“许多人的不幸命运就在于他们不能做出选择。他们既不是活着的，又没有死去。生活成了一种负担，一项无目的的事业，忙忙碌碌成了保护人不在阴暗王国受折磨的手段。”

第二，生命目标的失落使大学生迷失了人生的规划和方向。有的大学生不知道自己学习、生活是为了什么；有的大学生在社会的影响下追逐名利，荒废了学业；有的大学生把恋爱作为人生第一要义，一旦爱情遭遇危机便失去人生的方向，自暴自弃甚至轻生；还有部分大学生在现实生活中找不到目标，转而从虚拟游戏中获得暂时的充实和快乐，沉浸于网络空间和游戏世界里不能自拔。

### （三）生命社会化的困惑

人在社会中不断塑造自己，人的生命过程是一个在与他人交往中不断社会化的过程。大学生活是大学生群体认识社会、走向社会的关键节点，是大学生社会化的重要阶段。在这个过程中，大学生群体面临着两个层面的困惑和冲突。

#### 1. 自我创造的困惑和冲突

在生命社会化进程中，人们会在不断寻找意义感、设定生命目标的同时，进行自由、自觉的创造活动。马克思说：“哲学家们只是以不同的方式解释世界，而问题在于改变世界。”人的创造是人类社会得以发展和延续的重要推动力量。大学生在实现自身目标的过程中势必投身社会实践，进行自觉或不自觉的创造活动，这一进程中的矛盾也就不可避免：大学生具有探索新鲜事物、接触社会的积极性，然而其在家长、学校等多重保护下，同样具有作为受动客体的保守性和懒惰性。在理想与现实的巨大落差面前，大学生的积极性往往受到打击和牵制，消极性日益滋生和膨胀，内心会产生巨大的矛盾感、冲突感，进而涌现诸多的生命困惑问题。

2. 比较带来的困惑和冲突

一定程度上讲，人是一种比较性的存在，人生是一个充满相对性的生命过程。青年时期的大学生处于人生的十字路口，地位、职业、收入、稳定程度等各个方面都尚未明晰或者处于不确定的状态，在与其他人、其他群体比较时，难免会滋生出距离感、失落感和迷茫感。同时，大学生个体之间也有诸多差别，在横向比较成绩、家庭、交友等诸多因素时，难免会使部分个体产生自卑、嫉妒、怨恨等心理，生命困惑由此衍生。

## 二、大学生珍爱生命品质培养的主要途径

### （一）培养尊重生命的理念和行为

1. 活着——千万别错过生命

活着是创造生命价值的前提。

【案例】

北大未名湖边常可见一年轻男子，安静地坐在椅子上，守着一辆行李车和一堆书，旁有一纸板写着：自由作家。刚投去好奇目光，男子便以期待的目光回应搭话。这是位肌肉痉挛患者，四肢及面部表情行动常不受控制，说话不清楚，只能间歇性地蹦出单字单词。那些书是他写的，新作品是《生命本身就是一种成功》，署名庄酷。书出得很认真，甚至可以说很精致，封面是荒原上长着的一棵老树的照片。翻开有作者简介，他做过家庭教师、商店老板、文字编辑、网络写手等，已撰写小说、杂文多部作品共百余万字。这个年轻人长年在湖边活动，卖自费出的书。选择在这里活动或许是为了一偿对这所高等学府热烈向往的心愿。他已为北大师生熟悉，成了校园一道风景。有学子把他和另几位常在北大活动的人物戏称为北大四大民间高手。其新作品集有 24 万字，是对日常生活的一些记录和对事理的感悟。看到眼前行动不便的他，很难想象他是如何把百多万字作品一字字写出来的，每一个字都该是一次艰难的搏斗、一次挑战。我们买了他两本书，他用难认的笔迹为我们签了名。他说一本书的成本是 14 块，他这本书卖 35 块。我想他就是靠这些收入维持生活和生命的，这是他对自己生存方式的一种选择。这种选择及结果就已经是一种成功了。

2. 活出好的自己

我们每个人都有很多资源和优势，我们要做到，在现有资源的条件下，活出好的状态。成功的道路有千万条，成功的定义也有千万种。著名企业家李嘉诚对成功的理解是：真正做了自己想做的事，真正实现自己的人生价值，这才是真正的成功！不要

盲目跟随别人，适合自己的才是好的。一个人的成功，莫过于做到了好的自己。因为每个人都有自己的才能和潜质，每个人都有成功的机会，每个人也都能够通过“做好的自己”这条途径走向多元化的成功。

3. 活在当下——珍惜时间就是珍惜生命

活在当下的真正含义来自禅。有人问一位禅师，什么是活在当下？禅师回答，吃饭就是吃饭，睡觉就是睡觉，这就叫活在当下。活在当下，就要学会发现每一件发生在你身上的好事情，要相信自己的生命正以好的方式展开。活在当下是创造奇迹的开始，是积累生命能量的抓手，主要从以下三方面行动。

（1）做好自己该做的事。二八法则：也是著名的黄金分割法，把大部分的时间集中在重要的事情上，而把小部分的时间用在不是很重要的事情上，并将自己的情绪调节到一种平和、快乐的状态。

（2）做自己能做的事，全力以赴去做自己力所能及的事。不必看轻自己，要相信你的能力是独一无二的，但也要学会只做自己力所能及的事。社会上大多数的人，只会羡慕别人，或者模仿别人做的事，很少有人去认清自己的专长，了解自己的能力，然后锁定目标，全力以赴。

（3）探索途径，做自己想做的事。见自己想见的人，做自己想做的事。每个人原本就是自给自足的个体，每个人也拥有让自己幸福快乐的能力。一个人明白自己真正想做的事，就要奋不顾身地去做，而且要不断地探索其中的方法，这样我们就能用最佳的途径达成我们想做的事。

### （二）践行生命教育，提升生命价值

1. 自觉践行生命教育

心理学家埃里克森（Erikson）从心理学的观点将人类的发展依据年龄区分为八个阶段，每个阶段都有其发展任务和危机。生命教育是指对个体从出生到死亡的整个过程中，通过有目的、有计划、有组织地进行生存意识熏陶、生存能力培养、生命价值提升，最终使其生命质量充分展现的活动过程。生命教育作为一种充满活力的人的教育，是引导人生走向美好和完善的教育。注重生命质量，凸显生命价值。生命教育的目的在于引导大家认识生命的意义，追求生命的价值，活出生命的意蕴，绽放生命的光彩，实现生命的辉煌。

一般而言，生命教育的内涵包括八个方面：①和谐的人际教育。人的一生 85% 的快乐取决于人际沟通，人际关系是人格成长的源泉。学会与人交往，学会与不同价值取向的人相处，体验有效沟通的快乐，建立和谐的人际关系，是大学生圆满完成学业的重要保证，也是走向社会的必要准备。②生命美育教育。狭义上的生命教育就是指对生命本体的教育，即通过开展生命教育使学生了解生命的起源、诞生、成长。生命美育就是要求大学生用生命审美的意识来实现生命个体的崇高价值，生的意义首先是努力地活着，而努力活着的过程就是一种精神成长的过程。③生命磨炼教育。人们不

断追求幸福的同时又无法避免苦难，苦难与人生共存，挫折和苦难不是对生命的折磨，苦难感、幸福感、成就感在生命中是融为一体、相辅相成的。在苦难和挫折面前，大学生要勇于面对、不断努力，才能最终实现生命的目标和价值。④生命依存教育。既然挫折无可避免，那么面对挫折，大学生应主动求助、互助支持，在团队中获得安全感和归属感。为此，大学生应从主动走近他人、开放自己、关心他人做起，一点一滴赢得别人的信任和帮助。⑤规划人生教育。大学生不仅要规划好自己的职业，而且要精心规划好自己的人生。要牢固树立对自己负责的态度，明确在大学期间需要完成哪些事，想成为什么样的人。培养紧迫感、危机意识，主动合理有效地规划大学生活，审慎且理智地设计自己的未来。⑥尊重生命教育。死亡就像一面镜子，从中可以看到生命的有限、生命的历程和生命的美好。因此，死亡教育具有深刻的生命意义。大学生应以死观生，重建生命信念，充分领悟和把握人生的价值，让自己在短暂的生命中活出精彩。⑦生命责任教育。价值是人的生命特有的一种精神超越。生命是一种责任和承诺，即使输掉一切也不能输掉对生命的信念，要对自己、亲人和社会负责任，积极主动创造生命价值，在不懈的追求与奋斗中去实现人生价值。⑧感恩生命教育。感恩是一种对自然、社会、他人的尊重，是对自然规律、社会规律和生命价值的敬畏与崇拜。感恩是一种不求回报的自觉和奉献。

### 2. 经营有韧度、有价值的生命

（1）坚韧人生。当我们面对生命的真实，常常不得不承认生命注定有缺憾、挫折与痛苦，十全十美的人生根本就不存在。你无法控制生命中会发生什么，但你可以控制面对这些事情时自己的情绪与行动。林语堂有篇散文《尘世是唯一的天堂》，这和梭罗的名言“天堂在我们头上，也在我们的脚下”有着异曲同工之妙。尘世是天堂还是地狱，很大程度上取决于我们选择何种生活态度和方式。

人生的痛苦体验也是生命成长的营养，它能够使生命更有力量!如果我们在面对无可避免的苦难时，选择逆来顺受，甚至逃避，只会白白受苦。当我们选择积极面对时，就可以从苦难中洞穿意义与价值，就能超越痛苦。有韧度的人生就是能够在黑暗中看到光明，在危机中看到生机，并因其坚韧和顽强而更彰显其价值。奥地利民意调查机构就曾发现，最受尊敬的人既非艺术家也非科学家、政治家或者体育明星，而是那些昂首征服厄运的人!

（2）幸福人生。人与动物最大的不同就在于人会寻找生命的意义，人会问：为什么？我是谁？我有何价值?人生的意义是什么？生命意义是关于生命的积极思考，是个人正在努力实现的、自己给予高度评价的生命目标。具体来说，包括个人存在的意义，寻求和确定有价值的目标，并去接近这些目标。

每个人的生命都是相似的，都要经历从出生到死亡的过程；每个人的生命又是独特的，因为每个人的生活经历和生命体验都几乎是独一无二的。人生最珍贵的宝藏是自己，人生最大的事业是经营自己。生命的意义就是不断地自我发展与自我成长。能够决定幸福的，不是别人，而是自己！

（3）充实人生。胡适之先生说“人生贵适志”，就是说每个人都应该按照自己的志向和独特的气质来选择人生的方向，而不是盲从流行或者热门。每一个生命的诞生都是一个奇迹。作为拥有生命的个体，没有理由不去追求成功而充实的人生。对生命意义的探求使人在不同人生阶段确立自己的生活目标，在实现目标的过程中感受到充实、丰富与精彩。一个人只有能够理解并承担生活中的责任，才会感到满足和充实，真正体会到生活的乐趣和意义。

人生是个有始有终的过程。我们每个人无法决定生命的长度，但我们可以掌握自己生命的宽度，实现生命的意义，活出生命的精彩，体现生命的价值。生命总会面临无尽的挑战，唯有探索生命的意义，培养尊重生命的态度，关怀珍爱每一个生命的价值，热爱生活，你才能拥有一个充实的人生。

## 思考与练习

1. 既然所有的生命都会走向死亡，那么生命的意义何在？
2. 思考生命的意义有什么价值？
3. 你如何看待死亡？
4. 对你而言，什么样的人生值得一过？

# 第十六章 大学生心理危机与应对

## 你的学习目标

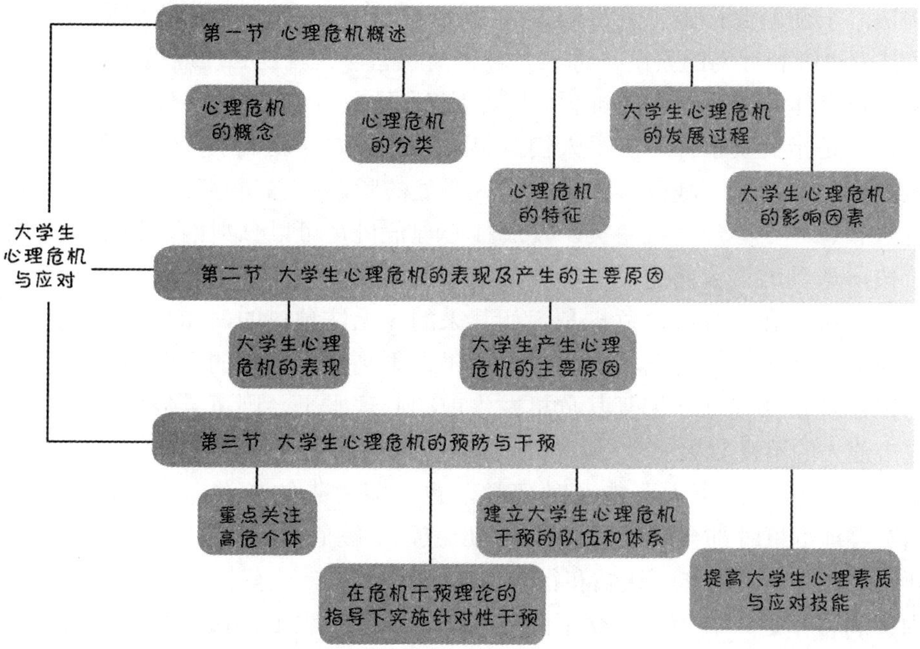


## 本章导航

近年来，大学生的心理健康问题引起了全社会的关注，尤其是心理危机引发的恶性事件。据中国疾病控制中心——精神卫生中心公布的一项调查显示：16%～25.4%的大学生有心理障碍，以焦虑不安、恐惧、神经衰弱、强迫症状和抑郁情绪为主。大学校园常见的心理危机事件包括自杀、自然或重大意外事件、急性重大意外事件等。常见的精神状态有睡眠障碍、抑郁、考试焦虑、厌学、恐惧症、人格障碍（偏执性、冲动性）、刻板运动混乱（强迫症）、癔症（歇斯底里）等。

本章从心理危机的概念出发，介绍了心理危机的诱因、类型、发展过程及影响因素；指出了大学生心理危机的表现及主要原因；从自身、他人和学校的角度出发，学习如何干预和帮助具有心理危机的大学生，最终达到提高大学生心理素质与应对技能的目的。

# 第一节 心理危机概述

## 一、心理危机的概念

日常生活中，我们经常听到“经济危机”“政治危机”这样的概念，对于“心理危机”很多人还很陌生。什么是心理危机呢？心理危机这一概念是美国心理学家卡普兰（G. Caplan）首次提出的。他认为，心理危机是当个体面临突然或重大生活事件（如亲人死亡、婚姻破裂或天灾人祸）时所出现的心理失衡状态。他认为，每个人都在努力保持一种内心的稳定状态，使自身与环境稳定协调，当重大问题和剧烈变化使个体感到问题难以解决，平衡就会打破，正常的生活受到干扰，内心的紧张不断积累，继而出现无所适从甚至思维和行为的紊乱，进入一种失衡状态，这就是心理危机的状态。

可见，危机是个体无法用现有的资源和经常应对机制加以处理的事件与遭遇。危机有两层含义：一是指突发事件，出乎人们意料发生的，如地震、水灾、空难、疾病暴发、亲人丧失、恐怖袭击、战争等；二是指人所处的紧急状态。心理危机可以分为发展性心理危机和意外性心理危机两类。发展性心理危机是可以预料的，如生命周期中不同发展阶段所遇到的重大问题，其特征是情绪的剧烈变化，导致个人心理失衡，如青春期的心理危机；意外性心理危机是突如其来的、无法预料的，如受到恐吓、自然灾害、躯体重大疾病等。心理危机发生后，如果得不到及时有效的帮助和支持，通过调动其自身的潜能重新建立和恢复其危机发生前的心理水平，则可导致精神崩溃，产生自杀或攻击他人的不良后果。

当出现心理危机时，当事人可能及时察觉，也可能“未知未觉”。无论何种情形，当个体面对心理危机时都会产生一系列身心反应，一般危机反应会维持 6～8 周。危机反应主要表现在生理、情绪、认知和行为上。

生理方面：肠胃不适，腹泻，食欲下降，头痛，疲乏，失眠，做噩梦，易惊吓，感觉呼吸困难或窒息，有哽塞感，肌肉紧张等。

情绪方面：害怕，焦虑，恐惧，怀疑，不信任，沮丧，忧郁，悲伤，易怒，绝望，无助，麻木，否认，孤独，紧张，不安，愤怒，烦躁，自责，过分敏感或警觉，无法放松，持续担忧，担心家人安全，害怕死去等。

认知方面：注意力不集中，缺乏自信，无法做决定，健忘，效能降低，不能把思想从危机事件上转移等。

行为方面：社交退缩、逃避与疏离，不敢出门，容易自责或怪罪他人，不易信任他人等。

Capalan 把心理危机定义为：面临突然或重大生活事件（如亲人亡故、突发威胁生命的疾病、灾难等）个体既不能回避、又无法用通常解决方法来解决问题时所出现的心理失衡状态。Punuko Hu 对心理危机下了另一个类似的定义：个体运用通常应对应激的方法或机制仍不能处理当前所遇的外部或内部应激时所出现的一种反应。

综合来看，心理危机是指由于突然遭受严重灾难、重大生活事件或精神压力，使生活状况发生明显的变化，尤其是出现了用现有的生活条件和经验难以克服的困难，以致使当事人陷于痛苦、不安状态，常伴有绝望、麻木不仁、焦虑以及植物神经症状和行为障碍。

根据心理危机的定义可知，对于个体是否达到心理危机的程度，一般有以下三个判断标准。

一是个体存在具有重大心理影响的生活事件，如突然遭受严重灾难、重大生活事件或精神压力。

二是出现严重不适感，引起一系列的生理应激反应和心理应激反应。

三是当事人惯常的处事手段不能应对或应对无效。如“9・11”事件后，毗邻纽约世贸中心的美林证券公司员工反映，他们经常情绪紧张，失眠情况严重；而纽约市消防局100多人因精神紧张而请假，许多人靠服用安眠药和镇静剂才能维持正常生活。

## 二、心理危机的分类

### （一）根据危机刺激的来源分类

根据危机刺激的来源，可以将心理危机分为发展性危机、境遇性危机和存在性危机三种。

1．发展性危机

发展性危机（developmental crisis），又称内源性危机（endogenous crisis）、内部危机（internal crisis）、常规性危机（normative crisis）。指正常成长和发展过程中的急剧变化或转变所导致的异常反应。心理学家埃里克森认为人生是由一系列连续的发展阶段组成的，每个阶段都有其特定的身心发展课题。当一个人从某一发展阶段转入下一个发展阶段时，他原有的行为和能力不足以完成新课题，新的行为和能力尚未建立起来，发展阶段的转变常常会使他处于行为和情绪的混乱无序状态。如儿童与父母的分离焦虑，身心发育急剧变化的青少年的情感困惑，青年期的职业选择和经济拮据，对婚姻生活缺乏足够心理准备和处理夫妻角色能力的新婚夫妇，缺乏育儿本领的父母面对第一个孩子的诞生，中年职业压力、下岗失业、婚姻危机，子女离家，父母死亡，以及习惯于忙碌的退休老人、衰老、配偶离去、疾病缠身等。如果没有及时为承担新角色培养新的能力和应对方式，每个人都有可能产生发展性危机。如果一个人没有及时建设性地解决某一发展阶段的发展性危机，他未来的成长和发展就会受阻碍，他就会固着在那一阶段。

发展性危机被认为是常规发生的、可以预期的，又是独特的，在生命发展的各个时期都可能存在。如果个体有足够的时间和机会对发展性转变做出适应性的调整，如获得有关信息、学习新技能、承担新角色，就会减小危机对个体心理上的冲击和损害。但是，如果个体缺乏处理危机的经验、对挫折的耐受能力差、缺乏自信、不会与人相处等，发展性危机对他的冲击就会很严重。

2. 境遇性危机

境遇性危机（situational crisis），也称外源性危机（exogenous crisis）、环境性危机（environmental crisis）、适应性危机（adaptive crisis），是指由外部事件引起的心理危机，当出现罕见或超常事件，且个体无法预测和控制时出现的危机，如地震、火灾、洪水、海啸、龙卷风、疾病流行、空难、战争、恐怖事件等。境遇性危机具有随机性、突然性、意外性、震撼性、强烈性和灾难性，往往对个体或群体的心理造成巨大影响，如2008年5月发生在我国四川的“5·12”汶川大地震给民众造成的心理危机就是境遇性危机，这种危机发生突然，影响面广，影响程度深，影响时间长，需要进行及时有效的干预。

Caplan 根据危机产生的原因，进一步将境遇性危机分为三类：①丧失一个或多个满足基本需要的资源。具体形式的丧失包括亲人亡故、失恋、分居、离婚、使人丧失活动能力的疾病、肢体完整性的丧失、被撤职、失业、财产丢失等；抽象形式的丧失包括丢面子、失去别人的爱、失去归属感、失去特定身份等。丧失引起的典型的情绪反应是悲痛和失落。②存在丧失满足基本需要资源的可能性。如得知自己有可能下岗、离退休等。③应付生活变化对个体原有能力提出更高的挑战。常见的情况是本人地位、身份及社会角色的改变所提出的要求超过了个体原有的能力。例如，由中学升入大学的生活适应、毫无准备的职位升迁等。典型的情绪反应是焦虑、失控感和挫折感。无论哪一种境遇性危机，都具有以下共同的特点：①当事人有异乎寻常的内心体验（情绪），伴有行为和生活习惯的改变，但无明确的精神症状，不构成精神疾病；②有确切的生活事件作为诱因；③面对新的难题和困境，当事人过去的举措无效；④持续时间短，几天或几个月，一般是4～6周。

3. 存在性危机

存在性危机指伴随重要的人生问题，如关于人生目的、责任、独立性、自由和承诺等出现的内部冲突与焦虑。存在性危机（existential crisis）可以是基于现实的，也可以是基于后悔，还可以是一种压倒性的持续的空虚感、生活无意义感。如一个40岁的人从未做过有意义的事，没有任何成就，没有产生过任何影响；一个50岁的人，一直独身并与父母在一起，从未过独立的生活，而到现在却永远失去了机会；一个60岁的退休者觉得自己的生活毫无意义，这种空虚的感觉永远无法以有意义的东西来弥补。

### （二）根据危机发生的持续性分类

根据危机发生的持续性，可以将心理危机分为急性危机（acute crisis）、慢性危机（chronic crisis）和混合性危机（multiple crisis）三种。

1. 急性危机

由突发事件引起，当事人产生明显的生理、心理和行为的紊乱，若不及时干预会影响当事人或他人的身心健康，甚至会出现伤害他人或自伤行为，需要进行直接和及时的干预。

2. 慢性危机

由长期、慢性的生活事件导致，如有这样一个抑郁当事人，4 岁时哥哥自杀死亡，家庭气氛异常的紧张、严肃，令人窒息。“家”失去了往日的欢乐和对患者的关爱。当事人自己讲，当时家里没有一句多余的话，如果谁在无意中提到这件事或这个人，都要遭到严厉的呵斥。原来慈爱的父亲变得性格暴躁，原本性格内向的母亲变得更加不爱讲话，家里气氛非常沉闷。当事人非常聪明、敏感，回忆当时的情况时，感到异常的痛苦，20 多年过去了，当年的情景和内心的体验仍非常深刻，并记忆犹新。父母沉浸在失去儿子的痛苦之中，完全没有意识到自己还有更重要的责任——抚养其他未成年的孩子并减少对其他子女的负性影响，对孩子形成慢性危机。慢性危机需要比较长时间的咨询，并需要找出适当的应付机制，一般需要转诊给长期的专业咨询工作者。

3. 混合性危机

很多情况都是多种因素混合导致多种危机共存。如一位创伤幸存者存在酒精依赖问题，失业人员的抑郁情绪问题，婚外恋人员的经济、家庭暴力问题等。因此处理危机时一定要分清主次。

## 三、心理危机的特征

现实生活中的危机涉及面很广泛，既有不同群体的各种不同危机，也有同一群体不同时期的同一危机。不同的心理学家对危机具有什么特征持不同的观点，归纳起来，主要有以下特征。

### （一）普遍性

心理危机的产生、发展及激化经历着复杂而微妙的心理过程。几乎每个成长中的个体都不同程度地经历过心理危机，但心理危机并非必然导致极端行为。事实上，心理危机并不像我们想象的那样神秘，它就在大学生的身边，甚至正存在于某些大学生的心里。心理危机从一定意义讲是每个人成长过程中都会遇到的事，没有人能够幸免。虽然在人生中危机是不可避免的，但是只要我们把握机会、设定目标、形成计划、妥善处理，是可以渡过危机的。

### （二）机遇性

危机意味着风险，又蕴藏着机遇。一方面，危机是危险的，因为它可能导致个体严重的病态，包括对他人和自我的攻击；另一方面，危机也是一种机会，因为它带来的痛苦会驱动当事人寻求帮助，解决问题，从而使自己得到成长。在危机状态下，如果大学生成功地把握了危机或及时得到了适当、有效的心理危机干预或帮助，个体可能就学会了新的应对技能，不但重新得到了心理平衡，还获得了心理上的进一步成熟和发展。危机的成功解决能使个体从危机中得到对现状的真实把握、对过去冲突的重新认识，以及学到更好地处理将来危机的应对策略和手段，这就是机会。没有危机，就没有成长，如果当事人能够有效地利用这一机会，就会在危机中逐步成长并达到自我完善。

**（三）危机的复杂性**

心理危机是复杂的，可以是生物性、环境性和社会性危机，也可以是情境性、过渡性和社会文化结构性危机。而造成危机的原因可能是生理的，也可能是心理的和社会性的。另外，由于个性不同，个体面临危机也会采取不同的反应形式。例如，有的当事人能够自己有效地应对危机，并从中获得经验，使自己变得成熟；有的当事人虽然能够渡过危机，但并没有真正地解决问题，在以后的生活中，危机的不良后果还会不时地表现出来；而有的当事人在危机开始时心理就崩溃了，如果不提供及时、有效的帮助，就可能产生有害的、难以预料的后果。一旦危机出现，便会有很多复杂的问题卷入其中。

**（四）动力性**

伴随着危机，焦虑和冲突总是存在的，这种情绪导致的紧张为变化提供了动力。也有人把危机看作成长的机会或催化剂，它可以打破个体原有的定式或习惯，唤起新的反应，寻求新的解决问题的方法，增强挫折的耐受性，提高适应环境的能力。个体在成长和追求的同时，也意味着带动一个可能受挫的机制，如能及时调整，适应变化，则能形成动力，促进心理健康发展。

**（五）困难性**

当个体处于危机中时，其可供利用的心理能量降到最低点，有些深陷危机的个体拒绝成长，危机干预者需要帮助处于危机中的个体重建新的平衡。这就需要运用专业的心理学支持，常用的方法有“支持治疗”“认知领悟疗法”“家庭治疗”“合理情绪疗法”等。但无论哪种方法，都有其独特的适用范围，没有治疗心理危机的通用方法。另外，还有些危机愈后容易反复，治疗起来有一定困难。

另外，心理危机也具有以下三个特性：①通常为自限性，多于 1～6 周内消失，但如果未得到及时解决，可能导致精神疾病或出现自杀、攻击他人等适应不良行为。②在危机期，个人会发出需要帮助的信号，并更愿意接受外部的帮助或干预。③危机的程度与发生事件的强度不一定成正比，而更重要的是取决于个体对事件的认识，以及个体应对能力，既往经历和个性等。

作为当代大学生，这样一个独特的群体，其心理危机除了具有以上特征外，还具有以下两方面的鲜明特点：①发展性。大学生面对许多成长中必须解决的发展性课题，这些课题反映了社会对大学生角色的要求，它们既是大学生成长的外部动力，也是潜在的应激源。大学生许多心理危机具有发展性的特征，如果能够得到及时干预处理，能帮助他们安全渡过危机，会使他们从中获得宝贵的经验。②易发性。大学生处在走向成熟的过渡阶段，生理方面更多具备了成人的特征，但社会阅历和经验相对不足，处理问题的社会经验和能力更是有限，这种反差的存在，使得心理危机在他们身上十分容易得到表现乃至爆发。近年来，高校自杀学生人数不断增加，像马加爵杀人案等恶性事件时有发生，都从另一角度佐证了大学生心理危机的易发性。

## 四、大学生心理危机的发展过程

一般来说，大学生心理危机的发生会经历以下几个时期。

第一，冲击期。在危机事件发生后不久或当时，感到震惊、恐慌、不知所措。

第二，防御期。表现为想恢复心理上的平衡，控制焦虑和情绪紊乱，恢复受到损害的认知功能，但不知如何做。此时会出现否认、合理化等心理防御反应。

第三，解决期。积极采取各种方法接受现实，寻求各种资源想方设法解决问题，从而减轻焦虑，增加自信，恢复社会功能。

第四，成长期。经历了危机后变得更成熟，获得应对危机的技巧。但也有人消极应对而出现种种心理不健康的行为。

从危机的后果来说，会有四种不同结局。

第一种是顺利渡过危机，并学会了处理危机的方法策略，提高了心理健康水平。

第二种是渡过了危机但留下心理创伤，影响今后的社会适应。

第三种是经不住强烈的刺激而自伤自毁。

第四种是未能渡过危机而出现严重心理障碍。

## 五、大学生心理危机的影响因素

究竟是哪些因素影响了个体应对危机的结果呢？个体对事件的知觉、社会支持系统、应对机制、个体的人格特征、个人的健康状况、干预危机的信息获得渠道和可信程度、个人适应能力、所处环境等都会影响危机的进程与应对效果。此处就前四个方面进行详细介绍。

（1）个体对事件的知觉。对某一事件的认知和主观感受在个体决定应付行为的性质与程度中起着重要作用。认知方式限制了人们探索压力事件的信念，极大地影响了人们对他人的知觉、人际关系以及对采取不同类型的心理治疗的反应。如果个体对事件的知觉是客观的、合乎逻辑的，则问题解决的可能性会大大提高。

（2）社会支持系统。人的本质是社会化的，人是生活在一定的社会联系和关系中的。社会支持系统是人们应对大量压力的重要的心理资源。这种资源的缺乏或丧失，使面对压力的个体变得无比脆弱、失衡并进一步产生危机。

（3）应对机制。人们通过日常生活，学会了运用各种手段去应对焦虑和减少紧张，并逐步形成了应对压力的模式。那些被人们运用的、有效的应对策略会成为人们日常生活中解决压力的一部分而被纳入他们的认知模式中，并逐渐形成了人们解决压力的一套有效的应对机制。相反，如果没有恰当的、有效的应对机制，个体的压力或紧张持续存在，危机便会随之产生。

（4）个体的人格特征。心理危机还受个体的人格特征的影响，容易陷入危机状态的个体在人格上具有特异性。如注意力明显缺乏，看问题只看表面看不到本质；社会倾向性过分内倾，这种人格特征使个体遇到危机时往往瞻前顾后，总会联想不良后果；在情绪情感上具有不稳定性，自信心弱，独立处理问题的能力极差；解决问题时缺乏勇气进行尝试，行为冲动缺乏理性，经常会有毫无效果的反应行为。

## 第二节　大学生心理危机的表现及产生的主要原因

### 一、大学生心理危机的表现

1. 无法适应新的环境

据一项调查披露，在北京某所院校里，每级有5%以上的学生会出现各种问题，2%～3%的学生可能会退学或被开除学籍，有40%的学生出现不及格门次，15%～20%的学生可能会拿不到学位证书。其他院校也存在类似现象。而这些大学生入学时都非常优秀，他们不能正常毕业，很多是由于不适应大学的学习方式和生活环境，由此引发心理危机，不得不因严重的心理疾病而休学或退学。

2. 严重的孤僻性格和自闭心理

在大学校园里，有一些心理自闭和性格孤僻的学生，这类性格往往多见于一些贫困的大学生。他们将自己隔离于同学和学校之外，人际关系淡漠，甚至产生恐惧心理；缺乏获得安慰、支持的环境和宣泄转移的条件。因此，在遭到挫折和打击时，缺少别人的安抚和帮助，不良情绪得不到宣泄和释放，导致心情郁闷，严重的甚至会引起自杀。尤其是一些家境困难的大学生，进入大学后，他们强烈感受到了与他人之间的差距，常会因贫困、经济拮据感到自卑，又羞于接受他人的帮助。即使得到别人的理解和帮助，也容易背上心理负担，总是觉得亏欠同学的情，往往觉得在同学面前抬不起头。同时，他们对社会和他人对自己的评价与态度又非常在乎，极其敏感，因而一些贫困生不愿与同学交往，或在交往中沉默寡言。慢慢地就将自己封闭起来，远离人群，形成自闭心理和孤僻性格。

3. 心理极度的偏激

一些家庭经济比较困难或个性不良的大学生心理和行为常常很偏激。因为经济贫困常使他们比一般的同学早熟，他们见惯了社会上各种世态炎凉，由此产生心理的不平衡，使他们觉得世事不公平，容易形成愤世嫉俗或玩世不恭的人生观。而一些个性不良的大学生看问题容易走极端，心理偏激，在与他人发生冲突时，容易采取过激的行为。

4. 严重的心理抑郁

抑郁是指大学生受到学习成绩不良、恋爱或生活受挫、家庭中出现重大变故等消极因素刺激后，心理无法承受而出现的不良情绪反应。通常表现为对日常活动兴趣显著减退，感到生活无意义，对前途悲观失望，遇事往坏处想，精神不振，自我评价下降，不愿主动与别人交往，严重的心理抑郁将产生自杀的念头。我国有学者报告，在自杀未遂的大学生中，有35%～79%可被诊断为抑郁性心理问题，可见心理抑郁已经成为一个危害我国大学生心理健康的重要因素。

5. 严重的自卑心理

大学生的自卑心理主要表现为在能力、自身价值等方面低估自己，并且认为自己得不到别人的尊重，因而终日忧虑不安乃至自暴自弃。生理有缺陷、相貌不佳、才不如人、家庭困难等都可导致大学生的自卑心理。一般的大学生个体或多或少在自身某个方面都体验过自卑这种消极情绪，但只要通过积极的自我调节手段就能减轻或消除。如果沉湎于强烈的自卑之中不能自拔，心理很容易失去平衡。

## 二、大学生产生心理危机的主要原因

大学生心理危机的形成是很复杂的，它不是某一种原因和某一个心理问题一一对应的结果，其影响因素是多样的。

社会竞争激烈，学习和就业压力增大，加上身心疾病、感情波折和经济困难等因素，大学生心理危机时有发生，甚至出现自杀和违法犯罪等恶性事件。大学生心理危机问题已经开始引起全社会的广泛关注。

大学生心理危机的诱因很多，蔺桂瑞教授将其归纳为八个方面。第一，学生父母关系不合、离异，造成学生的心理创伤。第二，社会就业竞争激烈。第三，不适应大学生活环境。同宿舍的学生都是独生子女，各有各的个性，不能相互容纳，由此发生矛盾冲突，日积月累，却又不敢表达，这类原因造成大学生的心理问题最多。第四，不适应大学学习环境。某些学生上高中时，考大学的目标非常明确，上大学后，突然失去了目标，心中茫然，有一种失落感。第五，恋爱与失恋问题。第六，性行为问题。一类学生是过于封闭自我，导致性压抑；另一类学生是过于开放，随便发生性关系，之后又非常后悔自责。第七，就业观念滞后，就业期望值过高。我们国家过去是精英教育，能上大学的就是人才。现在大学扩招，教育已趋向普及化，大家都有受教育的机会。可是一些学生和家长的观念却没有转变，非要找一个理想工作不可，求职期望值非常高，与现实不符。这样就给学生造成极大的心理压力。第八，社会贫富差距越来越大。有的学生家里经济条件比较好，穿名牌衣服，过生日请同学吃饭等都会对贫困生的心理造成很大的压力。

笔者主要从以下六个方面对心理危机产生的原因进行描述。

1. 家庭问题造成的心理创伤

家庭问题是学生心理问题的主要根源之一。父母不和或离异，容易导致学生性格的畸形发展和心理创伤。父母的感情好坏，直接影响孩子良好性格的养成，父母不和争吵、离异，无疑会在孩子的成长过程中留下严重的阴影，给孩子造成沉重的心理压力，使他们常常会陷入苦恼无助、愤怒、悲观、厌世之中，造成他们在情感上的脆弱和耐挫力的缺乏。

2. 就业竞争引发的心理危机

自从我国高校扩招后，大学生的就业竞争和压力空前增大，虽然大学毕业生数量大幅增长，但社会整体就业岗位没有明显增加。人才市场中供求关系的巨大变化使用人单位对大学生综合素质的要求越来越高。许多学生刚进大学校门就感受到即将到来的激烈的就业竞争，再加上就业领域存在的不正之风和家庭社会背景、地域背景、性别差异等因素，使一部分来自贫困地区、农村地区的学生和一部分女生产生不同程度的心理问题，表现为焦虑、紧张、烦躁、抑郁、悲观等情绪反应。

3. 学业压力引发的心理危机

由于就业竞争的压力，导致大学生中的学业压力普遍比较严重，他们既要学习好专业知识，又要学习好英语，还要参加各种证书考试。繁重的学习任务使大学生长期处于身心疲惫的状态，产生心理疲劳，表现出思想迟缓、注意力不能集中、反应速度降低、情绪烦躁、怠倦等现象，给大学生带来了严重的心理危机。南京危机干预中心的调查显示，恋爱和学习压力分别占大学生自杀原因的44.2%和29.8%。

4. 由情感引发的心理危机

国家对在校大学生恋爱、结婚限制的解禁，导致当前大学生谈恋爱的现象越来越普遍，70%以上的大学生对谈恋爱持“不提倡、不反对”的态度，40%以上的大学生都有过恋爱的经历。但大学生的身心发展还不成熟，由于缺乏经验，无法处理好复杂的情感纠葛和情感与学业的关系，一旦失恋往往引发心理危机。

5. 经济因素引发的心理危机

我国是一个发展中国家，加上农村地区占到 90%以上，广大的农村地区经济相对落后，学费成为来自贫困地区学生的一个沉重的经济负担和心理负担，由此出现了贫困生的心理危机问题。由于经济困难导致大学生心理问题而引发的校园案件时有发生。学生的自卑和闭锁心理、嫉妒心理，学生间不良的人际关系，都会引发他们对社会的极度不满情绪。

6. 不适应大学生活环境

在校大学生年龄在 18～22 岁，他们在生理上多已发育成熟，但其心理发展远没有成熟。许多大学生第一次离开家到一个全新的环境，一时难以顺利地实现角色转换，如水土不服、饮食不习惯、集体生活不适应、难以承受理想中的大学环境和现实中的大学环境之间的反差等，便产生挫折心理，出现孤独、苦闷、烦恼、忧愁等不良心理反应。同时，这个时期是人生由少年向成年过渡的阶段，他们的独立精神、自主精神还没完全成熟，许多学生无法适应新的生活。而且，随着年级的升高逐渐感到学习持久紧张与竞争压力，很多大学生心理压力增大，容易产生茫然、空虚、压抑、紧张、无所适从感，导致心理挫折的产生。

# 第三节 大学生心理危机的预防与干预

如何对大学生的心理危机实施有效干预，是摆在高校教育工作者面前的一个重要的实践课题。许多高校目前已经积极开展这方面的工作，积累了许多宝贵经验。我们认为，大学生心理危机的干预可以从以下几方面着手。

## 一、重点关注高危个体

首先要明确哪些大学生是心理危机的高危个体，以下是湖北省教育厅文件《湖北高校大学生心理危机干预及自杀预防实施方案（试行）》中对心理危机的高危大学生个体的界定，具有一定的参考价值。

（1）在心理健康测评中筛查出来的有心理障碍或心理疾病或自杀倾向的学生。

（2）遭遇突然打击和受到意外刺激后出现心理或行为异常的学生（家庭发生重大变故，身体发现严重疾病，遭遇性危机，感情受挫，受辱，受惊吓，与他人发生严重人际冲突后出现心理或行为异常的学生）。

（3）学习压力、就业压力特别大以及严重环境适应不良出现心理或行为异常的学生。

（4）因严重网络成瘾行为而影响其学习及社会功能的学生。

（5）性格内向、经济严重贫困且出现心理或行为异常的学生。

（6）有严重心理疾病（抑郁症、恐惧症、强迫症、癔症、焦虑症、精神分裂症、情感性精神病等）且出现心理或行为异常的学生。

（7）对近期发出下列警示讯号的学生，应作为心理危机干预的重点对象及时进行危机评估与干预：①谈论过自杀并考虑过自杀方法，包括在信件、日记、图画或乱涂乱画的只言片语中流露出死亡的念头者；②不明原因突然给同学、朋友或家人送礼物，请客，赔礼道歉，无端致以祝福，述说告别的话等行为明显改变者；③情绪突然明显异常者，如特别烦躁，高度焦虑，恐惧，易感情冲动，或情绪异常低落，或情绪突然从低落变为平静，或饮食、睡眠受到严重影响等。

## 二、在危机干预理论的指导下实施针对性干预

心理危机干预的许多理论产生于西方国家。这些理论从不同角度对危机干预的本质以及方法、策略、过程进行了探讨，既是对危机干预实践的提升，反过来对危机干预的实施又起着重大理论指导作用。例如，西方学者贝尔金（G. S. Bekin）把危机干预归纳为三种基本模式：平衡模式（equilibrium model）、认知模式（cognitive model）和心理转变模式（psychosocial transition model）。

第一，平衡模式。危机中的人通常处于一种心理或情绪失衡的状态，在这种状态

下，原有的应对机制和解决问题的方法不能满足他们的需要。平衡模式的目的在于帮助人们重新获得危机前的平衡状态。平衡模式最适合早期干预，这时人们失去了对自己的控制，分不清解决问题的方向且不能做出适当的选择。

第二，认知模式。危机根植于对事件和围绕事件的境遇的错误思维，而不是事件本身或与事件和境遇有关的事实。该模式的基本原则是，通过改变思维方式，尤其是通过认识其认知中的非理性和自我否定部分，通过获得理性和强化思维中的理性与自强的成分，人们能够获得对自己生活中危机的控制。认知模式最适合危机稳定下来并回到接近危机平衡状态的求助者。

第三，心理转变模式。该模式认为人是遗传天赋和从特殊的社会环境中学习的产物。因为人们总是在不断地变化、发展和成长，他们的社会环境和社会影响总是在不断地变化，危机可能与内部和外部（心理的、社会的或环境的）困难有关。危机干预的目的在于与求助者合作，以测定与危机有关的内部困难和外部困难，帮助他们选择替代他们现有行为、态度和使用环境资源的方法，结合适当的内部应对方式、社会支持和环境资源，以帮助他们获得对自己生活（非危机的）的自主控制。这个模式适合已经稳定下来的求助者。

不同模式指明了不同危机干预时期的重点，每种模式下又包含许多种不同的操作方式和方法。危机干预工作者应当了解不同干预模式适应的对象及各自的优点与不足，深入掌握一些危机干预的手段和方法，积累实践经验，从而帮助大学生面对危机、渡过危机。

## 三、建立大学生心理危机干预的队伍和体系

大学生心理危机干预是一项复杂的系统工程。对从事这项工作的队伍而言，心理危机干预的主力是受过专门训练的心理咨询师，但教师、管理者、同学、家长、社会工作者也都是危机干预队伍中的重要成员。从危机干预的体系建构来讲，仅仅依靠某个部门或中心（如危机干预或心理咨询中心）常常难以做到有效干预，它需要学校不同部门、机构的相互配合，这些部门和机构包括学生处、校医院、保卫处、院系学生工作委员会、学生会等。

目前，不少高校结合自身特点建立了危机干预的队伍和体系，如四川大学启动大学生心理问题预警和干预方案，具体落实以下七项措施。

一是建立心理危机干预知识培训制度。由学校心理健康教育中心组织分批对各院系分管学生工作的领导、辅导员、班主任、学生宿舍管理员、保卫人员、各班心理联络员及各研究生会、学生会主要干部，社团负责人开展心理危机干预知识的培训。

二是公布应急求助信息。通过开设课程、举办讲座、发放资料、网络专题咨询等指导学生掌握心理调节的方法，了解处于心理危机状态中的人有何表现，如何进行干预；公布心理求助热线电话、校医院急救电话、辅导员电话等。

三是建立大学生心理与行为问题监测网络。监测网络采取“五级网络”模式，每

一级网络都指定专人负责，定期向上级网络报告。

四是建立并健全大学生心理档案。通过对新生进行心理健康测量，建立大学生心理档案，掌握容易产生心理问题的学生的心理健康状况，特别关注有严重生理和心理疾病、有自杀倾向的学生，以及在学习和生活中遇到突然打击与受到意外刺激的学生。对发现有问题的学生采取重点辅导、专人管理、及时矫治的措施。

五是建立大学生心理与行为问题应急处理机制。全校性的因突发事件而产生的大学生心理与行为问题，由二级网络统一进行综合评估，做出初步判断，提出处理办法；院系性的因突发事件而产生的大学生心理问题，由三级网络统一进行综合评估，做出初步判断，提出处理办法，并将评估、判断和处理情况上报二级网络，二级网络在综合各院系情况的基础上，再将情况上报一级网络。

对自伤、自杀（或自杀倾向）者立即送医院救治或进行监护，并报告上级负责人。由当事人亲近的 1～2 位人员或指定专门人员进行心理救护，稳定和疏导情绪；帮助危机当事人建立社会支持系统；向危机当事人提供应对机制并与其共同制定缓解危机的行动步骤；注意危机后期的安全保护和心理康复工作，防止意外再次发生。

六是建立大学生危机干预档案。三、四、五级网络要将大学生危机事件的处理情况详细记录，将书面材料交心理健康教育中心或心理咨询中心、学生处存档，以备必要时调用。

七是建立和强化大学生心理辅导制度。提高心理辅导质量，丰富心理健康教育内容，营造良好的心理文化环境，让“珍爱生命、美丽心灵”“健康的一半是心理健康”“追求成长、超越自我、完善自我”等心理健康意识深入人心，使大学生学会用心理保健知识维护自我心理健康。

## 四、提高大学生心理素质与应对技能

危机通常是需要立即处理的紧急情形，个体的心理健康水平和心理素质直接影响对危机的克服与应对，因此，提高大学生的心理素质和心理健康水平，可视为危机干预的源头工作。

如何营造心理健康的环境，提高个体对危机的应对技能呢？我们认为应从以下几个角度考虑。

第一，正确看待压力、挫折和危机。人的认知犹如“过滤镜”，它会使许多情境改变颜色。首先，压力、挫折和危机都是客观存在的。人的一生，困难、挫折和危机是不可避免的，可以说是逢时俱来，这是客观存在的东西，不以人的意志为转移。面对客观存在的这些情境，我们应该承认它，怨天尤人是没有任何意义的。其次，压力、挫折和危机又是辩证的。它们对人既是刺激、威胁，然而也是挑战，有人将其称为“生命之盐”是有一定道理的。从积极的意义上看，适度的压力、挫折是维系正常心理功能的条件，有助于人们适应环境、提高能力，认识自身的长处与短处。而危机能激发潜能的发挥乃至发挥至极致。危机的克服能使人在增长人生经历的同时提高自信心，使人生变得丰富而充实。

第二，争取社会支持。人是社会的人，人的发展离不开社会的支持。大学生应该努力争取拥有良好的人际关系，拥有家庭的亲情和朋友、邻居的友情，以及拓展的网络，包括同伴、同乡、同学、团体的接纳与被接纳。社会支持的作用一是屏障，二是支持本身所具有的意义和价值。所以我们应培养社会兴趣，在人际交往中学会与他人协调合作。为此，大学生应做到：一是学会从他人的角度看问题，既要对自己负责，也要对他人负责；二是对人不苛求，善于发现他人的优点，欣赏他人的成功；三是不嫉妒人，比自己强的人没资格去嫉妒，比自己弱的人不屑于嫉妒；四是主动关怀并帮助他人，从中营造互助互利的氛围，体味人生的价值；五是当面临自身难以应付的困难、挫折时，应主动寻求、善于利用并乐于接受他人所提供的社会支持，包括工具性的和情感性的支持。

第三，营造积极的自我概念。提高自我调节能力的核心是营造积极的自我概念。自我概念不是遗传的结果，而是后天社会实践的产物。具有积极自我概念的人的主要特质有：一是以“真实的我”面目出现，有适度的自信，不矫揉造作；二是对自我有明晰的认知评估，并以肯定的态度接纳自己，既能接纳自己的长处，也能接纳自己的短处乃至缺陷。那么，怎样才能营造积极的自我概念呢？主要途径是从事实践活动并力争获得成功，成功可增强人的自我效能感、价值感，提高自信心，同时还是医治抑郁症、焦虑症的良药。

## 思考与练习

1. 简述心理危机的概念及其主要表现。
2. 描述大学生心理危机的影响因素。
3. 简述大学生心理危机的表现。
4. 简述大学生产生心理危机的主要原因。
5. 如何对大学生的心理危机进行预防和干预？

# 第十七章　大学生人生幸福路

## 你的学习目标

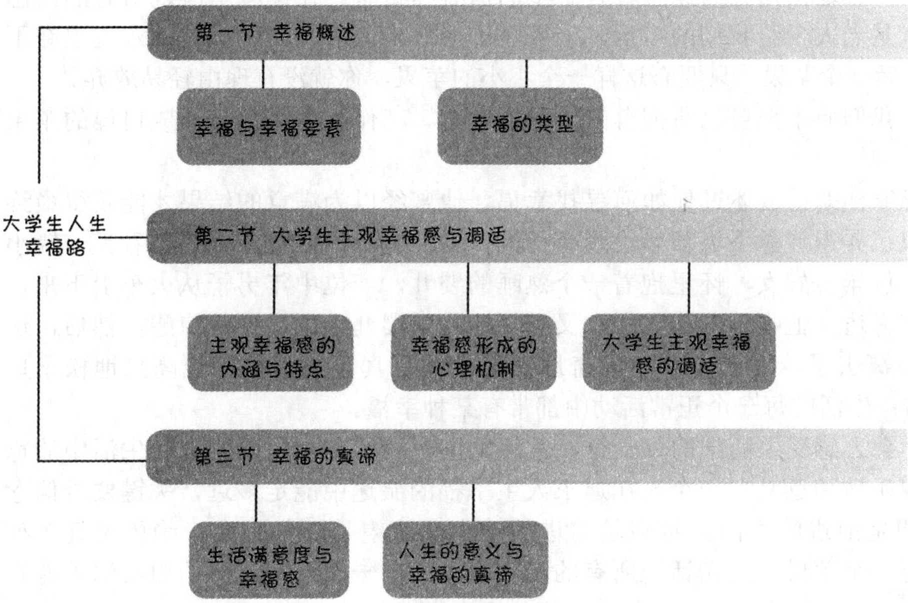


## 本章导航

亚里士多德说：“幸福是生活的目的和意义，是人类存在的至上目标。”追求幸福是全人类的共同渴望和永恒主题，“幸福感”是人生所有目标中的终极目标。大学时期是踏上人生新旅途的转折点，是开始独立生活和为未来发展奠定基础的关键时期，每位同学都对大学生活充满了期待与憧憬，每位同学都对大学生活有自己的认识和思考。那么，该怎样谱写大学生活的主旋律？幸福到底是什么？作为一名大学生，如何快乐、幸福地度过大学时光呢？培养大学生科学理性的幸福观，修炼提升创造幸福的能力，是大学生自我成长、融入新时代，拥抱幸福美好明天的心理资本。

**【案例】**

**我还有一个苹果**

斯坦利·库尼茨是一个对沙漠探险情有独钟的瑞典医生。年轻的时候，他曾试图穿越非洲撒哈拉大沙漠。进入沙漠腹地的当天晚上，一场铺天盖地的风暴使他变得一无所有。向导不见了，满载着水和食物的驼群消失了，连那瓶已经开启的准备为自己庆祝36岁生日的香槟也洒得一干二净，死亡的恐惧从四面八方涌向他。

在绝望的瞬间，斯坦利把手伸向自己的口袋，意外地摸到一个苹果。这个苹果使斯坦利从绝望中清醒，他庆幸自己竟然还有一个苹果。几天后，奄奄一息的斯坦利被当地的土著人救起。昏迷不醒的斯坦利手里却紧紧地攥着一个完整、却已经干瘪了的苹果。

20世纪初，这位一生都充满传奇色彩的老人去世了。弥留之际，他为自己写了这样一句墓志铭：我还有一个苹果。

**案例分析：**

一个苹果，让这位伟大的探险者有了生的信心和希望。在绝境里漠视所有的困惑与劳累，这就是老人带给我们的启示。上苍也许会夺走你的一切，但是他永远也夺不走你心中的最后一个苹果，只要有这样一个小小的苹果，你就没有理由轻易放弃。

生活中，我们何不把自己所拥有的，包括学习、工作、生活，都当成自己的苹果呢？

美国教育家杜朗曾叙述过他如何寻找幸福。他曾经以为满意的结果才能获得最终的幸福，把自己弄得疲惫不堪却始终没有得到。直到有一天，他在火车站看见一辆小汽车里坐着一位年轻妇女，怀里抱着一个熟睡的婴儿，一位中年男子从火车上下来，径直走到汽车旁边，他吻了一下妻子，又轻轻地吻了婴儿，生怕把他惊醒。然后，这一家人就开车离去了。这时杜朗才惊奇地发现什么是真正的幸福。他高兴地松了口气，从此懂得：生活的每一个正常活动中都带有某种幸福。

我们要学会去感受生活中的每一个正常活动所带有的幸福，要学会从生活中的每一个角落发现乐趣和意义。一个人在追求人生幸福的旅途中能走多远，关键要看信念的强弱。梦想是前进的方向，希望是前进的动力；希望是半条生命，绝望是整个死亡。“我还有一个苹果”这句话把所有的希望都浓缩在一起，在我们的内心深处能有一份苹果的清香，我们就一定能够到达幸福的天堂。

## 第一节 幸福概述

### 一、幸福与幸福要素

#### （一）幸福的内涵

1. 幸福及其含义

幸福是人的迫切而合理的需要通过正当途径得以实现或部分实现时的心理体验，是一种精神身心一致的愉悦感，是一种主观感受现实生活和谐美好的心理体验。

幸福的具体含义是：人们在一定的客观条件下，在希望实现某个不太容易实现的目标的愿望驱使下，充分调动自己的主观能力，追求自己的需要，并得到相对满足的和谐生活状态。

2. 幸福是五个因素的集合

积极心理学之父马丁·塞利格曼在2012年11月9日的主题演讲《积极心理学与人类幸福》中提出幸福是五个因素的集合，是人们幸福的源泉。

（1）丰富的积极情绪。不同的情绪产生不同的行为，导致不同的结果。处在积极情绪状态下的人更容易采纳他人的观点；积极情绪还有助于人们了解不同群体之间的联系和共性，从而拉近与其他群体的距离；积极情绪使我们看到更多自己和伙伴的相似之处；积极的情绪状态还能让人在完成工作的同时获得满足。

（2）高度的沉浸体验。"沉浸体验"理论是心理学家西卡森特米哈伊提出的，也翻译为"心流"，其实质是乐在其中并实现成就的体验和感觉。指个体完全地沉浸于体验本身，而体验本身就是好的奖赏和动机，在沉浸状态中，强调的是个体全心投入地做事情时的感觉。

较幸福的人会有内在的自我挑战目标，并且目标与个人的需要一致，可行、实际、被文化所认同，且不会互相矛盾；并且他们追求完成具有挑战性目标、能够掌控的任务时，个体受内部动机驱使，能够进入全神贯注和高度的忘我状态，甚至时间知觉都会被拉长，而且往往伴随着一种享受沉浸其中、其乐无穷的高峰体验。

（3）和谐的社会关系。和谐的社会关系是幸福的一个重要决定因素。Diener 和 Seligman 的研究发现，幸福的大学生和其他大学生不同的地方在于他们花更多的时间与朋友聚会、结识新人并善于维护友谊。新的一项研究表明，人如果每天花一些时间和他人进行深入的交谈，能有效提高幸福感。

（4）有意义的生活和工作。每个人对生活的理解不同，渴望也不同。重要的是要想明白你到底想要什么样的生活。有人渴望事业成功，有人渴望永远在路上，有人渴望纸醉金迷，去追寻你渴望的生活并努力实现，就是有意义的生活！

（5）不断涌现的成就感。成就感是指愿望与现实达到平衡产生的一种心理感受。成就不一定是一个人很大的目标实现了所带来的良好感觉，其实某种小目标的实现也可以带来成就感，人需要成就感才会更加努力去实现其他自己的目标。

3. 幸福的生理基础

幸福的生理基础源自人脑分泌的一种化学物质多巴胺（Dopamine），简称"DA"。多巴胺是一种神经传导物质，与大脑的情欲、感觉有关，传递兴奋及开心的信息。多巴胺能传递快感，能影响每一个人对事物的欢愉感受。相反，一旦多巴胺分泌减少，向下传递的信号就无法很正确地传递到肢体，这个时候我们执行的命令就可能是错误的，或者根本没有受到大脑控制。

幸福像其他所有的感觉一样，源于躯体，而不仅源于大脑。在有人赞美你，有人送你鲜花，或者你正在享用美食的时候，幸福的感觉不仅仅写在脸上，同样你的身体里也会出现一种兴奋状态。学者们进行了仔细测量，大多数人感到幸福时，心跳要比平时每分钟快3～5次，体温也要升高1/10摄氏度，因为供血得到了改善。可见，只有当大脑接收到来自心脏、皮肤和肌肉的明确信号时，幸福的感觉才会产生，没有躯体，我们就不能感觉到幸福。

### （二）幸福与快乐的关系

1. 幸福三感

满意感、快乐感和价值感是幸福有机统一的整体，也是幸福的三个层次，只有当三感基本平衡和谐时幸福才可能处于持续和谐的状态。

（1）快乐感：感到生活有巨大乐趣，并希望自然而然持续的心境，快乐是人们在感受外部事物带给内心的愉悦、安详、平和的心理状态，来源于积极乐观的情绪。

（2）满意感：指个人的基本需要是否得到满足，基本的需要包括身心健康、衣食无忧。

（3）价值感：个人生存发展的有用性，是幸福感的较高表现，它是在满意感和快乐感同时具备的基础上，实现个人发展的因素，从而使个人潜能得到发挥。如目标价值、成长进步等。

2. 幸福与快乐

1）幸福与快乐的联系

在古希腊，亚里士多德对幸福与快乐的关系做过精彩的论述，他认为幸福就在快乐的生活之中，快乐是幸福的应有之义，幸福就是快乐的生活。快乐是一种心情，属于幸福的范畴，幸福的感觉和心理体验中一定有愉悦情感体验。

2）幸福与快乐的差异

快乐的人不一定幸福：快乐是与正性刺激有关的感受和情绪体验，有刺激我们就快乐，如看电视、吃美食。刺激消失了，我们就不那么快乐了，甚至在快乐之后可能感觉到的是空虚。

快乐≠幸福，快乐与幸福存在心理品质上的差异性（表 17-1）。

**表 17-1　快乐与幸福存在心理品质上的差异性**

| 差异 | 快乐 | 幸福 |
| --- | --- | --- |
| 满足差异 | 简单的、具体的需要或欲望得到满足产生的愉悦感 | 复杂的、根本的、总体的需要得到满足后产生的愉悦状态 |
| 性质差异 | 有是否正常和健康的问题，如变得快乐 | 总是正常和健康的，与社会发展根本要求一致 |
| 行为差异 | 其追求和获得的行为具有自发性，不见得能够忍受痛苦，体现趋乐避苦的自然倾向 | 经过理性思考和行为选择的结果，符合社会本性与自我需要的客观要求。可以忍受许多难以忍受的痛苦，甚至为了幸福可以牺牲许多 |
| 合理合法 | 有盲目性、有是否合法合德的问题。需要不停对外索求满足欲望，甚至不惜犯罪 | 本身是善的，追求幸福的过程是合德合法合理的过程。需要不停对内感受，用心去感受，用爱去付出 |
| 时限差异 | 短暂性、即时性、间断性，生活的调剂 | 持久、连续、深沉；一种生活状态、生活过程。达到永恒，长久回味 |
| 条件差异 | 很大程度上取决于生存环境和条件 | 不完全取决于生活的外部条件和生存环境 |

## 二、幸福的类型

### （一）物质幸福与精神幸福

（1）物质幸福：基本的物质生活条件是幸福的基础，是人们生存、发展和创造、实现人的价值的物质保证，同时，还直接制约和影响精神生活。幸福离不开物质生活条件，但不能把幸福和物质享受画等号，更不能把幸福归结为个人物质享受的享乐主义。

（2）精神幸福：精神需要的满足是幸福的重要源泉。良好的情感品质让人自我充实，内在生活丰富，有爱的体验和能力，这是自己身上的快乐源泉。良好的灵魂品质表现为善良，高贵的品德，真诚的信仰，这是做人的最高幸福。良好的智力品质表现为智力活动的兴趣和习惯，在此基础上找到自己真正喜欢做的事。

（3）物质幸福与精神幸福的关系。

马斯洛的需要层次论，就是人生幸福的层次论（图 17-1）。它揭示了人对幸福的需要是各不相同的。在连温饱也无法满足的人看来，安全、爱情、自尊和荣誉等都是次要的，他的快乐与幸福首先就在于解决温饱问题。

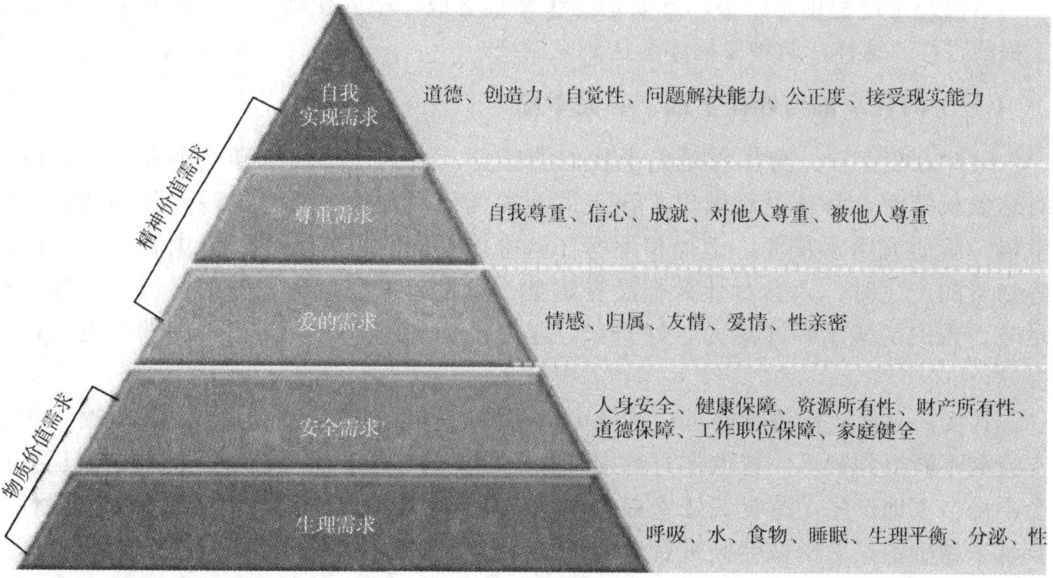


图 17-1　马斯洛的需要层次论

第一，物质幸福是精神幸福的基础。马斯洛的“需要层次论”并不贬低人的基本需要，即生理需要，人的基本生存和安全的需求，是人们追求精神幸福的必要条件，但不是充分必要条件。

第二，人们只有追求高级需要的满足及精神的幸福，才能不断增强对人生幸福的体验。在分析人的幸福体验时，马斯洛更多地强调个人需要的满足带给个人的

“主观效果”——“高级需要的满足能引起更合意的主观效果，即更深刻的幸福感、宁静感以及内心生活的丰富感”。在马斯洛看来，幸福从根本上来说是个人的一种主观感受，它是个人对其自身的需要及其满足状况的一种经验把握、理性认知和情感态度。

**（二）过程幸福与结果幸福**

（1）过程幸福：人在追求某种幸福的过程中，每一次较小目的、较小预期结果得到实现时所体验到的幸福。

（2）结果幸福：经过一定的努力过程而实现了人的重大目的、预期结果的幸福体验。

（3）过程幸福与结果幸福的关系。

首先，过程幸福是结果幸福的前期积累；过程幸福孕育着结果幸福，结果幸福是过程幸福的延伸，用国外的一句谚语来描述，即只有那种每天劳累得满身大汗回家的人，才是世界上幸福的人。正是人们岁岁年年的辛勤劳作孕育的幸福之花，才会结出沾满汗水和泪水的幸福之果。

其次，我们也要认识到，有过程幸福不一定有结果幸福，如恋爱过程幸福未必会有结果幸福；另一种情况是过程痛苦而结果幸福，如对女性来说，分娩过程是非常痛苦的，然而伴随着一声响亮的啼哭，孩子的降生会使母亲体验到无比的幸福。

幸福既是过程也是结果，既要把结果幸福看成幸福的生活，也要把行动本身看成幸福的过程。这样，两种幸福才会达到完满统一。

**（三）内在幸福与外在幸福、心灵幸福**

（1）内在幸福。身体总是先于我们的感觉，大脑还在编织喜欢不喜欢、赞成反对这条长链时，身体早已做出了决定，无须任何理由。当有感觉时，我们就找到了幸福。脑研究学家发现，幸福和不幸在脑中以不同的方式实现。当大脑缺乏多巴胺等物质的产生时，人会对什么都没有感觉，引不起兴趣；当大脑中多巴胺等物质充足时，人的清醒度和注意力、好奇心、学习能力和幻想力，创造力和性欲也都得到提升。

其实，只要我们进行感觉训练就可以获得，当我们留意感受幸福的感觉时，神经支流会不断得到锻炼，就像你对特别喜欢的食物的味道，远远就可以闻到，多巴胺就会不由自主地产生，感觉美好幸福的神经链会越来越粗壮，身体对于幸福的感受性也会越来越敏锐。幸福像会倾听音乐的耳朵一样，需要不断地学习和训练。当幸福即将来临时要学会提醒自己留意，据科学家研究，有意注意的结果比无意注意要好得多。因此，我们要提高对幸福的感觉，当它到来时，记住它的感觉！

（2）外在幸福。物质幸福具有强烈而短暂的特点，人们的这种幸福体验，就像卖火柴的小女孩擦亮火柴那一刻的幸福，非常强烈却稍纵即逝。马斯洛的需要层次理论中提到的爱与归属的需要、被尊重的需要，则是高层次的需要，是外界所给予的精神支持的满足。

（3）心灵幸福。其一，我们以什么样的心和视角看待事物，决定着我们能否拥有幸福。认知决定着我们的幸福感，只要我们愿意，转角就会遇见幸福。其二，我们以什么样的心和视角看待自己，也决定着我们能否拥有幸福。积极心理学中的积极自我认识也可以包含自我表现不好的方面，能够包容自己的缺陷，正视自己的不完美。

# 第二节 大学生主观幸福感与调适

## 一、主观幸福感的内涵与特点

### （一）主观幸福感的内涵

主观幸福感（subjective well-being，SWB）主要是指个体依据自己设定的标准对其生活质量所做的整体评价。因而SWB是一种主观的、整体的概念，同时也是一个相对稳定的值，它是评估相当长一段时期的情感反应和生活满意度。对幸福感受和体验即幸福感。幸福感是一种存在的状态，在这种状态里，个体的情绪分布于从持久的满足感到激烈的愉悦感之间不等。幸福感是一种愉悦的、让人满足的经验，是一种积极心理状态。在这种体验中，我们不但会感受到快乐、兴奋、愉悦、放松等，而且对当前的生活品质也会持正面的评价。它是由需要（包括动机、欲望、兴趣）、认识、情感等心理因素与外部诱因交互作用而形成的一种复杂的、多层次的心理状态。

### （二）主观幸福感的特点

（1）主观性。主观性指以评价者自定的标准而非他人标准来评估。

（2）稳定性。稳定性主要测量长期而非短期情感反应和生活满意度，它是一个相对稳定的值。

（3）整体性。整体性是综合评价，包括对情感反应的评估和认知判断。

## 二、幸福感形成的心理机制

幸福感形成的心理机制是情感、需求、认知、行为的有序运动、有效调节的心理活动过程。

（1）幸福是一种感情体验：幸福首先是一种个人的感情，故也可称幸福感。感情有很多种，我们可以简单地分为积极快乐的与消极痛苦的两种感情。积极快乐的感情有舒适、轻松、满意、安心、兴奋、愉快、高兴、欣喜、狂喜等，消极痛苦的感情有厌烦、沮丧、苦恼、伤心、悲痛、失望、焦虑、忧郁、忌妒、愤怒、惧怕、惊恐等。如果一个人感受到的积极快乐的感情比较多，而感受到的消极痛苦的感情比较少，那么，他所获得的幸福感就比较多。

（2）幸福是一种需要的满足：一是需要既是个体行为的内驱力，又是幸福的基本来源。情绪的产生有赖于需要满足与否，“幸不幸福”这个基本的问题实际上可以简化为迫切需要是否得到满足。二是需要种类、内容形式是多样的，既可以是情感、物质，也可以是言语、行为，由它们引起的情绪、情感也有所不同。三是需要带来的幸福体验及感知阈限会发生变化，“风花雪月”是一种幸福，“柴米油盐”也是一种幸福；过多或过少也都会引起幸福或不幸的感觉。四是追求幸福的动机，可以增强和提升幸福感。满足自身需求的目标和满足外部需求的目标带来的幸福体验是不同的。很明显，满足自身需求所带来的快乐程度远高于满足外部需求所带来的快感。

（3）幸福是个体的认知评判。影响幸福心理的认知因素主要有幸福的感知、自我评价、社会认知比较等。认知是我们获得幸福体验的中介因素。无论是好事还是坏事，都需要经过我们的认知加工给予相应的评价，才能带来积极或消极的情绪体验。

第一，看问题的思维模式。同一件事，看问题的角度不同，得到的体验或反应也就不同。

第二，对事情结果的归因方式。如果将成功归结于自身的能力，我们体验到的就是自豪；如果将成功归结于自身的努力，我们体验到的就是满足，就会有更多的内在动力，产生积极的情绪体验；如果把成功归因于任务过于简单，我们体验到的就是不可控；如果把成功归因于运气，我们体验到的就是侥幸，就会感觉自己力量不够，产生消极的情绪体验。

第三，社会比较是获得幸福感的重要机制。恰当的社会比较策略，能够给我们带来积极的情绪体验。一方面我们可以进行横向比较，多拿自己的优点和别人进行比较，自己总有比别人好的地方，如相声演员冯巩说过他是相声界里小品演得多的，是小品界里会说相声的。找到自己优于别人的地方，会让自己找到自己的价值，增加幸福感。另一方面我们可以进行纵向比较，将自己现在的状态和以前的状态进行比较，找到进步的地方，如许多老年人喜欢将现在的生活和以前的吃不饱、穿不暖的生活进行比较，就能深深感受到社会的进步、生活的改善，幸福感就非常强烈。但在比较时要注意，不要拿别人的优点和自己的缺点比。在找原因时，要比较主观因素（如兴趣、爱好、情绪、技能等），少比客观因素（如环境、难易、资源等），因为主观因素是我们自己可以控制的，而客观因素往往是不可控的，把原因归于主观因素会增加信心和自我价值感，把原因归于客观因素会增加压力和无力感。

（4）幸福与行为活动。幸福的产生有赖于人的行为活动。只有通过具体的行为活动，我们才能认知幸福的事物，满足自己的各种各样的需要，进而产生幸福的情感。凡是能够驱使人从事某种活动，满足幸福需要的事物，都可以成为人们追求幸福与快乐的行为目标。幸福的行为目标对人的行为活动起激励作用。没有人可以避免生活的烦恼，也没有人总可以享受生活的乐趣，正如做饭的调味品一样，酸甜苦辣一样也少不了。所以，当我们在生活中遇到这样那样的问题时，处理应对的方式尤为重要。

## 三、大学生主观幸福感的调适

幸福不是一蹴而就得来的，它是一种快乐的心态，更是一个持续的追求过程。幸福是一种能力，是可以通过不断的学习获得的，更需要在点滴生活实践中去体验、去行动，让它成为一种生活方式和习惯。

（1）保持积极心态，增加积极的情绪体验。用乐观的心面对问题，如笑、寻找积极的体验、与家人或朋友在一起、从事喜欢的工作；积极了解问题本身，获得对情境的控制，如拥有积极的信念、从事建设性行为、为达到长期目标放弃短期的快乐，对将来抱有积极的希望等。

（2）不断尝试新事物。早在1908年，心理学家罗伯特·M. 耶基斯和约翰·D. 道森就解释过，一个相对舒适的状态可使行为处于稳定水平，但是我们需要有相对焦虑的状态，即一个略高于普通水平的空间。走出舒适区，尝试新事物和新的生活方式不仅能让脑神经细胞充分驱动起来，还能刺激肾上腺素的分泌，使人开心愉悦，同时使我们有更开阔的眼界，学习工作会更加有效率。

在大学阶段，去学习新课程，到一个新地方去旅行，结交新朋友，鼓起勇气去做原来想做又一直未做的事，或是每天迸发出有创意的想法并努力付诸实践……新的体验会让你激发出更多的潜力，发现更多的生活乐趣和幸福。

（3）敞开心胸，倾吐心事。当负性的生活事件发生时，刻意压抑对这些事件的想法，可能会让人们更关注于这些想法，因为越试图不去想这些事情，实际上会让我们想得更多。将负性事件写下来，或者向他人倾诉，可能会帮助人们更好地理解那些事件，然后轻装前行。即使只是“与日记对话”，甚至只是写下自己未来的梦想和人生的目标，倾诉也都是大有裨益的。

（4）建立和谐的人际关系，寻求社会支持。社会支持是指我们在生活中所感受到的来自周围他人情感上的关注和支持，心理学家早就发现，社会支持在压力、应激源及应激行为之间起着缓冲作用，社会支持通过减轻压力和应激而对免疫功能产生影响。Elizabeth还证明社会支持对抑郁症有影响：低社会支持的人更容易患抑郁症。

（5）自我调控。自我调控是指个体控制和指导自己行动的方式。自我调控强调的是个体对自己的思维、情感和行为进行监察、评价、控制和调节的过程，以达到个人价值与社会期望相匹配。在社会生活中，自我调控机制能够增强我们的幸福感。自我调控有如下几个方法。

①延迟满足。延迟满足就是我们常说的“忍耐”“节制”，是指为了追求更大的目标，获得更大的享受，可以暂时克制自己的欲望，放弃眼前的诱惑。在现实生活中我们不难发现，忍受眼前的诱惑，一段时间之后再满足自己的需求，我们所体验到的情绪要比及时获得而体验到的情绪更积极、更强烈。

②自我提升。自我提升是指追求积极自我形象和肯定自我的内驱力，以满足增强自尊、提高自我价值感、寻求积极自我认识的需要。

# 第三节 幸福的真谛

## 一、生活满意度与幸福感

生活满意度是衡量主观幸福感的重要认知指标，是对自身幸福感更有效的肯定性衡量标准。

### （一）生活满意度的内涵

生活满意度（life satisfaction）是指个体基于自身设定的标准对生活质量做出的主观评价，是衡量某一社会人们生活的重要参数。生活满意度是个体对自己生活的综合判断，作为认知因素，它影响着个体的情绪体验，从而影响到个体生活目标的定位和行为追求的取向，对个体乃至社会都会产生重要影响。

### （二）生活满意度的构成

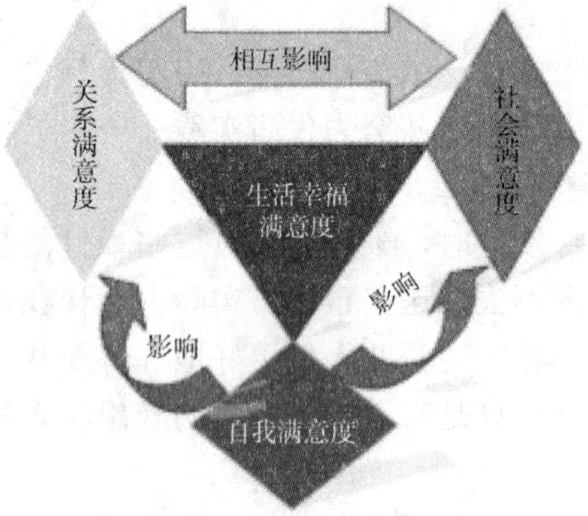


图 17-2 个体的生活满意度构成

个体的生活满意度构成（图 17-2）可能存在差异，因为人们对生活的评判与自己的生活状态、生活阶段目标息息相关，但都不可能回避自我、关系、社会三个方面的维度。

（1）自我满意度：指个体对自我存在和发展的主观评价。包括个性（气质、性格、能力）、价值等自我评价。自我满意度深刻影响着人们对他人和社会的评价。

（2）关系满意度：指个体对自我与他人关系的基本评价。包括亲情关系、亲密关系、职业关系、友情关系等的基本评价。

（3）社会满意度：指个体对社会发展现状的现实评价和未来发展的展望评价，包括政治、经济、教育、环境、自由、就业、福利等诸多因素。

因此生活满意度是一个相对概念，即满意度永远是相对的，而不是绝对的。但不容置疑的是如果人们对三个维度的满意度相对较高，人们对生活满意度相对就高，幸福感、幸福指数也会相应提高。

### （三）主观幸福感与生活满意度的关系

主观幸福感与生活满意度之间是相互联系、相互影响的，生活满意度是衡量主观幸福感的重要标准。个体的生活满意度越高，体验到的积极情感越多，消极情感越少，主观幸福感就越高。

## 二、人生的意义与幸福的真谛

人生的目的和意义当然在于追求幸福，生活的真谛就在于找到你的兴趣和所爱，而后专注地尝试和投入，这也是生命的意义和价值之所在。正如美国的摩西奶奶所说：生活不是取得名利上的成就或成功，我们不需要去过别人眼中光鲜的生活，我们所要经历的只是自己的生活，我们要以自己最喜爱、最愉快、最幸福的方式度过自己的一生。

因为生活是个万花筒，真理很简单，生活很复杂。日常人们面对的，是平凡的普通生活。一个简单的事实就是现实与理想的差距，你经历的一切必然与你理想中的不同，现实与理想永远不可能完全重合。对此，你不要抱怨，因为这就是生活的本来面目，只要你尽力了，你就可以无悔，坦然接受生活给予你的现实。接受生活，尽自己的最大努力，让生活更美好。享受你已经拥有的幸福，同时追求更美好的生活。

对于抱怨生活中只有苦恼、没有幸福的人来说，借用美学上的一句话，生活中不是缺少美，而是缺少发现美的眼光。幸福同样如此，不是生活中缺少幸福，而是你不知幸福是什么，你缺少发现幸福的眼光。从这种意义上说，幸福也是一种素质。

凡人总是希望一个巨大的幸福能把自己淹没掉，却不知道这永远是一种空想。因为幸福不在你的外界，而在你的内心。不要到外面去寻找幸福，而要从自己的身心中去寻找幸福。幸福不是别人给予的，而是你自己获得的。无须你用力，幸福就在你的指尖边上：清晨的一缕阳光，街边的一簇花草，空气中一只彩蝶翅膀的扇动，街道墙边一幅美丽的字画，等等。对于生活中点滴的幸福不能感受的人，也不能感受巨大的幸福，因为那对于他不过是一阵很大的快感，稍纵即逝，他马上会追求下一个、再下一个，永远也没有满足的时候，这不是生活的真谛，也不是生活所能给予的，须知幸福是一种精神素质。

生活是我们自己创造的，幸福是我们自己给予的。与你生命中所有的缺憾和解，去开创你生命的未来，那里有你热爱的一切在等待着你，但不是你理想的一切在等待着你。你的兴趣和爱之所在，就是你的幸福之所在。生活有多么美好，尽你所能即是。你会得到你所能得到的一切，你得不到的，无须去遗憾，因为你尽力了，无须后悔了。正值年少的你们，去纵情地幸福吧！

**课外小知识——由两种鸟的幸福观到电影《当幸福来敲门》**

比索鸟和华庭鸟生活在亚美尼亚森林里，这两种鸟都喜欢吃绿毛虫。每到秋天，它们便会吃下大量绿毛虫以储存能量。等到冬天来临的时候，它们就靠着吃草秆和积攒的身体能量对抗寒冷。

比索鸟和华庭鸟食量巨大，一天一天过去，它们所在区域的绿毛虫越来越少。它们开始吃不饱了，可秋天还没有过半。这时，两种鸟便会表现出截然不同的状态。

比索鸟为寻找更多的绿毛虫，便远飞开始找食之旅。按理说，它们勤快地找食，身体能量应该越存越多。可现实情况却是，比索鸟每天都很疲惫，羽毛变得很难看，看样子就像得了病。这是因为它们长途奔波，十分劳累，吃掉的虫子很快便被消化掉了，能量根本贮存不起来。到了冬天，大量的比索鸟因为贮存的能量不足而死。

而华庭鸟在绿毛虫数量急剧减少后，并没有像比索鸟那样远飞寻找食物，它们靠着数量极少的绿毛虫为食，竟然干起了植树的活。因为绿蔓树十分容易成活，华庭鸟便开始合力折绿蔓树的枝条，然后插在地上。用不了多久，这种绿蔓树枝便会扎根成活，再过几天便会抽出淡黄色的嫩叶。这种嫩叶有特殊的香味，绿树蝶便开始争相落在上面……可想而知，不久后，一条又一条绿毛虫便爬满了枝叶，而华庭鸟则又开始了新一轮的美餐。因为食源充足，华庭鸟身体里贮存了大量的能量，冬天来临后，它们有了强大的抵抗力，因而幸福地生活着。

比索鸟到远方寻找食物，但这些食物并没有给它带来幸福。而华庭鸟就地取材，运用智慧，最终赢得了幸福。这个结局是不是可以给我们带来这样的启示：愚蠢的人总是漫无边际地寻找幸福，而聪明的人却喜欢在脚下种植幸福。

幸福，我们是如此想享受它带来的那片刻温柔。当我们苦苦寻找幸福的时候，或许我们已经错过了许多原本幸福的时刻。当我们费尽千辛万苦获得所谓的幸福时，才发现幸福原来很简单，简单得让人感受不到它的存在。

什么是幸福？这个问题就如问什么是宇宙一样。每个人在心中都有自己的幸福标准，只要达到了这个标准，就是幸福的。别人的幸福不一定是自己所想要的，而自己的幸福别人未必能感受。幸福是自私的，只有自己才能体会那片刻的快感。如果非要给幸福下个定论，无非有两点：一是和相爱的人在一起，二是做最喜欢的事情。

电影《当幸福来敲门》中，克里斯·加德纳则拥有后一种幸福。他在单亲家庭中长大，28岁的时候才见到自己的亲生父亲，于是他想让自己的儿子一直都活在自己的保护下。他的梦想是成为一名投资专家。可是，面对生活的困苦，妻子还是离开了他。接着，没有房租的他开始带着儿子过着流浪的生活。

一方面他要努力通过没有薪水的6个月的实习期，他要卖医疗仪器并借此糊口；另一方面他要保护好儿子的幼小心灵。他咬牙坚持到最后，终于成为一名正式的经济师，这离他的梦想更近了。在那一刻，站在人群中的他激动地不知道如何来表达内心的感受，他飞速地跑到儿子面前和他相拥，眼中的泪花在这一刻则是幸福的泪水。虽然，这对他来说只是一个起步，不过，这也是他人生的转折。

得到幸福的过程是如此的艰难，也正因为艰难，才会珍惜。圣诞节那天，他和儿子无家可归，流落在车站，他用自己的幽默让儿子得以度过一年中最美好的一天，然后在厕所里相拥着度过他们最漫长的一夜。他在球场上对儿子说："如果你有梦想，那么请保护好它。"在那一刻，他都未必能坚持住自己的梦想，但是他却鼓励儿子坚守梦想。

儿子是他的最大动力，而梦想让他不至于崩溃。其实，幸福是什么？幸福只是在实现自己目标后的一种心理反应。这种心理反应带来整个人精神上的振奋，让人有更强大的精神动力。

看着克里斯·加德纳的眼神，能体会到的不是幸福的来源，而是梦想的伟大。我们都有自己的梦想，而有能力的人则把梦想变成现实。这个过程中，虽然会有很多的阻力，但我们应坚信自己的能力，相信自己的目标。社会虽然有很多的不公平，但是既然很多人都能在这个规则下找到自己的人生坐标，那自己为什么不能找到自己的幸福？当幸福来敲门的时候，我们应该用满怀感激的心来享受自己所付出的一切。其实，幸福或许就在身边，而我们只是没有发现而已。

找一个爱的人或做喜欢的事情，就是简单的幸福。然而这么简单的幸福，却未必都能实现。但是，很容易实现的东西还有价值吗？

被贫穷包围、每天忙于为生活拼命的父亲，无奈、彷徨、失望，却从来都坚持认为"一切都会好起来"，会看到幸福。路继续走，不能后退，往前往前，能做的就只有不停地伸出迈向远方的脚步。

儿子跟着父亲，没有半句怨言，默默地守护。看着别人微笑，自己也微笑了，虽然自己没有感到一丝快乐。

对很多人来说，幸福是名词；对加德纳而言，幸福却是动词。加德纳作为美国20世纪90年代生活在社会底层的人物代表，通过自己的不懈努力和永不放弃的精神，最终获得了成功，改变了自己的命运。

早些时候听到过国内的一位经营大师说过一句话，至今常拿出来念叨：成功的意义是当你处于人生低谷的时候你反弹的高度是多少。我还能清楚地想起加德纳看着自己的妻子说"我们一定会好的"时的目光，想起他一个人默默坐着时的目光，他看着熟睡的儿子时的目光……原来每个父亲都是个人物，他勇敢的时候最为动人。

如果一部电影可以让人感动流泪，如果一部电影能够引起人们的深度共鸣，如果一部电影可以代表个人身上的某种愿望，如果一部电影值得无数次乐此不疲地拿出来细细品味，如果一部电影可以让人无数次地找到某种似曾相识的感觉……假如我的电脑里只能珍藏一部电影，我会选择这部父子情深的励志电影—《当幸福来敲门》（*The Pursuit of Happiness*）。

## 思考与练习

1. 幸福的内涵及五因素集合是什么？
2. 有人说幸福和快乐是一样的，你认为这种说法对吗？为什么？
3. 什么是物质幸福和精神幸福？它们之间存在什么关系？
4. 幸福感的定义及特点是什么？它又是通过怎样的心理机制形成的呢？
5. 大学生可以通过哪些不同的途径调适自我的主观幸福感？
6. 你的主观幸福感高吗？主观幸福感和生活满意度之间是什么关系呢？
7. 你认为人生有什么意义呢？幸福的真谛又是什么呢？谈谈你的理解。

# 参 考 文 献


安东尼·斯托尔. 2007. 弗洛伊德与精神分析. 尹莉，译. 北京：外语教学与研究出版社.

毕淑敏. 2012. 提醒幸福. 北京：同心出版社.

C. 罗伯特·克劳宁格. 2009. 感悟幸福——心身和谐的科学. 范肖冬，赵山明，译. 郑州：河南科学技术出版社.

柴素芳. 2013. 大学生幸福观教育论. 北京：人民出版社.

常向东，马丹英，薛玲. 2016. 大学生性心理健康与应对方式的相关性. 中国健康心理学杂志，24（2）：277-281.

陈力. 2000. 心理障碍与精神卫生. 北京：人民卫生出版社.

段鑫星，程婧. 2006. 大学生心理危机干预. 北京：科学出版社.

樊富珉. 2001. 大学生心理健康教育与心理咨询研究. 北京：北京航空航天大学出版社.

范瑞泉，杨杰文，魏兆瑜，等. 2012. 大学生性心理健康现状分析及健康性心理的塑造. 中国高等医学教育，（10）：50.

范双双，刘筠. 2014. 浅议大学生的恋爱心理误区及调适对策. 新西部，（15）：117.

格雷·F. 凯利. 2011. 性心理学. 耿文秀，译. 上海：上海人民出版社.

顾雪英. 2001. 职业价值结构初探. 心理学探新，21（1）：58-63.

郭薇. 2007. 心理危机干预概论. 成都：四川科学技术出版社.

郭永玉. 2005. 人格心理学：人性及其差异的研究. 北京：中国社会科学出版社.

郝宁. 2009. 积极心理学：阳光人生指南. 北京：北京大学出版社.

黄赐英. 2006. 构建大学生心理健康教育模式的理论探讨. 中国高教研究，（2）：89-90.

黄希庭，郑涌. 2014. 心理学十五讲. 北京：北京大学出版社.

江光荣，梁宇颂. 2012. 大学生心理健康教育. 武汉：华中师范大学出版社.

江光荣. 2003. 心理咨询与治疗（修订版）. 合肥：安徽人民出版社.

江光荣. 2005. 心理咨询的理论与实务. 北京：高等教育出版社.

金盛华. 2010. 社会心理学. 北京：高等教育出版社.

雎密太，张建新. 2005. 大学生心理障碍干预模式研究述评. 心理科学，28（3）：639-642.

雷鸣，王琛. 2015. 幸福心理学. 北京：机械工业出版社.

李江雪. 2010. 大学生情绪管理与辅导. 北京：北京师范大学出版社.

李山川. 2000. 心理危机解读. 合肥：安徽人民出版社.

李幼辉，王志铭. 2003. 精神病学. 郑州：郑州大学出版社.

李中莹. 2015. 重塑心灵. 北京：北京联合出版公司.

理查德·格里格. 2006. 心理学与生活. 16版. 王垒，周晓林，译. 北京：人民邮电出版社.

梁津安，杜敏. 2012. 幸福心理学. 西安：西安电子科技大学出版社.

林崇德. 2009. 发展心理学. 北京：人民教育出版社.

刘芳. 1999. 情绪管理学. 北京：中国物资出版社.

刘华山，江光荣. 2010. 心理咨询学. 上海：华东师范大学出版社.

刘儒德. 2010. 学习心理学. 北京：高等教育出版社.
刘翔平. 2010. 当代积极心理学. 北京：中国轻工业出版社.
刘晓华. 2008. 大学生恋爱心理误区及对策研究. 湖北科技学院学报，28（1）：134-136.
陆卫明. 2006. 人际关系心理学. 西安：西安交通大学出版社.
罗兰・米勒，丹尼尔・珀尔曼. 2011. 亲密关系. 张德芬，余蕙玲，译. 5 版. 北京：人民邮电出版社.
罗森堡. 2009. 非暴力沟通. 阮胤华，译. 北京：华夏出版社.
马建青. 2011. 大学生心理危机干预的理论与实务. 杭州：杭州出版社.
明宏. 2007. 心理健康辅导. 北京：世界图书出版公司.
莫雷. 2005. 学习心理研究. 广州：广东人民出版社.
彭聃龄. 2004. 普通心理学. 修订版. 北京：北京师范大学出版社.
彭贤，李海青. 2013. 人际关系心理学. 北京：清华大学出版社.
皮亚杰. 1981. 儿童心理学. 吴福元，译. 北京：商务印书馆.
皮亚杰. 1981. 教育科学与儿童心理学. 北京：文化教育出版社.
邱鸿钟. 2008. 应激与心理危机干预. 广州：暨南大学出版社.
冉祥华. 2000. 大学生心理障碍及其调适. 商丘师范学院学报，16（3）：101-103.
石勇. 2008. 心理危机. 广州：中山大学出版社.
世界卫生组织. 2000. 精神、神经疾病和社会心理障碍的初级预防. 北京：人民卫生出版社.
斯滕伯格. 2010. 爱情心理学. 李朝旭，译. 北京：世界图书出版公司.
孙大强. 2015. 幸福心理学：多维视角的探索与巡礼. 北京：世界图书出版公司.
泰勒・本-沙哈尔. 2007. 幸福的方法. 汪冰，刘骏，译. 北京：当代中国出版社.
谈平军. 2012. 洞察人心的沟通艺术：人际沟通心理学 10 讲. 上海：上海科学技术文献出版社.
宛蓉. 2014. 大学生心理健康：大学生生命教育与心理危机应对. 北京：北京师范大学出版社.
汪龙光. 2009. 人际沟通的心理学. 北京：中国致公出版社.
王军. 2011. 人际交往心理学. 合肥：合肥工业大学出版社.
王万山. 2012. 大学生心理健康教育：大学生心理危机的觉察与自助. 北京：中国出版集团 现代教育出版社.
王薇华. 2013. 幸福的能力. 北京：清华大学出版社.
温斌，杨润涛，张东枚，等. 2010. 大学生性心理健康特点的定量研究. 中国健康心理学杂志，18（7）：851-853.
夏宣禄，孟宪明，夏正超. 2010. 儿童青少年期精神心理障碍防治指南. 北京：人民军医出版社.
项传军. 2012. 90 后大学生性心理状况的调查研究. 中国健康心理学杂志，20（1）：129-131.
肖川，王凌云. 2011. 大学生生命教育. 北京：人民出版社.
肖永春，齐亚丽. 2005. 成功心理素质训练. 上海：复旦大学出版社.
谢华. 2010. 大学生性健康教育：内涵、现状、问题及其教育体系. 中华文化论坛， 65（1）：160-165.
许良发. 2016. 基于大学生性心理特点的当代恋爱观塑造. 荆楚学术，（6）：126-128.
薛红. 2015. 大学生生命教育. 北京：中国人民大学出版社.
阳志平. 2009. 积极心理学团体活动课操作指南. 北京：机械工业出版社.

姚本先，陆璐. 2007. 我国大学生心理健康教育研究的现状与展望. 心理科学，30（2）：485-488.
姚裕群. 2003. 职业生涯规划与发展. 北京：北京经济学院出版社.
叶华松. 2011. 大学生生命教育. 杭州：浙江大学出版社.
叶素贞，曾振华. 2007. 情绪管理与心理健康：快乐健康——我的情绪我做主. 北京：北京大学出版社.
叶素贞. 2007. 情绪管理与心理健康. 北京：北京大学出版社.
约翰·格雷. 2009. 男人来自火星 女人来自金星. 重庆：重庆出版社.
岳宗德. 2014. 大学生压力管理与挫折应对研究. 北京：现代教育出版社.
张红霞. 2015. 当代大学生面临的生命困惑. 中州学刊，224（8）：79-82.
张勇，黄晓东. 2005. 对死亡和生命价值的哲学思考. 华东交通大学学报，22（3）：121-124.
赵美艳. 2005. 浅析大学生常见的性心理困扰. 理论界，（4）：130-132.
郑日昌. 2007. 大学生心理健康：自主与自助手册. 北京：高等教育出版社.
郑日昌. 2008. 情绪管理压力应对. 北京：机械工业出版社.
郑雪. 2004. 幸福心理学. 广州：暨南大学出版社.
周红五. 2006. 心理援助：应对校园心理危机. 重庆：重庆出版社.
朱海娟，张伯华. 2012. 大学生心理健康教育. 济南：山东人民出版社.
朱海涛. 2016. 思想政治教育视域下的大学生性心理健康研究. 延安：延安大学.
朱智贤，林崇德. 1986. 思维发展心理学. 北京：北京师范大学出版社.
Amabile T M. 1983.The Social Psychology of Creativity: A componential conceptualization [J]. Journal of personality and social psychology，45（2）: 357.
Bond D L. 1990.Loneliness and solitude: some influences of object relations on the experience of being alone[D]. Boston : Boston University.
Buchholz E S. 1999.A longtime: A Developmental Need with Prenatal Origins [J]. International Journal of Prenatal l and Perinatal Psychology and Medicine，11（6）: 5-18.
Larson R. 1990.The Solitary Side of Life: An Examination of the Time people Spend Alone From Children to Old Age [J]. Development Review，10（2）: 155-183.
Sternberg, R. J. 1986. A Triangular Theory of Love. Psychological Review，93（2）：119-135.